Neue Einführung in die Didaktik des Sachunterrichts

Meinem Doktorvater Wolfgang Klafki gewidmet,
der stets demokratische, zukunftsorientierte
Bildungsvorstellungen für den Sachunterricht
vertreten hat

Von

Astrid Kaiser

Schneider Verlag Hohengehren GmbH

Umschlaggestaltung: Gerrit Kaiser

Gedruckt auf umweltfreundlichem Papier (chlor- und säurefrei hergestellt).

Bibliografische Information Der Deutschen Bibliothek

Die Deutsche Bibliothek verzeichnet diese Publikation in der Deutschen Nationalbibliografie; detaillierte bibliografische Daten sind im Internet über ›http://dnb.ddb.de‹ abrufbar.

✐ ISBN 3-8340-0081-7

Schneider Verlag Hohengehren, Wilhelmstr. 13, D-73666 Baltmannsweiler

© Schneider Verlag Hohengehren, 73666 Baltmannsweiler 2006
Printed in Germany – Druck: Frech, Stuttgart

Inhaltsverzeichnis

Vorwort

Eine Einführung in die Didaktik des Sachunterrichts neu zu schreiben ist in Zeiten der Umstellung von Studiengängen auf BA und MA und damit oft Verlust der spezifischen Lehrerbildung an den Hochschulen ein gewagtes Unterfangen.

Ich versuche hiermit, mich nicht dem Trend der Zeit anzupassen, wo wie in Baden-Württemberg der Sachunterricht als eigenständiges Fach an den Schulen verschwindet und in Mensch, Natur und Kultur auch mit den musisch-ästhetischen Fächern fusioniert. Zum Trend der Zeit gehört es auch, nach den PISA-Ergebnissen nun isoliert die Sprache zu üben und den Sachunterricht fälschlicherweise als nebensächlich zu betrachten, ohne zu bedenken, dass Sprache viel besser im sinnvollen Kontext für Kinder mit Migrationshintergrund oder fehlender häuslicher Sprachförderung zu erlernen ist. Vielmehr will ich einen Kontrapunkt setzen, dass Sachunterricht nach wie vor ein wichtiges Fach von besonderem Wert ist. Sachunterricht und eine differenzierte didaktische Reflexion darüber sind nach wie vor wichtig. Wir können die Bemühungen um didaktisches Nachdenken im Sachunterricht angesichts veränderter Rahmenbedingen erst recht nicht unterlassen. Weder im Aufgeben der didaktischen Perspektive in polyvalenten Studiengängen noch im Aufstecken gesellschaftskritischer Ansprüche sehe ich eine angemessene Antwort auf die Fragen der Zeit. Ich bin vielmehr überzeugt davon, dass die Lage auf dem Arbeitsmarkt, die ökologische Krise und die weltweit neu entstehenden Kriegsherde Grund genug dafür sind, sich für einen qualitativ entwickelten Sachunterricht einzusetzen, damit schon kleine Kinder die Grundlagen für ein differenziertes Weltverständnis legen. Dazu brauchen sie Lehrerinnen und Lehrer, die ihnen helfen, die Welt durchschaubar und verstehbar zu machen und die sie zum bewussten und eigenständigen Handeln in dieser Welt anleiten. Hier soll dieses neue Buch einen Beitrag zur Entwicklung didaktischen Denkens im Sachunterricht leisten. Dazu muss auch die neuere didaktische Diskussion seit der Jahrtausendwende mit einbezogen werden. Die historisch entwickelten Erkenntnisse in der Sachunterrichtsdidaktik sollen aber nicht verloren gehen.

Deshalb habe ich zwar noch das Grundgerüst didaktischen Denkens mit Welt, Kind und Sache beibehalten, aber die bisherige Einführung in die Didaktik des Sachunterrichts vollständig neu geschrieben. Nicht nur neuere Literatur wie die sechsbändige Reihe Basiswissen Sachunterricht sind hier intensiv eingegangen. Es sind auch neue Beispiele und einfachere Erklärungen in diesem neuen Buch zu finden. Es ist also nicht eine Neuauflage, sondern wirklich ein neues Buch, in dem viele Gedanken sich geändert haben. Auch ein Abschnitt zum Lernen ist dem Kapitel zum Oberthema Kind zugefügt worden. Allerdings habe ich wichtige Gedanken, die heute und morgen von Bedeutung sind, beibehalten, aber manchmal nur in gestraffter Form vorgestellt.

Auch formal gibt es deutliche Änderungen. Dieses Buch ist durchgängig in neuer Rechtschreibung gefasst, auch Zitate wurden aus optischen Gründen teilweise diesem Weg angepasst.

Gleichzeitig möchte ich hiermit allen denjenigen danken, die mir durch Fragen und Rückmeldungen Hinweise gegeben haben, wie die bisherige Einführung nun gänzlich neu zu bearbeiten ist. Vor allem meinen Studierenden, die mir durch Fragen viel Anlass zum Nachdenken gegeben haben, danke ich sehr.

Besondere Anerkennung spreche ich hiermit für meine lieben Wissenschaftliche Mitarbeiterin, Frau Dr. Silke Pfeiffer aus, die mir wichtige Hilfen angeboten hat, um auch die DDR-Heimatkunde in meinen historischen Überblick zu integrieren.

Aber auch viele Leserinnen und Leser haben mir wichtige Hinweise gegeben. Besondere Anerkennung drücke ich hiermit gegenüber Frau Juliane Bölker für ihre gründlichen Korrekturhinweise aus und Iris Bruns wegen ihres kompetenten Korrigierens des Manuskripts.

Oldenburg und Lillehammer, im Januar 2006

1 Allgemeine Probleme der Sachunterrichtsdidaktik

1.1 Sachunterricht und Didaktik – eine erste Annäherung

> *Wenn du ein Schiff bauen willst, dann trommle nicht Menschen zusammen,*
> *um Holz zu beschaffen, Aufgaben zu vergeben und die Arbeit einzuteilen,*
> *sondern lehre sie die Sehnsucht nach dem weiten, endlosen Meer.*
> Antoine de Saint Exupéry

Seit Anfang der 1970er Jahre ist das Fach Sachunterricht in der Bundesrepublik Deutschland geläufig. In vielen Grundschulen wird seitdem Sachunterricht erteilt, in einigen Bundesländern gibt es aber anders lautende Fachbezeichnungen, z. B. „Heimat- und Sachunterricht" (in Schleswig-Holstein/Bayern/Sachsen-Anhalt) oder „Mensch, Natur und Kultur" (in Baden-Württemberg). In der Alltagssprache vieler LehrerInnen heißt dieses Fach dagegen Sachkunde. Dies ist allerdings eine sehr problematische Bezeichnung, weil sie glauben lässt, ein Kundiger könne Wissen von oben herab bekannt machen. So ein Verständnis von Sachunterricht widerspricht völlig dem in diesem Buch Vertretenen. Davon wird später noch die Rede sein.

Aber noch problematischer als falsche Begriffe ist die Nicht-Beachtung. Denn Sachunterricht wird im öffentlichen Bewusstsein vernachlässigt. Das sieht man schon daran, dass es in den Schulen oft ausfällt – besonders im 1. Schuljahr. Wenn Schulen ein Fach zugunsten anderer ausfallen lassen, dann halten sie es für das Leben der Kinder für nicht so notwendig wie andere.

Doch wenn wir Sachunterricht als Orientierung auf das Leben in dieser Welt begreifen, wird deutlich, dass es sich hier um ein bedeutendes Lernfeld handelt. Kindern ist dies ohnehin klar.

Wenn wir Kinder im Grundschulalter fragen, was sie unter Sachunterricht verstehen, dann erhalten wir etwa folgende Antworten:

a) Definitionen primär über Handlungsmöglichkeiten:

„Unterricht mit Sachen, wo man auch Experimente macht (Samen einpflanzen)." (Mädchen, 7 Jahre).

„Über bestimmte Sachen reden, Bäume und so! Und viel tuschen und basteln." (Mädchen, 8 Jahre).

„Im Sachunterricht spielen wir oft. Das eine Mal haben wir mit verschlossenen Augen Gegenstände angefasst und mussten diese erraten. Das war gar nicht so einfach." (Mädchen, 8 Jahre).

b) Definitionen über den schulorganisatorischen Status:

„Ja, das haben wir dienstags in der Schule. Im Moment sprechen wir dort über das Wetter." (Junge, 8 Jahre).

c) Definitionen primär über Inhalte:

„Da lernt man was über die Schule vor 100 Jahren, Blumen, Rathaus, über die Feuerwehr. Da schreibt man nicht so viel und man geht da meistens hin." (Mädchen, 9 Jahre).

„Da lernen wir etwas über Tiere, Bäume, den Magneten und so. Manchmal machen wir da auch Verkehrsunterricht. Im letzten Jahr haben wir Sonnenblumenkerne eingepflanzt, das war toll!" (Mädchen, 10 Jahre).

„Sachunterricht ist so mit Wetter, Temperatur und Magneten."

d) Definitionen über Lernziele:
  „Im Sachunterricht lernt man, was in der Umgebung ist und Sachen verstehen und wie man sich zurecht findet in der Welt." (Junge, 10 Jahre).

e) Definitionen durch Fachbezeichnung:
  „Das ist Land- und Heimatkunde." (Mädchen, 9 Jahre).

f) Definitionen aus den subjektiven Erlebnissen:
  „Sachunterricht ist toll. Unsere Lehrerin bringt immer tolle Sachen mit in den Unterricht. Wir sind auch schon mal raus in den Wald gegangen. Dort hat sie was über Bäume erzählt." (Junge, 8 Jahre).

g) Nur Vorschulkinder haben oft keine Vorstellungen von Sachunterricht.
  „Sachunterricht? Weiß ich nicht." (Mädchen, 5 Jahre).

Erwachsene, die zufällig auf der Straße gefragt werden, geben Antworten, die deutlich zeigen, wie wenig Sachunterricht selbst in Niedersachsen, einem Bundesland, in dem schon seit den Richtlinien der frühen 1960er Jahre von Sachunterricht die Rede ist, im Alltagsbewusstsein bekannt ist.

a) Definitionen über Bezugsfächer:
  „Oh, Sachunterricht? Das ist gar nicht so einfach. Irgendwas mit Umwelt, Alltag und Bio. Genau weiß ich es aber nicht, denn ich hatte wohl keinen Sachunterricht in der Schule." (Lehramtsstudent, 21 Jahre).

  „Sachunterricht ist die Zusammenfassung von Biologie, Geografie, Geschichte, Physik und Chemie an der Grundschule." (Hausfrau, 54 Jahre).

  „Eine Mischung aus Wald-, Feld- und Wiesenbiologie, Erdkunde und Geschichte – hauptsächlich der betreffenden Heimatgeschichte – für die Primarstufe." (Hausfrau, 30 Jahre, Mutter von 3 Kindern).

  „Schulfach. Sowas, was später spezielle Fächer werden wie Biologie, Geschichte, Erdkunde, Physik und Chemie auch ein bisschen." (Studentin, 20 Jahre).

  „Heimat-, Erd- und Naturkunde." (Feinmechaniker, 51 Jahre)

  „Alles, was nicht in Deutsch und Mathematik unterrichtet wird, z.B. Verkehrserziehung, Geografie, alles, was gerade aktuell ist." (Mann, 34 Jahre)

b) Fehlende Vorstellungen:
  „Sachunterricht? Das weiß ich nicht. Da müssen Sie meine Frau fragen, die hat sich um Kinder und Schule gekümmert." (Mann, 55 Jahre).

„Sachunterricht? Habe ich noch nie was von gehört." (Rentnerin, 82 Jahre).

„Was war das noch? Ich weiß es nicht, ist zu lange her." (Mann, 30 Jahre).

c) Definition durch einzelne Themen:

„Ein Unterrichtsfach, in dem Themen wie Temperaturen, Pflanzen und Tiere und so behandelt werden." (Mann, 26 Jahre).

„Unterricht von und mit Sachen aller Art." (Rentnerin, 85 Jahre).

Die Vorstellungen über Inhalte/Themen bei Erwachsenen sind außerordentlich unkonkret. Wenn sie Sachunterricht definieren, greifen sie mehrheitlich auf fachliche Schemata zurück.

Wenn wir gar nach dem Begriff Sachunterrichtsdidaktik auf der Straße fragen, handeln wir uns mit ziemlicher Sicherheit verständnislose Blicke unserer Mitbürgerinnen und Mitbürger ein. Selbst Studierende in Lehramtsfächern wissen lange Zeit nichts mit dem Begriff „Didaktik" anzufangen. Bis zum Abitur war dies jedenfalls ein selten gehörtes Fremdwort.

Aber schon allein das Stichwort „Sachunterricht" reicht aus, um Verwirrung und Unsicherheit zu stiften, was denn nun gemeint sei. Einige denken, bei Sachunterricht geht es nur um konkrete Sachthemen wie Fahrrad, Mühle oder Buchproduktion. Sie schließen Sozial- und Gefühlsthemen wie Freundschaft, Glück oder Angst aus. Andere wiederum denken bei Sachunterricht an alte Heimatkundethemen wie „Kartoffelernte", „unser Dorfteich" oder „unsere Dorfkirche".

Ich definiere Sachunterricht hier vorläufig folgendermaßen:

Sachunterricht ist in Deutschland die am weitesten verbreitete Fachbezeichnung für den allgemein bildenden Unterricht in Grundschulen und Sonderschulen. Seine zentrale Aufgabe ist es, eine fundierte Orientierung für das gegenwärtige und zukünftige Leben der Kinder in ihrer Welt zu leisten.

In vielen Ländern der Erde ist dieses Fach nur eine Vorform der Sekundarstufenfächer (Geschichte, Biologie, Sozialkunde, Wirtschaftslehre, Physik, Chemie, Technik). Außer in Deutschland gibt es Sachunterricht als integriertes Fach nur in wenigen Länder (Lebenskunde in Japan, „Natur-Mensch-Mitwelt" in vielen Kantonen der Schweiz, Welt- und Umweltkunde in den Niederlanden – früher soziale Weltorientierung). Von daher fehlen auch angemessene Übersetzungen für das Wort Sachunterricht. Die Gesellschaft für Didaktik des Sachunterrichts (GDSU) lässt dieses Fach als „general Studies" übersetzen, es wird auch „science and social studies" oder „world studies" übersetzt. Inhaltlich wissen wir aber genauer, was Sachunterricht leisten soll oder nicht soll. Wesentlich soll Sachunterricht zum Verstehen der Welt beitragen. „In der Sachunterrichtsdidaktik wird deshalb zu Recht hervorgehoben, das Fach dürfe sich weder auf bloße Wissensvermittlung noch auf die unmittelbare Unterstützung zur Lebensbewältigung richten. Vielmehr ist es eine zentrale Aufgabe, Wissen und Können orientiert an Bildungsvorstellungen … so zu fördern, dass die Kinder ihre Beziehungen zur Umwelt einnehmen, ausbauen, erweitern, gestalten und besser verstehen können" (Kahlert/ Inckemann 2001, 8). Sachunterricht dient nicht der Ansammlung von Faktenwissen oder dem Einüben von Fertigkeiten wie der Müllsortierung, sondern soll eine Basis für die Allgemeinbildung schaffen.

So wichtig Sachunterricht als Grundlegung der Allgemeinbildung in den unteren Jahrgangsstufen auch ist, so wenig wird er in der Praxis beachtet. Er gilt als drittes Hauptfach in der Grundschule, wird aber von Lehrerinnen und Lehrern besonders im ersten Schuljahr oft zugunsten der Lehrgänge in Lesen und Schreiben vernachlässigt. Kinder, die kognitive Probleme beim Erkennen der symbolischen und formalen Systeme von Schriftsprache und Mathematik haben, bekommen so schon die ersten Einbrüche in ihrem Selbstwertgefühl. Bildungspolitisch werden die Unterrichtsstunden pro Woche in den Fächern Mathematik und Deutsch eher im Umfang verlängert, während Sachunterricht gekürzt wird. Selbst Familien vergessen in den sich neuerdings ausbreitenden Glückwunschanzeigen zur Einschulung den Sachunterricht, indem sie formulieren:

Abb. 1

Dies heißt allerdings nicht, dass Sachunterricht als Vorbereitung der nachwachsenden Generation auf diese sich ständig ändernde Welt nicht elementar wichtig ist.

Sachunterricht wird gegenwärtig in verschiedenen Konzeptvarianten diskutiert, die in diesem Buch genauer vorgestellt werden. Besonders hohes Ansehen genießen die Konzepte Erfahrungsorientierung, Handlungsorientierung, Projektorientierung, Problemorientierung, Lebensweltorientierung, Kindorientierung und Wissenschaftsorientierung (insbesondere entdeckendes Lernen). Diese Konzepte können als miteinander verschränkt betrachtet werden. Neuere Entwicklungen betonen auch philosophische und ästhetische Zugangsweisen.

Trotz oder gerade wegen der verschiedenen Vorstellungen über Sachunterricht ist es unerlässlich, dass sich angehende[1] Sachunterrichtslehrerinnen und -lehrer darüber klar werden, welches ihr eigenes Ausbildungsziel ist. Ohne Kenntnis des eigenen Zieles ist es schwer, den eigenen Weg zu finden. Als Kompass bei dieser Zielbestimmung soll nun diese neue Einführung in die Sachunterrichtsdidaktik dienen.

Ich habe jetzt schon von Kompass und Ziel gesprochen. Dies erinnert an Seefahrt – und dies ist auch beabsichtigt. Denn es ist nicht von der Hand zu weisen: Das Bild von der Seefahrt passt sehr gut zum Denken über Sachunterricht. Sachunterricht soll jungen Menschen helfen, sich in der Welt zu orientieren und zunehmend selbstständig in die Welt hinein zu gehen.

Wir als Lehrende begleiten sie auf ihrem Weg in die Welt hinaus. Wir nehmen sie auf unserem Schiff, also Schule und Unterricht, mit auf die Reise ins Unbekannte. Unterwegs müssen wir einen für die Kinder erreichbaren Hafen anpeilen und ihnen schrittweise helfen, diese Welt zu entdecken und sie dabei zu ihrer eigenen zu machen. Von daher ist die Metapher vom Schiff oder Boot, das die Kinder von ihrem Kindheitshaus hinüber über die Gewässer zur weiten Welt mit sich nimmt, passend. Lehrpersonen sind die Steuerleute, die den Kindern den Weg in die Welt hinaus weisen. Für den Weg brauchen wir eine Transportmöglichkeit, dies ist das Sachunterrichtsboot, das über unterschiedliche Gewässer hinweg den Kindern helfen kann, die Welt zu entdecken. Am besten wäre es, die Welt zur eigenen der Kinder zu machen, die Kinder in dieser Welt anzusiedeln und diese Welt von den Kindern in sich aufnehmen zu lassen.

1.2 Warum ist Sachunterricht ein so kompliziertes Gebilde?

Eine Einführung in die Didaktik des Sachunterrichts geben zu wollen, erweckt zunächst den Eindruck, als handele es sich dabei um eine simple Hafeneinfahrt, bei der das Ufer immer klarer auftaucht, je näher wir uns dem Ziel der Reise nähern. Die Hoffnung, sich auf den Weg zu begeben und schrittweise immer mehr über das Thema zu erfahren, trügt aber, wenn wir ein so kompliziertes Gefährt wie den Sachunterricht auswählen, weil das Bild von der schnell ins Ziel gleitenden Jolle für den Sachunterricht nicht zutrifft.

Denn gegenwärtiger Sachunterricht hat bislang keinen fest umrissenen Unterboden. Er ist aus vielen älteren und neueren Bauteilen zusammengesetzt. In ihm stecken noch Ansätze vom Anschauungsunterricht des 19. Jahrhunderts, als Unterricht noch als gut galt, wenn der Lehrer – damals waren sie tatsächlich nur männlich – ein Bild – beispielsweise der Kuh – als Krönung seines Vortrages vor der Tafel aufhängte und die Kinder möglichst viele Körperteile der Kuh, die der Lehrer mit dem Zeigestock nacheinander antippte, auswendig aufzusagen

---

[1] Und natürlich auch diejenigen, die schon mitten in der Praxis stehen.

lernen sollten. Wir finden dieses Relikt heutzutage in vielen Arbeitsheften und Arbeitsblättern für den Sachunterricht, bei denen die Kinder etwa alle Berggipfel Hessens, die Nebenflüsse der Donau oder die verschiedenen Haltestellen der Straßenbahnlinien Hannovers mit Namen nacheinander auswendig eintragen bzw. hersagen sollen, ohne dabei etwas von Gesteinen, dem Wasser oder von Verkehrsproblemen verstanden haben zu müssen. Derartige sinnlose Wissensübungen für eine gesamte Grundschulklasse haben zwar keinen Bildungswert, erfreuen sich aber doch noch großer Beliebtheit, weil Lehrpersonen wie Kindern die Illusion vermittelt wird, es handele sich hierbei um Sachunterricht. Man glaubt allseits, es sei ein Lernfortschritt sichtbar und deshalb habe auch Denken stattgefunden. Tatsächlich wird lediglich das Gedächtnis überprüft, aber gerade keine Denkleistung der Kinder angeregt. Eine Orientierung in der Welt ist durch oberflächliches Benennen nicht angebahnt. Bildung im Sachunterricht ist mehr als bloßes Oberflächenwissen. Nur wer in die Tiefe blickt, kann die Welt verstehen.

Neben diesen alten Planken können wir aber auch zuweilen etwas neuere Bauteile finden. Da gibt es den zur Zeit der Reformpädagogik nach der Jahrhundertwende von vielen gelobten Unterrichtsgang zu interessanten Orten – sei es eine Baustelle, ein Tümpel – sofern heutzutage noch für Schulkinder erreichbar vorhanden – oder die nächste Ampelkreuzung. Eine weitere Hinterlassenschaft der Reformpädagogikepoche, die spannende Lehrererzählung, führt mittlerweile ein Kümmerdasein und wird nur noch von wenigen Unentwegten vor dem endgültigen Verfall gerettet. In vielen Sachunterrichtsbooten (vgl. Abb. 2) klafft eine große Lücke auf der Seite der Geschichten und Erzählungen, der Gefühle und Stimmungen, die von vielen Lehrpersonen mit papierenen Arbeitsblättern zum Ausfüllen für die Kinder zu stopfen versucht wird. Aber Papier reicht nicht aus, Lücken im Bootskörper gegen anstürmende Wellen und bei beweglichen Kindern im Inneren sicher zu reparieren. Und es gibt keinen Sachunterricht für die „allgemeine Situation", weil es die „allgemeine Situation" nicht gibt, die Kinder sind verschieden und die Lage in der Welt ist auch im Umbruch. Dem können Arbeitsblätter nicht gerecht werden. Wenn ein Krieg droht, kann dies ein Thema im Sachunterricht werden, ein Thema, das persönliche und psychische Relevanz für die Kinder hat. Harmonischer Sachunterricht ist unangemessener Sachunterricht, denn er bereitet auf eine Welt vor, die es nicht gibt. Es geht um die Weltorientierung der Kinder, ihr individueller Weg in die Welt soll geebnet werden.

Auch die frühen 1970er Jahre haben allerhand Baumaterialien für das Sachunterrichtsboot in den Schulen aufgestapelt hinterlassen. Oft ruhen diese Schätze in roten Plastikkoffern und fordern dazu auf, exakt geplante Stundenverläufe zu naturwissenschaftlichen Themen mit den teuren und sorgfältig ausgesuchten Inhaltsstücken durchzuziehen. Vom Thermometer bis zur Akustik, vom Spiegel bis zum Wetter, gespickt mit 20 kleinen präparierten Bienen samt Lupen, ist ein von einem geschäftstüchtigen Verlag festgelegtes Spektrum von Inhalten aus

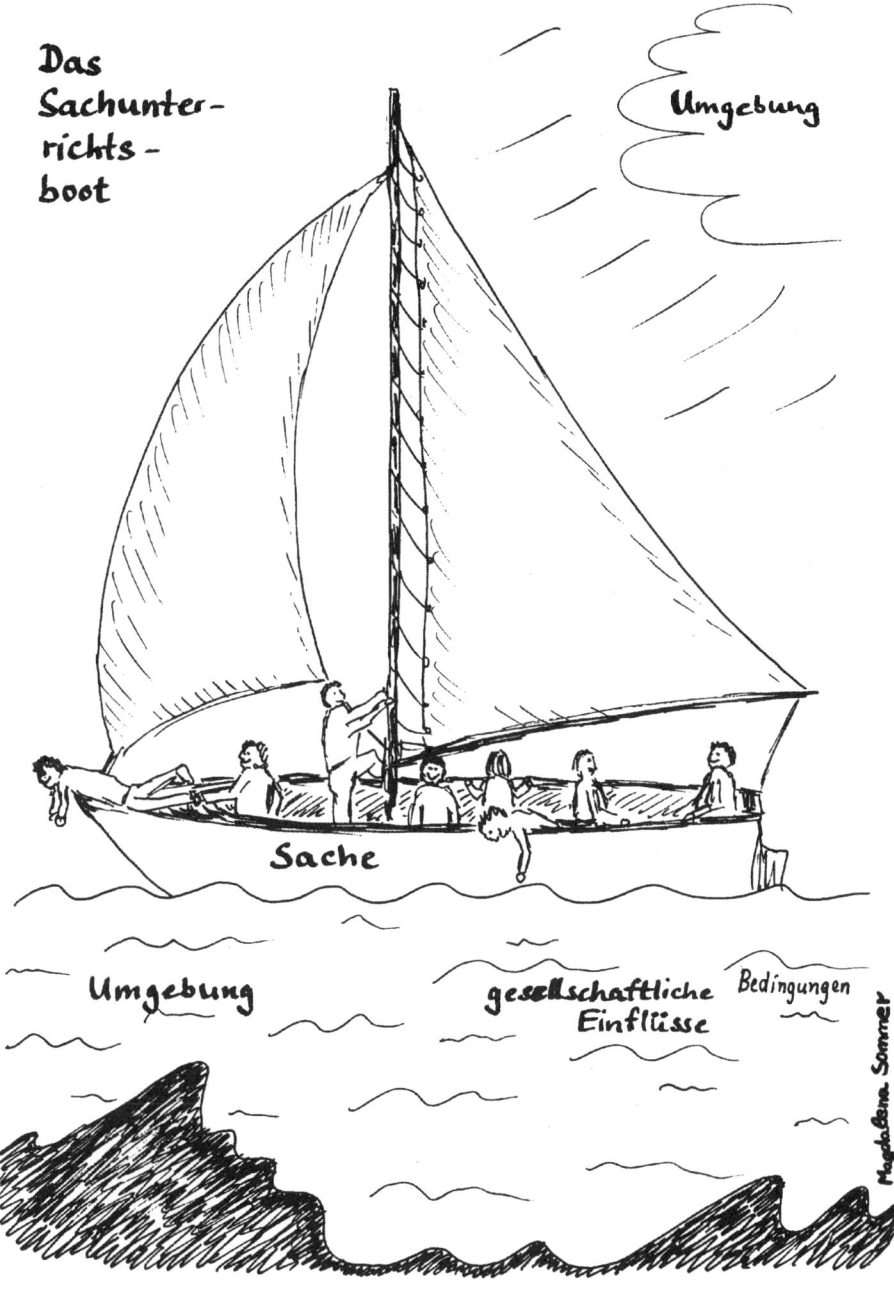

Das Sachunter-richts-boot

Umgebung

Sache

Umgebung

gesellschaftliche Einflüsse

Bedingungen

Magdalena Sommer

Abb. 2

Chemie, Physik und Biologie zum Planungselixier für bei ihrer Arbeit belastete Lehrpersonen über das Jahr 2000 hinaus konserviert worden. Mit den gut stapelbaren, glatten Plastikkoffern lassen sich wasserdichte Bootswände bauen, die aber durch ihre festgelegte Form im Bootsinneren kaum noch Bewegungsraum lassen.

Dieser ist vielmehr je nach Lage des Bootes, je nach Ziel und Ladung jeweils neu einzupassen und zu vermessen. Aber an die Besatzung des Bootes, die Kinder, wird bei diesen Kofferwänden zuallerletzt gedacht. Die Koffer sind standardisiert gepackt, die Fragen und Antworten sind schon vorgefertigt. Es wird als selbstverständlich erwartet, dass die Kinder etwa am Schluss der vorpräparierten Erwärmungsversuche[2] in ihr Arbeitsheft schreiben: „Die Flüssigkeit dehnt sich aus." Es ist nicht berücksichtigt, dass einige Kinder mit Deutsch als Zweitsprache gar nicht so mit Sprache umzugehen vermögen, dass sie solche Sätze formulieren können. Es ist auch nicht vorgesehen, dass Kinder spielerisch mit dem Teelicht und dem gefärbten Wasser eigene Versuche machen. Der Stundenverlauf ist vielmehr minutiös geplant vorgegeben, als wäre tagtäglich 2. Staatsexamen mit perfekten Stundenabläufen für die Lehrpersonen. Verschiedene Kinder und Verschiedenheiten der Kinder sind bei diesen didaktischen Relikten der 1970er Jahre nicht vorgesehen.

Sachunterricht besteht zudem aus sehr verschiedenen Materialien, die sich nicht einfach mit einer Methode zusammenkoppeln lassen. Einige Boote werden aus Miniatur-Fach-Material zusammengeschweißt. So versuchen viele aus Geografie, Physik, Ökonomie, Chemie, Geschichte, Biologie und Sozialwissenschaften ein seetüchtiges Fahrzeug zurechtzuzimmern. Dabei kommt es in der Regel praktisch zu gefährlichen Schieflagen, weil oft unter dem Etikett der Fächerpluralität das eigene Lieblingsfach einen besonders guten Platz erhält. Aber auch die Fächer selbst haben in ihren Methoden und Fragestellungen im Laufe ihrer Geschichte eine ganz eigenständige Form angenommen. Die experimentellen Methoden der Naturwissenschaften sind etwa mit den Textdeutungsmethoden der Geschichtswissenschaft nicht in Einklang zu bringen. Wenn wir nur reduzierte Fachinhalte aneinanderschweißen wollen, erzeugen wir gefährliche Lücken. Denn tradierte Fächer sind nicht nahtlos zusammenzufügen, sondern sind innerlich sehr disparat.

Andere bemühen sich, bewährte Unterrichtsinhalte miteinander zu koppeln, weil sie wissen, dass die universitären Fächer keine haltbare Grundlage bieten. D. h. es wird versucht, schwimmende Einzelplanken zusammenzufügen. So entstehen dann Unterrichtsthemen wie Schulweg und Fabrik, Bohne und Wasser-

---

[2] Dazu steht auch heute noch an vielen Schulen im etwas verstaubten „roten Koffer" standardisiert ein Metallständer, ein Teelicht, ein Glaskolben, ein Steigrohr, ein Gummistopfen mit Öffnung für das Glasrohr und ein Messbecher zum Einschütten des Wassers in den Kolben sowie Farbe zur Färbung des Wassers zur Verfügung.

kreislauf, Tümpel und Rad, Magnet und Verkehrsregeln. Diese bunten Teile einer Bausteinsammlung sind aber nur scheinbar in der harten Praxis seetüchtig. Sie sind zwar einzeln von Kindern im Wasser erprobt, aber es fehlt noch der geeignete Klebstoff, d. h. die verbindende didaktische Theorie. Häufig sind die vielen verschiedenen Inhaltsbausteine derart schwer, dass die Tragfähigkeit für viele lebendige Kinder deutlich gefährdet ist.

Letztlich sind es viele Kinder, die vor allem mit ihren Armen und in ihren Köpfen dieses ihnen von den Erwachsenen präsentierte Boot zusammenhalten, manchmal reichen die Kräfte zu dieser schweren Aufgabe aus, manchmal nur zeitweise, manchmal überhaupt nicht. Gerade um diese Kinder, die über Bord fallen, weil das Sachunterrichtsboot, in das sie von ihren Lehrpersonen gesetzt wurden, nicht tragfähig genug ist, geht es. Ihretwegen ist es besonders wichtig, sich eigenständig didaktische Gedanken zu machen, was der Sachunterricht denn leisten soll und kann. Dabei sind mehrere didaktische Fragen gleichzeitig zu beachten:

1) Es ist die Frage nach dem Kurs des Bootes, also nach der Welt, aus der und für die Sachunterricht entwickelt wird.

2) Es ist die Frage nach den Materialien und den Baumethoden, also der begründeten Auswahl von Inhalten und Methoden.

3) Es ist die Frage nach der Reihung und Zusammenstellung dieser ausgewählten Inhalte, also nach dem Plan oder Curriculum.

4) Und nicht zuletzt gibt es die Frage nach den Kindern und ihrem Verhältnis zu den Inhalten, nämlich ob dieses so gebaute Boot gerade für diese Kinder tragfähig ist. Was wollen sie lernen, was können sie lernen, was sollten sie lernen?

Damit wären wir beim Kern der didaktischen Fragen angelangt. Denn Didaktik beschäftigt sich mit der Auswahl von Inhalten und Zielen von Unterricht, aber auch mit dem Wie und Wann. Oft wird dabei auch die Frage nach dem Wie des Lernens, mit der Frage des Was verwechselt. Gerade die Frage nach dem „WAS" ist insbesondere für den Sachunterricht nicht leicht zu beantworten, weil die möglichen Inhalte weltumspannend sind. Sie reichen vom Atomkern bis in den Sternenhimmel, von den Dinosauriern bis zu den Zahnbakterien, von der Leistungsangst bis hin zu Ausländerfeindlichkeit, vom Federmäppchen bis zur Fabrik, vom Feuerbohrer der Urzeit bis hin zum Glascontainer, von der Geburt bis zum Tod, von der Scheidung bis zum Zusammenleben in anderen Kulturen, vom Taschengeld bis zu den Verkehrszeichen, vom Weben bis zur Heizung, von der Seifenkiste zum Hochhaus, vom Zirkus zur Meditation, vom Gewitter zur Tulpenzwiebel, vom Kirchturm zur Revolution, vom Knopf zur Unendlichkeit, von der Magnetschwebebahn zu den Handlinien, von der Zeitmaschine bis zum Klassenbriefkasten, vom Rathaus bis zu den Indios im Regenwald, von der Geruchsdose bis zum Ozonloch, vom Kressesamen bis zum Tauschhandel, von der Fahrradkette bis zum Glück. Schon allein diese Beispiele zeigen, dass es nicht leicht ist, aus der schier unendlichen Themenfülle die geeigneten Inhalte für den Sachunterricht auszuwählen und sie auch noch für die jeweilige Lerngruppe geeignet zu vermitteln.

Auch in der Wissenschaft und Bildungspolitik sind Inhaltsfragen des Sachunterrichts sehr umstritten. So ist sogar die Fachbezeichnung Sachunterricht keinesfalls Konsens. So plädiert der Schulpädagoge Wolfgang Klafki für die Fachbezeichnung „Sach- und Sozialunterricht" (Klafki 1992). Ich selbst halte die Formel aus den früheren Richtlinien der Niederlande „Sociale Wereldoriëntatie" (Soziale Weltorientierung[3]) (Greven/Letschert 2004) oder gar Welterkundung (Ramseger 2004) für erstrebenswerte Fachbezeichnungen. Rauterberg fordert das Wort Sprachunterricht, um auszudrücken, dass es im Sachunterricht darum geht, wie gesellschaftlich über Sprache Sachen konstruiert werden (Rauterberg 2004b, 148). Er sieht also die erkenntnistheoretische und philosophische Frage, wie die Fragen der Welt geklärt werden, als zentral für den Sachunterricht an.

Die einzige sinnvolle Lösungsstrategie bei der Vielzahl möglicher Themen und Inhalte sehe ich darin, einen klaren Blick auf unsere heutige Welt und ihre Entwicklung zu behalten und gleichzeitig von den Kindern – wie sie sind – auszugehen.

Denn wir müssen verantworten, wie wir Kinder in die Welt hinein begleiten. Deshalb ist es wichtig, welche Schiffsart wir wählen und was wir den Kindern darin zutrauen. Grundlegend gibt es für die Überquerung eines Meeres verschiedene Möglichkeiten. Diese entsprechen auch verschiedenen schulischen Möglichkeiten:

Die erste Möglichkeit ein Schiff zu führen, ist die autoritäre Variante. Dabei geht es mit Befehlsgewalt so zu wie in einer römischen Galeere, wobei einer mit Paukenschlag den Ton angibt und alle anderen im gleichen Takt rudern und kaum

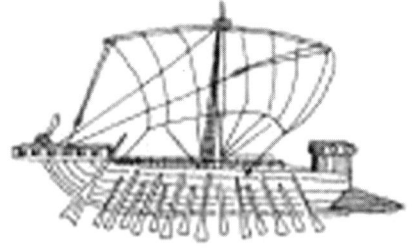   

Abb. 3 Die römische Galeere   Abb. 4 Die Wikingerschiffe

---

[3] In den neuesten Richtlinien der Niederlande wird die subjektive Seite der Weltorientierung stärker betont: „Oriëntatie op jezelf en de Wereld" (Orientierung über das Selbst und die Welt) (Greven/ Letschert 2004).

jemand weiß, wohin es gehen soll. Derartige Formen des Schiffstransportes können keine unbekannte Welt ansteuern. Sie berücksichtigen weder die Vielfalt der Kinder auf dem gemeinsamen Boot noch sind sie für Meeresengen oder harte Stürme geeignet. Aber die aktuelle Umwelt für Lernen ist nicht ein spiegelglattes Meer, sondern auch auftürmende Wellen aus widersprüchlichen Kräften sind denkbar.

Die Wikingerschiffe basierten auf klarer Befehlsgewalt aber auch auf dem gemeinsamen Glauben an die eigene Mission. Mit soviel Sendungsbewusstsein konnten auch waghalsige Atlantiküberquerungen in Einzelfällen gelingen. Allerdings sind auch so manche schon in heimatlichen Gefilden gescheitert.

Für schwierige Situationen reicht es nicht, eine gut gestimmte Crew auf dem Schiff zu haben, die doch befehlsabhängig ist und nicht eigenständig handeln kann, sondern im Gleichschritt nach Befehl rudern muss. Und es ist immer noch ein beliebter Ansatz für den Sachunterricht, auf Disziplin und Gehorsam zu setzen, wobei keiner eigenständig denkt, aber alle an die Autorität glauben.

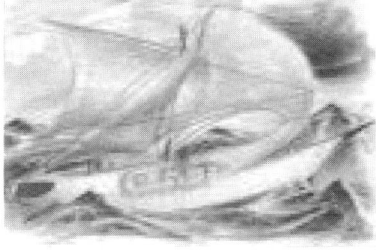

Abb. 5 Titanic   Abb. 6 Zukunftsschiffe

Die Titanic wurde bis ins kleinste Detail geplant, um luxuriöse Atlantiküberquerungen zu schaffen. Doch die totale Planung kann nicht die Wechselfälle der konkreten Situation erfassen. Die Größe macht dieses Schiff in einer unerwarteten Situation manövrierunfähig. Bei einem Eisberg, der aus dem Wasser ragte, wurde die ganze Planung zunichte gemacht und das Schiff sank elend samt Passagieren und Besatzung. So ähnlich geht es auch mit den bis ins Detail vorweg geplanten Curricula der 1970er Jahre. Sie übersehen den Einzelfall, die jeweiligen Menschen und die konkrete Situation, und geben vor, alles im Griff zu haben.

Die Zukunftsschiffe sind vor allem flexibel, alle Menschen an Bord sind wichtig und haben besondere Aufgaben. Alle sind gespannt auf das Ziel und wollen an neue Ufer kommen und alle kennen das Ziel wie auch die zu überwindenden Schwierigkeiten. Die Schiffe können je nach Wetterlage und Meeresströmung umgebaut werden, alle entscheiden, welche Lösung in der jeweiligen Lage am besten sei, alle bringen ihre eigenen Bau- und Planungskompetenzen mit und schaffen es kooperativ während der Fahrt, die notwendigen Umbauten vorzunehmen.

1.3 Warum ist die Beschäftigung mit Didaktik wichtig?

Didaktik war und ist in autoritären Gesellschaften überflüssig. Die herrschenden Mächte entscheiden und die Lehrpersonen haben das Soll auszuführen. Auch in traditionalen Kulturen ist didaktisches Denken nicht erforderlich. Die Stammestradition schreibt dort eindeutig vor, wie etwa ein Einbaum auszuhöhlen ist und mit welchen Pfeilspitzen die Fische zu erlegen sind.

In einer Demokratie dagegen sollen die Kinder zu aktiver Bürgerschaft erzogen werden, um ihre eigene Meinungen zu äußern, Kritik zu üben und eigenständig denken zu können. Dies geht nur, wenn ihre Lehrpersonen derartige Tugenden selbst praktizieren. Kinder spüren genau, welche Schwachstellen Erwachsene haben.

Wenn wir fundiert wissen, wie die Welt sich entwickelt und welche Kräfte dabei einwirken, fällt es uns leichter, Position zu beziehen. Dann müssen wir uns nicht die Augen zuhalten. Aber nur mit offenen Augen können wir Ziele finden und sie auch den Kindern vermitteln. Denn das ist der Kern von Didaktik: Wir müssen begründete Ziele finden, hinter denen wir stehen können.

Erst wenn die Lehrpersonen wissen, was sie wollen, warum sie etwas wollen und wie sie etwas wollen, können sie als selbstbewusste Menschen eine lebendige Beziehung mit den Kindern eingehen, von ihnen Entwicklungen fordern und sie auf ihrem Weg fördern.

Diese didaktischen Grundfragen zu stellen, bedarf sehr intensiver gedanklicher Anstrengungen. Deshalb soll in dieser Einführung in die Sachunterrichtsdidaktik schrittweise auf die verschiedenen Bedingungen didaktischen Denkens im Sachunterricht eingegangen werden.

Bei der Suche nach eigenen didaktischen Begründungen müssen wir uns mit verschiedenen Fragen auseinander setzen:

- Sollen Kinder mit den harten Realitäten der heutigen Zeit wie Krieg oder Umweltkatastrophen belastet werden oder sollten wir nicht versuchen, ihnen ein wenig harmonische Kindheit zu gönnen?

- Können Kinder Inhalte verstehen, die sie nur vom Hörensagen kennen?

- Müssen wir Kinder nicht rechtzeitig auf die harten Anforderungen der Oberstufe vorbereiten und ihnen verständlich die Grundbegriffe der späteren Schulfächer beibringen?

- Ist Kindern mehr als der erfahrene Nahraum überhaupt begreiflich zu machen?

- Warum sollte es überhaupt Sachunterricht in der Grundschule geben, wenn Kinder noch so viele Probleme beim Lesenlernen, Rechtschreiben und Rechnen haben?

Jede dieser Fragen wirft einen Berg von Problemen auf. Und nicht jede ist richtig gestellt. Denn es fragt sich, ob die Anforderungen der Sekundarstufe so berechtigt sind und ob es überhaupt legitim ist, sich und Kinder daran auszurichten. Im Laufe dieser Einführung werden Antworten auf diese Fragen entwickelt. Denn wer begründeten Sachunterricht vor den Kindern, vor der Welt und vor sich selbst verantworten will, muss notwendigerweise durch diese und andere Fragen zu eigenen Antworten hindurchdringen. Dies ist in der Tat mühselig.

Es gibt aber auch einen ungleich bequemeren Weg, der zur heutigen Konsumgesellschaft passt, nämlich der rezeptive Weg, sich vom Markt die bequem dargebotenen vorfabrizierten Häppchen zu nehmen und den Kindern weiterzureichen. Dieser Weg ist in der Praxis fast täglich zu beobachten.

Wenn wir eine Grundschule morgens früh – bevor die Kinder hineindürfen – betreten, werden wir die aktuelle Antwort auf den Jahrhunderte langen Streit um die didaktischen Prinzipien des Heimatkunde- und Sachunterrichts sehen und hören. Am schuleigenen Kopierer stehen viele Lehrpersonen und versuchen, in Klassensätzen Arbeitsblätter, meist in einer Kombination aus Bild, Text und auszufüllenden Lücken, herzustellen. Insbesondere das Fach Sachunterricht genießt den Ruf, dass dort selbst bei materiell stark eingeschränktem schuleigenen Etat ein großes Quantum an Kopien für guten Unterricht erforderlich sei. Die quantitativen Daten über den Arbeitsblatteinsatz an Schulen sprechen eine eigene Sprache (Schümer 1991). In vielen Schulen werden jährlich weit über 1 Million Arbeitsblätter verbraucht.

Diese Abstimmung mit der Kopiertaste setzt einen vorläufigen Schlussstrich unter lange didaktische Auseinandersetzungen um Heimatkunde und Sachunterricht. Auch im Osten des Landes, der auf eine gute Tradition von Unterrichtsgängen und praktischen Übungen im Heimatkunde-Unterricht der DDR zurückblicken kann, beginnt die Adaption an Sachunterricht über das Kopieren von Kopien. Nicht Lupen oder Bücher für die Kinder, Materialien für kreatives Gestalten, Ausstellungskästen für Kinderprodukte oder Zuschüsse für Fahrten, sondern Kopiergeräte stehen auf der Hitliste der Anschaffungswünsche von Schulen auf Platz eins.

Unabhängig davon, dass dieser Trend auch aus ökologischen Motiven außerordentlich kritisch zu betrachten ist, möchte ich hier pädagogische Fragen an diesen didaktischen "Konsumismus" stellen.

1) Die erste Frage ist die nach den gesellschaftlichen Zielvorstellungen und der Sozialisationswirkung von Pädagogik. Denn es ist unstrittig, dass das Verhalten der Erwachsenen sich auch auf die Kinder auswirkt. Lernen durch Modelle bzw. Imitation oder Identifikation sind dabei häufig genannte Mechanismen. Wenn in einer Welt der Reizüberflutung mit Konsumgütern nun auch die Lehrpersonen ihren Kindern eine Ex- und Hopp-Pädagogik vorexerzieren, indem sie ständig vorgefertigte Arbeitsblätter in den Klassenraum geben, dann brauchen wir uns nicht zu wundern, dass Kinder neben den sonstigen gesellschaftlichen Erfahrungen zusätzlich auch noch durch die Schule in den Konsumhaltungen verstärkt werden. Arbeitsblätter verstärken zudem die bürokratische Mentalität, denn es geht vor allem darum, in einem vorgegebenen Formular die Lücken richtig auszufüllen. Und hier setzt die erste didaktische Entscheidung ein: Wir können die Welt zwar nicht auf pädagogischem Wege verändern. Gleichzeitig ist die Welt aber auch nicht widerspruchsfrei in ihrer Entwicklung, es gibt immer wieder die Möglichkeit, die Entwicklung in die eine oder in die andere Richtung zu unterstützen. Wir können also einerseits die Welt unhinterfragt so hinnehmen, wie sie sich entwickelt und damit ihre wesentlichen Trends verstärken. Es gab und gibt aber auch immer wieder pädagogische Handlungsspielräume, die es möglich machen, den Kindern pädagogisch Alternativen anzubieten. Wenn wir mit der Entwicklung einer Waren expandierenden Kultur einverstanden sind, haben wir es pädagogisch einfach, wir lassen uns von den Schulbuch- und Schulmedienverlagen die Materialien liefern und reichen die didaktischen Marktprodukte in Klassensätzen vervielfältigt an die Kinder weiter. Dies entspricht dem Bild einer Sachunterrichtslehrerin als Verlagsvertreterin oder auch als Käuferin von Fährtickets, die an die Kinder weitergereicht werden. Die Schifffahrt auf der Fähre ist dann keine gemeinsame von Lehrerin und Kindern, sondern ist eine Art des Mitgenommenwerdens, bei der Fahrtroute und -ziel sowie das Schiff von einer außen stehenden Instanz vorweg festgelegt worden sind. Fähren fahren nur feste Schifffahrtslinien entlang, von einem ausgebaggerten Hafenbecken zum nächsten. Die Vielfalt der Ufer, das gemeinsame Erleben eines Seeabenteuers, die aktive Gestaltung der Bootsfahrt, die Passung von Boot und Passagieren und viele andere Möglichkeiten sind von vornherein ausgeschlossen. Diese Rolle enthebt uns vieler weiterer Überlegungen und wir könnten uns eigentlich die meisten didaktischen Entscheidungen ersparen.

Wer dagegen statt Verlagsvertreterin verantwortungsbewusste Lehrerin werden will, muss für sich Stellung zur gesellschaftlichen Entwicklung beziehen und dazu eigenverantwortlich pädagogische Konsequenzen ziehen.

Die Frage nach der Welt und ihrer zukünftigen Entwicklung, also die Frage nach der Bedeutung der Lebenswelt der Kinder fürs schulische Lernen, ist die erste didaktische Frage, die es zu beantworten gilt. Die möglichen Antworten sind die Grundlage für begründete inhaltliche Schwerpunkte des Sachunterrichts. Dieser ersten didaktischen Frage wird im 4. Abschnitt dieses Buches noch genauer nachgegangen. Erst danach können wir uns der Frage widmen, wie dieser zukünftige Sachunterricht methodisch gestaltet werden kann. Denn auch in die methodischen Überlegungen müssen die Zielvorstellungen des „Für-welche-Welt" einfließen. Die Lebenswelt der Kinder kann sehr verschieden sein, wir müssen an die Lebenswelten anknüpfen, aber auch das allgemeine Wissen für alle ermöglichen[4].

Denn die didaktische Frage nach den gesellschaftlichen Bedingungen heißt für unser Sachunterrichtsboot nicht nur die Frage nach dem Kurs, sondern auch nach den Wetterbedingungen, regionalen Winden, den Wasserverhältnissen und den Anlegemöglichkeiten am Ufer. Wir müssen bei Sturm und felsigen Gewässern ein anderes Boot zimmern als für einen kleinen sonnigen Badesee. Das heißt auch, dass das Sachunterrichtsboot niemals ein Standardmodell sein kann, das über Jahrzehnte immer gleichermaßen funktionstüchtig bleibt. Je nachdem, wie schnell sich beispielsweise Sand am Grund anlagert, wie die Großwetterlage sich ändert und welche Anlegemöglichkeiten gebaut worden sind, muss ein bereits funktionstüchtiges Boot wieder umgezimmert werden. Wir können aber in Erwartung vieler Veränderungen nicht präventiv aufgeben, auf die äußeren Bedingungen zu achten und keine Modernisierungen durchzuführen. Eine derartige Fahrt mit prinzipiell veralteten Booten würde die Besatzung gefährden und das Untertauchen in den Strom der Zeit nahe legen.

2) Die zweite didaktische Grundfrage zielt mehr auf die Seite der Subjekte des Unterrichts, auf die Mädchen und Jungen der jeweiligen Schulklasse. Ehe wir gesellschaftliche Veränderungen oder Zustände didaktisch bewerten, müssen wir schauen, inwieweit Kinder schon jetzt davon betroffen sind. Die Lebenswelt der Kinder ist der zweite zentrale didaktische Orientierungspol. Die Welt der Kinder ist ein Teil der gesamten Welt. Denn die Kinder leben nicht unabhängig von ihren gesellschaftlichen Lebensumständen. Ein Kind aus einem Geschäftshaushalt in Bagdad, ein Straßenkind in Rio, ein Yanomamikind im venezolanischen Regenwald, ein peruanisches Prominentenkind in Miramar, ein Navajokind im Reservat, ein Slumkind in Harlem, ein Aussiedlerkind in Dortmund, ein Berberkind in Lybien, ein Bauernkind im anatolischen Hochland, ein Arbeiterkind in München, ein Staatsanwaltskind in Oldenburg, sie alle sind durch verschiedene Lebenswelten und Erfahrungen in besonderer Weise geprägt. Hinzu kommt, was sie in ihrer individuellen Biografie für Erfahrungen machen mussten oder konnten. Krankheit, Liebe, Tod, Angst, Vertrauen oder Sorgen können ein Kinderleben nachhaltig beeinflussen und sich in ihrem Denken, Fühlen und

---

[4] „Die Lebenswelt bildet zwar den Horizont, in dem sich die Vorstellungen und das Alltagswissen über die Umwelt entwickeln. Aber das lebensweltlich erworbene und erwerbbare Wissen erweist sich mitunter als nicht besonders zuverlässig, wenig belastbar und schließlich auch als unpraktisch" (Kahlert 2004, 36).

Handeln, in ihren Wertungen und Haltungen niederschlagen. Simone Seitz (2005) hat am Sachunterrichtsthema Zeit sehr eindrucksvoll nachgewiesen, dass jedes einzelne Kind eine ganz unterschiedliche Sicht zum Thema hat, weil jedes auch eine eigene Erfahrungsbiografie mitbringt, die unverwechselbar ist. Wenn wir die Interessen, Fragen und Verhaltensgewohnheiten der Kinder nicht genug einzuschätzen in der Lage sind, werden wir notgedrungen in schematischen Unterricht geraten. Gleichzeitig muss uns bewusst sein, dass die Lernvoraussetzungen der Kinder nicht statisch sind, sondern sich durch die jeweiligen Erfahrungen und Lernprozesse ständig verändern. Wenn beispielsweise einige Kinder einer ersten Klasse bislang noch kein Streichholz anzünden konnten, dann kann schon allein die Einführung des Rituals, dass das Geburtstagskind an seinem Geburtstag die Kerze in der Mitte des Sitzkreises in der Klasse allein anzünden darf, dazu führen, dass viele aufmerksamer beim ersten Anzünden zuschauen und es dann am eigenen Geburtstag selbst etwas besser können, weil sie es können wollen. Viele fehlende Lernvoraussetzungen sind bereits in dem Augenblick, in dem sie als solche erkannt werden, fast überwunden.

Hinzu kommt, dass Kinder einer Schulklasse auch in sich sehr heterogen sind. Da kommt das eine aus Selbstversorgungslandwirtschaft einer Aussiedlerfamilie aus Kasachstan und hat bislang verantwortlich die Gänse auf dem Steppenland bewacht, da kommt das nächste Kind aus einer Heimschule für Kinder mit Beeinträchtigungen der Bewegung und hat tagaus tagein motorisches Training erlebt und ist glücklich, nun so bewegungsfähig zu sein, dass es in eine Regelschule gehen darf. Da kommt ein drittes Kind aus Deutschland, kennt aber mehr das Wohnzimmer von innen und die Welt über den Filter der Fernsehprogramme, das vierte Kind wiederum wird außerschulisch durch Klavierunterricht, Kunstkurse, Reitunterricht und kindgerechte Bildungsreisen in vielen Fähigkeiten gefördert, aber vielleicht auch vor allem im Einhalten von Terminen gedrillt. Alle diese verschiedenen Biografien bedeuten unterschiedliche kulturelle Erfahrungen, aus denen Kinder Erfahrungen in die Lerngruppe einbringen können. Auf diese Verschiedenheiten und die Besonderheiten der kindlichen Entwicklung zu achten, ist die zentrale Aufgabe didaktischen Denkens. Ohne den Blick auf die jeweiligen Kinder kann Unterricht nicht lebendig werden. Gleichzeitig verlangt dieser Blick, dass sehr differenzierte Kenntnisse über Kindheit und Kinder, über europäische und außereuropäische Kulturen, über Jungen und Mädchen und über verschiedene Sozialerfahrungen von Kindern erforderlich sind, wenn wir den Kindern bei unseren didaktischen Entscheidungen gerecht werden wollen. Dazu werden wir im 5. Abschnitt über „Kindheit und Kinder" und über „Lernvoraussetzungen" mehr erfahren.

Um es auf die Metapher vom Sachunterrichtsboot zu beziehen, heißt dies, dass wir ein Boot zimmern müssen für eine sich ständig verändernde Besatzung; wir haben außerdem verschiedene Menschen an Bord, die nicht wie Galeerensklaven alle denselben Ruderschlag machen können und wollen. Jede Überlegung zum Sachunterricht sollte mit der Frage nach den Vorstellungen der Kinder beginnen. Welche Vorstellungen haben sie zu dem Thema? Welche Probleme, welche Fragen haben sie? So werden Kinder angenommen und wahrgenommen. Die meisten didaktischen Theorien zum Sachunterricht beziehen sich auf die Vermittlung der beiden Pole Kind und Welt. So heißt es bei Fischer bezogen auf den Anfangsunterricht: „Der Anfang kann nur gelingen, wenn er nahe am Leben des Kindes und im engen Bezug zu seiner Welt gesucht wird" (Fischer 2002, 11).

3) Neben den Polen „Welt" und „Kind" gibt es noch eine dritte zentrale didaktische Dimension, die „Sache". Es ist unstrittig, dass jeder Unterricht eine Sache braucht, insbesondere natürlich der Sachunterricht. Umso schwieriger ist dagegen die Frage zu klären, woher diese Sache genommen werden kann und wie sie ausgewählt wird. Auch dieser Frage wird ein eigener Abschnitt in diesem Buch gewidmet. Denn nur wenn eine Lehrperson autonom mit diesem Feld der Sache umzugehen vermag, lässt sie sich nicht von der Allmacht der Fach-Sachen erschlagen. Nur so kann sie auch den Kindern die erforderlichen Orientierungen für das gegenwärtige und zukünftige Leben aus den Inhalten vermitteln.

Für den Bootsbau ist es wichtig zu wissen, welche Materialien leicht sind, welche sich für Kielboote oder welche sich für rund geformte Jollen eignen. Es muss überhaupt Vertrautheit mit den Eigenschaften und Möglichkeiten verschiedener Materialien geschaffen werden. Letztlich besteht dann zwar ein Boot aus bestimmtem Kunststoff oder Eschenholz, aber der Baumstamm einer Fichte allein sagt ebenso wenig wie eine dem Sachunterricht zugeordnete Fachwissenschaft, wie ein Boot zu bauen sei.

Die Fragen der Sache, das heißt der Inhalte im Sachunterricht, werden im 6. Kapitel dieses Buches behandelt.

4) Die eigentlichen didaktischen Schlussfolgerungen für den Sachunterricht können aus keiner dieser drei Dimensionen, Welt, Kind und Sache allein gezogen werden, sondern immer wieder in wechselseitigem Bezug zueinander. Der Unterricht ist also der vierte Pol in diesem Feld, auf den sich die Vorüberlegungen zu Welt, Kind und Sache beziehen müssen. In Basiswissen Sachunterricht haben wir dies wie auf S. 18 als Pyramide grafisch dargestellt (Pech/Kaiser 2004a, 4).

Die Gedanken des wechselseitigen Verknüpfens oder Verbindens, um dem Sachunterrichtsboot stabilen Halt zu geben, sollen im 7. Kapitel entwickelt werden. Wichtig ist, dass wir uns klar machen, dass dieses Basisdreieck der Pyramide nicht harmonisch gleichschenklig sein kann. Denn in der Mitte steht die Lehrperson, sie hat selber ein Verhältnis zur Sache, zur Welt und zum Kind. Dabei ist Welt auf verschiedenen Ebenen zu sehen, die unmittelbare Lebenswelt eines Kindes, seine Umwelt und die sein Leben umgebende Welt. Zur Welt gehören die sozialen und politischen Beziehungen der Menschen als auch die naturwissenschaftlich zu untersuchenden Dimensionen wie beispielsweise die chemische

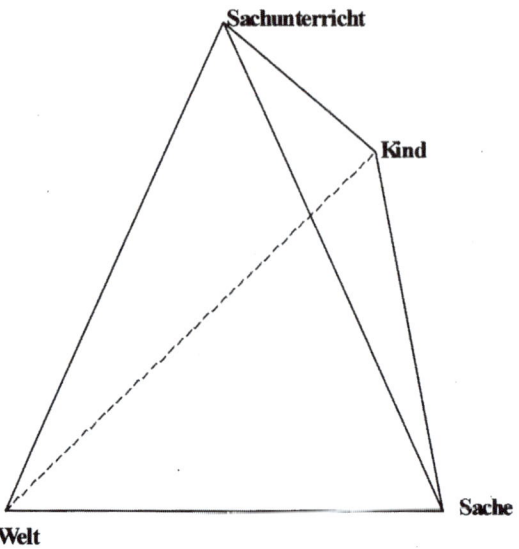

Abb. 7

Zusammensetzung der Luft, die gestaltete Umwelt wie Bauwerke und die mehr oder weniger beeinflusste Natur wie ein Wald oder Gletscher. Jeder Mensch sieht diese Welt anders und nimmt sie unterschiedlich weit wahr. Aber sie ist real gegeben, wenn auch in sehr verschiedenen Auswirkungen auf jeden einzelnen Menschen in Wahrnehmung und Bedeutung.

Von daher wird auch im didaktischen Denken das Dreieck bei jeder Person etwas anders ausfallen, nur ist es wichtig, prinzipiell alle Dimensionen zu berücksichtigen und nicht den Unterricht nur von den Kinderbedürfnissen oder gesellschaftlichen Belangen oder Sachstrukturen zu entwickeln. Die Didaktik ist kurz gesagt die Theorie, wie man abwägt zwischen Kind, Welt und Sache, um den Unterricht zu planen.

Ziel dieser Einführung ist es, über diese drei Dimensionen des didaktischen Feldes näher nachzudenken und für die zukünftige Alltagsdidaktik erste Orientierungen herauszubilden, die später zusammen mit dem nur in der Praxis zu erwerbendem Erfahrungswissen von Lehrpersonen produktive Handlungsfähigkeit ermöglichen. Es sollen hier auch nicht die Techniken für gute Showstunden in der 2. Phase der Lehramtsausbildung vermittelt werden. Im Gegenteil: hier soll das Sachunterrichtsboot beweglich gemacht werden, aber nicht perfekte Manövermodelle zum Vorführen gezimmert werden, die bei verändertem Seegang oder anderer Besatzung schon nicht mehr geeignet sind.

Es sollen auch nicht Standardbaupläne vermittelt werden, von denen alle zukünftigen Sachunterrichtslehrerinnen und -lehrer ihre Boote nachbauen können

– unabhängig davon ob sie selbst mehr schauspielerische oder mehr zeichnerische Interessen haben, ob sie in ihrer Klasse Kinder mit sonderpädagogischem Förderbedarf haben.

Ziel einer Einführung in die Didaktik des Sachunterrichts soll es vielmehr sein, allen zukünftigen Lehrerinnen und Lehrern des Sachunterrichts erste Fähigkeiten zu vermitteln, selbst Bootsmodelle zu bauen. D. h. nicht nur eine Lehre von den Materialien und den Insassen eines Bootes, Techniken des Zusammenfügens der Materialien, Funktionsweisen verschiedener Antriebsmöglichkeiten vom Elektromotor bis zum Paddel, Wissen über das Revier, die Wind- und Wetterverhältnisse, aber auch über das Wasser, die Felsen und vor allem das Ufer, sondern auch die Selbst-Erkenntnis, mit welchem Bootstypus ich selbst am besten umgehen kann und will.

Die Kunst des Bootsbaus ist selbstverständlich nicht voraussetzungslos. Es hilft, alte fehlerhafte Konstruktionen zu analysieren, den Ursachen vergangener Schiffshavarien nachzuspüren aber auch die wundersamen Leistungen der Hansekogge oder anderer historischer Hochleistungen des Schiffbaus näher zu verstehen. Auch in der Sachunterrichtsdidaktik ist es wichtig, einen geschichtlichen Rückblick zu leisten, um auf einem fortgeschrittenen Stand anzusetzen und nicht alte Fehler zu wiederholen. Deshalb soll hier im 2. Kapitel zunächst ein Überblick über die Geschichte des Sachunterrichts bis 1970 gegeben werden. Denn wir sollen selber Baumeister für unsere Schiffe werden, aber jeder gute Baumeister hat bei anderen Baumeistern studiert, hat geguckt, wie andere bauen. Früher im Mittelalter war es so, dass die Gesellen herumwandern mussten, von Stadt zu Stadt, um zu sehen, wie der Schreiner und wie jener Schreiner arbeitete. Und genau so ist es für uns auch ein Handwerk, wenn wir Handwerksmeister werden sollen in unserem Beruf, wir müssen gucken, wie bauten die früher den Sachunterricht und seine Vorläufer.

Aber nicht nur der allgemeine Blick in die Vergangenheit kann fruchtbar sein, sondern auch der Blick in schon fertige Konstruktionspläne. Deshalb sollen im dritten Kapitel mehrere Konzeptionen des Sachunterrichts aus den letzten 35 Jahren vorgestellt werden.

2 Zur Geschichte des Sachunterrichts

2.1 Sachunterricht und Schulgeschichte

Wenn wir unsere Sachunterrichtsboote im Spannungsfeld zwischen Kind, Welt und Sache produktiv konstruieren und selber Baumeister für unsere Schiffe werden wollen, brauchen wir eine gute Orientierung, also ein klares didaktisches Denken.

Die ältesten Muster für Sachunterricht gibt es in der Steinzeit – lange bevor es Schulen gab. Damals lernte man im Leben des Stammes die notwendigen Fertigkeiten des Lebens wie Hüten des Feuers, Sammeln von Beeren oder Umstellen eines Jagdtieres. Aber erst seit Erweiterung des Wissens und Auslagerung des Lernens aus dem Alltagsleben können wir im engeren Sinne von Sachunterricht sprechen.

Aus heutiger Sicht erscheint uns Sachunterricht selbstverständlich. In allen Schulen gilt Sachunterricht als ein allgemein anerkanntes Hauptfach. Da fällt es schwer, sich vorzustellen, dass dieses Fach eines der jüngsten Schulfächer überhaupt ist. In Niedersachsen ist diese Fachbezeichnung schon seit 1960 in den Richtlinien benannt. Insgesamt aber gibt es erst seit den 1970er Jahren Sachunterricht als offiziell anerkannte Bezeichnung, vorher gab es das Fach Heimatkunde. Dieses Fach Heimatkunde wiederum ist erst in den 1920er Jahren mit der Weimarer Grundschulreform zu einer anerkannten Fachbezeichnung im Lehrplan geworden. Im 19. Jahrhundert war noch nicht einmal Heimatkunde, sondern der Anschauungsunterricht der geforderte moderne Unterricht. Ende des 18. Jahrhunderts gar gab es überhaupt die ersten Auseinandersetzungen um die Einführung von Realien, d. h. Fächer wie Naturkunde oder Geschichte oder Geografie im allgemein bildenden Schulwesen.

Gerade weil der Sachunterricht ein so neues Fach ist, und vielfach in den Bundesländern heute noch nicht in der Ausbildung von zukünftigen Lehrerinnen und Lehrern an den Grundschulen berücksichtigt wird, ist es notwendig, seine historische Entwicklung auf die Ursprünge und Anfänge zurückzuverfolgen. Da auch viele historische Relikte noch im heutigen Sachunterricht auffindbar sind, ist es notwendig, sie als solche identifizieren zu können, ehe man zu einer eigenen didaktischen Beurteilung gelangen kann.

Die Vielzahl an Bezeichnungen für dieses Fach und seine Vorläufer, nämlich Realienunterricht, Anschauungsunterricht, Heimatkunde, Heimatkundlicher Anschauungsunterricht, Kernunterricht des Gesamtunterrichts, Sachkunde, Deutschheimatkunde, ungefächerter Sachunterricht, Sach- und Heimatkunde zeigt bereits, dass wir vor einem schillernden, historischen Vorläuferspektrum stehen. Ich selbst vertrete ein weites Verständnis von Sachunterricht und würde ihn am liebsten Weltorientierung (Annink 1984), Welterkundung (Ramseger

2004) oder wenigstens als Sach- und Sozialunterricht (Klafki 1992) oder „Beziehungsunterricht" (Hopf 1993a, 88) bezeichnen, um deutlich zu machen, dass keine engen gegenständlichen Inhalte beim Sachunterricht gemeint sind, sondern Menschenbildung für diese Welt.

Gleichwohl spreche ich weiterhin von Sachunterricht, weil dies als Begriff gebräuchlich ist, versuche aber ihn inhaltlich weiter zu fassen im Sinne von Weltorientierung oder Welterkundung. Daneben halte ich die u. a. im Kanton Zürich verwendete Begriffsumwandlung von Sachunterricht in 'Mensch und Umwelt' oder die japanische Fachbezeichnung 'Lebenskunde' für meinen Intentionen zur menschengerechten Gestaltung von Sachunterricht eher entsprechend. D. h. ich gehe bei der Suche nach historischen Vorläufern von Sachunterricht von einem breiten Inhaltsspektrum aus, in dem die humanen und sozialen Dimensionen einen wichtigen Stellenwert haben. Mit diesem Vorgriff auf die noch später zu leistenden didaktischen Entscheidungen wende ich mich nun den geschichtlichen Vorläufern des Heimat- und Sachunterrichts zu. Diese sind jedoch nicht ohne die Geschichte der Schule zu verstehen. Deshalb sollen dazu vorweg einige Grundlinien skizziert werden:

Geschichte des Sachunterrichts

Zeit	Schulentwicklung	Entwicklung der Sachunterrichtsdidaktik
ab 2000	Mehr integrierte Schulen und stärkere Separierung der Schulformen in Deutschland	integrierte Didaktik und Pädagogik der Vielfalt???
1980–2000	Versuche von „Behinderten"-Integration	erste Ansätze sinnennahen, ästhetischen Lernens, Projektwochen, Freie Arbeit meist als Materialdifferenzierung, Dominanz der Arbeitsblätter, „Kindorientierung" wichtige Kategorie
1970–1980	erste Gesamtschulen	Sachunterricht als gesellschaftskritisches, wissenschaftsorientiertes Konzept, Dominanz kognitiven Lernens, starke Repräsentanz einzelfachlicher Orientierungen, Anspruch: Lernen des Lernens
1960–1970	Bildungsreformdebatte beginnt	Sachkunde, beginnende inhaltliche Erweiterung der Heimatkunde, Jeziorsky, Lichtenstein-Rother bringen neue Fachbezeichnungen: „Allgemeinbildender Unterricht", „Sachunterricht"

1945–1960	Keine Veränderung	Heimatkunde als Teil der volkstümlichen Bildung (Stöcker)
1930–1945	Keine Veränderung	Heimatkunde bleibt, wird ergänzt durch bestimmte Stoffe, stärkere Betonung der irrationalen Elemente („Bodenverbundenheit")
1900–1930	Ab 1920: erste Hilfsschulen, Grundschule als Schule für alle	Phase der Heimatkunde und der Beeinflussung durch die reformpädagogische Bewegung; Arbeitsschule, Erlebnispädagogik, „vom Kinde aus", „zurück zur Natur" als Schlagworte (Lietz, Wyneken, Gaudig, Otto, Petersen, Gansberg, Montessori, Östreich, Karsen, Kerschensteiner)
19. Jahrhundert	Realschulen	Anschauungspädagogik gewinnt an Gewicht, auch restaurative Tendenzen (Stiehl'sche Regulative); Dörpfeld: „Sachunterricht" vorgeschlagen, religiöse Inhalte verlieren an Gewicht; Herbartianer: Formalstufen; Diesterweg: demokratischer Anschauungsunterricht
Ende 18. Jahrhundert	Erste Schulpflichtgesetze, Fabrikschulen	Herausbildung der Anschauungspädagogik, Pestalozzi: Lernen mit Kopf-Herz-Hand, Realienfächer bekommen Bedeutung
17. Jahrhundert	Ausbreitung der Dorfschulen und Entwicklung in einzelnen Fürstentümern	Comenius: „orbis pictus", erstes allgemein bildend verstandenes Sachbuch; Andreas Reyher: Realienbuch
16. Jahrhundert (Renaissance)	Dorfschulen	Luther: durch Reformation Aufbau von Dorfschulen zum Lesen, Schreiben, Bibelkunde
Mittelalter	Kloster/Domschulen, später: Stadtschulen, Klipp-/Winkelschule	Septem Artes: lateinische Grammatik, Rhetorik, Dialektik, Arithmetik, Geometrie, Astronomie und Musiktheorie

Abb. 8

Dabei muss deutlich gesehen werden, dass es keine isolierte Geschichte des Sachunterrichts gibt: „Die Geschichte des Sachunterrichts ist Bestandteil der (nationalen) *Schul- und Unterrichtsgeschichte* und sie ist ein Stück *Kulturgeschichte*, das abhängig ist vom historischen Entwicklungsstand der Gesellschaft und ihrer Kultur und hier insbesondere der Wissenschaften, der Technik, der Ökonomie, der Politik und nicht zuletzt der Religion(en)" (Mitzlaff 2004a, 23).

Sachunterricht ist – wie gesagt – ein historisch sehr junges Fach. Aber er hat nicht erst in seiner schulischen Form angefangen. „Unwidersprochen dürfte sein, dass das Lernen von Sachen vor jedem Bestehen von Schule und Unterricht in allen Kulturkreisen und Epochen bereits stattgefunden hat. [...] Dieses Lernen erfolgte entweder individuell durch Erfahrung und Umgang oder, wo eine Generation schon einen bestimmten Erfahrungs- und Wissensschatz angehäuft hatte, durch einfache Belehrung oder Nachahmung" (Meiers 2004, 37). Allerdings können wir auch verschiedene Vorläufer von sachorientierter Bildung in der Antike in den frühen asiatischen Hochkulturen (wie China und Mesopotamien) finden (Mitzlaff 2004 a).

Im Übergang zu schulischen Formen gab es schon in der Antike Ansätze, jungen Menschen etwas über die Welt zu vermitteln, was über die unmittelbare Lebenserfahrung hinausgeht. Antike Erziehung und Belehrung eines Knaben durch einen kundigen Lehrer (pädagogos = Knabenführer) oder die frühmittelalterliche Erziehung adliger Jungen in Reit-, Kampfkunst und höfischem Anstand durch einen „Zuchtmeister" entsprechen noch nicht der Form eines schulischen Unterrichts (vgl. zur Schulgeschichte Günther u. a. 1966). Dieser hat sich zuerst in den Dom-, Kloster- oder Stiftsschulen herausgebildet, in denen neben dem eigenen Ordensnachwuchs auch jüngere Söhne aus Adelshäusern ausgebildet wurden – in Frauenklöstern auch Töchter. In der frühen mittelalterlichen Schule kamen die Sachfächer überhaupt nicht vor. Vielmehr ging es vor allem darum, die Grundlagen für theologische Bildung in den aus der Antike überlieferten „sieben Künsten" (Trivium und Quadrivium) zu legen. Die zumeist auswendig zu lernenden Inhalte des Triviums waren lateinische Grammatik, Rhetorik und Dialektik, das Quadrivium bestand aus Arithmetik, Geometrie, Astronomie und Musiktheorie. In diesen Schulen, den Dom- und Klosterschulen, gab es nur einen geringen Anteil an Kindern aus der breiten Bevölkerung. In derartigen Schulen waren Inhalte wie Rhetorik oder Grammatik in lateinischer Sprache vorgesehen. Allerdings gab es auch damals schon Pläne. „Ein erster Lehrplan mit sachlichen Inhalten über die Astronomie hinaus, ist der von Honorius Augustinensis (1090–1130) (Dolch 1965, 115). Er nennt unter Berufung auf Hippokrates die Physik (Kräuter, Bäume, Steine, Tiere), die Mechanik (jegliche Bearbeitung von Metallen, Holz, Stein; jegliche handwerkliche Kunst) und die Ökonomie" (Meiers 2004, 37 f.).

Erst allmählich setzte sich mit dem erstarkenden Bürgertum in den Städten in den von der wohlhabenden Kaufmannschaft gegründeten Ratsschulen oder Lateinschulen in der Realität Handelsrechnen, Münz- und Maßkunde, Recht, allmählich auch die deutsche Sprache und moderne Fremdsprachen als Lerninhalt durch. Für breitere städtische Schichten wurden deutsche „Schreib- und Leseschulen" gegründet, die – wie der Name sagt – wesentlich für die Vermittlung der Kulturtechniken gedacht waren. Sachlernen erfolgte im Mittelalter weitgehend in der Lebenspraxis und wurde nicht einmal als möglicher schulischer Inhalt theoretisch gedacht – wenn wir von den für den europaweiten Handel erforderlichen geografischen Grundkenntnissen absehen.

Wie Aries in seiner Geschichte der Kindheit (1978) sehr plastisch darstellt, fand das Lernen der Kinder im Mittelalter wesentlich durch das Leben in verschiedenen Lebensräumen statt, d. h. durch das Leben des Kindes im handwerklichen Betrieb und die Erfahrung der Produktion z. B. eines Tisches, durch die Beobachtung und Mithilfe bei der Speisenzubereitung, die Mithilfe von Kindern bei der harten und schweren Landarbeit. All diese Lebensbedingungen hatten im Mittelalter sehr häufig auch Bildungsqualität, so dass eine formal abgehobene Sachunterrichtsdidaktik gar nicht vonnöten war.

Eine quantitative Ausdehnung von Schulen in den zum späteren Deutschland gezählten Fürstentümern erfolgte mit Beginn der Frühen Neuzeit. Der Reformator Luther setzte sich insbesondere für die Förderung der Lesefähigkeit auch armer Bevölkerungsschichten ein.

Die Realien, d. h. vor allem Geschichte, Geografie und Naturkunde, waren im 17. Jahrhundert erstmals theoretisch – aber immer noch insgesamt wenig – diskutierte Unterrichtsinhalte.

Lediglich in einigen wenigen fortschrittlichen Regionen gab es schon sichtbare Ausweitungen der Schulen. So gab es in Gotha bereits 1672 eine durch Verordnung eingeführte Schulpflicht für Jungen und Mädchen vom 5. bis 12. Lebensjahr bei sechsstündigem täglichen Unterricht in den Fächern Lesen, Schreiben, Rechnen und Religion (Mitzlaff 2004 c). Daneben wurde auch Kirchgesang, Tier- und Pflanzenkunde, Zeitrechnung, Messkunst, Münzwesen und Landesverwaltung (z. B. Gerichtswesen) gelehrt. Andreas Reyher (1601–1673) entwickelte dazu in Gotha einen Lehrplan und legte 1657 das erste gedruckte Realienbuch für „gemeine Teutsche Schulen" vor (vgl. Mitzlaff 2004 c). Dies kann als der eigentliche Anfang eines pragmatischen Realienunterrichts angesehen werden. Wir können dieses erste deutsche Realienbuch auch als Ursprung des europäischen Sachunterrichts bezeichnen, denn damit wird ein weites Spektrum an Themen eröffnet:

„Wegen ihrer historischen Bedeutung für die gesamte weitere Entwicklung werden sie abschließend hier ausführlich wiedergegeben:

I. Kap. 1: Himmelskunde, Sonne, Mond, Sterne.
   Kap. 2: Vier Elemente; Meteore, Blitz, Donner, Wolken, Regen, Tau, Reif, Winde, Regenbogen, Morgenröte, Sonnenhof.
   Kap. 3: Erdkreis, Edelsteine, Perlen, Metalle, Mineralien, Bodenarten.
   Kap. 4: Bäume und Kräuter, Heilkräuter für Mensch und Tier.
   Kap. 5: Fliegende, schwimmende, gehende, kriechende Tiere.
   Kap. 6: Vom Menschen, von seinem Körper.
   Kap. 7: Von der Seele: Sinne, Verstand, Begehren, Willen.

II. Musik, Zweck, wichtigste musikalische Instrumente.

Messkunst, Maße, Winkel, Linien mit 35 geometrischen Figuren.

Münz- und Landbeschreibung, verjüngter Maßstab, Visierschnur, Gewichte, geografische und zeitliche Maße.

Baukunst. Maße als Beilagen, gefordert für die Schule sind Elle, Zirkel, Bleiwaage, Strickrollen, Gewichte, Kompass.

Zeitrechnung. Immerwährender Kalender wird angekündigt.

III. Land und Orte, Ämter, Berufsarten, Rechte und Vorteile, Zweck der Steuern und Zinsen, Landes-, Kirchen-, Polizei- etc. Ordnungen.

IV. Gute Lehren für Hausherren, Hausfrauen, über Sparen, Ausgaben und Einnahmen, Aushelfen für andere, Ordnung" (Meiers 2004, 39 f.).

Im großen Land Preußen dagegen gab es erst 1717 eine allgemeine Schulpflicht mit täglichem Unterricht im Winter. Als oberstes Ziel wurde dabei die Heranbildung frommer Christen und nützlicher Untertanen gesehen. Insgesamt blieb also das Gothaer Modell noch eine Ausnahme. Wenn überhaupt Schule für breitere Bevölkerungskreise stattfand, war sie weitgehend Schulung von Untertanen und Sprachbildungsschule. Das nötige unmittelbar erforderliche Sachwissen erwarben die Menschen immer noch hauptsächlich im täglichen Umgang.

Erst im 20. Jahrhundert wurde dann mit der Weimarer Grundschule das Fach Heimatkunde zum offiziell erklärten schulischen Inhalt.

2.2 Zur Frühgeschichte des Sachunterrichts – Zur Auseinandersetzung um Realien und Anschauungsunterricht

Nach diesem Rundblick über die Geschichte der Schule bis hin zur Zeit der ersten sach-pädagogischen Konzepte wende ich mich nun zur Pädagogikgeschichte des Sachunterrichts.

Dabei unterscheide ich mehrere Epochen.

- Erstens die Epoche des Realienunterrichtes, die von Comenius (1592–1670) und Reyher (1601–1673) eingeleitet worden ist.

- Zweitens die Epoche des Anschauungsunterrichts, die auf das 19. Jahrhundert bezogen werden kann.

- Die dritte Epoche in der Geschichte des Sachunterrichts ist die Epoche der Heimatkunde, die mit Beginn des 20. Jahrhunderts einsetzte und z. T. von der zu der Zeit sich herausbildenden reformpädagogischen Bewegung mit beeinflusst wurde, aber nicht in allen Varianten als reformpädagogische Konzeption bezeichnet werden kann.

- Über die Zwischenetappe der Sachkunde in den 1960er Jahren wurde die Heimatkunde von der vierten Epoche, nämlich der Sachunterrichtsepoche Anfang der 1970er Jahre allmählich überformt. Auslösendes Moment war damals die Diskussion über den wissenschaftsorientierten Sachunterricht, wie sie in Deutschland verstärkt seit dem Frankfurter Grundschulkongress 1969 geführt wurde. Die zweite Wurzel des Sachunterrichts erwuchs aus dem Ziel der Demokratisierung und der Befähigung zu Selbst- und Mitbestimmung.

- Die fünfte Epoche, die Epoche des zukünftigen Sachunterrichts oder die Epoche der sozialen Weltorientierung oder der Welterkundung ist noch nicht angebrochen, aber bereits jetzt gibt es theoretische Ansätze, die über einen gegenständlich begrenzten Sachunterricht und einen nur auf kognitives Lernen orientierten Sachunterricht hinaus reichen und ein breites Inhaltsspektrum sowie differenzierte Ziele vorsehen.

Betrachten wir aber zunächst die Frühgeschichte des Sachunterrichts und zwar die allererste Epoche, die Epoche des Realienunterrichtes. Wenn wir hier von einer Epoche reden, heißt dies nicht, dass tatsächlich in allen Schulen, in allen Unterrichtsformen und -bedingungen der Realienunterricht einen wichtigen Stellenwert hatte, sondern nur dass der Realienunterricht im 17. Jahrhundert im Mittelpunkt didaktischer Auseinandersetzungen stand[1]. In seinem Gefolge sind schließlich Realschulen und Realgymnasien, d. h. Schulen die auch Sachfächer wie Geschichte, Naturkunde, Geografie und andere zu lehren hatten, neben den tradierten sprachorientierten Lateinschulen entstanden. Aber sowohl die Realschulen wie auch die Realien waren nicht die empirisch dominierenden Formen, sondern die theoretisch in der Zeit prägenden Auseinandersetzungspunkte so wie heute die Frage der Ganztagsschule und Gesamtschule.

Ehe Realien tatsächlich Einzug in Schulen feierten, wurden sie aber von pädagogischen Philosophen gefordert. Der böhmische Aufklärer Comenius hat schon Mitte des 17. Jahrhunderts ein umfassendes theoretisches Konzept zur allumfassenden Bildung vertreten. Er verfasste ein mit Zeichnungen illustriertes Buch „Orbis sensualium pictus" (1658). Der Anspruch war, dass damit das gesamte Wissen der Welt vermittelt werden sollte. Das Themenspektrum bezog sich auf die gesamte Breite der Schöpfung. Dazu hier nur eine Themenauswahl:

- Gott
- Der Himmel
- Die Welt
- Das Feuer
- Die Metalle
- Gemüse
- Getreide
- Das Hausgeflügel

---

[1] Allerdings gab es auch für die Realien schon Vorläufer in der Antike, in naturphilosophischen Lehrinhalten aus den Kloster- und Domschulen des Mittelalters und schließlich auch schon in den frühen Hochkulturen Mesopotamiens, Ägyptens und Asiens (vgl. Mitzlaff 2004a, 23).

- Das Wild
- Der Ehestand
- Der Bergbau
- Der Barbier
- Die Schiffe
- Das Reich
- Die Seeschlacht
- Der Buchbinder
- Das Theater
- Die Philosophie
- Das Sonnensystem
- Die Freigebigkeit
- Das letzte Gericht

In diesem ältesten Sachbuch unseres Kulturkreises wird zu jedem der Themen auf der linken Seite ein leicht fantastisches Bild mit vielen realistischen Details, etwa beim Thema Luft ein pustender Kopf auf der Spitze eines Wirbelwindes, von Sturm gebeugte Baumwipfel und Wolken im Himmel. Daneben die zu diesem Thema zu lernenden Begriffe: „Die Luft wehet sanft. Der Wind bläset stark. Der Sturmwind reißet die Bäume nieder. Der Wirbelwind drehet sich im Kreis. Der Wind unter der Erden erreget Erdbeben. Das Erdbeben macht Erdfälle."

Aus heutiger Sicht sind fachliche Defizite offensichtlich. Aber auch pädagogisch ist – trotz der bildhaften Veranschaulichungsversuche – hier ein sehr eingeschränktes Spektrum an Möglichkeiten realisiert worden.

In den theoretischen Vorbemerkungen Comenius' finden wir aber durchaus einige sehr beachtenswerte, modern anmutende Gedanken, so die Notwendigkeit des Lernens mit den Sinnen:

„Es ist aber nichts in dem Verstand, wo es nicht zuvor im Sinn gewesen ist. Wann nun die Sinnen, der Sachenunterschiedenheit wohl zu ergreifen, fleißig geübet werden, das ist soviel als zur ganzen Weisheitlehre und weißen Beredtsamkeit und zu allen klugen Lebensverrichtungen den Grund legen" (Comenius 1658, 1).

Auch Freie Arbeit ist in ihren Ursprüngen schon von Comenius im 17. Jahrhundert als Idee entwickelt worden: „Ich muss noch etwas näheres von dem nützlichen Gebrauch dieses Büchleins anführen. 1. Man gebe es dem Knaben unter die Hand, sich damit nach eigenem Belieben zu belustigen und Beschauung der Figuren und dieselben ihm bekannt zu machen. Auch zu Hause ehe man sie zur Schule schicket" (Comenius 1658, 7).

Bei der Zahl der tatsächlich angegebenen Sachthemen im orbis sensualium pictus, nämlich 142 Themen, wird deutlich, dass an Vertiefung des Wissens trotz aller Vorreden nicht viel zu denken ist. Das Inhaltsspektrum Comenius' ist trotz der enormen Stofffülle aber durchaus beachtenswert. Ich nenne hier beispielhaft

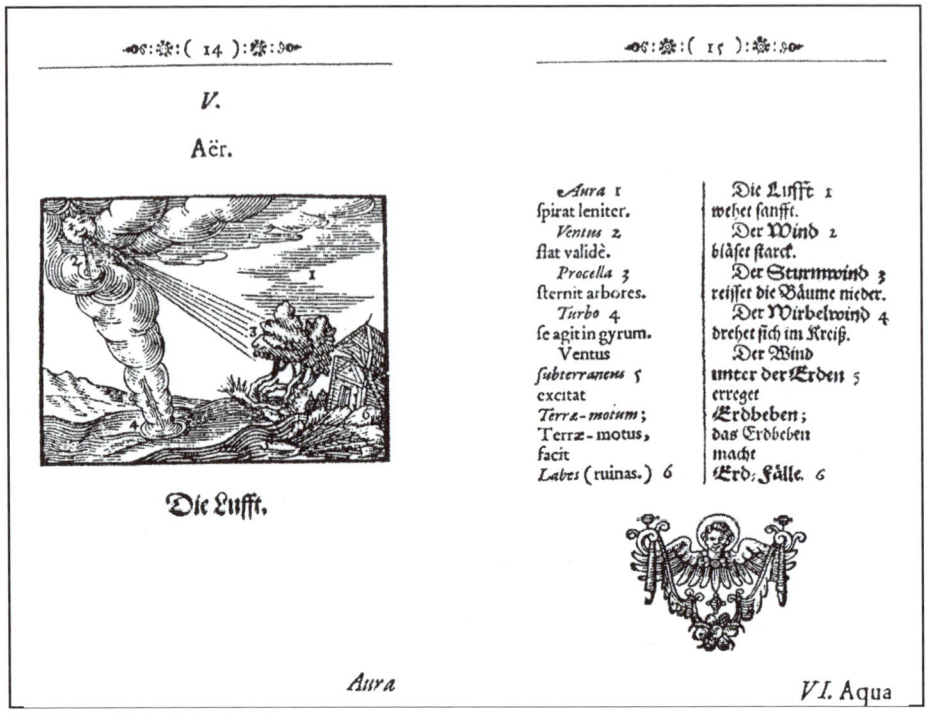

Abb. 9

Themen: Gott, Steine, Gesangvögel, Schlangen und Gewürme, das Geader und Gebein, die Fischerei, das Leinwerk, die Hausgemächer, der Seiler, die Schreibkunst, das Museum, die Sittenlehre, die Sippschaft, das Begräbnis, die königliche Majestät, die Vorsehung Gottes. Wir können die gesamte Schöpfungsgeschichte in diesem Plan des pansophischen Theoretikers herauslesen. Er forderte nicht nur einen Realienunterricht, in dem – aus damaliger Sicht – alles gelehrt wird, sondern auch alles allen. So heißt es in seiner Großen Didaktik: „Nicht bloß die Kinder der Reichen oder Vornehmen, sondern alle in gleicher Weise, Adlige und Nichtadlige, Reiche und Arme, Knaben und Mädchen müssen in allen Städten und Flecken, Dörfern und Landhäusern zur Schule herangezogen werden […] Zunächst sind alle, die als Mensch geboren, zu dem Hauptzweck geboren, Mensch zu sein, d. h. vernünftiges Geschöpf, Herr der Geschöpfe, Ebenbild des eigenen Schöpfers" (Comenius 1904, 62).

Aber nicht nur bei der Breite der Inhalte, sondern auch im methodischen Denken war Comenius durchaus schon weit in seinen pädagogischen Gedanken gediehen. So forderte er, dass der Stoff für die Lernenden motivierend präsentiert werden muss „Daher muss man den Wissens- und Lerneifer auf alle nur mögliche

Weise bei den Knaben entflammen" (Comenius 1904, 117). Auch in der Vermittlungsmethode plädierte Comenius für Originalbegegnungen statt Bücherwissen: „Die Menschen müssen in der Weisheit soviel als möglich nicht aus Büchern unterwiesen werden, sondern aus dem Himmel, der Erde, den Eichen und Buchen, d. h. die Dinge selbst kennen lernen und durchforschen, nicht nur fremde Beobachtungen und Zeugnisse über die Dinge" (Comenius 1904, 134). Die interessanten pädagogischen Gedanken ließen sich noch erweitern. Hier soll Comenius lediglich als früher Realiendidaktiker vorgestellt werden, auch wenn er noch weitgehend aus einem theologischen Denken zu seinen pädagogischen Ideen kam. Dies entspricht aber auch der Entwicklung der Pädagogik als Disziplin insgesamt, die sich über Jahrhunderte erst aus der Theologie zu einem eigenständigen Fach herausgebildet hat.

Noch klarer als das pansophische Konzept von Comenius (vgl. Mitzlaff 2004b) kann der von Andreas Reyher (vgl. Mitzlaff 2004c, 47ff.) entwickelte Lehrplan als Vorläufer für den Realienunterricht bezeichnet werden. Aber auch andere Autoren wie Wolfgang Radtke (1571–1635) haben durch die Forderung, Geschichte und Kartografie zu lehren, einen wesentlichen Grundstein für die Realienbildung und den Sachunterricht gelegt. Reyher wendete die pansophische Orientierung von Comenius hin zu „utilitaristischen und erkenntnistheoretischen Gesichtspunkten. Am Anfang steht nicht mehr der allmächtige Schöpfer, sondern der Mensch in seinen nächsten Verhältnissen (Mitzlaff 2004c, 48). Ihm ging es um die Vermittlung von nützlichem Wissen (Heilpflanzen und -kräuter). Die „Vermittlung *lebenspraktischer Sachkenntnisse* sowie die *sittlich-soziale Erziehung* zu einem nützlichen, arbeitseifrigen und christlichen Leben" (Mitzlaff 2004c, 49) – vor allem naturkundliche und sozialkundliche Kenntnisse – waren die zentralen Ziele Reyhers. Mitzlaff merkt allerdings kritisch an, dass die Geschichte als dritte Inhaltssäule des Realienunterrichts damals noch fehlte (Mitzlaff 2004c, 49).

In den folgenden zwei Jahrhunderten haben sich noch weitere Vorläuferkonzepte des Sachunterrichts herausgebildet. Zunächst gilt es, den Einfluss Rousseaus nicht zu unterschätzen, den er im 18. Jahrhundert vor allem durch seine Schrift Emile (Rousseau 1963) in Richtung auf Anerkennung des Kindes in seiner Eigenart nahm. Für die Zeit nach dem 12. Lebensjahr schlägt Rousseau das Lernen in natürlichen Situationen vor – beispielsweise Himmelskunde beim Herausfinden aus einem Wald (vgl. Mitzlaff 2004d). Rousseau hat also eher methodische Einflüsse ausgeübt und nicht einen didaktischen Rahmen eröffnet. Auch die Philanthropen des 18. Jahrhunderts haben Erfahrungswelten für das Lernen betont. Für den Sachunterricht besonders von Bedeutung ist der Ansatz Salzmanns, an der Natur selbsttätig beobachtend zu lernen (Schweitzer 2004). In allen diesen Konzepten waren schon methodische Ansätze enthalten, die sich mit dem Gedanken befassen, wie Kindern die Inhalte besser zu vermitteln seien, sei es in quasi natürlichen Umgebungen wie bei Rousseau oder in Beobachtungen in der Natur wie bei Salzmann. Somit wurde allmählich die Idee der Anschauungspädagogik vorbereitet.

2.3 Die Anschauungspädagogik als Vorläuferin des Sachunterrichts

In der zweiten Epoche der Geschichte des Sachunterrichts spielte die Frage der Anschauung in den pädagogischen Theorien eine zentrale Rolle. Wir können diese Epoche von der zweiten Hälfte des 18. Jahrhunderts bis zur Jahrhundertwende zum 20. Jahrhundert grob eingrenzen.

2.3.1 Pädagogische Theorien der Anschauungspädagogik

Das Konzept der Anschauungsdidaktik, das auf Comenius, Reyher, Ratke, Pestalozzi und Franke zurückzuführen ist, hat im 19. Jahrhundert als Prinzip progressiv orientierten Realien-/ Sachunterrichts – nicht nur auf den Anschauungsunterricht der ersten beiden Schuljahre beschränkt – hohe Anerkennung in pädagogischen Schriften gefunden.

Wesentliche Impulse erhielt dieses Denken durch die Schriften Rousseaus (Mitzlaff 2004 d), in denen vor allem das natürliche Lernen als organisch-dialogisches Lernen propagiert wurde. Dieses hatte auf viele pädagogische Gedanken der Zeit und auch später Einfluss.

Die Anschauungspädagogik wurde besonders von Pestalozzi, dem großen, 1746 geborenen Schweizer Pädagogen mitbegründet, der mit seiner Formel „Lernen mit Kopf, Herz und Hand" auch heute noch viel zitiert wird.

Dies heißt aber nicht etwa, dass zeitgemäßer Sachunterricht schon damals in den ersten Klassen stattgefunden hat. Selbst in den theoretischen Ansprüchen war Anschauungsdidaktik noch sehr reduziert.

So liegen die zentralen Merkmale der Anschauungsdidaktik in ihrer primär visuell vermittelten Denkförderung. D. h. durch Bilder sollten die Vorstellungen der Lernenden konkreter werden.

Als Veranschaulichungsmittel standen einige wenige Lernmedien wie Sandkästen, die geografische Inhalte strukturell gefördert haben, wohl des Öfteren an Schulen zur Verfügung. Nicht von ungefähr kommt es, dass vor allem geografische oder auch naturkundliche Inhalte, die durch äußere, auf die bildliche Oberfläche orientierte Wahrnehmungsprozesse erkennbar sind, im Mittelpunkt des Anschauungs- und Realienunterrichts blieben. Allerdings gibt es Beispiele für sehr lebendigen Anschauungsunterricht wie das von F. A. Finger (Mitzlaff 2004 i), der zwar geografisch orientiert war, aber fundiert aus seiner Praxiserfahrung mit Kindern vielfältige Impulse für situatives genaues Beobachten, Erproben und Auswerten vorgestellt hat.

Die pädagogische Norm der Anschauung verstärkte generell die Tendenz, dass die Lehrpläne und Unterrichtskonzepte fast ausschließlich nach räumlich-oberflächlichen Maßstäben durchstrukturiert wurden. D. h. im ersten Schuljahr galt die Schulstube als anschaulich erfahrbarer Inhaltsbereich, später durften die Kinder auch etwas über das Dorf (Heimatkundlicher Anschauungsunterricht), noch später über das Land lernen. Dies wurde allerdings erst für die Volksschuloberstufe als angemessen betrachtet. Kinder unter 10 Jahren hatten sich mit dem unmittelbaren Raum ihrer Umgebung zu befassen. Diese weit verbreitete Interpretation von Anschauungsunterricht steht in direktem Widerspruch zu den bei Pestalozzi ursprünglich geforderten Prinzipien lebendiger Erfahrung. Die meisten Praxiskonzepte haben damals allerdings die Unterrichtsinhalte im Sinne von „konzentrischen Kreisen" (Harder 1874, XXIX) gegliedert.

Das bahnbrechende Wort Pestalozzis, die Anschauung sei das Fundament der Erkenntnis (Pestalozzi 1927, 250), war aber keineswegs durchgängig das Motto pädagogischer Praxis zu Beginn des 19. Jahrhunderts. Selbst der Anschauungsunterricht gerann zu schematischem Lernen im Frage-Antwort-Schema. Einige später überlieferte Beispiele belegen dies (Scherer 1910):

„Da sehe ich aber viele Knaben und Mädchen! Ihr wollt nun alle die Schule besuchen und bei mir lesen, rechnen und schreiben lernen. Das ist recht. Es freut mich, dass ihr so vergnügte Gesichtchen macht, ihr seid gewiss froh, dass ihr in die Schule gehen dürft. Steht einmal alle auf! – Setzt euch nieder! – Legt die Hände auf den Tisch! – Legt sie auf den Kopf! – Auf die Brust! Legt die Hände ineinander! – Faltet sie! – Macht sie wieder frei! – Klatscht mit beiden Händen!" (Scherer 1910, 208).

Aber selbst diese Form von Anschauungsunterricht konnte sich nur schwer gegenüber der alten Auswendiglernschule durchsetzen.

In der Mitte des 19. Jahrhunderts erfuhr die Anschauungspädagogik eine Weiterentwicklung. Seit den 1830er Jahren waren vor allem die demokratischen Pädagogen Diesterweg und Harnisch profilierte Vertreter des Anschauungsunterrichts.

Diese hatten im Gegensatz zur räumlich engen Heimatkunde mit dem Anschauungskonzept eine weitere, wenn auch noch sehr elementare Weltkunde entwickelt (Harnisch 1893, 423). 1816 erschien der erste „Leitfaden beim Unterricht in der Weltkunde" von Harnisch. Dies war die eigentliche Geburtsstunde des heutigen Sachunterrichts als integriertem Fach. Denn erstmalig wurden die Realien zusammengefasst unter der Bezeichnung „Weltkunde". „Als erste Stufe der Weltkunde umfasst die Heimatkunde geografisch-kartografische, mineralogische und agrarkundliche, wetterkundliche, botanische und zoologische, verwaltungs- und sozialkundliche, wirtschaftskundliche und landesgeschichtliche Aspekte, wobei dem geografisch-kartografischen Moment eine führende und orientierende Funktion zufällt" (Mitzlaff 2004e, 76). Diesterweg wollte sogar durch den Realienunterricht eine Vermittlung demokratischer Vorstellungen und Verhaltensmuster erreichen. Für dieses Ziel erschien ihm die Selbsttätigkeit der Jugend als besonders wichtig (Diesterweg 1958, 7). Insofern ging er methodisch über den Horizont anderer Anschauungsdidaktiker weit hinaus.

Die Durchsetzung eines „demokratischen Realienunterrichts" (vgl. Hänsel 1980, 14), wie er genannt wurde, wurde aber von der Mitte des 19. Jahrhunderts erstarkten Restaurationsbewegung massiv zu verhindern versucht (Hänsel 1980). Diesterweg wurde wegen des Vorwurfs „sozialistisch-kommunistischer Tendenzen" 1847 aus dem Amt als Seminardirektor in Berlin entlassen und konnte somit keine zukünftigen Volksschullehrer mehr ausbilden. Harnisch wurde von Breslau in die Provinz zwangsversetzt.

Neben diesen Autoren, die das Inhaltsspektrum des Anschauungsunterrichts erweiterten und demokratische Intentionen vertraten, gab es auch Autoren im 19. Jahrhundert wie Fröbel, die höhere Ansprüche an die Lernziele stellten und als Keimzelle für wissenschaftlichen Sachunterricht angesehen werden können: „Im Unterricht wird eine konkrete Sache angeschaut, analysiert und an ihr Grundsätzliches, – Begriff, Gesetz, Struktur – erarbeitet. Die Sache wird *exemplarisch-elementar*. Fröbel sagt: Am 'Besonderen' wird 'Allgemeines' sichtbar" (Heiland 2004, 70).

Allerdings dürfen wir nicht annehmen, dass diese verschiedenen Konzepte Teil einer systematischen Entwicklung waren. Sie waren lediglich am jeweiligen Ort entwickelte und publizierte Positionen, aber nicht Teil einer sich aufeinander beziehenden Entwicklung.

Die verbale Repetier- und Paukschule mit restriktiven Erziehungsvorstellungen scheint – weit länger als die didaktische Literatur vermuten lässt – die dominierende Form institutionalisierten Lernens geblieben zu sein. Anstelle des offiziell geforderten Anschauungsunterrichts schien der Gesinnungsunterricht in Form von Leseunterricht selbst im naturkundlichen Bereich zu überwiegen (Grupe 1949 (2), 42). D. h. anstelle des eigentlichen Sachunterrichts wurde Deutschunterricht gesetzt. Im schulischen Alltag sah der hoch gepriesene und heftig umstrittene Anschauungsunterricht oft so aus, dass Kinder dünne Holzstäbchen auf ihren Tischen liegen hatten und mit diesen den jeweils im Unterricht „durchgenommenen" Gegenstand wie z. B. Buch, Griffelkasten oder Leiter legen sollten. So konterkarierte das von vielen Pädagogen, insbesondere von den Nachfolgern des bekannten Schulpädagogen Herbart, den Herbartianern, empfohlene Stäbchenlegen als schematische Abbildung der Form von Dingen wie Tafel, Kirschbaum, Lattenzaun, Wiese, Waschpfahl, Wäscheklammer [...] (Scherer 1910, 222) den selbst formulierten Anspruch der Anschaulichkeit und Lebendigkeit (Scherer 1910). Denn schon die äußerliche Form eines Kirschbaums konnte mit den länglichen Stäbchen nicht annäherungsweise anschaulich gelegt werden. Es drängt sich aus heutiger Sicht der Verdacht auf, dass die Stäbchen ähnlich wie heute die Kopien leicht verfügbare Arbeitsmittel waren, die allen Kindern gleichzeitig Beschäftigung vermitteln konnten, so dass die Lehrpersonen sich vor der geballten Lebendigkeit der Kinder abschirmen konnten und gleichzeitig einen hohen pädagogischen Wert in die Kinderbeschäftigung des Stäbchenlegens hineindeuten konnten.

Wenn es gar um die „nationalen Aufgaben" ging, wurde der Anschauungsanspruch – nicht nur in diesem Einzelfall – aufgegeben und den Kindern die verschiedenen Waffengattungen als Unterrichtsstoff zur Unterscheidung angeboten (Harder 1874, 44f.).

Selbst dieser Anschauungsunterricht mit seiner **Begrenzung auf das Sinnesorgan Auge**, nämlich durch bildliche Veranschaulichung als Methode und durch die didaktische Auswahl von Inhalten nach räumlichen Gesichtspunkten, stieß im vorigen Jahrhundert als zu progressiv auf heftigen Widerstand. Die Restauration ging sogar soweit, dass die preußische Administration unter Stiehl im Jahre 1854 in sog. Schulregulativen Anschauungsunterricht und Heimatkunde (also die Vorläufer von Sachunterricht) gänzlich verboten hat. Demgegenüber war der Anschauungsunterricht trotz seiner Mängel ein außerordentlicher Fortschritt. Dennoch muss gesehen werden, wie stark begrenzt der damalige Anschauungsunterricht in seinen pädagogischen Möglichkeiten noch war.

Nun ist aber Anschauungsunterricht nicht nur als Gesamtkonzept sehr kontrovers behandelt, sondern auch von seinen Befürwortern keineswegs einheitlich verstanden worden.

Die Herbartianer (vgl. Jung 2004) um Ziller hatten beispielsweise ein recht formalisiertes Konzept vom Anschauungsunterricht. Dagegen versuchte der Herbartianer Max Troll (1922) wiederum, den Märchen, die damals das Rückgrat des Unterrichts im 1. Schuljahr als Gesinnungsstoffe stellten, den Stellenwert von Anschauungsstoffen zu geben.

Aus späterer Sicht können drei Varianten des Anschauungsunterrichts für das 1. und 2. Schuljahr aus der 2. Hälfte des 19. Jahrhunderts unterschieden werden (Fiege 1972 (3), 17):

1) Anschauungsunterricht zur Vorbereitung der Märchendarbietung im Sinne der klassischen Herbartianer (vgl. Jung 2004).

2) Anschauungsunterricht wurde auf ein Standardrepertoire an farbigen Wandbildern zu Fabeln reduziert, es gab lediglich Bilder, z.B. Fuchs, Löwe und Rabe, die zur Grundlage des Anschauungsunterrichts wurden.

3) Anschauungsunterricht mit führender Rolle für den übrigen Unterricht. Nur diese Variante kann als Vorläufer für eigentlichen Sachunterricht verstanden werden. Hier hatte das Sachthema einen eigenständigen Stellenwert und war nicht ein Mittel, um zum „eigentlichen" Inhalt von Unterricht, den Märchen und Fabeln, zu kommen.

Der Begriff des Anschauungsunterrichts schillerte also zwischen einem bloßen Medium für andere Nicht-Sach-Inhalte und einer mit dem heutigen Sachunterricht vergleichbaren eigenständigen, inhaltlich führenden Rolle für den gesamten Unterricht.

Die Mehrheit aller didaktischen Konzepte von Anschauungsunterricht und Heimatkunde des vorigen Jahrhunderts weist eine deutliche Dominanz nahräumlich-geografischer (Finger 1844) oder nahräumlich-biologischer (Junge 1891) Inhalte auf wie etwa bei Junges Konzept über den Dorfteich.

Die Epoche des Anschauungsunterrichts war aber nicht nur durch methodisches Denken, sondern in den letzten Jahrzehnten auch durch beginnendes didaktisches Denken gekennzeichnet.

In dieser Zeit gab es vereinzelt Autoren, die aus bestimmten fachlichen Präferenzen andere als geografische Inhaltsbereiche für den Anschauungs/Realienunterricht empfohlen haben. Die wesentlichen Vertreter, die das Inhaltsspektrum von Realien/Anschauungsunterricht erweitert haben, werden hier im Überblick vorgestellt:

- Finger entwickelte die geografischen Bezüge zu einer kindorientierten fächerübergreifenden Anschauungspädagogik mit geschichtlichen, klimakundlichen, astronomischen, wirtschaftsgeografischen und naturkundlichen Bezügen (Mitzlaff 2004 i).

- Ein Versuch früher geschichtlicher Heimatkundedidaktik war Tecklenburgs Plan einer geschichtlichen Heimatkunde (aus: Eckhardt 1925 (6), 53 ff.).

- Ein anderer Ansatz zur Erweiterung des geografisch-naturkundlichen Inhaltsspektrums war die Kulturkunde Klemms. Er hat Stoffe für den Unterricht vorgeschlagen, die einige soziale Bezüge aufweisen können. Die von ihm vorgeschlagenen Unterrichtsthemen hießen etwa wörtlich: „Das Haus als Schutzstätte, Die Straße, Die Brücke, Markt und Rathaus, Schutz dem Hab und Gut, Das Geld, Die öffentliche Sicherheit, Die Eisenbahn" (Klemm 1921 (3), 18 f.). Weil Klemm wie viele Herbartianer geglaubt hat, dass Kinderentwicklung und Kulturgeschichte zu vergleichen seien, hat er besonders viel Wert auf die Urzeit als Unterrichtsgegenstand gelegt.

- Der Herbartianer Dörpfeld (Dörpfeld 1889; vgl. von Reeken 2004 a) forderte eine deutlich subjektnahe und elementare Gesellschaftskunde (Dörpfeld 1889, 104) für die „Sachkunde", zu der er Naturkunde, Menschenleben in Vergangenheit und Gegenwart sowie Religion zählt (Dörpfeld 1873, 79). Dörpfeld hat als erster das Wort Sachunterricht als Gesamtbezeichnung seiner Unterrichtsvorstellungen verwendet.

Trotz dieser in der Theorie geforderten inhaltlichen Varianten bleibt für die Anschauungsdidaktik insgesamt kennzeichnend, dass immer wieder bildliche Veranschaulichung der besprochenen Inhalte angestrebt wurde und dass die Inhalte in konzentrischen Kreisen vom räumlich Nahen beginnend angeordnet wurden.

Die Themen des Anschauungsunterrichts des 19. Jahrhunderts waren trotz der tatsächlichen Industrialisierung eng auf den ländlichen Lebensraum bezogen. Pflug, Kornfeld, Wald, Storch oder Fuchs waren klassische Themen, die zumeist in einem reglementierenden Frage-Antwort-Schema unterrichtet wurden. Insbesondere für damalige Stadtkinder müssen derartige Inhalte lebensfremd gewirkt haben. Aber auch hier gab es sehr unterschiedliche methodische Ausformungen. So blieb die Sammlung von Dingen im Naturalienkabinett (Mitzlaff 2004a, 27) als eine aus der Zeit des frühen Realienunterrichts hoch geschätzte Methode weiterhin sehr bedeutsam. Sie wurde aber auch von einzelnen Pädagogen heftig kritisiert. So forderte Salzmann schon im 18. Jahrhundert, dass die Natur selbst durch Unterrichtsgänge zum Gegenstand gewählt werden soll: „Natur ist bei Salzmann die eigentliche Schule des Menschen: Durch selbstständige Beobachtung und gemeinsame Beurteilung ihrer vielfältigen Phänomene sollen die Schüler ihre Kräfte und Fähigkeiten steigern" (Schweizer 2004, 63).

Nach der Jahrhundertwende – also während der Übergangszeit zur Reformpädagogik – wurde zwar der Begriff des Anschauungsunterrichts weiter verwendet, aber auch betont, dass nicht nur die visuellen Seiten beim Lernen von Bedeutung sind. Ein Zitat des bekannten Anschauungsdidaktikers Max Troll belegt dies deutlich: „'Anschauungsunterricht' nennt man heute noch allgemein diesen ersten Sachunterricht. Als ob die Augen allein die Tore wären, durch die Vorstellungen in unser Bewusstsein einziehen! Haben wir nicht fünf Sinne?" (Troll 1922 (10), 51). Die sinnlichen Erfahrungen als Anschauungsmedium – z.B. bei Unterrichtsgängen („Hinaus! Hinaus! Das muss für unsern heimat-kundlichen Anschauungsunterricht die Losung sein" [Wohlrab 1920, 82]) – wurden nun in einigen pädagogischen Schriften für wichtig gehalten, aber oft angesichts der schulischen Wirklichkeit als schwer realisierbar zugunsten verbalen Lernens zurückgenommen: „Da wir selbst mit unsern Kindern verhältnismäßig wenig hinaus können zur direkten Beobachtung der Natur, so werden wir ihr Interesse für deren Erscheinungen auf andere Weise lebhaft anzuregen suchen. Wir werden uns im Unterricht oft erzählen lassen, was dieser und jener Schüler daheim und draußen selbst beobachtet und erlebt hat" (Fritz 1903, 24). Neben dem Erzählen wurde das Zeichnen als „schaffende Tat" zur Gewinnung von „größter Lebendigkeit" (Fritz 1903, 24) empfohlen. Hier sind also schon zu Beginn des 20. Jahrhunderts mit Auslaufen der Anschauungspädagogik deutliche reformpädagogische Akzentsetzungen des klassischen Anschauungsunterrichts erfolgt, die seine Ablösung durch die Heimatkunde allmählich eingeleitet haben.

2.3.2 Schulentwicklung während der Anschauungsepoche

Die immer wieder in der theoretischen Literatur wiederholten Appelle, anschaulich zu unterrichten, zeigen bereits, dass die Praxis insgesamt andere Wege eingeschlagen hat. Die Geschichte der Schule im 19. Jahrhundert zeigt, dass die

Realität an den Schulen weithin auf Kulturtechniken und Erziehung zu Untertanengeist begrenzt blieb. Die Realien hatten aber nur einen zweitrangigen Stellenwert. Naturkunde, Geschichte und Erdkunde kam nur soweit in den Volksschulen vor, als in den Lesestücken des Lesebuches derartige Inhalte angeschnitten wurden.

In den Gymnasien wurde seit Beginn des 19. Jahrhunderts neben den bisherigen Fächern Latein und Griechisch, die auch weiterhin den Vorrang hatten, auch Mathematik, Naturwissenschaften, Geschichte, Geografie und Deutsch zugelassen. Den stärksten Impuls für die Entstehung der Realien als Schulfächer ging aber von den Realschulen aus. Diese wurden schon vereinzelt aufgrund von Privatinitiativen im 18. Jahrhundert gegründet, um mit wachsender Manufaktur und zunehmendem Handel die zukünftigen Handwerker und Kaufleute besser auf ihr neues Gewerbe vorzubereiten. Berufsvorbereitende Kenntnisse und Fertigkeiten waren dabei gefragt. Im 19. Jahrhundert entwickelten sich die einzelnen Realschulen allmählich zu allgemein bildenden Schulen, in denen auch Naturwissenschaften als wichtige Inhalte anerkannt waren.

Die Volksschulen erfuhren aber eher noch Rückschritte. Zum einen brachte die sich ausbreitende Industrialisierung zunehmend Kinderarbeit mit sich, so dass die Schulen von vielen Kindern kaum noch besucht werden konnten. Neben den Hauptinhalten der Volksschule wie Lesen, Schreiben, Rechnen und Religion gab es zu Beginn des 19. Jahrhunderts auch etwas Naturkunde und Geografie. Aber auch diese spärlichen Realieninhalte wurden ab 1854 mit den Stiehlschen Regulativen verboten. Anstelle von Anschauung und Realien waren nun Religion und Gehorsam in Schulen angesagt. Der Lehrplan der Volksschule sah 6 Stunden Religion, 12 Stunden Lesen und Schreiben, 5 Stunden Rechnen und 3 Stunden Kirchenliedergesang vor. Realunterricht wurde nur marginal gegeben und wurde zur „Vaterlandskunde".

Erst nach jahrelangen politischen Auseinandersetzungen wurde Anschauungsunterricht über die Allgemeinen Bestimmungen von 1872 in Preußen wieder erlaubt. Die offizielle Festschreibung von Heimatkundeunterricht erfolgte in Preußen erst 1921 in den neuen preußischen Grundschulrichtlinien für die ersten beiden Schuljahre mit anschließender Weiterführung durch Heimatkundeunterricht (Fiege 1972 (3), 19 f.). Noch um die Jahrhundertwende sah die Stundentafel der Volksschule in Preußen keine Realien für die ersten 3 Schuljahre vor; sie legte erst für das 4. Schuljahr 4 Stunden Realienunterricht fest, davon 1,5 Stunden Geschichte, 1,5 Stunden Erdkunde und 1 Stunde Naturkunde (vgl. Ullmann/Fischer 1918 (2), 19).

In der Geschichte des Sachunterrichts folgte allmählich aus der Anschauungsdidaktik die reformpädagogische Epoche, die im nächsten Abschnitt näher erläutert werden soll.

2.4 Von der Anschauungsdidaktik zur Heimatkunde

Als dritte Epoche in der Geschichte des Sachunterrichts wird hier die Epoche der Heimatkunde mit Beginn des 20. Jahrhunderts unterschieden. Der Begriff Heimatkunde taucht zuerst im 19. Jahrhundert in den Schriften Harnischs auf (vgl. Mitzlaff 2004 e). In der Theorie war sie nicht neu.

Die Entwicklung der Heimatkunde aus dem Anschauungsunterricht war kein spektakulärer Prozess. Die inhaltlichen Prinzipien waren vergleichbar. Auch in der Heimatkunde spielten die konzentrischen Kreise der Inhalte vom räumlich Nahen zum Fernen die entscheidende Rolle. Selbst von Kritikern des Heimatprinzips wurde zugestanden, das Heimatprinzip sei per se anschaulich (Jeziorsky 1948, 21). Heimatkunde hat sich als Begriff besonders verbreitet, weil so in der Grundschule, die 1920 erstmals als allgemeine Schule für alle in der Weimarer Republik politisch durchgesetzt wurde, das Realienfach benannt wurde.

Vorangegangen waren die großen Debatten der Reichsschulkonferenz, in denen verschiedene Positionen zu Wort kamen. Sie reichten von radikal-sozialistisch orientierten Vorstellungen im Bund entschiedener Schulreformer, von denen einige die Schule auflösen wollten und im gesellschaftlichen Leben lernen lassen wollten, bis hin zu Gedanken, durch Arbeitspädagogik Menschen besser in das bestehende gesellschaftliche System einzuordnen.

Schließlich wurde der Begriff „Heimatkunde" beschlossen und dieses Fach offiziell für den Unterricht eingeführt.

Die Heimatkunde war ein zentrales Merkmal in der 1920 mit der Bildung der Weimarer Republik erstmals geschaffenen allgemeinen Grundschule für alle. In den Richtlinien von 1921 (Richtlinien 1921) waren für den heimatkundlichen Anschauungsunterricht vor allem „Stoffe der näheren Erfahrungswelt des Kindes" vorgesehen. Diese erinnern sehr deutlich an die von den Anschauungsdidaktikern vorgesehenen Themen: Haus, Hof und Garten, Schulhaus und Schulhof, Straße und Hain, Feld, Wiese und Wald, das häusliche und das Schulleben. Darüber hinausgehend wurden aber auch typisch heimatkundliche Themen vorgesehen, die weniger zum Kanon des Anschauungsunterrichts zählten wie die Arbeit im Hause, in Handwerk, Gewerbe, Landwirtschaft, Gartenbau.

Die Einführung von Heimatkunde als Fach verlief zeitgleich mit der Herausbildung der reformpädagogischen Debatte Anfang des 19. Jahrhunderts. Dies heißt nicht, dass damit nun einheitlich neuer Unterricht kam. Das Wort Reform ist dehnbar und für verschiedene Zwecke einsetzbar – so auch in der Pädagogik. Oelkers (1996) verweist darauf, wie stark politisch konservativ verhaftet die Vertreter der Reformpädagogik waren. Gleichwohl gab es zu der Zeit wichtige Kritik an der bisherigen Schule, neue Methoden wurden verfochten.

Ein wichtiger Ausgangspunkt der reformpädagogischen Bewegung war die Kritik einzelner Pädagogen an Starrheit und Formalisierung vor allem der

Herbartianischen Unterrichtsmethode, die mit der damals weit verbreiteten Pauk- und Repetierschule eng verknüpft wurde. Sie artikulierten sich zuerst öffentlichkeitswirksam auf den Kunsterziehertagen 1901/1903/1905.

Die Heimatkundedidaktik rankte sich inhaltlich weniger um Abgrenzung vom Bisherigen, sondern mehr um Anknüpfung an Traditionen. Traditionsgebundene Orientierungen sind auf der Seite der Inhalte sogar ein wesentliches Kennzeichen der Heimatkundedidaktik. Diese sind vor allem im zentralen Merkmal der Heimatkunde, der Land- und Bodenorientierung, zu erkennen.

Wenn wir uns etwa den Klassiker der Heimatkunde, den 1923 von Eduard Spranger in Berlin gehaltenen Vortrag „Der Bildungswert der Heimatkunde" genauer ansehen, werden wir auf besonders viele konservative Philosophien mit hochtrabenden gefühlsträchtigen Aussagen stoßen. So definiert er: „Heimat ist erlebbare und erlebte Totalverbundenheit mit dem Boden. Und noch mehr: Heimat ist geistiges Wurzelgefühl" (Spranger 1952, 12).

Gefühlsschwangere Aussagen einer romantischen Mystifizierung der Welt und auf die Vergangenheit orientierte mit dem **Boden verbundene Heimatideologie** sind die zentralen Merkmale seiner Heimatkunde und haben sehr viel Einfluss in der Praxis der Heimatkunde gewonnen. Eine emotionale Idealisierung der eigenen Scholle, eine ländliche Orientierung der Inhalte und viel emotionale „Heimattümelei" waren charakteristisch für die von Spranger beeinflusste Heimatkunde.

Hartmut Mitzlaff kritisierte an der ländlichen Orientierung der Heimatkunde nicht nur die gegenständliche Einengung, sondern auch die ideologischen Fehleinschätzungen: „Die Heimatkundedidaktik [...] hielt bis in die 1960er Jahre hinein an dem Dogma vom Stadt-Land-Gegensatz und der prinzipiellen Differenz zwischen Stadt- und Landkind fest. Gestützt auf eine simple Schwarz-Weiß-Malerei und Agrarromantik, erschien das Landkind dabei regelmäßig als das glücklichere, gesündere, höherwertigere von beiden" (Mitzlaff 1985. 2, 505). Die generelle Orientierung am Landleben und Landbesitz ging sogar so weit, dass eine zu der Zeit weit verbreitete pädagogische Zeitschrift den Titel „Scholle" hatte.

Nach 1945 war die Verstärkung eines mit dem Boden verbundenen Heimatgefühls besonders obsolet, da beispielsweise Tausende von Flüchtlingskindern aus dem Osten ganz andere Empfindungen und Erfahrungen hatten. Aber auch damals galt eben immer noch der Sprangersche Geist, und das Sprangersche Werk vom Bildungswert der Heimatkunde wurde zu Zehntausenden von Exemplaren gekauft, gelesen und rezipiert.

Auch nach 1945 wurden Begriffe wie „Wurzelboden der Heimat" immer noch in Richtlinien – wie z.B. denen für die Volksschule in Nordrhein-Westfalen von 1955 – zur Heimatkunde verwendet.

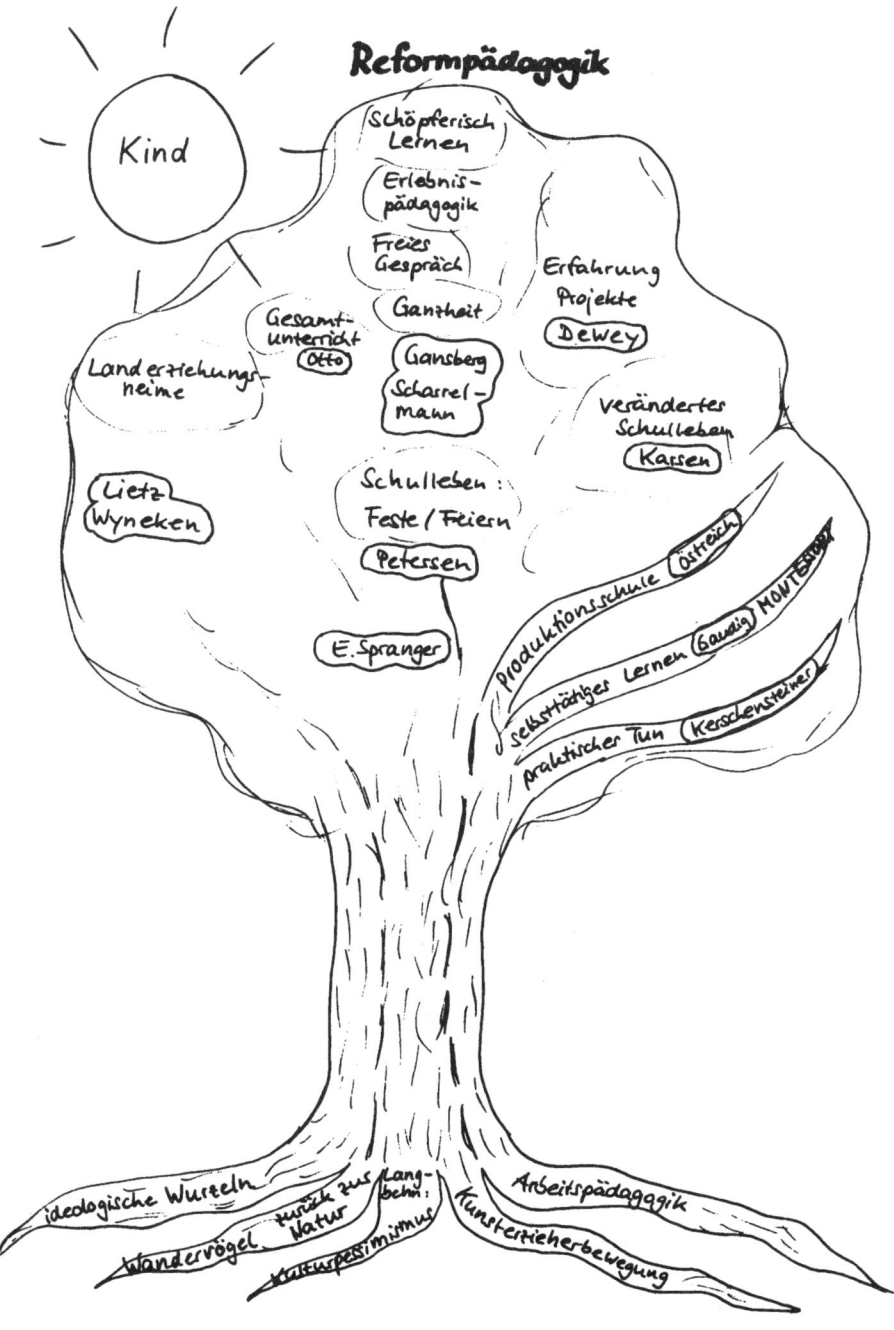

Abb. 10

Trotz aller konservativen Grundorientierungen bieten die reformpädagogischen Konzepte aber auch einige methodisch interessante Anregungen für einen zeitgemäßen Sachunterricht. Deshalb sollen hier einige zentrale heimatkundliche Konzepte der Reformpädagogik gesondert vorgestellt werden.

Vorweg soll dazu ein grober Überblick über die verschiedenen Tendenzen und Richtungen der als Reformpädagogik bezeichneten pädagogischen Konzepte gegeben werden, die sich auch auf die Entwicklung der Heimatkunde niedergeschlagen haben.

Die später als Reformpädagogik oder Bewegung „vom Kinde aus" bezeichneten pädagogischen Ansätze sind in sich sehr heterogen und auf verschiedene theoretische Wurzeln zurückzuführen.

Gesellschaftlich waren verschiedene Bewegungen und Denkrichtungen vorweg gegangen: die Wandervogelbewegung mit ihrer Tendenz, die Natur zu entdecken und zu genießen, philosophisch kulturpessimistische und nostalgische Ansätze (Lagarde, Nietzsche) als Gegenpol zur schon weit fortgeschrittenen Industrialisierung und Verstädterung in Deutschland, eine erstarkende sozialdemokratische/sozialistische Bewegung, welche die Befreiung der Menschen in der Entfaltung der Produktivkräfte erwartete, eine beginnende demokratische Bewegung, die den monarchistischen Obrigkeitsstaat überwinden wollte und die Mitbestimmung und Entfaltung jedes einzelnen für wichtig hielt sowie die Kunsterzieherbewegung, welche die künstlerisch-kreativen Seiten jedes Kindes betonte. Jede dieser fünf geistigen Wurzeln, die Naturorientierung, der Kulturpessimismus, die Arbeitsorientierung, die Demokratieorientierung und die Erlebnisorientierung ist nicht unabhängig von anderen, alle sind in die verschiedenen pädagogischen Konzepte mehr oder weniger stark eingeflossen und sie haben sich wechselseitig mehr oder weniger beeinflusst. In manchen Konzepten haben sich mehrere Wurzeln vereinigt, andere sind nur auf einen Ursprung zurückzuführen. Idealtypisch betrachtet sind aus diesen fünf verschiedenen historisch-kulturellen Quellen fünf pädagogische Grundtypen hervorgegangen, nämlich die Landerziehungsbewegung (Lietz, Wyneken), eine in der Landidylle verhaftete Didaktik (Spranger), die Arbeitspädagogik (Östreich, Kerschensteiner), die Konzepte der Schulgemeinde und der Freien Arbeit (Dewey, Karsen, Gaudig) und die subjektiv orientierte Erlebnispädagogik (Otto, Gansberg).

Einen symbolischen Auftakt erhielten alle diese unabhängig voneinander entstandenen Ansätze durch das 1900 erschienene Buch der schwedischen Publizistin Ellen Key: „Das Jahrhundert des Kindes" (1907 (2)). In diesem Buch wurde die Utopie einer Schule vorgestellt, in der verschiedene Lernräume wie Bibliothek oder Bewegungsraum den Kindern offen stehen.

Hier kann nun nicht die Geschichte der Reformpädagogik dargestellt werden. Vielmehr sollen nur einige für die Sachunterrichtsgeschichte bis heute besonders bedeutsame Konzepte vorgestellt werden:

2.4.1 Die erlebnisbetonte Pädagogik Gansbergs und Scharrelmanns

Der Bremer Reformpädagoge Heinrich Scharrelmann löste sich zunächst besonders stark von tradierten Unterrichtskonzepten. Nicht ein Kanon auswendig zu lernender Stoffe, nicht anschaulich dargebotene Unterrichtsgegenstände war sein didaktischer Ausgangspunkt. Er erklärte das „Leben" generell zum Zentrum didaktischer Überlegungen: „Das Leben ist der beste Lehrplan, ganz ohne Frage" (Scharrelmann 1912, 183). Er blieb aber letztlich bei der Forderung nach Gelegenheitsunterricht stehen. Damit ist ein Unterricht gemeint, der sich unmittelbar an auftretende Kinderfragen anschließt.

„Aller erster Unterricht, den das Kind vor der Schulzeit erhält, ist Gelegenheitsunterricht. Was Vater und Mutter erzählen, was das Kind auf der Straße hört und sieht, was das Leben überhaupt jedem bietet, ist immer Gelegenheitsunterricht" (Scharrelmann 1912, 180). Aus diesen Gedanken entwickelte sich der Begriff „natürliches Lernen".

Seinem Bremer Lehrerkollegen Fritz Gansberg dagegen ist es in besonderem Maße gelungen, eine Verbindung zwischen Interessen der Kinder und einer realistischen kindgemäßen Wirklichkeitssicht zu schaffen. Bei ihm wird der Anspruch, „Wirklichkeit statt Schein, Dinge statt Wörter, Schaffen statt Lernen, das sind die Forderungen des modernen Heimatkundeunterrichts" (Gansberg 1907 (2), 159) am ehesten noch in konkrete Unterrichtsinhalte umgesetzt (vgl. 1907, 161 ff.).

Er kritisierte an den bisherigen Bildungsinhalten, sie würden durch Betonung ländlicher Idylle den Erfahrungen und Interessen der damals – zur Zeit zunehmender industrieller Monopolisierung – lebenden Kinder nicht gerecht. Insbesondere die starke geografisch-kartografische Ausrichtung (Gansberg 1925, 6) nach nur räumlich verstandenen konzentrischen Kreisen hielt er für nicht kindgerecht und forderte dagegen, im Unterricht soziale Probleme und die Kinder tatsächlich bewegende Erlebnisse zu behandeln: „Man führe sie (die Kleinen) auf einen Berg, auf einen Aussichtspunkt: ein Wohlgefallen an der Landschaft ist nicht vorhanden, ein winziger Zwischenfall in der Umgebung, etwa ein davon springender Frosch, bringt die schönste Lektion zum Scheitern. Nicht einmal Vierzehnjährige sind für landschaftliche Eindrücke empfänglich" (Gansberg 1923 (2), 39). In ähnlicher Weise hielt er auch die Natur für zu abstrakt für die Unterstufe und forderte stattdessen, „das Leben, [...] in anregenden farbenfrohen, echten Szenen dar(zu)stellen" (Gansberg 1907 (2), 3).

In den Sammelbänden von Heimatkundeerzählungen „Streifzügen durch die Welt der Großstadtkinder" (Gansberg 1907 (2)) und „Plauderstunden" (Gansberg 1912b) zeigt er, dass er über ein differenziertes intuitives Wissen über Lernvoraussetzungen der Kinder, über ihre Fragen, ihr Augenmerk in bestimmten Situationen und ihre Wertungen von Ereignissen verfügt. Am Beispiel von

Erfahrungsräumen in der Stadt Bremen, die man als „Exempel für die städtische Welt im allgemeinen" (Nitsch 2004, 123) ansehen kann, ist es Gansberg gelungen, lebensvolle Wirklichkeitsbilder zu zeichnen.

Als Folge dieser Theorie werden viele subjektnahe und gleichzeitig auf wichtige gesellschaftliche Probleme bezogene Erzählungen für den Unterricht empfohlen: z. B. zu den folgenden Themen aus der Großstadtheimatkunde: Straßenbahn, Arbeitslos, Bahnhof, Fahrrad, Zoll, Feuerwehr, Obdachlos, Gericht, Windmühle im Sturm, Dampfschiff, Plätteisen, Reise in den Himmel [...] (Gansberg 1907 (2)), 230 f.).

Er forderte, dass den Kindern auch die Schattenseiten der Wirklichkeit nicht vorenthalten werden dürften. Es versteht sich von selbst, dass seine relativ komplexe Sicht von Lerninhalten nicht an fachliche Grenzen gebunden ist. Er wendet sich deutlich dagegen, aus den späteren Fächern und nicht aus der gegenwärtigen Wirklichkeit die Legitimation von Lerninhalten zu entnehmen (Gansberg 1923, 39). Damit hat er einen heute noch sehr wichtigen Gedanken entwickelt, nämlich aus der Wirklichkeit die didaktischen Ziele zu gewinnen und nicht aus den Fächern, die für die Kinder noch gar nicht existieren.

Trotz aller interessanten inhaltlichen Aspekte bleibt die Pädagogik von Gansberg und Scharrelmann auf die methodischen Formen der Lehrererzählung und des Klassengesprächs beschränkt. Die Form der Erzählung wurde von F. Gansberg in seinen späteren Schriften sogar gegenüber Methoden der Begegnung mit der Wirklichkeit grundsätzlich bevorzugt. Auch wenn der Gedanke, durch didaktisch-methodische Distanz gegenüber der unmittelbaren Wirklichkeit die Dinge besser zu durchdringen, sehr wichtig ist, so bedeutet die gänzliche Ablehnung von Lernen in und an der Realität einen methodischen Dogmatismus, der zu den sonst recht flexibel und situativ argumentierenden Autoren in offenem Widerspruch steht. Auch die Parole der Kunsterzieherkongresse, das Kind selbst sei ein Künstler, geht in diesem Ansatz verloren. Denn es werden nur Erzählungen des Lehrers präsentiert. Gleichwohl bleibt die Erzählung auch heute noch eine wichtige Methode, um Inhalte in einem emotionalen Kontext zu präsentieren und die weiteren emotionalen Bedeutungsschichten von Unterrichtsinhalten zu entschlüsseln (vgl. Kaiser 1997 a). In dieser Hinsicht sind die Ansätze der erlebnisorientierten reformpädagogischen Diskussion ein wichtiger Erkenntnisgewinn für die Sachunterrichtsdidaktik.

2.4.2 Zum Konzept der Arbeitspädagogik Kerschensteiners

Im Rahmen der reformpädagogischen Entwicklung spielte der Arbeitsunterricht eine zentrale Rolle. Auch unter den Etiketten Arbeitsschule oder Arbeitspädagogik firmierte diese Richtung pädagogischen Denkens. Auf der Reichsschulkonferenz 1920 wurde um dieses Konzept heftig gestritten. Das Hauptaugenmerk des Arbeitsunterrichts lag im meist manuell verstandenen Handeln der

Kinder. Die Tätigkeit des Kindes wurde als das entscheidende Mittel des Lernens angesehen.

Georg Kerschensteiner (vgl. Jung 2004b) wird nicht ohne Grund als der zentrale Vertreter der Arbeitsschulpädagogik rezipiert, obgleich durchaus einige inhaltlich anders ausgerichtete Konzepte zu der Zeit entstanden sind (vgl. Östreich 1975). Kerschensteiner unterschied Arbeit im körperlichen Sinne, Arbeit im geistigen Sinne, deren „Zweck in der Gestaltung von Bewusstseinsinhalten (liegt)" und Arbeit im pädagogischen Sinne, „die ihren Zweck in der Herbeiführung und Durchführung einer immer vollendeteren sachlichen, d. h. objektiven seelischen Einstellung hat, sei es in der Gestaltung der Bewusstseinsinhalte an sich, sei es in der Verwirklichung des gestalteten Bewusstseins in der Außenwelt" (Kerschensteiner, 1925 (6), 76). Konkret heißt dies: Arbeit im körperlichen Sinne (man arbeitet auf dem Acker und gräbt), Arbeit im geistigen Sinne (man liest, überlegt und löst ein Problem), Arbeit im pädagogischen Sinne (man arbeitet an einem Werk, um Ordnung, Disziplin, Kooperation oder sonstige allgemeine Züge dabei zu lernen). Für ihn ist pädagogische Arbeit immer auch verbunden mit geistiger Planung und Reflexion, Arbeit allein wird nicht schon als bildend angesehen: „Eine manuelle Betätigung mag mit noch so viel Interesse, Eifer, Anstrengung, Übung verbunden sein, Arbeit im pädagogischen Sinn kann sie erst werden, wenn sie Ausfluss einer geistigen Vorarbeit ist, die schon in dieser Vorarbeit zu einem bündigen Abschluss kommt" (Kerschensteiner, 1925 (6), 43).

Sein Schwerpunkt pädagogischer Arbeit bleibt aber deutlich auf materielle Arbeit beschränkt. Dementsprechend forderte er also den Arbeitsunterricht als gesondertes Fach (Kerschensteiner, 1925, 30). Als Lernorte für dieses besondere Fach schlug er Schullaboratorien, Schulwerkstätten, Schulküchen und Schulgärten (Kerschensteiner, 1925 (6), 69) vor. Derartige Lernorte wurden auch in der sonstigen damaligen Arbeitspädagogik diskutiert.

Kerschensteiner begründete seine Hochschätzung materieller Arbeit lerntheoretisch damit, dass in der praktischen Tätigkeit der Ursprung allen Denkenwollens liege.

Er sah im Arbeitsunterricht aber nicht primär ein Mittel zur Denkförderung, sondern vor allem einen neuen Ansatz erziehenden Unterrichts, bei dem die realen Erfahrungen der Lernenden die entscheidenden Momente des Lernens sind. Neben der sozialerzieherischen Seite, dass schwächere Kinder durch gemeinsames Handeln stärker gestützt werden, fallen aber bei Kerschensteiner deutlich ideologische Momente auf. Er wurde nicht zu Unrecht von den Pädagogen aus dem Bund entschiedener Schulreformer kritisiert, dass er die Kinder nur an das kapitalistische System anpassen wolle. Auch eine die Mädchen diskriminierende Seite Kerschensteiners ist belegt worden (Mayer 1992). Gleichwohl sind die pädagogischen Vorstellungen – unter Beachtung dieser einschränkenden theoretischen Sichtweisen – durchaus in vielen Punkten auch für heutige Sachunterrichtsdidaktik bedenkenswert.

Ein besonders bekanntes Unterrichtsbeispiel Kerschensteiners ist der Bau eines Starenkastens. 50 Jahre Lehrerinnen- und Lehrerausbildung wurde immer wieder dieser Starenkasten als das Starmodell des Arbeitsunterrichts vorgeführt. Dabei steht das werkende Tun im Mittelpunkt und strukturiert die Anforderungen an die Kinder. In dieser schweren Planungsaufgabe, die viel Miteinander verlangt, sieht er die eigentlich politisch bildenden Momente.

Denn Kerschensteiner sieht den zentralen Schulzweck darin, dass die zukünftigen Staatsbürger herangebildet werden (Kerschensteiner, 1925 (6), 109). Diese deutliche Zukunftsorientierung steht konträr zu der bei Gansberg (1923) so deutlich artikulierten Gegenwartsorientierung. „Deutlich werden soll auf jeden Fall, dass das Konzept der Arbeitsschule in weit größeren Zusammenhängen gedacht werden muss als im Bereich bloßen mechanischen Handwerkens" (Jung 2004b, 103).

Während Kerschensteiner mehr die Seite des tätigen Handelns beim Unterricht hervorhebt und daran denkt, dass die Kinder für die Zukunft vorbereitet werden sollen, kommt es Gansberg vor allem auf die emotionale erlebnisbetonte Zugangsweise zu den Unterrichtsinhalten an.

2.4.3 Weitere reformpädagogische Konzepte

Das Spektrum reformpädagogischer Konzepte zu Beginn des 20. Jahrhunderts war allerdings noch breiter. Ich nenne einige hier nur stichwortartig:

a) Der amerikanische Reformpädagoge John Dewey (vgl. Himmelmann 2004), der übrigens schon vor 1900 eine reformpädagogische Schule, die Laboratory-School, in Chicago gegründet hatte, hat sich im Gegensatz zu den deutschen Reformpädagogen, die bestehende gesellschaftliche Verhältnisse vielfach unterstützt haben, wie etwa auch Kerschensteiner, der Aufgabe gestellt, die Schulen so umzugestalten, dass sie ein Sozialgebilde der Erziehung zur Demokratie werden. Dazu wollte er zuerst die Hierarchie zwischen Lehrenden und Lernenden abschaffen und Lehrende mehr zu Beratenden bei der Wissensvermittlung über Bibliothek, Werkstätten, Materialien, Schulgärten, Exkursionen oder in der Schulgemeinschaft einsetzen. Sein zentraler pädagogischer Begriff ist das Erfahrungslernen. Er hat sehr ausführlich Projekte zur Erkundung des Umfeldes der Schule beschrieben und wird deshalb vielfach – fälschlicherweise – als Begründer der Projektmethode bezeichnet. Wichtig war in seinem Konzept nicht nur die aktiv erkundende Seite der Kinder, sondern auch eine ausgebaute Schulgemeinde mit vielen Ebenen der Mitsprache und Mitbestimmung. Lernen und Schulleben waren für ihn eine sich ergänzende Einheit.

b) Die Vertreter der Landerziehungsheime (Lietz, Wyneken, Geheeb u. a. vgl. Jung 2004c) betonen noch stärker die Bedeutung des Schullebens. Sie haben an verschiedenen Orten Deutschlands Landschulinternate geschaffen, in denen die Schülerinnen und Schüler zusammen mit ihren Lehrpersonen eine neue Lebensweise fern der Großstadt kennen lernen sollen. Erziehung sollte in die Natur verlegt werden, d. h., das Landleben wurde nicht wie im 19. Jahrhundert den Großstadtkindern verbal erzählt, sondern die Kinder wurden persönlich aufs Land versetzt. Die Lehrpläne selbst blieben in diesen sehr verschiedenartigen Landerziehungsheimen weitgehend unangetastet. Allerdings gab es in der von Paul Geheeb begründeten Odenwaldschule ein ausgeprägtes Mitbestimmungssystem für die Lernenden.

c) Zu den besonderen reformpädagogischen Konzepten gehört auch der Ansatz von Fritz Karsen (vgl. Hansen-Schaberg 2004). Fritz Karsen war eines der führenden Mitglieder im Bund entschiedener Schulreformer, der sich durch eine antimonarchistische und antimilitaristische Gesinnung deutlich von den anderen deutschen Reformpädagogen unterschied. Als Leiter einer Berliner Reformschule (Karl-Marx-Schule in Neukölln), eines Realgymnasiums, forderte er eine Lebensgemeinschaftsschule, in der die Jugend eine dogmen- und bekenntnisfreie Lebensstätte findet, in der produktive, körperliche und geistige Arbeit stattfindet. Der Lehrstoff sollte im Leben gefunden werden und nicht festgelegt aus den Stoffverteilungsplänen entstammen. Sein Ziel war eine Gemeinschaft-, Erlebnis- und Einheitsschule, bei der die gesellschaftspolitischen Ziele der Gleichheit gemeinsam angegangen werden, aber gleichzeitig die Individualität aller Schüler besonders beachtet und gefördert wird. Eine weitgehende Mitbestimmung des Schullebens durch die Schüler war für ihn ein zentrales Reformmoment. Er hat zudem ausführliche Vorstellungen über die Öffnung der Schule und ihrer Einrichtungen für die Bewohner des umliegenden Wohnviertels entwickelt.

d) Paul Östreich, Sprecher des Bundes entschiedener Schulreformer, ging in seinen Vorstellungen über das Verhältnis von Schule und Leben noch weiter als Karsen, der mehr oder weniger das Leben in die Schule hinein nehmen wollte bzw. das Leben in der Schule abbilden und gleichzeitig von der Schule nach außen wirken wollte. Östreich stellte sich dagegen die Schule als Lebensschule vor, in der tatsächliches gesellschaftliches Handeln stattfindet. Dabei setzte er sich vor allem kritisch mit dem Erlebnisbegriff seiner reformpädagogischen Zeitgenossen auseinander, die von den subjektiven Erlebnissen der Kinder in den Unterrichtsgesprächen ausgehen wollten, um daraus in den Gesprächen wichtige Erkenntnisse zu entwickeln. Er setzte dagegen: „Ich glaube nicht, dass das Erlebnis als Methode sich systematisieren ließe; ich glaube auch, dass das Wort 'Erlebnisschule', 'Erlebnismethode' vielleicht nicht ganz zutrifft, ich würde dafür das Wort 'Lebensschule' nehmen" (Östreich 1975, 51). Er glaubte, „dass die ehrliche Einheitsschule nur durch die Schule als soziale Anstalt, als Lebensschule, in enger Verbindung mit dem produktiven Geschehen der Wirklichkeit erstehen […] kann" (Östreich 1975, 57). Paul Östreich stellte hohe Ansprüche mit der Integration von sozialen Gruppierungen, produktiver Arbeit und Wirklichkeitsbezug

auf; d. h., in Paul Östreichs Vorstellungen sollte tatsächlich in einer Schule produziert werden wie in der Wirklichkeit und dieses nicht nur als einzelne Projekt-
form, sondern als durchgängige Organisationsform. Wir finden diese Form der
Produktionsschule auch heute noch im kubanischen Schulwesen in den Basisse-
kundarschulen auf dem Lande (ESBEC: escuela secundaria basica en el campo),
die Tomatenplantagen oder Zitrusfruchtplantagen tatsächlich als Schulaufgabe
betreiben, dort produzieren und auch im Unterricht diese Pflanzen auf die Probleme der Produktion beziehen. Paul Östreich gehörte mit Anna Siemsen und
Fritz Karsen dem Bund entschiedener Schulreformer an, die sich neben Ein-
heitsschulforderungen vor allem hinsichtlich ihrer Ablehnung konservativer Ge-
sellschaftsvorstellungen und militaristischen Denkens in der deutschen Pädagogik einig waren. Ihre Vorstellungen haben sich über einzelne Theorien oder
Schulversuche nicht weiter ausgebreitet. Die Mehrzahl der reformpädagogischen Konzepte war dagegen deutlich System stabilisierend – oft sogar noch anti-
demokratisch von der seit 1918 vergangenen Monarchie schwärmend. Gleichwohl sind einzelne didaktisch-methodische Gedanken dieser Konzepte durchaus
beachtenswert und auch für demokratischen Sachunterricht produktiv zu
nutzen.

e) Nicht im heimatkundlichen Kontext aber im Kreis der damals weltweit sich
entwickelnden reformpädagogischen Gedanken ist Maria Montessori zu verorten (Eckert 2004). Bekannt ist Montessori zwar vor allem durch das von ihr propagierte Fördermaterial für individualisiertes Lernen gerade auf mathematischer und sprachlicher Ebene (Ludwig 2004). Sie entwickelte aber auch zusammen mit ihrem Sohn Mario Montessori ein für den Sachunterricht bedeutsames
Konzept der kosmischen Erziehung, das wir eher in den Traditionen der Weltkunde betrachten müssen.

Trotz der wichtigen methodischen Neuerungen, wie dem Zugang durch spannende Erzählungen über die Realität, die Erlebnisbetonung des Unterrichtsgesprächs oder durch Herstellen konkreter Produkte, bleiben die klassischen Heimatkundekonzepte in mehrfacher Hinsicht problematisch. Sie haben nur punktuell methodische Einzelheiten der Reformpädagogik aufgenommen und haben
Unterricht auf der Basis der Anschauungspädagogik oft nur weiter geführt. Die
wesentlichen Kritikpunkte (vgl. Hänsel 1980, 10f), die fast alle diese Konzepte
treffen, sind:

- Die **emotionale Überfrachtung und Irrationalität** von Heimatkunde ist nicht
  sachlich überprüfbar. Es gibt gefühlsschwangere Aussagen etwa vom Wurzelboden der Heimat, die weder mit der Wirklichkeit noch mit den Erfahrungen
  der Kinder in Einklang zu bringen sind. Die Qualität der emotionalen Sinngebung von Inhalten wurde festgelegt und nicht den Deutungen der Kinder
  überlassen. Emotionsdogmen untergraben aber letztlich lebendiges emotionales Lernen. Familienidylle, kleinbürgerlich-bäuerliche Welt, Bodenver-

bundenheit, hierarchische Ordnungsnormen sind einige Charakteristika dieses Gedankenkreises. Faktisch führte dies dazu, dass der klassische Heimatkundeunterricht in seiner ideologischen Gewichtung sehr stark durch eine die Herrschaft stabilisierende Tendenz und emotionale Orientierung am Gestern gekennzeichnet war.

- Bei fest gefügten emotionalen Zielen des Heimatbegriffs entstand zwangsläufig eine **Vernachlässigung der kritischen Komponente** des Unterrichts. Denn Kinder hatten nach vielen Konzepten nicht die Entscheidungsmöglichkeit zwischen verschiedenen Sichtweisen. Vielmehr galt in der Heimatkunde das Dogma „Wir lieben unsere Heimat, sie ist schön und gut und von Gott gewollt". Dabei wurde den Kindern zu wenig ermöglicht, über Inhalte nachzudenken und Sachen zu durchschauen oder zu fragen „warum dieses oder jenes so oder anders sein soll".

- In der Reformpädagogik war der Anspruch, im Lernen ein **persönliches Erlebnis** zu schaffen und an subjektive Erfahrungen und Erlebnisse anzuknüpfen, weit verbreitet. Methodisch wurde die Seite der Kindererlebnisse vor allem durch die Erlebniserzählung des Lehrers im Unterricht zu repräsentieren versucht. F. Gansberg (1912b) entwickelte die Methode der Lehrererzählung und des freien Unterrichtsgesprächs, um die nach seiner Einschätzung prinzipiell wissbegierigen Kinder in das Unterrichtsgeschehen einzubeziehen. Damit werden allerdings die geforderten Erlebnisse reduziert. Nicht wahre Erlebnisse, sondern erlebnishafte Vermittlung wurde praktiziert. „Vom Kinde aus" ist in der Zeit der Reformpädagogik weitgehend nur als unmittelbare methodische Handlungsanweisung zur Verlebendigung vorgegebener Inhalte missverstanden worden.

- Die Inhalte vieler Heimatkundekonzepte sind antiquiert und nicht auf Menschen des 20. Jahrhunderts bezogen, die in einer durch Wissenschaft und Technik bestimmten Welt leben. So ist beispielsweise in der Pädagogik Rudolf Steiners, des Begründers der Waldorf-Schulen (vgl. zur Kritik Knauf 1990), das Thema „Auto" nicht vorgesehen, während die Antike einen großen Raum in der Heimatkunde des 4. Schuljahres einnimmt. Die meisten Inhalte der reformpädagogischen Heimatkunde beziehen sich auf eine **ländliche Idylle**.

- Die **Weiterführung tradierter Inhalte** und Curricula war in der Heimatkunde die Regel. Methoden standen im Vordergrund der Bewegung. Vom Anspruch her sollte in einigen reformpädagogischen Konzepten die Inhaltsauswahl dem „freien Unterrichtsgespräch" mit den Schülern als Auswahlinstanz überlassen werden (Scharrelmann 1912, 179), um so die kindgemäßen Inhalte zu finden. Wenn wir uns eines der wenigen erhaltenen Protokolle eines derartigen von den Kinderfragen bestimmten Unterrichts genauer anschauen, nämlich die von B. Otto vor Beginn des ersten Weltkrieges (1907) aufgeschriebenen Gesprächsinhalte des Gesamtunterrichts, werden wir feststellen, dass ein Gros der Fragen und Antworten um Militaria rankte. D. h. die herrschenden Inhalte der deutschen Monarchie waren in den Fragen der Kinder wie auch in den inhaltlichen Orientierungen des Lehrers voll repräsentiert. Nur bei wenigen Pädagogen (Gansberg, vgl. Nitsch 2004; Gaudig, vgl. Müller 2004b) wurden schließlich wesentlich andere Inhalte als im traditionellen Curriculum auch tatsächlich zugelassen bzw. vorgeschlagen.

- Es ist eine mangelnde Orientierung an den realen Strukturen der Sachen festzustellen. Dies hängt eng mit dem vorigen Punkt zusammen. Es wird oft keine realistische Gegenwartssicht in der klassischen Heimatkunde dargeboten, sondern Erkenntnis hemmende **Kindertümelei**. So werden technische Geräte von einem „Heer von Koböldchen, Kobolden und Oberkobolden" angetrieben oder über die Funktionsweise eines Elektromotors wird behauptet „die Kraft, die ihn treibt, kommt ins Haus geflogen. Freilich nicht auf Flügeln, sondern still und ohne dass man's merkt durch den Leitungsdraht. Sobald er in die Maschine gelassen wird, fängt er darin an zu rauschen und zu brummen" (zit. in: Beck/Claussen 1979, 48); oder vom „bösen Wind", der sich an der Stubenwand „den Kopf einrennen (kann)" (Troll 1922 (10), 81). Kindertümelei bedeutet inhaltlich, dass die Kinder dabei keine Chancen erhalten haben, eine realistische Weltsicht zu erwerben, sondern in falschen Vorstellungen festgehalten wurden.

- Während der restaurative Gesinnungsunterricht mehr den zu der Zeit immer noch geltenden herrschenden pädagogischen Auffassungen entsprach, entstammte ein Merkmal der Heimatkunde deutlich der Reformpädagogik, nämlich das **Ganzheitsprinzip im Gesamtunterricht**. Zwar gibt es sehr verschiedene Vorstellungen, was jeweils unter Gesamtunterricht verstanden wird, gemeinsam ist aber allen, dass das Nichtfachliche im Vordergrund steht. Die Kehrseite der Medaille war, dass Gesamtunterricht manchmal sehr dogmatisch verstanden wurde und nur oberflächlich zusammenhängende Inhalte miteinander verknüpft wurden. Nicht die Erkenntnisvertiefung, sondern das Zusammenpassen der Unterrichtsstoffteile stand im Vordergrund.

Da wurden etwa in einem Anleitungsbuch z. B. zum Thema „Der Kirschbaum" folgende Inhalte vorgeschlagen: eine Kirsche am Stiel aus Ton formen, das Rätsel „Weiß wie Schnee" kennen lernen, das Gedicht „Maikäfer, flieg" und „Dornröschen" singen (Scherer 1910). Die Auswahl der zu dem Gesamtthema passenden Inhalte wirkt oberflächlich zusammengestückelt und nicht inhaltlich begründet. Man kann sogar von einer Ganzheitsideologie der Heimatkunde sprechen, weil damals alles, was nur einigermaßen assoziativ zum Thema passte, zugeordnet wurde. Das Konzept des „Gesamtunterrichts" blieb weiterhin unter dem Primat sprachlichen Lernens, und auch im heimatkundlichen Inhaltsbereich behielten geografische Themen den Vorzug gegenüber Naturkunde und Geschichte.

- Der Heimatkunde **fehlt eine wissenschaftliche Orientierung**. Damit meine ich nicht, dass wissenschaftliche Strukturen und Inhalte unmittelbar den Kindern präsentiert werden, sondern dass es zur Wissenschaft gehört, Fragestellungen zu entwickeln und zu überprüfen und gemeinsam zu diskutieren. Diese Offenheit des Erkenntnisweges ist nicht gegeben, wenn die Liebe zur Heimat schon vorweg als Dogma gesetzt wird. Gerade die kritische Komponente der Wissenschaftsorientierung, nämlich Dinge zu überprüfen, ob sie wahr sind, Dinge in Frage zu stellen, ist außerordentlich produktiv für die Denkentwicklung des einzelnen Kindes wie auch für die Entwicklung einer Demokratie.

- Die naturalistischen Reifungstheorien sind inadäquat. **Naturalistische Reifungstheorien**, die in der Reformpädagogik bis in die 1960er Jahre hinein vertreten wurden, bedeuten, man glaubte an feste Entwicklungsstufen, die an das jeweilige biologische Alter gebunden sind. Derartige Stufentheorien haben etwa die Kinder nach dem Märchen-Alter oder dem Robinson-Alter unterschieden. Es gab in diesen Theorien klare, feste Altersstufen von Interessen, von Denkmöglichkeiten, auf denen die Kinder von Stufe zu Stufe heraufsteigen. Die heutigen entwicklungspsychologischen Konzeptionen gehen davon aus, dass es überhaupt keine festlegbaren Stufen gibt, d. h., dass Kinder in einzelnen Bereichen sehr viel weiter sein können als in anderen. Sie können beispielsweise im kognitiven Bereich durchschauen, dass eine Partei eine bestimmte Aussage nur gemacht hat, um die Wahl zu gewinnen, während sie gleichzeitig im emotionalen Bereich nicht einmal dem Nachbarn die Hand zur Versöhnung nach einem Streit reichen können. D. h., dass es je nach Inhalt verschiedene Stufen gibt, dass Kinder im Grundschulalter sich in manchen Bereichen wie ein Säugling verhalten können und gleichzeitig kognitiv differenziert wie Oberstufenschülerinnen und -schüler argumentieren können.

- Die Prinzipien „**vom Nahen zum Fernen**" und das diffuse Ganzheitsprinzip sind fragwürdig. Insbesondere lege ich Wert auf die Kritik am Prinzip „vom Nahen zum Fernen", weil das immer räumlich gesehen wurde. Räumliche Beziehungen sind aber außerordentlich anspruchsvoll. So ist es nicht selten, dass Kindern im Grundschulalter die Orientierung in unbekannten Stadtvierteln oder gar mit Karten sehr schwer fällt. Meine These im Anschluss an Ilse Lichtenstein-Rother (1969) ist, dass die psychische Nähe ein entscheidendes Kriterium der Inhaltsauswahl sein muss. Und das psychisch Nahe kann auch das Spielhandeln eines Kindes in Südamerika sein, in das sich die Kinder durch Geschichten und Erzählungen emotional hineingefunden haben. Das Prinzip der psychischen Nähe ist m. E. tragfähiger als das der „sozialen Nähe" (Schernikau 1994), weil gerade in einer demokratischen Gesellschaft auch soziale Unterschiede thematisiert werden sollen. Psychische Nähe können Kinder dagegen auch zu Kindern aus sozial fremden Situationen entwickeln und durch emotionale Identifikation Nähe herstellen, die es weder räumlich noch sozial gibt.

- **Ideologische Überfrachtung** stand schon früh in der Heimatkunde Pate. Besonders Sprangers Einfluss machte die Heimatkunde zu einem Fach, in dem nationalistische Orientierungen und Bodenverbundenheit eng miteinander verknüpft waren.

Wenn wir die heimatgebundenen ideologischen Tendenzen näher betrachten, ist es nicht verwunderlich, dass in der Zeit nach 1933 keine grundlegende Veränderung des Faches erfolgte. Es wurden zwar deutlich mehr Inhalte, die eindeutig dem nationalsozialistischen Herrschaftssystem entsprachen, für den Unterricht ausgearbeitet. Als Unterrichtsthemen wurden auch in offiziellen Handreichungen neben „die Tulpe" Themen wie „unsere Wehr", „Heldengedenktag", „Hitler", oder „Sonnwendfeier" empfohlen (Stanglmaier/Schnitzer/Kopp 1942). Gleichzeitig blieben aber auch die meisten traditionellen Heimatkundethemen wie „Apfelernte", „Unser Bergwald" oder „Kartenlesen". Wenn wir nach veränderten pädagogischen Akzenten bei diesen allgemeinen Heimatkundeinhalten suchen, dann werden wir zwei spezifische Merkmale feststellen:

1) Eine deutliche Betonung einer Gemeinschaft, in der es keinen Konflikt und keine Verschiedenheit gibt. Alle Kinder sollen danach eine harmonische Einheit bei der Heimatliebe bilden.

2) Immer wieder ein Bezug auf die Naturbedingtheit und Ausklammerung von Gesellschaftsbedingtheit von Phänomenen.

Diese Tendenzen waren bereits in vielen Schriften der vorangegangenen Jahrzehnte repräsentiert, wurden aber jetzt systematisch und widerspruchslos betont. Die Kritik an vielen restaurativen Ansätzen der Heimatkunde trifft auch auf die Zeit zwischen 1933 und 1945 zu, so dass eine gesonderte Behandlung dieser Zeit in diesem Kontext keinen weiterführenden Erkenntniswert für heutigen Sachunterricht hat. Allerdings mit einer bekannten Ausnahme: Adolf Reichwein entwickelte und praktizierte in einer kleinen Dorfschule in Tiefensee ein Konzept mit Schulgarten, Gewächshaus, Reisen und vielen praktischen Vorhaben, das zeigt, wie handlungsorientierter Unterricht produktiv realisierbar ist.

Die hier skizzierten kritischen Punkte der reformpädagogischen Heimatkunde wurden aber erst Mitte der 1960er Jahre deutlicher in der didaktischen Diskussion hervorgehoben – bis sich schließlich aus der Kritik an der Heimatkunde über Konzepte der Sachkunde allmählich die Forderung nach Sachunterricht verdichtete.

2.5 Heimatkunde in der DDR als besondere Form der Weiterentwicklung[1]

Während im Westen Deutschlands der Sachunterricht über Sachkunde sich aus der klassischen Heimatkunde heraus entwickelte, hatte der Heimatkundeunterricht in der DDR unter spezifischer Profilierung im Sinne sozialistischer Bildungs- und Erziehungsvorstellungen einen zentralen Stellenwert und galt als Mittelpunkt der Ausbildung von grundlegenden Fähigkeiten und Fertigkeiten bei den Schülerinnen und Schülern. Schon in den Anfangsjahren lag ihm die Vorstellung der unmittelbaren Verbindung der pädagogischen Praxis mit der gesellschaftlichen Praxis zugrunde. Insofern hatten sich die Konzeptionen des Faches an den Entwicklungen in der Gesellschaft zu orientieren und bedeutete eine klare Umorientierung gegenüber der bisherigen Heimatkunde (vgl. Feige 2004).

Wie in den westlichen Besatzungszonen richteten sich auch in der sowjetischen Besatzungszone in den ersten Nachkriegsjahren viele Lehrpersonen nach reformpädagogischen Ideen. Sehr schnell wurden aber alle reformpädagogischen Ansätze von der sowjetischen Besatzungsmacht als ungeeignet für die planmäßige Erziehung zu einem antifaschistisch-demokratischen Bewusstsein erklärt. Bildung und Erziehung hatten sich an der Pädagogik der Sowjetunion zu orientieren, z. B. am Werk Jessipows und Makarenkos, wobei implizit auch wieder ein deutlich reformpädagogisch-sozialpädagogisches Profil mit klarer Förderorientierung aller verbunden war.

Im Februar 1965 wurde das „Gesetz über das einheitliche sozialistische Bildungssystem" in der Volkskammer der DDR verabschiedet (vgl. Kanzlei des Staatsrates der DDR, 1965). Dieses Bildungsgesetz regelte den Entwicklungsweg von der Kinderkrippe bis hin zu Einrichtungen der Erwachsenenbildung. Es fordert, auf allen Ebenen eine umfassende Allgemein- und Spezialbildung zu vermitteln. Herausgestellt werden mathematisch-naturwissenschaftliche, polytechnische und gesellschaftswissenschaftliche Grundlagen, die Vermittlung von Fähigkeiten zu wissenschaftlich-produktiver Arbeit und die enge Verbindung von Schule mit dem Leben. Durch die Einheit von sozialistischer Bildung und Erziehung, sollten Menschen herangezogen werden, die den Anforderungen des wissenschaftlich-technischen Fortschritts gerecht werden.

Auf dem VIII. Parteitag der SED im Juni 1971 wurde die weitere Gestaltung der entwickelten sozialistischen Gesellschaft der DDR als Ziel erklärt. Als Hauptaufgabe der Schule wurde die Förderung von Eigeninitiative, Selbstständigkeit und schöpferischem Handeln der Heranwachsenden im Sinne des Sozialismus herausgestellt (vgl. Bericht des ZK an den VIII. Parteitag der SED 1971). Ergebnis war, dass die Tätigkeiten der Lehrenden und Lernenden stärker als bisher Gegenstand der pädagogischen Forschung wurden. In Anlehnung an sowjetische

---

[1] Ich danke Silke Pfeiffer für die fachliche Fundierung dieses Abschnittes.

Pädagogen und Psychologen wurde schwerpunktmäßig Forschung zur Relation zwischen produktivem und reproduktivem Lernen, zur Rolle der Tätigkeit für die emotionale Erziehung der Schülerinnen und Schüler und zum Wert der praktischen Arbeit bei der Realisierung didaktischer Prinzipien durchgeführt.

Der IX. Parteitag der SED im Mai 1976 knüpfte an diese Entwicklungen an und erhob den allmählichen Übergang zum Kommunismus zum Programm. Die pädagogische Forschung vor allem zur individuellen und kreativen Schülertätigkeit wurde zu einer wesentlichen Aufgabe der pädagogischen Wissenschaft erklärt.

Hinsichtlich der Praxisrelevanz dieses Ansatzes stellt Drews heraus, dass individualisiertes Lernen in der Unterstufe der DDR nur wenig praktiziert wurde (vgl. Drews 1990). Als Ursache vermutet sie die Gegenwirkung durch Lehrplanvorgaben und dass selbstständige und selbst bestimmte Aktivitäten in der DDR nur dann erwünscht waren, wenn sie politisch konform waren. Das schränkte die praktische Umsetzung der theoretisch grundsätzlich geforderten Erziehung zu eigenem Denken, zu kritischer Reflexion und selbst bestimmtem Handeln erheblich ein.

Charakteristische Merkmale dieser Pädagogik waren:

– die enge Verbindung von Bildung und sozialistischer Erziehung
– die Vorstellung von Bildung und Erziehung als determinierter und damit planbarer Prozess
– die hohe Bewertung von Kognition und Erfahrung
– die Herausstellung von Disziplin, Leistungs- und Anstrengungsbereitschaft
– die hohe Bedeutung von sozialem Lernen im Sinne von Solidarität und Verantwortung des Einzelnen für die Gesellschaft.

Diese Merkmale des allgemeinen Bildungskonzeptes haben die Entwicklung des Heimatkundeunterrichts nachhaltig beeinflusst und finden z. B. darin ihren Ausdruck, dass Lehrpläne und Lehrbücher in der DDR zu 100 % verpflichtende Inhalte enthielten. Dazu wurden Lernziele und auch das methodische Vorgehen in Unterrichtshilfen, die es zu jedem Fach und in jeder Klassenstufe gab, eindeutig ausgewiesen. Die Realisierung dieser Vorgaben war im Klassenbuch zu dokumentieren und wurde durch Hospitationen, z. B. von Schulleitern oder Fachberatern überprüft.

Heimatkunde war in der DDR kein eigenständiges Fach, sondern ein Lernbereich innerhalb des Deutschunterrichts. Er war eng verbunden mit der sozialistischen Umwelt der Schüler (Patenbrigaden, Betriebsbesuche) und mit der Pionierorganisation (Pflichten und Aufgaben der Jung- und Thälmannpioniere) (vgl. Hagemann 1976, 318).

Es gab drei Lehrplangenerationen, die durch einzelne präzisierte Lehrpläne ergänzt wurden.

1. **Lehrplangeneration von 1951**: Im Mittelpunkt stand die gemeinsame Sprache der Deutschen. Heimatkundliche Inhalte sollten mit Hilfe des „Erläuternden Lesens" erschlossen werden (vgl. Deiters 1948, 10). Die Heimatkunde war nur in Klasse 4 selbständige Disziplin im Heimatkundlichen Deutschunterricht.

2. **Lehrplangeneration von 1959**: trug der Tatsache der Entwicklung zweier deutscher Staaten mit unterschiedlichen gesellschaftlichen Systemen Rechnung. Die „Heimatkundliche Anschauung" nahm den Platz des „Erläuternden Lesens" ein. Heimatkunde wurde selbständige Disziplin im Heimatkundlichen Deutschunterricht. Ziel dieses Unterrichts war politische Gesinnungsbildung und eine stärkere Betonung fachwissenschaftlicher Elemente der „Bezugswissenschaften" Geschichte, Staatsbürgerkunde, Geografie, Biologie. Heimatkundeunterricht wurde in erster Linie als vorfachlicher Unterricht der Oberstufe gesehen (vgl. Giest 1999, 35). Die Lehrplanangaben wurden einerseits hinsichtlich der exakten Abgrenzung der Stoffe der Disziplinen und andererseits durch die Aufnahme von Koordinationshinweisen präzisiert. Damit sollte der Zersplitterung des am Fach orientierten Unterrichts entgegengewirkt werden (vgl. Giest 1999, 36). Der Schulgartenunterricht (bis hierher Teil des Heimatkundeunterrichts) wurde ein separates Fach.

3. **Lehrplangeneration von 1984 bis 1990**: Lehrplanziele wurden weiter präzisiert und systematisiert. Im Mittelpunkt stand eine funktionale Erziehung an das herrschende Gesellschaftssystem angepasster junger Menschen (vgl. Giest 1999, 35). Zu einem solchen „Gesinnungsunterricht" gehörte im Sinne sozialistischer Ideale aber neben Konformität als Erziehungsziel die hohe Wertschätzung der Arbeit, der Solidarität unter Menschen und die aktive Teilnahme am gesellschaftlichen Leben. Das Bildungs- und Erziehungskonzept beinhaltete demnach neben einseitigen parteipolitischen Ausrichtungen Elemente, die an die Humanistische Pädagogik anknüpfen, die davon ausgeht, dass jeder Mensch grundsätzlich erziehungs- und bildungsfähig ist.

Der gesellschaftskundliche Anteil des Heimatkundeunterrichts nahm gegenüber dem naturwissenschaftlichen Anteil in allen Klassenstufen einen weitaus größeren Stellenwert ein. Sowohl in der allgemeinen Zielformulierung des Lehrplanes als auch in den einzelnen Beschreibungen zu den Themen wird darauf verwiesen, dass die Inhalte mit anderen Lernbereichen und Fächern verbunden werden und stets an die Lebenswelt der Kinder anknüpfen sollen.

- Inhalte des Lehrplanes für Heimatkunde in der 2. Klasse (5 Stunden pro Woche) waren: „Einführung in das gesellschaftliche Leben" (35 Stunden) und „Kenntnisse über die Natur – Naturbeobachtungen" (20 Stunden).
- Themen im ersten Lernbereich: Die Kinder als Schüler und Jungpioniere, Unser Heimatort – Teil unseres sozialistischen Vaterlandes, Vom Schutz der Errungenschaften durch die nationale Volksarmee, die Grenztruppen und die

Kampftruppen der Arbeiterklasse, Der 1. Mai – Internationaler Kampf- und Feiertag der Arbeiterklasse und aller Werktätigen, Verkehrskunde – Verkehrserziehung

- Themen im zweiten Lernbereich: Einführung in den Kalender, Wetterbeobachtungen, Die Natur im Herbst, Winter und Frühjahr (vgl. Ministerrat der Deutschen Demokratischen Republik 1987).

Die methodische Ausrichtung des frühen Heimatkundeunterrichts in den 1950er und 1960er Jahren wurde u. a. durch die Anweisung zur Einführung des Faches Heimatkunde in der deutschen demokratischen Schule vom 30. Juni 1955 geregelt (vgl. Ministerium für Volksbildung 1955). Danach sollte der Unterricht zwar auf die Lehrperson zentriert, aber dennoch methodisch vielfältig arrangiert werden. Einen besonderen Stellenwert hatten Unterrichtsgänge. Je nach der unterrichtlichen und erzieherischen Absicht wurden folgende Unterrichtsgänge unterschieden:

Orientierungsgänge, z. B. zum näheren kennen Lernen der Schulumgebung, zum Schulweg
Sammelgänge, z. B. zur Beschaffung frischen Naturmaterials
Beobachtungsgänge, z. B. zur Beobachtung von Arbeitsabläufen oder Naturphänomenen
Unterricht an Ort und Stelle, z. B. im Wald (vgl. Bastine 1959, 8 ff.).

Die Konzeption des Heimatkundeunterrichts in den siebziger und achtziger Jahre knüpfte an diese Methodik des Unterrichts an. Vor allem in der Auseinandersetzung mit Lothar Klingberg (Klingberg 1982) wurde aber zunehmend die Notwendigkeit der Individualisierung von Lernprozessen diskutiert. Drews verweist darauf, dass in den achtziger Jahren von Personen aus Wissenschaft und Praxis Fragen aufgeworfen wurden, wie z. B. die nach

„– der tatsächlichen Kindgemäßheit des Unterrichts …

- der Freude des Kindes am Lernen und dem Verhältnis von Leistung und Leistungsfähigkeit

- dem Umgang mit der Neugier der Kinder, ihren vielen Fragen an das Leben

- der Ausprägung der Individualität der Kinder und der Schaffung vernünftiger Relationen von gemeinsamer und individueller Tätigkeit der Kinder

- dem Abbau von theoretischer Überfrachtung des Unterrichts und besserer Koordinierung zwischen den Fächern" (Drews 1990, 24).

Es wurden demnach Probleme der Individualisierung von Lernprozessen erkannt und Lösungsansätze gesucht. Angestrebt wurde ein Heimatkundeunterricht, der sowohl den kognitiven Möglichkeiten der Kinder als auch ihren emotionalen Bedürfnissen Rechnung trägt. Die reformpädagogischen Elemente wie Unterrichtsgang und Veranschaulichung erfuhren eine besondere Beachtung, während sie im Sachkundeunterricht im Westen weniger betont wurden. Auch die rein räumliche Orientierung der klassischen Heimatkunde wurde durch die ideologische Einbettung in die Ziele sozialistischer Erziehung deutlich relativiert und durch politisch appellativen Unterricht ersetzt. Es kann also nicht von einer linearen Fortführung der alten Heimatkunde der Weimarer Zeit in der DDR gesprochen werden. Vielmehr ist hier eine Kombination von Präsentation politischer Werthaltungen, erfahrungsnaher Erkundung und systematischer Vermittlung eines Inhaltskanons herausgebildet, der weder mit der früheren Heimatkunde noch mit der in 1950er und 1960er Jahre im Westen praktizierten Form kompatibel ist.

2.6 Sachkunde an der Nahtstelle von der Heimatkunde zum Sachunterricht

Die Entwicklung von der Heimatkunde zum Sachunterricht ist ein recht widersprüchlicher jahrzehntelanger und – schauen wir uns einige neuere Tendenzen der Richtlinien und Unterrichtsvorschläge an – letztlich noch nicht abgeschlossener Prozess. Die ersten Vorläufer sind bereits in der Großstadtheimatkunde von Gansberg (s. o.) zu finden. Aber diese Inhalte der Moderne und eine deutliche Abkehr von der ländlich-handwerklichen Enge der Heimatkunde haben sich noch längst nicht durchgesetzt. Bei Jeziorsky wird der Großstadtraum als Inhalt noch 1968 – zur Zeit der beginnenden Studentenbewegung und Demokratisierungsbewegung in Europa – abgelehnt. Jeziorsky schätzt die Gehalte des Großstadtraumes „in weitem Umfange als bildungsunfruchtbar" (Jeziorsky 1968 (2), 23) ein.

In den 1960er Jahren wiesen immer mehr didaktische Konzepte spezifische Merkmale des späteren Sachunterrichts auf, selbst die Bezeichnung Heimatkunde stand häufiger in Frage. Anstelle von Heimatkunde wurden Begriffe wie „Allgemeinbildender Unterricht" (Jeziorsky 1948), elementare Weltkunde (Lichtenstein-Rother 1977, 64) oder Sachkunde (Karnick 1964) verwendet. Besonders das Handbuch zur Unterrichtsvorbereitung von Karnick (Mitzlaff 2004h) wurde in den 1960er Jahren viel genutzt. Dort waren ausführliche Unterrichtsplanungen zu sachkundlichen Themen wie Post, Feuerwehr und Verwaltung nachzulesen, die sehr viel Praxisgespür zeigen. Er bemühte sich um „eine Versachlichung und partielle Modernisierung des Heimatkundeunterrichts" (Mitzlaff 2004h, 152).

Dies war keineswegs nur ein Etikettenwandel. Mit diesen Begriffen wurden vielmehr bestimmte Abkehrprozesse von der alten Heimatkunde mit ihrer gegenständlichen Eingrenzung signalisiert: „Schlechthin alle Phänomene dinglicher und auch nichtdinglicher Art, die der menschliche Geist als konstituierende Bestandteile der Welt entdeckt oder gestaltend selber hervorgebracht hat, sind Gegenstände des Unterrichts. Wegen dieser Universalität des Bildungsauftrages habe ich seinerzeit den Namen 'allgemein bildender Unterricht' vorgeschlagen und zur Diskussion gestellt. [...] Ilse Lichtenstein-Rother spricht von 'elementarer Weltkunde' und trifft mit diesem Kennwort sicherlich den umfassenden Inhalt dieses Unterrichts" (Jeziorsky 1972, 118). Diese Konzepte des Vor-Sachunterrichts können am ehesten als Sachkunde bezeichnet werden. Bei der hier angesprochenen begrifflichen Abkehr von der traditionellen Heimatkunde spielten vor allem die folgenden Aspekte eine wichtige Rolle:

a) Die Abkehr vom Primat der konzentrischen Kreise, also vom Nahen zum Fernen, setzt sich durch.

b) Die Erweiterung des gegenständlichen Spektrums, vor allem in Richtung auf öffentliche Erfahrungsfelder, Verkehr und (noch primär handwerkliche) Berufe (vgl. Karnick 1964, Band I und II) wird deutlich.

c) Es beginnt eine Orientierung an Fächern anstelle der bisherigen ganzheitlichen Heimatkunde; damit eröffnete sich aber auch gleichzeitig eine Problemseite des neuen Sachunterrichts, die sich z. T. in deutlicher fachlicher Gliederung niedergeschlagen hat (Fiege 1972 (4)) und schließlich völlig verfachlichte Konzepte für den neuen Sachunterricht entwickelt hat, so dass Biologie, Physik, Chemie, Geografie, Geschichte usw. in den späteren Richtlinien Anfang der 1970er Jahre (vgl. Kultusminister NRW 1973) zu fachlichen Strukturelementen von Sachunterricht wurden.

d) Eine Abkehr von der ländlichen Orientierung der Heimatkunde beginnt.

e) Eine Absage an Kindertümelei und extreme restaurative ideologische Tendenzen erfolgt allmählich.

Eine produktive Aufhebung der alten Heimatkundekonzepte war aber außerordentlich schwierig.

In vielen Konzepten zur Sachkunde wurde letztlich eine Neuauflage der alten Auswendiglernschule betrieben. Die Kinder sollten möglichst viele Stoffe beherrschen, d. h. für die Praxis konkret, z. B. möglichst viele Arten von Vögeln mit der Bezeichnung zu benennen oder die verschiedenen Verkehrswege des Gütertransports in Deutschland zu unterscheiden.

„Im Vordergrund [...] (standen) Institutionenkunde und Verhaltenslehre" (Beck/Claussen 1979, 208). Insofern war dies auch ein Rückschritt gegenüber der emotional gefärbten Heimatkunde – auch wenn deren restaurative Tendenzen jetzt zugunsten einer stärker sachlichen Orientierung zum Schwinden kamen.

Selbst wenn nicht so eng räumlich-institutionelle Themen wie Post oder Feuerwehr ausgewählt wurden, dominierte dennoch die Tendenz zur äußerlich-gegenständlichen Erweiterung, so dass klassisch gefühlshaltige Themen der Heimatkunde allmählich in den 1960er Jahren aus dem Sachunterricht verschwanden. Nicht Emotionen, sondern verschiedene Sachwörter waren gefragt.

Gleichwohl ist unverkennbar, dass die späte Heimatkunde oder frühe Sachkunde mit mehr Erfahrungsfeldern (Verkehrsmittel, Öffentlichkeit) (Karnick 1964), stärker nach außen geöffnet war als die räumlich restringierte des dörflichen Bauernhofs. So heißt sein weit verbreitetes Handbuch zwar „Mein Heimatort" es werden aber sozialkundliche, volkskundliche, historische, biologische und geografische Betrachtungen des jeweiligen Themas vorgeschlagen (Mitzlaff 2004h, 153).

Trotz vieler überfachlicher Unterrichtsanregungen von Karnick und anderer sachkundlicher Schriften blieb die geografische Dominanz der alten Heimatkunde auch gegen Ende der 1960er Jahre faktisch unangefochten in der Praxis bestehen: Bis zu 80 % aller Themen der Heimatkunde im 3. und 4. Schuljahr, es hieß ja noch offiziell Heimatkunde in den Schulen, auch wenn in den Schriften schon von Sachkunde oder Sachunterricht die Rede war, waren immer noch zu 80 % geografisch ausgerichtet (Höcker 1968). Und auf dieser Basis entstand der neue Sachunterricht – zunächst über eine fachliche Ausweitung in didaktischen Schriften – später auch in Richtlinien.

So wünschte sich J. Haug wegen der „erweiterten Heimat der Kinder" anstelle der bisherigen „Traditionsgüter" aus erdkundlicher, geschichtlicher und naturkundlicher Richtung eine Erweiterung um soziale, volkskundliche, technische, wirtschaftliche und andere Aspekte (Haug 1969, 165). Faktisch schafften es nur die damals schon vorhandenen Sekundarschulfächer, in den Rang der wichtigen Inhalte in Richtlinien für den neuen Sachunterricht aufgenommen zu werden. Volkskunde blieb ausgeschlossen, Technik/Wirtschaft führte eine Randexistenz. Dafür bekamen Physik, Chemie, Biologie, Geschichte und Sozialkunde bald einen anerkannten Platz neben der Geografie (vgl. Kultusminister NRW 1973). Diese Wende zu Beginn der 1970er Jahre hat die vierte Epoche in der Geschichte des Sachunterrichts eingeleitet. Die Erweiterung des fachinhaltlichen Spektrums hatte zur Folge, dass damit natürlich auch eine Stoffüberfrachtung in die Grundschule hinein transportiert wurde, weil wiederum die einzelnen Fachdidaktiker dann verschiedene Ideen für die inhaltliche Gestaltung von Sachunterricht entwickelten und in Lehrplan- oder Schulbuchentwürfe hineinbrachten. Die Frage, was bildungswirksam und bildungssinnvoll für die kleinen Menschen ist, wurde so weitgehend ausgeklammert.

Gleichzeitig hatte die Ausdehnung des Fächerspektrums die faktische Konsequenz, dass vielfach nur fachpropädeutische Minifächer unterrichtet wurden. D. h., dass Physik oder Politik in der Grundschule unterrichtet wurde, aber kein eigenständiger Sachunterricht (vgl. Süßmuth 1980). In dieser einzelfachlichen Geburtsstunde des Sachunterrichts lag aber auch gleichzeitig eine Todesursache verborgen. Denn einerseits wurde versucht, die Welt weiter zu sehen als über den bloßen Dorfhorizont hinaus. Andererseits wurde die Welt in Bereiche zerstückelt, obgleich das Weltverstehen in ihrer Ganzheit und ihrem Zusammenwirken angestrebt wurde.

Die Welt ist aber kein Puzzlespiel. Es ist schlechthin unmöglich, von auseinander gerissenen Teilen gleichzeitig das Zusammenwirken erfahrbar zu machen. Somit musste der einzelfachlich orientierte Sachunterricht über kurz oder lang an seine eigenen Grenzen stoßen. Deshalb verbreiten sich die Formeln von der Vernetzung oder Ganzheit und ähnliche Begriffe verstärkt in der Sachunterrichtsdidaktik. Sie drücken aus, „dass wir als Lehrende die Zerteilung der Welt überwinden bzw. rückgängig machen möchten" (Meiers 1993, 90).

Die Realität der damaligen Unterrichtskonzepte zeigte in der Regel aber noch starke Gemeinsamkeiten mit der traditionellen Heimatkunde, die zu kennzeichnen sind als:

1) Kindertümelei

2) Präsentation nicht sachgemäßer, anthropomorpher Vorstellungen

Den Kindern werden vermenschlichte Modelle von Technik und Naturwissenschaft präsentiert, die gerade den Weg zur Sacherkenntnis versperren. Dazu hier ein Beispiel:

„Die Kraft, die ihn (den Elektromotor) treibt, kommt ins Haus geflogen. Freilich nicht auf Flügeln, sondern still und ohne dass man's merkt durch den Leitungsdraht. Sobald er in die Maschine gelassen wird, fängt er darin an zu rauschen und zu brummen an. Dabei dreht er einen eisernen dicken Kern, den Anker, man erkennt ihn an seinem Gewand" (zit. in: Beck/Claussen 1979, 48).

3) Vorurteilsverstärkender und stereotypisierender Sachunterricht

In der praktischen Umsetzung sah der neue Sachunterricht noch wenig überzeugend aus. In den „Darstellungseinheiten" z.B. nach Rabenstein/Haas (1972) wird zwar viel szenisches Bearbeiten von sozialen Konflikten gefordert, aber in der Konsequenz bleiben kindertümelnde, stereotypisierende, moralisch belehrende Unterrichtsszenen übrig, wie „Hans Schlamper, Schmutzfink wäscht sich" (Rabenstein/Haas 1972 (3), 28), die zudem auf Kosten anderer Figuren, die lächerlich gemacht werden, eine unechte Form von Selbstbewusstsein erzeugen.

In der Zeit der ausgehenden Heimatkunde wurden auch einzelne Konzeptionen entwickelt, die etwas über die kindertümelnden Tendenzen hinwegführten und gegenüber der Heimatkunde weiter entwickelte Unterrichtsanregungen und theoretische Reflexionen anboten. Zwei damals bekannte Konzepte der Sachkunde sollen hier kurz vorgestellt werden. Es handelt sich a) um den Ansatz des Sachunterrichts von Ilse Lichtenstein-Rother, den sie im viel gelesenen Buch mit dem Titel „Schulanfang" (1969) einem breiten Lesepublikum zugänglich gemacht hat, und b) um die Konzeption von Walter Jeziorsky, die bereits 1948 in erster Auflage zum Thema „allgemeinbildender Unterricht" veröffentlicht wurde.

a) Die Grundschulpädagogik von Ilse Lichtenstein-Rother zeichnet sich dadurch aus, dass sie mehr noch als andere zeitgenössische Schriften eine soziale Sicht von Sachunterricht mit praxisnahen Bezügen aufweisen. Dies hängt eng mit ihrer deutlichen Abkehr vom Primat des Räumlichen zusammen. Ilse Lichtenstein-Rother ging dabei insgesamt vom zentralen didaktischen Kriterium der „psychischen Nähe" aus, auch wenn sie sich zuweilen im Widerspruch dazu auch räumlicher Kriterien bediente (Lichtenstein-Rother 1969 (7), 156).

Ihre Forderung ist, anstelle der wirklichkeitsfernen abgehobenen Heimatkunde eine „elementare Weltkunde [...] als Erkundung der Lebenswirklichkeit didaktisch neu zu konzipieren" (Lichtenstein-Rother 1977, 65). Dementsprechend schlägt sie als Themen für den aus Lebensbezügen gewonnenen Sachunterricht vor: „Familie, Tageslauf, Jahreslauf, Natur, einzelne Dinge wie Kerze, Möbelwagen etc., Menschen und ihre Arbeit, Verkehr, Märchen" (Neuhaus-Siemon 2004, 162).

Ihr didaktischer Maßstab war, dass die Inhalte aus den Lebensbezügen der Kinder stammen müssen. Sie versuchte, diese Lebenswelt nicht im Sinne historisch rückwärtsgewandter Idylle eingeengt zu interpretieren, sondern achtete auch darauf, dass der „Tatsache, dass die Kinder in einer technisierten Welt aufwachsen, entsprochen wird" (Lichtenstein-Rother 1969 (7), 156).

Für das erste Schuljahr schlägt Lichtenstein-Rother (1969 (7)) in ihrem vielfach aufgelegten Band zur Praxisanleitung eine Vielzahl von Gegenständen vor, die im Folgenden auszugsweise zusammengestellt werden:

- „Aufstehen (Wecken, Waschen, Kämmen, Anziehen, Strümpfe, Kleidung, Kaffeetrinken, Kaffeegeschirr) [...]
- Wohnung [...]
- Schuster, Gärtner, Hausbauhandwerker (Maurer, Zimmermann), Bäcker, Bauer (Dreschen, Ernten, Mahlen), Mühle" (Lichtenstein-Rother (1969 (7), 206).

Ihre Ausführungsvorschläge sind dann jedoch noch sehr auf die äußere Anschauung und weniger auf die sozialen Beziehungen orientiert. So wird im Anschluss an den Schusterbesuch als Hausaufgabe vorgeschlagen: „Mutter putzt die Schuhe", um daran schon aus der Anschauungsdidaktik bekannte sprachliche Übungen zu knüpfen, wie „die Herrenschuhe, die Kinderschuhe" (Lichtenstein-Rother (1969 (7), 206).

Trotz vielfältiger neuer Inhalte im Vergleich zur Heimatkunde bleiben die unterrichtlichen Vorschläge im Konzept Lichtenstein-Rothers aus der Zeit vor 1970 auf der Ebene des nachvollziehenden Begreifens. Die Tätigkeiten der Kinder sind weitgehend auf spielerisches Nachgestalten, Basteln (z. B. einer Puppenstube oder eine Papiertischdecke auszuschneiden), Sammeln, Beobachten und Ausschneiden reduziert. Veränderndes Handeln oder eigenaktives schulisches Handeln sind dabei nicht vorgesehen.

b) Jeziorsky (1948) hat schon 1948 einen inhaltlich breiten Katalog für den Heimatkundeunterricht, den er allgemein bildend bezeichnete, vorgelegt. Er ist

aber vor allem durch seine Aussagen zur Verfrühung bekannt geworden. Letzte-
re führten dazu, dass er Unterrichtsvorschläge vertrat, die für die Schülerinnen
und Schüler zu deutlichen Reduzierungen führten. Plickat (2004) stellt dies aus
eigener biografischer Erinnerung sehr sarkastisch heraus. Die Gedanken der
Verfrühung ließen sich bei genauer Beobachtung von Kindern und ihren Fragen
und Gedanken (vgl. auch Meyer 1966) sehr wohl relativieren und sollen hier
nicht angeführt werden, weil sie zu problematischen Folgerungen führten. So
lehnte er wie Hansen Lehrinhalte ab, „deren Bewältigung die Fähigkeiten dieses
Alters übersteigen, und dazu gehört das Erarbeiten begrifflicher Fächer, die späteren Schuljahren zugeordnet sind" (Hansen 1968, 48 f.). Er hielt insbesondere
soziale Inhalte als solche für problematisch, wenn sie nur oberflächlich-begriff-
lich wahrgenommen werden können. So kritisiert er das klassische Thema „Wo-
chenmarkt" fürs erste Schuljahr als „vordergründig informatorisch", weil verlässliche Preisvergleiche, bei denen auch die Qualitäten der Warenklassen zu berücksichtigen sind [...] die Schüler noch nicht durchführen (können)" (Jeziorsky
1982, 195). Ganz ähnlich kritisiert er auch das Thema Familie, bei dem ein beliebter praktischer Ansatzpunkt der Aspekt ist, wenn die Mutter krank ist (Jeziorsky 1982, 195 f.). Nach seiner Einschätzung werde das Thema Familie im 1.
Schuljahr oft nur deskriptiv in Form einer „Belehrung über die Zusammensetzung von Familienformen", die er als „völlig bildungssteril" bezeichnet, behandelt (Jeziorsky 1982). Neuere Untersuchungen zeigen, dass auch Kinder mit besonderem Förderbedarf sehr wohl produktiv zu abstrakten Themen wie Zeit
(Seitz 2005) Aussagen machen können. Wichtiger als diese problematischen Ver-
frühungsgedanken ist allerdings die Idee vom erweiterten Inhaltskatalog für die
Heimatkunde.

Jeziorsky gewichtet schließlich die folgenden Inhaltsbereiche des Sachunterricht
als wichtig:

- Lebenskunde
- Handwerkskunde
- Technologie
- Geschichte
- Kartografie
- Arbeitskunde
- Warenkunde
- Verkehrskunde
- Landschaftskunde
- Völker- Menschenkunde (mit der Einschränkung der Gefahr der Verfrühung)
- Städtische Einrichtungen
- Wetterkunde (dabei hält er langfristige Beobachtungen für zu schwierig)
- Naturlehre (mit der Einschränkung der Gefahr der Verfrühung, Jeziorsky hält
  hier nur die Themen: Wasserkreislauf, Thermometer, flüssig für möglich)
  (Jezirorsky 1968).

Es wird deutlich, dass er noch stark an der sachkundlichen Fächereinteilung orientiert ist, diese aber durch Völker-, Waren- oder Lebenskunde zu erweitern versucht hat. Für soziales Lernen ist in seinem Konzept jedoch noch kein Platz. So legt er Wert auf praktisches Lernen, das er am Beispiel „Wir wollen einen Wald pflanzen!" für möglich hält, aber im Bereich des sozialen Lernens sah er für mögliches Wirken-Wollen noch keine Möglichkeit. Auch seine Vorstellung von praktischem Lernen bleibt reduziert, beim von ihm als positiv angesehenen Beispiel des Geschirrabwasches schlägt er die Nutzung von Puppengeschirr anstelle echten Geschirrs vor (Jeziorsky 1968, 120f).

Auffällig ist sein stark normatives Urteil, was vermeintlich angemessen ist und was nicht. Dies korrespondiert mit seinen sehr rigiden Vorstellungen der methodischen Unterrichtsführung (Plickat 2004). Dadurch geht der Blick auf alternative Lernwege der Kinder verloren, so dass soziale Themen, die aus heutiger Sicht auch handelnd erarbeitet werden können wie Schule oder Familie, aus seiner Sicht ausgeklammert wurden.

Diese sehr pointierten kritischen Ausführungen Jeziorskys machen darauf neugierig, welche Inhalte konkret er für bildsam hält. Am Beispiel eines – klar umrissenen – Beispiels aus der Hausarbeitsthematik führt er aus, welche „Möglichkeiten solcher Fragestellungen nach dem 'Sinn der Sache'" (Jeziorsky 1968, 123) er darin sieht.

So wird deutlich, dass die Erweiterung des schulischen Inhaltskanons immer wieder gebrochen war an den eigenen Vorstellungen, Vorurteilen[1] und Theorien.

2.7 Probleme und Möglichkeiten im frühen Sachunterricht

Die Schriften von Jeziorsky, Karnick und Lichtenstein-Rother wurden aber mit der Wende zum Sachunterricht ab 1970 wenig beachtet.

Dies ist erstaunlich, weil gerade Ilse Lichtenstein-Rother es war, die als eine der ersten den Begriff „Sachunterricht" verwendet hat und es sogar geschafft hat, in den niedersächsischen Richtlinien für die Volksschule aus den 1960er Jahren diesen Begriff erstmalig in einem offiziellen Dokument festzulegen (vgl. Dumke/ Schaar 1964).

In den frühen 1970er Jahren hat die Didaktik von Heimatkunde und Sachunterricht den wohl größten Umbruch in ihrer Geschichte erfahren. Nicht nur die Zahl der Publikationen zu neuen didaktischen Theorien und Konzepten stieg sprunghaft, sondern auch die Zahl an z. T. mit hohem Finanzaufwand subventionierten Forschungs- und Entwicklungsprojekten. Manche Autoren haben binnen weniger Jahre eine bedeutsame Wandlung ihrer eigenen Ansichten voll-

---

[1] Er stellte in seinen Beispielen wie vom Geschirrabwasch nie die tradierte Arbeitsteilung der Geschlechter infrage.

zogen. So sagte F. Kopp noch 1964: „Die Grundlage aller Erziehung liegt in dem vorgegebenen Zusammenleben der heimatlichen Menschen" (1964, 45) und folgerte daraus eine sehr konservative staatsbürgerliche Heimatkunde. Diesen „kindertümlichen", „herkömmlichen Sozialunterricht" unterzog er zehn Jahre später einer heftigen Kritik wegen seiner „bevorzugten Darstellung patriarchalischer Ordnungsformen" (Kopp 1977 (2)). Er, der noch ein Jahrzehnt vorher meinte: „Die Grundlage aller Erziehung liegt in dem vorgegebenen Zusammenleben der heimatlichen Menschen" (Kopp 1964, 43) und Themen der NS-Ideologie beförderte wie „unsere Wehr", „Heldengedenktag", „Hitler", oder „Sonnwendfeier" (Stanglmaier/Schnitzer/Kopp 1942), definiert nun: „Sachunterricht erscheint uns gekennzeichnet als ein situationsgemäßes, lernzielorientiertes und damit fachspezifisches Lehren und Lernen, und dies auf der Grundlage anschaulich-konkreter Unterrichtsthemen" (Kopp 1977 (2), 15). Eine ähnliche Metamorphose im formulierten didaktischen Denken lässt sich auch bei anderen Autoren [Fiege (1964 (2); 1967; 1972 (3))] nachzeichnen. Hier geht es nicht um die Diskriminierung einzelner Autoren als Opportunisten, sondern um die Tatsache, dass Anfang der 1970er Jahre offensichtlich in der Theorie des Sachunterrichts – aber damit keinesfalls notwendig auch in der Praxis – ein deutlicher historischer Bruch stattgefunden hat. Wenn nur angepasst an neue Trends neue Formulierungen verwendet werden, kann man nicht erwarten, dass der neue Sachunterricht wirklich aus Überzeugung vertreten wurde. Gefördert wurde diese Tendenz zum versuchten Neuanfang ohne geschichtliche Wurzeln durch verschiedenartige Forschungs- und Entwicklungsförderungsprojekte. Die bisherigen Lehrpläne wurden als überholt betrachtet. Die Träger dieser Veränderung kamen aber von oben und nicht aus der Schulpraxis. So wurde vom Deutschen Bildungsrat in seinem viel zitierten Strukturplan für das Bildungswesen von 1970 Leitlinien für die Veränderung der Curricula formuliert, nach denen das Lernen des Lernens und nicht primär Stoffe gelernt werden solle, anregende Situationen für eine dauerhafte Lernmotivierung gefunden werden sollen sowie eine Einführung in grundlegende naturwissenschaftliche Denk- und Untersuchungsweisen, um den veränderten außerschulischen Erfahrungen der Kinder besser gerecht werden zu können. Von durchschlagender Wirkung blieb lediglich der dritt genannte Punkt, nämlich eine Ausweitung des Inhaltsspektrums vom Sachunterricht durch naturwissenschaftliche Inhalte. Gedanken des Bildungsrates, die Fächergrenzen zu überwinden, fanden dagegen weniger Gefallen, sondern mehr die Umsetzung der Fächer in die Grundschule.

Die schulische Unterrichtspraxis selbst scheint durch diesen Trendwechsel weniger beeinflusst worden zu sein, klassische Unterrichtsinhalte der alten Heimatkunde waren weiterhin auf der Tagesordnung (Schreier 1979). Dies ist keineswegs verwunderlich, wenn wir bedenken, wie langsam neue theoretische Gedanken auch in Schulen Eingang finden.

Wie widersprüchlich und brüchig diese neuen Gedanken des Sachunterrichts ab 1970 auch in sich waren, soll im folgenden Kapitel näher erläutert werden.

Damit wird die vierte Epoche der Geschichte des Sachunterrichts eröffnet. Die bisher erwähnten Epochen im Überblick sind:

1. Epoche: Realien
2. Epoche: Anschauungsunterricht
3. Epoche: Heimatkunde
4. Epoche: Sachkunde und Sachunterricht
5. Epoche: Zukünftiger Sachunterricht

Anschauungsdidaktik: punktuell, Oberfläche, assoziativ-räumlich

Heimatkunde: räumlich, Oberfläche, emotionaler Überbau

Sachkunde: kompakte Oberflächenfakten

Anfang 1970er: wissenschaftliche Curricula

Abb. 11

Hier sollen nur abschließend zum historischen Abschnitt die Unterschiede von Anschauungspädagogik, Heimatkunde und Sachunterricht systematisiert in

Thesen vorgestellt werden. Dabei wird bereits ein Vorgriff auf die Ergebnisse der folgenden Kapitel vorgenommen. Ich unterscheide bei diesem Vergleich die historisch auseinander entwickelten Konzepte nach den folgenden systematischen Kriterien:

a) Veranschaulichungsmethode
b) Unterrichtsstruktur
c) Inhalte
d) Lernziele
e) Unterrichtsmethoden
f) Medien
g) Ergebnissicherungsmethoden
h) Fachbezüge

a) Die Veranschaulichungsmethode

Auch wenn die Anschauungsdidaktik schon im Titel die Veranschaulichung von Lerninhalten fordert, bleibt sie doch weitgehend auf eine visualisierte Pädagogik reduziert. Mit Bildern wird veranschaulicht, weitere Wahrnehmungsweisen bleiben unberücksichtigt. Erst die Reformpädagoginnen und -pädagogen forderten verstärkt sinnliche Anschauung, sei es aus den lebensvollen Erzählungen des Lehrers oder sei es aus den eigenen Erfahrungen in der Natur oder im Schulumfeld. Durch die Nahraumorientierung der Heimatkunde auf räumlich-oberflächliche Aspekte blieb aber auch das Sehen die entscheidende Zugangsweise zu Inhalten. In der frühen Sachunterrichtsdidaktik wurde vor allem das Denken der Kinder anzuregen versucht, dazu wurden Grafiken, Tabellen und Experimente als neue Veranschaulichungsformen gewählt. In den neueren didaktischen Schriften wird verstärkt betont, gerade über die Fernsinne des Sehens und Hörens hinausgehend auch das Tasten, Riechen und Schmecken zu fördern. Dazu liegen aber bislang noch weitgehend von Inhalten losgelöste Versuche mit Fühlkisten, Fühlgängen, Riechstationen etc. vor.

b) Die Unterrichtsstruktur

Die Anschauungspädagogik blieb noch fest im Frontalunterricht als dominanter Unterrichtsform verhaftet. In der Reformpädagogik tauchten dagegen sehr viele neue Unterrichtsformen in den Vorschlägen auf: Unterrichtsgang, Gruppenarbeit, Projektgruppen, gemeinsame Aktionen oder selbstständige Einzelarbeit an Büchern oder Werkstücken wurden häufig gefordert. Tatsächlich war die Heimatkunde zu weiten Teilen Buch- und Belehrungsunterricht, in dem rezeptives Lernen im Vordergrund stand. In der Sachunterrichtsdidaktik hatte die praktische Einzelarbeit einen deutlich geringeren Stellenwert. Gruppenexperimente wurden zwar gefordert, aber im praktischen Handlungsdruck häufig – wenn überhaupt – als Vorführexperiment durchgeführt. Die zentrale und sich ständig weiter entwickelnde Form des Sachunterrichts ist gegenwärtig neben dem weiterhin stark verbliebenen Frontalunterricht die gleiche und gleichzeitige Einzelarbeit aller an Arbeitsblättern. In der Didaktik selbst werden dagegen zunehmend Projekte, Erkundungen, Gruppen- und Partnerarbeit sowie Vorhaben gefordert.

c) Die Inhalte

Anschauungspädagogik und Heimatkunde hatten – von einigen wenigen Ausnahmen abgesehen – hauptsächlich geografische Inhalte und für die ersten Schuljahre die geografisch nahräumlichen Inhalte zum Gegenstand. Umwelt und Gesellschaft waren dagegen aus dem Unterrichtshorizont weitgehend ausgeklammert. Es herrschte ein Pensumdenken in Form einer Erwähnungsdidaktik vor. In dieser Hinsicht war die Sachunterrichtsdidaktik außerordentlich innovativ. Das Inhaltsspektrum wurde zunächst aus den Fachinhalten von Chemie, Physik, Biologie, Politik, Soziologie, Wirtschaftslehre und Geschichte ergänzt. Von den Vertretern des Sozialen Lernens ist auch immer implizit die Psychologie als Bezugsdisziplin gefordert worden. Die Ethnologie hat fast nur im Bereich „Dritte Welt bzw. Eine Welt in der Grundschule" Anklang gefunden. Neuerdings wird eine deutliche Erweiterung der Inhalte bzw. Zugangsweisen des Sachunterrichts um ästhetische und philosophische Weisen gefordert.

d) Die Lernziele

Der Begriff der Lernziele ist erst mit der Wende zum Sachunterricht intensiv diskutiert worden. Faktisch wurden aber zur Zeit der Anschauungspädagogik sehr häufig Lernziele zur Förderung des Untertanengeistes vermittelt. Wenige Anschauungsdidaktiker vertraten damit erklärtermaßen demokratische Ziele. Auch die Heimatkunde hatte weitgehend systemstabilisierende und historisch rückwärtsgewandte Ziele verfolgt. Die Lernziele der Sachunterrichtsepoche sollten vom Anspruch her emotional, handlungsbezogen und kognitiv sein. Faktisch überwog die kognitive Seite – sei es in Richtung gesellschaftskritischer Erkenntnisse, sei es in Richtung wissenschaftlicher Verfahren.

e) Die Unterrichtsmethoden

Die Unterrichtsmethoden (hier verstanden als Handlungsmuster im Unterricht) der Anschauungspädagogik beschränkten sich auf Lehrervortrag, Fragen und Antworten sowie Demonstration am Bild bzw. allenfalls am Sandkasten. Mit der Reformpädagogik wurde das Methodenspektrum der Heimatkunde auffällig erweitert: Besonders stark favorisiert wurde das gemeinsame Unterrichtsgespräch, das auch Freies Unterrichtsgespräch hieß und sich vom Anspruch her deutlich vom fragend-erarbeitenden Typus unterscheiden sollte. Es kamen auch die Methoden des selbstständigen Erarbeitens eines Inhalts mit Hilfsmitteln wie Büchern, das handelnde Tun – meist als werkendes Tun verstanden –, das gefühlsmäßige Erfassen durch Erzählungen und die lebendige Anschauung bei Unterrichtsgängen hinzu. Die Methoden des Sachunterrichts wurden durch die fachorientierten Zugangsweisen außerordentlich vielfältig: Interview, Experiment für Schülerinnen- und Schüler, Vorführ-Experiment, Rollenspiel, szenische Darstellung, Planspiel, statistische Auszählung, Befragung von ExpertInnen, Betriebsbesichtigung, Modellbau, u.v.a.m. waren nur einige der zum gewünschten Repertoire des Sachunterrichts gezählten Methoden. Dies heißt aber nicht, dass diese vielfältigen Methoden auch in den Unterricht tatsächlich eingegangen sind.

f) Die Medien

Entsprechend der visuellen Orientierung des Anschauungsunterrichts dominierten neben den zentralen Lehrbüchern auch Bilder, manchmal wurden auch in Sandkästen Modelle von Landschaften geformt. Das wichtigste Medium blieb das Wissen der Lehrpersonen und die Erfahrung der Kinder. Ohnehin waren die Schulen im vorigen Jahrhundert materiell noch sehr karg ausgestattet. In der Heimatkunde wurde von vielen Reformpädagogen die führende Rolle des Lehrbuches abgelehnt und stattdessen für die Erkundung in der Natur plädiert. Vor allem die Kindererfahrungen hatten in Konzepten des Unterrichtsgesprächs wichtige Medienfunktion. Mit der Wende zum Sachunterricht haben fachlich vorstrukturierte Medien deutlich mehr an Gewicht gewonnen. Gleichzeitig ist durch die generelle Expansion auf dem audiovisuellen Medienmarkt das Angebot deutlich gestiegen. Schulfunksendungen auf Kassette, Schulfernsehsendungen oder Filme ersetzten den Gang in die Wirklichkeit, machten mehr deutlich, als das bloße Auge hätte sehen können, aber verstellten auch eine ganzheitlich-vertiefende Sicht der Wirklichkeit. Die Schulbücher gerade für den Sachunterricht eröffneten durch Farbfotos, farbige Skizzen und Modellentwürfe vielfältige Veranschaulichungsmöglichkeiten und wurden nun stärker als Anregungsbücher als als Lehrsatzsammlung konzipiert. Als Hauptmedium bildete sich aber bald aus der Vielzahl an publizierten Unterrichtseinheiten bzw. -anregungen und Arbeitsheften eine Flut an Arbeitsblättern heraus.

g) Die Ergebnissicherung

Die Ergebnissicherung erfolgte im Anschauungsunterricht unmittelbar durch das Abfragen des Wissensstandes. Von der Heimatkunde mit ihren emotionalen Zielen der Heimatliebe sind eher ganzheitliche Beurteilungen des Lernstandes von Kindern vorzustellen.

Entsprechend der Lernzielorientierung, die ein wichtiges allgemeines schulpädagogisches Thema zur Zeit der Herausbildung des Sachunterrichts war, wurde den Methoden der Ergebnissicherung viel Aufmerksamkeit gewidmet.

So wurden nun schriftliche Tests – neben in den ersten Jahren noch in den meisten Bundesländern zulässigen und viel praktizierten informellen Tests zur Lernkontrolle – durch weniger rigide Formen abgelöst. Von den Kindern selbst erstellte Mappen zu den erarbeiteten Unterrichtsthemen, Ausstellungen oder Plakate zur öffentlichen Präsentation der Lernergebnisse gehören nun zum Repertoire sinnvoller Lernkontrolle.

h) Fachbezüge

Der Anschauungsunterricht hatte enge Verbindung zur Religion, teilweise wurde biblische Geschichte zum Ausgangspunkt oder integralem Inhalt von Anschauungsunterricht erklärt. Die Realien waren aus der Abgrenzung von Religion zwar entstanden, hatten aber bis zum Ende des 19. Jahrhunderts noch immer beträchtliche Inhaltsbestandteile religiöser Art.

Die Heimatkunde war weitgehend ein inhaltlicher „Aufhänger" für den als zentral angesehenen Sprachunterricht. Dementsprechend hatten die sprachlichen Ziele den zentralen Stellenwert. Erst in der Sachunterrichtsepoche haben die Realien einen eigenständigen und unabhängigen fachlichen Stellenwert bekommen. Ihre Ziele und Inhalte waren auch für sich als wichtig anerkannt. Diese waren aber noch mehr oder weniger stark sichtbar an Einzelfächer gebunden. Erst für die Zukunft ist ein integrierter Sachunterricht zu erwarten, in dem nicht nur die Inhalte thematisch sinnvoll anstelle von tradierten Fachgrenzen, sondern auch die Zugangsweisen integriert sind. Inklusive, interkulturelle, genderbezogene und ästhetisch-philosophische Zugangsweisen würden dann den eigentlichen Rahmen von Sachunterricht herstellen. Bislang sind diese integrativen Zugangsweisen allerdings erst in der Entwicklung (vgl. Kaiser/Pech 2004c).

Wir können die historische Entwicklung des Sachunterrichts jedoch nicht nur als lineare Entwicklung zu differenzierteren zukunftsfähigeren Konzepten verstehen. Immer wieder sind wichtige Gedanken schon sehr früh entwickelt worden, ohne sich bereits in bemerkenswertem Umfang in der Praxis niederzuschlagen. Gleiches gilt auch für Praxisentwicklungen, die manchmal der theoretischen Formulierung vorausgehen. In der Geschichte selbst sind verschiedene wichtige Marksteine eines zukünftigen Sachunterrichts angelegt, die Kaiser/Pech bereits 2004a zusammenfassend als Resümé in Thesen formuliert haben:

„Markstein 1: *Die Sache und lernendes Subjekt näher zusammen bringen:* Veranschaulichung und Erfahrungsgewinn ... (Pestalozzi ... Diesterweg ... Harnisch ... Lichtenstein-Rother)

Markstein 2: Vertrauen in die Lernfähigkeit des Kindes ... (Rousseau ... Dewey ... Montessori)

Markstein 3: Lernen in sinnvollen Kontexten und Erfahrungslernen ... (Landerziehungsbewegung ... Dewey ... Reichwein)

Markstein 4: Exemplarisch vertiefendes Lernen ... (Dörpfeld ... Gaudig ... Wagenschein)

Markstein 5: Eröffnung eines umfassenden Horizonts für die Realienbildung (Comenius ... Reyher ... Diesterweg ... Harnisch ... Dörpfeld .., Gansberg ... Karnick)

Markstein 6: Soziales Lernen ... (Karsen ... Petersen ... Beck)

Markstein 7: Kommunikatives und holistisches Lernen ... (Pestalozzi ... Otto ... Freinet)

Markstein 8: Handelndes Lernen ... (Kerschensteiner ... Oestreich, Gaudig, Reichwein) ...

Markstein 9: Partizipation am Ökonomisch-gesellschaftlichen Geschehen ... (Östreich) ...

Markstein 10: Schule als Gesellschaftskern ... (Dörpfeld ... Dewey ... Karsen)" *(Kaiser/Pech 2004a, 13–18)*

Diese Marksteine aus der historischen Entwicklung gilt es auszubauen und zu vertiefen. Historische Konzepte können allerdings nur produktiv entwickelt werden, wenn sie auf die gegenwärtigen Bedingungen abgestimmt werden. Deshalb soll nun nach der Analyse des konzeptionellen Bestandes der frühen Sachunterrichtsgeschichte (vgl. Kap. 3) auch die gesellschaftliche Entwicklung der Gegenwart (vgl. Kap. 4) in den Mittelpunkt gestellt werden.

3 Klassische Konzeptionen des Sachunterrichts

Mit der Einführung des Faches Sachunterricht an Schulen durch Richtlinien ist noch nicht der neue Sachunterricht in der Praxis entstanden. Vielmehr mussten Lehrerinnen und Lehrer Schritt für Schritt in der Praxis versuchen, dieses neue Fach umzusetzen. Es standen nur wenige Materialien zur Verfügung. Aus der Wissenschaft kamen ihnen sehr widersprüchliche Konzepte entgegen. Allerdings ist nicht gesagt, dass nun ein Konzept auch bereits den Unterricht verändert, wenn es an der Schule eingeführt wird. Beck/Rauterberg führen an, „dass oft nur der Begriff „Heimatkunde" durch den Begriff „Sachunterricht" abgelöst wurde, ohne dass damit Änderungen irgendwelcher Art einhergingen" (Beck/Rauterberg 2005, 29). Wesentlich hängt die Praxis des Sachunterrichts davon ab, welche Handlungsmuster die einzelnen Lehrerinnen und Lehrer ausgebildet haben, welche Ziele sie vertreten und welche Inhalte ihnen geläufig sind. Konzepte allein machen noch keinen Unterricht aus. Dennoch beeinflussen sie die Praxis. Deshalb sollen hier diese klassischen Konzepte der 1970er Jahre zunächst im Überblick[1] vorgestellt werden.

3.1 Frühe wissenschaftsorientierte Konzeptionen für den Sachunterricht

Die frühesten Sachunterrichtskonzepte verstanden sich im weitesten Sinne als wissenschaftsorientiert. Sie bezogen sich mehr oder wenig deutlich auf die Empfehlungen des Bildungsrates (Deutscher Bildungsrat 1970). Bei näherem Hinsehen unterscheiden sich die Ansätze jedoch deutlich. Ich unterteile sie in Anlehnung an Dagmar Hänsel (1980) nach Typen – und zwar als den einzelfachdidaktischen und fachübergreifenden. Diesen wiederum unterteile ich in strukturorientierte und verfahrensorientierte Ansätze sowie den mehrperspektivischen Sachunterricht. Dabei handelt es sich zunächst nur um Modelle aus der Fachdiskussion und nicht unbedingt um Trends der wirklichen Entwicklung.

Denn auch wenn die tatsächliche Unterrichtspraxis nachträglich nur schwer zu rekonstruieren ist, lässt sich doch aus gegenwärtigen Erfahrungen vermuten, dass Lehrpersonen nur zu einem geringen Prozentsatz das aufgreifen, was in der fachdidaktischen Diskussion empfohlen wird (Hagstedt 1992). Es kann als sehr wahrscheinlich angenommen werden, dass in den 1970er Jahren die meisten Lehrpersonen die Heimatkunde oder Sachkunde ihrer eigenen Ausbildungsjahre oder die didaktisch-methodischen Muster ihrer eigenen Erfahrung an der Schule wiederholten – unabhängig davon, was auf den von einer Minderheit besuchten Fortbildungsveranstaltungen empfohlen wurde. Hier soll jedoch nicht die Empirie im Vordergrund stehen. Es sollen lediglich die verschiedenen di-

---

[1] Noch ausführlicher in etwa der Hälfte des Buches ist diese Epoche beschrieben in Beck/Rauterberg 2005.

daktischen Ansätze auf ihre Tragfähigkeit für heutige Sachunterrichtsdidaktik überprüft werden.

Zunächst stelle ich – etwas an der Chronologie orientiert – zwei fachdidaktische Ansätze des ersten Typus vor:

3.1.1 Einzelfachdidaktische Sachunterrichtskonzepte

Der einzelfachdidaktische Strukturtypus hat sich relativ schnell durchsetzen können. Er ist in einigen Bundesländern bei den frühen Richtlinien zum Sachunterricht immer noch deutlich zu identifizieren. So hat das Land Nordrhein-Westfalen in den Richtlinien von 1973 eine deutliche Struktur nach Fachinhalten, auch wenn die Autorinnen und Autoren selbst auf fachübergreifende Zusammenhänge in den Vorbemerkungen verweisen (Kultusminister Nordrhein-Westfalen, Richtlinien 1973, 3).

Dort heißt es beispielsweise, dass die folgenden grundlegenden Begriffe zum jeweiligen Thema im Sachunterricht erworben werden sollen:

Thema	Begriffe
Produktionsbetrieb	Güter, Herstellung, Beruf, Arbeitskraft, Maschine, Arbeitszeit
Der Kauf	Wunsch, Bedarf, Einkommen, Taschengeld Sparen, Haushalten, Schulden, Ratenzahlung Warenhaus, Supermarkt, Selbstbedienungsladen, Fachgeschäft, Ware, Güter, Verpackung, Haltbarkeit, Geld, Kaufen, Tauschen, Preis, billig-teuer, Umtausch, Verdienstquelle (122)
Umweltschutz	Umwelt, Lebensgrundlage, Verschmutzung, Verseuchung, Vergiftung, Abgase, Abwässer, Müllbeseitigung, Pflanzenschutzmittel, Filterung, Ölwehr, Umweltschutzgesetz (238)

Derartige Anforderungen an Grundbegriffe werden auf über 200 Seiten der Richtlinien für die Fachaspekte Physik, Chemie, Technik, Biologie, Geschlechtererziehung, Hauswirtschaft, Arbeit/Wirtschaft, Soziale Studien, Geschichte, Geografie, Verkehrserziehung – jeweils wiederum unterteilt in verschiedene grundlegende Unterthemen – ausgebreitet.

Die Fülle an zu lernenden Begriffen ergibt sich geradezu aus der einzelfachlichen Gliederung dieser ersten Sachunterrichtsrichtliniengeneration. Vor allem der Anspruch, für den späteren Fachunterricht Grundlagen zu bieten (Kultusminister NRW 1973, 2), hat mit dazu beigetragen, ein enormes Begriffsspektrum schon für das Grundschulalter zu verlangen. Hochgesteckte kognitive Lernziele und eine Vielfalt an zu lernenden Begriffen scheinen die besonderen Kennzeichen von Curricula zu sein, die aus einzelfachlichen Bezügen entwickelt wurden.

- Ein besonders deutlich ausgeprägtes Konzept der Orientierung am Einzelfach vertritt der Biologiedidaktiker Killermann. Er geht von den zentralen Grundfragen der Biologie als Wissenschaft aus, die nach seiner Meinung die Struktur der Biologie ausmachen.

Aus diesen von ihm so formulierten Grundfragen der Wissenschaft schließt er für den Sachunterricht der Grundschule die folgenden Hauptziele:

- „Grundlegende Formenkenntnisse vermitteln und mit einzelnen Arten der näheren Umwelt vertraut machen

- die Kenntnis grundlegender Lebensvorgänge und allgemeiner Erscheinungen anbahnen

- erste Einblicke in die Beziehungen des Menschen zu seiner belebten Umwelt geben und die Gefährdung dieser Umwelt an einfachen Beispielen aufzeigen

- elementare Kenntnisse über den menschlichen Körper und seine wichtigsten Organe (einschließlich der Geschlechtsorgane) vermitteln und einfache Gesundheitsregeln geben

- in die Methoden der empirischen Erkenntnisgewinnung einführen, mit einfachen biologischen Arbeitsformen bzw. -techniken vertraut machen; zur Beobachtung, Haltung und Pflege von Tieren anregen" (Killermann 1976, 144).

Auf den ersten Blick klingt dieser Zielkatalog sehr plausibel, wir können uns vorstellen, dass Grundschulkinder etwas darüber, wie es in ihrem eigenen Körper im Inneren aussieht, wissen wollen. So kann es beispielsweise sehr spannend sein, die eigenen Knochen zu ertasten, sich vorzustellen, wie sie miteinander zusammenhängen und darüber nachzudenken, warum ein Mensch aufrecht geht und nicht kriecht wie ein Regenwurm. Wenn dieses Ziel aber als Überblick und systematische Organkunde verstanden wird, bei der Leber, Lunge, Gebärmutter, Hoden, Gehirn, Rückenmark, Magen, Herz und Nieren als wichtigste Organe vorkommen, dann können wir bereits ahnen, dass sich mit dem Begriff „wichtigste Organe" leicht eine Stoffflut in die Grundschule einschleichen kann.

Wir können uns auch vorstellen, dass Kinder Freude am systematischen Beobachten von Tieren oder Pflanzen über einen längeren Zeitraum hinweg haben. So kann es sehr lebendig sein, die Wüstenrennmäuse in der Klasse zu beobachten, zu sehen, ob sie lieber an Holz, hartem Brot, Möhrenresten oder Pappkartons nagen. Es erscheint auch realistisch, Kindern im Grundschulalter einzelne Arten von Pflanzen oder Tieren genauer vorzustellen. Kinder haben im Grundschulalter Freude an Pflanzen und Tieren und Interesse, sie näher kennen zu lernen. Aber hier stellt sich schon deutlicher die Frage nach dem Wie. Ist nicht für Kinder die Schönheit einer Tulpe (Garlichs 1985a) viel wichtiger als das nur sezierende Betrachten nach Zahl der Staubgefäße und Form des Stempels?

Aus der Fachwissenschaft lässt sich sicherlich gut begründet nachweisen, dass es wichtig ist, die allgemeinen Lebensvorgänge – wie die Abhängigkeit der Pflanzen von Licht und Wasser – kennen zu lernen. Aber ob derartige Ziele einem eigenen Inhaltsbereich zugeordnet werden sollten, bleibt zumindest fragwürdig. Ist es nicht sinnvoller, diese verschiedenen Lernziele exemplarisch mit einer konkreten Handlungsaufgabe zu verbinden? So ist es bei der Beobachtung des Keimens der Feuerbohne viel produktiver, Artenkenntnis mit ökologischen Fragen des Schutzes von Pflanzen mit der Erkenntnis von Lebensvorgängen zu verbinden.

Alle Inhalte bei derart durchdachten einzelfachdidaktischen Konzepten wirken wichtig und unerlässlich. Sie haben aber zur Folge, dass dabei doch schier unendliche inhaltliche Ansprüche an die Grundschule gestellt werden. Schon allein der Inhaltsbereich Gestalt und Struktur der Lebewesen schafft hohe Ansprüche an den Inhaltsumfang des Grundschulunterrichts. Heißt es, dass in jedem Schuljahr je ein Tier und eine Pflanze zum Unterrichtsthema gewählt werden? Auch dies hieße schon, dass viele der 40 Unterrichtswochen eines Schuljahres verplant sind. Der Plan Killermanns allein reicht bereits aus, den gesamten Sachunterricht der Grundschulzeit zu füllen. Ja – eigentlich reichen die wenigen Sachunterrichtsstunden schon längst nicht aus, um die Minimalanforderungen allein aus biologischer Sicht zu erfüllen.

Nun haben sich aber nicht nur Vertreter der Biologie Gedanken gemacht, wie wohl die Unterrichtsinhalte und -ziele im Sachunterricht aus ihrer Perspektive aussehen könnten. Auch die Wirtschaftswissenschaftler, Chemiker, Physiker, Politologen, Soziologen, Historiker und Geografen haben entsprechende Pläne in den 1970er Jahren veröffentlicht. Neben der schier nicht zu bewältigenden Fülle an Unterrichtsinhalten, die sich aus der Aneinanderreihung von verschiedenen Fachdidaktiken ergibt, stellt sich aber auch die Frage, worin der Bildungswert liegt, wenn den Kindern möglichst viel vom jeweiligen Fach vermittelt werden soll. Denn Killermann hat bereits derart umfassende Inhaltsvorschläge für die Grundschule entwickelt, dass entweder nur oberflächliche Namensaneinanderreihung ohne Wert für die Persönlichkeitsbildung erfolgt oder der Rahmen von Sachunterricht schon aus einem einzigen Bezugsfach heraus gänzlich gesprengt wird. So ist das denkerische Durchdringen nicht mehr möglich, sondern nur ein oberflächliches Auswendiglernen von Bezeichnungen. In Wirklichkeit war aber mit der wissenschaftsorientierten Wende gerade dies kritisiert worden und eigenständiges kritisches Durchdringen der Unterrichtsinhalte durch die Schülerinnen und Schüler gefordert worden. Wir sehen, dass die Anforderungen durch die didaktische Orientierung an den universitären Fächern offensichtlich schwer zu erfüllen sind. Dies gilt aber keineswegs nur für die Biologiedidaktik. Auch in anderen Fachdidaktiken bestand die Gefahr der Reduktion des Sachunterrichts zu einer bloß oberflächlichen Faktenaddition.

Noch deutlicher als diese Faktenansammlung war aber bei allen einzelfachdidaktischen Ansätzen für den Sachunterricht der frühen 1970er Jahre ein kognitives Übergewicht ausgeprägt.

Hier sei nur schlaglichtartig ein weiteres Beispiel für ein fachdidaktisches Sachunterrichtskonzept vorgestellt:

Dietmar Ochs leitet in einem Sammelband zu sozialen Studien in der Grundschule einen Beitrag über die Ökonomie damit ein, dass er als wichtige Kriterien neben der „Bedeutung für das aktuelle oder künftige Leben" (Ochs 1980, 86) auch die „persönliche Betroffenheit" und die „Verhaltenswirkung des Lernprozesses" ansieht. Anschließend hält er sich aber an eine klassisch fachdidaktische Konzeptstruktur. Er unterteilt die Inhalte grob nach den ökonomischen Grundzusammenhängen zwischen Einkommensentstehung (also Arbeit) und Einkommensverwendung (also Konsum). Die Oberkategorien Arbeit und Konsum wiederum unterteilt er nach verschiedenen Inhaltsbereichen. Zu Konsum zählen:

1. Kauf von Konsumgütern und Dienstleistungen

2. Gestaltung von Freizeit

3. Anlage von Spargeldern, Abschluss von Versicherungen

4. Zahlung von Steuern, Nutzung öffentlicher Güter und Leistungen

5. Stellung im Prozess der Güterversorgung (Wachstum des Sozialprodukts, Begleiterscheinungen des Wachstums) (Ochs 1980, 85)

In den anschließenden Überlegungen stellt er fest, dass zu allen Unterpunkten von Arbeit und Konsum jeweils wichtige Inhalte auch in den Grundschulunterricht gehören. Auch hier spielt durch die fachdidaktische Orientierung an der Ökonomie als Disziplin der kognitive Lernbereich eine führende Rolle. Die aus der Fachwissenschaft entnommenen Begriffe entsprechen kaum den Interessen und Fragen der Grundschulkinder. Sie haben aber sehr wohl einen Zugang zur Arbeitswelt und eine Vielzahl an Fragen und Problemen. Kinder wollen wissen, wie Roboter in Fabriken aussehen und wie man die steuert. Kinder haben Angst vor der Arbeitslosigkeit ihrer Eltern und suchen nach Gründen, diese Angst zu zerstreuen (Kaiser 1996b). Diese Gefühle und Fragen verschwinden aber unter der Allgewalt eines logisch eindeutig anmutenden Rasters aus der Fachwissenschaft.

Allen einzelfachdidaktischen Konzepten der frühen Sachunterrichtsgeschichte ist es gemeinsam, die jeweiligen Inhalte in mühsamen Denkprozessen aus den Fachstrukturen und -inhalten der eigenen Universitätsdisziplin heraus kristallisiert zu haben. Dies führt nicht nur zu einer Stoffüberfüllung – wie am Beispiel der Biologiedidaktik gezeigt worden ist –, sondern auch zu einer auffälligen kognitiven Überlast. Diese in der Curriculum-Theorie als „structure of discipline" charakterisierten Ansätze haben aber noch weitere problematische Seiten, denn sie transportieren eventuell Inhalte in die Schule, die für das Leben der zukünftigen Nicht-FachbiologInnen, Nicht-WirtschaftswissenschaftlerInnen oder Nicht-PolitologInnen gar nicht so bedeutsam sind, dass sich daraus die Beschäftigung der Kinder mit anstrengendem Unterricht rechtfertigen lässt.

3.1.2 Strukturorientierter Naturwissenschaftlicher Sachunterricht

Gegen die aus der Fachaddition geborenen Sachunterrichtskonzepte ist früh vor allem das Argument eingewendet worden, die klaren Fachgrenzen ließen sich weder sachlich zur Wirklichkeitserkenntnis noch von den Denkstrukturen von Grundschulkindern her aufrecht erhalten. Immer wieder wurde wie in den Verlautbarungen des Bildungsrates (Deutscher Bildungsrat 1970) der Appell zu fachübergreifendem Unterricht laut. Fachübergreifender Unterricht wurde aber auch von der Entwicklung der Wissenschaften selbst her begründet, die sich gegenwärtig und wohl auch zukünftig zu immer mehr interdisziplinärer Zusammenarbeit hin entwickeln. Wenn Schule einigermaßen auf die Zukunft der Kinder vorzubereiten vermag, dann muss sie auch interdisziplinäre Zugangsweisen eröffnen und nicht schon heute obsolete einzelfachliche Strukturen wiederholen. Gerade am Beispiel der Ökologie lässt sich zeigen, dass Umweltprobleme weder aus wirtschaftlicher Sicht, noch aus politischer Sicht, aus biologischer, chemischer oder physikalischer Sicht allein gelöst werden können.

Besonders einschneidend waren derartige Gedanken im Bereich der Naturwissenschaften. Nachdem in den USA im Gefolge des Sputnik-Schocks enorme Forschungsmittel in den 1960er Jahren in naturwissenschaftliche Curriculum-Projekte gesteckt wurden, wurden ab Mitte der 1960er Jahre verschiedene Projektergebnisse der Öffentlichkeit vorgestellt. Der deutsche Bildungsrat machte auch in seinem Strukturplan (1970) darauf aufmerksam, dass dort wichtige Erkenntnisse für die Reform des Sachunterrichts zu finden sind. Dementsprechend haben sich deutsche Forschergruppen die Aufgabe gestellt, die Ergebnisse der USA aufzugreifen, weiterzuentwickeln oder auf deutsche Verhältnisse zu übertragen. Die erste Variante dieser Umsetzung von Curriculum-Konzepten aus den USA stammt von Kay Spreckelsen. Er hat das SCIS-Projekt aus Kalifornien (Science Curriculum Improvement Study) weiterverarbeitet und daraus konkrete Unterrichtsvorschläge und sehr detaillierte Lehreranweisungen entwickelt (Spreckelsen 1971a). Im Zentrum seines Konzeptes steht, die zentralen Begriffe und Konzepte aus Physik und Chemie schon im Grundschulalter zu vermitteln. Wegen dieser Orientierung an inhaltlichen Konzepten werden derartige an zentralen Begriffen orientierte Curricula auch strukturorientierte Curricula genannt. Spreckelsen stellt die aus Physik und Chemie destillierbaren zentralen Inhalte heraus. Danach gibt es nur noch drei zentrale Inhaltsbereiche, die von der Grundschule spiralförmig aufsteigend immer wieder auf höherem Niveau gelehrt werden sollen.

Diese Konzepte sollen also das strukturelle Gerüst für den gesamten physikalisch-chemischen Unterricht bilden. Er unterscheidet dabei drei Grundkonzepte, nämlich:

1) das Teilchenstrukturkonzept, d. h. dass alle Materie aus kleineren Teilchen zusammengesetzt ist

2) das Wechselwirkungskonzept, d. h. dass bei allen physikalischen und chemischen Vorgängen Wechselwirkungen zwischen verschiedenen Komponenten stattfinden und

3) das Erhaltungskonzept, d. h. dass bei physikalischen und chemischen Prozessen immer auch Größen konstant bleiben.

Damit wird schon deutlich, dass er an sehr abstrakten Erkenntnissen interessiert ist. Die Frage, wie ein derartiger Anspruch in der Grundschule verwirklicht werden soll, drängt sich geradezu auf. Aber auch dazu hat Spreckelsen detaillierte Antworten, Arbeitshefte und Materialien für den Unterricht bereitgestellt.

Die von ihm unterschiedenen drei grundlegenden Strukturelemente sollten aufsteigend mit den Schuljahren immer wieder aufgenommen und differenziert werden. Bei diesen sehr abstrakten Zielen lässt sich zunächst vermuten, dass dabei ein Unterricht geplant wird, der den Verstehenshorizont von Grundschulkindern weit übersteigt. Dies ist jedoch nicht der Fall, wenn wir uns die konkreten Arbeitsanweisungen für den Unterricht ansehen. Im Schülerarbeitsheft fürs 1. Schuljahr „Stoffe und ihre Eigenschaften" sind schöne Zeichnungen und klare Arbeitsanweisungen zu finden, die Grundschulkinder sehr wohl verstehen können (Spreckelsen 1971 b). Da sind auf Seite 5 oben drei Bilder, einmal fällt ein Kind auf Schlittschuhen beinahe aufs Eis, darunter steht in Schreibschrift „glatt", einmal beißt ein Nussknacker auf eine Walnuss, darunter steht in Schreibschrift „hart" und das dritte Mal ist eine Reibe abgebildet, die von einer Hand berührt wird, darunter steht das Wort „rauh[2]" in Schreibschrift. Die Kinder wissen also, was der Autor will, die richtigen Adjektive. In der nächsten Zeile dürfen sie dann auch tätig werden und einen Strich vom abgebildeten Ball zu der richtigen attributiven Beifügung ziehen. Die Alternativen sind eckig, spitz und rund. Haben alle Kinder den Strich geschafft, geht's weiter zur nächsten Einheit.

Alle Arbeitshefte bieten Aufgaben, bei denen in sehr kleinen Schritten genau die erwarteten Ergebnisse ausgefüllt werden. Die Kinder haben kaum Denkaufgaben, weil durch die Aufgabenstruktur schon alles klar angelegt wird. Hinzu kommen viele kleine Versuchsanregungen, die im Lehrerbegleitmaterial genau beschrieben werden.

Wir sehen aber auch, dass derartige strukturorientierte Konzepte sich dadurch auszeichnen, dass sie sich völlig von den heimatkundlichen ganzheitlichen Bezügen und nahräumlichen Erfahrungen abgewendet haben, ja als totale Alternativkonzepte verstanden werden könnten. Aber dabei geraten die Kinder in ihren Vorstellungen und persönlichen Meinungen ganz aus dem Blickfeld, sie werden Objekt eines Erkenntnis-Potpourries, bei dem eigene Ansichten nicht gefragt sind. Sicherlich ist es ein Vorteil gegenüber rein belehrendem Anschauungsunterricht, dass erstmals das Gewicht auf das Lernen und nicht auf das Lehren ge-

---

[2] Alte Rechtschreibung in den 1970er Jahren.

legt wird. Spreckelsen formuliert dies so: „Anstelle von Belehrung durch die Lehrperson tritt das Gewinnen naturwissenschaftlicher Erfahrungen und Einsichten durch den Lernenden selbst in den Vordergrund. Dieser soll sich gewissermaßen im Diskurs mit der Sache, wie sie ihm entgegentritt, bilden. Daher steht das Durchführen vielfältiger Experimente und Untersuchungen durch die Schülerinnen und Schüler selbst im Zentrum des Unterrichts" (Spreckelsen 2004, 171). Es bleibt dabei: Die Ergebnisse des Unterrichts sind eindeutig vorher festgelegt. Es ist auch unklar, inwieweit ein derartiger Unterricht dazu beitragen könnte, auf die Realität vorzubereiten. Kinder werden geradezu von ihren komplexen Wirklichkeitserfahrungen abgeschnitten und auf eine erfahrungsleere abstrakte Sprache geführt. Denn die Wahrnehmungen der Kinder sind anders als die Struktur der naturwissenschaftlichen Disziplinen.

Gleichzeitig bedeutet ein derartiger Unterricht, dass die Kinder zwar keinesfalls überfordert werden, aber dafür auch nicht zum Denken aufgefordert werden. Sie bekommen aufs Einfachste präparierte Häppchen vorgesetzt, die ihnen keine Wahl lassen, ihre lebendigen Vorerfahrungen abtöten und keine weiteren Denkprozesse anregen. Aber auch Lehrpersonen werden bei Verwendung derartiger Unterrichtsmaterialien in ihrer Freiheit eingeschränkt und müssen sich klar am vorgeschriebenen Lehrprogramm entlang arbeiten – und doch ist nicht sicher, ob Kinder den minutiös vorweg geplanten Lernschritten auch wirklich folgen. Derartige „Teacher-proof-Curricula" behindern Lehrpersonen und Kinder zugleich in der freien Denkentwicklung und erzeugen letztlich nur rezeptive Haltungen, auch wenn sie dazu konstruiert wurden, den Kindern ein Durchschauen der Naturwissenschaften zu ermöglichen. Mittlerweile vertritt auch Spreckelsen selbst nicht mehr derart rigide Konzepte, sondern beschäftigt sich mehr mit dem Denken der Kinder im physikalischen Sachunterricht und stellt einige sehr kreative Versuche vor (Spreckelsen 1991, 78), die aber immer noch aus klaren Vorschriften bestehen.

3.1.3 Verfahrensorientierte Curricula

Einen gänzlich anderen Zugang zu naturwissenschaftlichen Inhalten hat eine Göttinger Arbeitsgruppe um Tütken entwickelt. Dieser Ansatz ist ebenfalls eine Übernahme eines US-amerikanischen Curriculum-Konzeptes, des Elementarschulcurriculums SAPA (Science a Process Approach). Dieses geht davon aus, dass es zentral wichtig ist, den Kindern Verfahrensweisen wissenschaftlicher Erkenntnisgewinnung zu vermitteln, damit sie lernen, sich selbstständig Informationen einzuholen und Erkenntnisse anzueignen. Begründet wird dieser Ansatz mit der Wissensexplosion, die ständig erneuerte Wissensbestände erzeugt und schulisch festgelegte Inhalte nicht mehr möglich macht. Hier stehen also nicht grundlegende Konzepte oder Begriffe, sondern Kompetenzen der Erkenntnisgewinnung im Mittelpunkt. Die ersten acht gelten als Grundfertigkeiten, die nächsten fünf als komplexere integrierte Fertigkeiten:

1) Beobachten
2) Raum-Zeit-Beziehungen gebrauchen
3) Zahlen gebrauchen
4) Messen
5) Klassifizieren
6) Kommunizieren
7) Vorhersagen
8) Schlüsse ziehen
9) Daten interpretieren
10) Hypothesen formulieren
11) Variablen kontrollieren
12) Operational definieren
13) Experimentieren

Es kommt also anstelle bestimmter Inhalte in diesem Ansatz darauf an, in Anlehnung an Forschungsmethoden entwickelte Methoden des Erkenntnisgewinns in der Schule zu vermitteln. Das Nachdenken der Kinder wird aber auch hier kleinschrittig angeregt. Dazu seien hier nur einige Original-Anweisungen aus dem Lehrerhandbuch zur Unterrichtseinheit „Schmelzen und Erstarren" genannt:

„Regen Sie die Kinder an, über die Ursachen des Schmelzens nachzudenken. Die Kinder werden wahrscheinlich behaupten, dass das Eis in ihrer Hand geschmolzen ist, weil diese warm ist. Möglicherweise haben sie behauptet, dass das Eis schon im Becherglas angefangen hat zu schmelzen, oder sie werden erzählen, dass das Eis auch schmilzt, wenn man es aus dem Kühlschrank herausnimmt und in der Küche oder im Zimmer liegen lässt. In diesem Fall sollte die warme Zimmerluft als Ursache für das Schmelzen benannt werden. Lassen Sie die Vermutung diskutieren, dass das Eis umso schneller schmilzt, je wärmer es in seiner Umgebung ist, und bitten Sie die Kinder, eigene Vorschläge zur Überprüfung ihrer Vermutungen zu entwickeln und/oder führen Sie ihnen den folgenden Versuch vor: Legen Sie über zwei Becher je eine Gabel mit einem Eiswürfel [...] Blasen Sie mit einem Fön heiße Luft auf einen Eiswürfel, während Sie den anderen nur der Zimmerluft ausgesetzt lassen. Vor der Durchführung des Versuchs sollten die Kinder auf jeden Fall die unterschiedliche Wärmezufuhr als wesentlichstes Merkmal dieser Versuchsanordnung erfasst und Vermutungen über deren Auswirkung auf den Schmelzvorgang angestellt haben" (SAPA, Arbeitsgruppe für Unterrichtsforschung Göttingen 1971, 25).

Das Beispiel zeigt bereits, dass auch in diesem Modell der Unterricht als weitgehend von den Lehrpersonen bestimmt gesehen wird. Die Kinder werden auf einen klaren Denkstrang verwiesen. Die jeweiligen Aufgaben sind kleinschrittig, produktive Umwege werden nicht zugelassen. Auch hier werden einzelne Fertigkeiten isoliert mal mit diesem mal mit jenem Inhalt vermittelt, ohne dabei zu bedenken, ob dies der komplexen Alltagserfahrung der Kinder entsprechen kann.

Tatsächlich erwies sich das Konzept trotz des weiten wissenschaftlichen Anspruchs als sehr starr und festgelegt. Minutiös wurde den Lehrpersonen vorgeschrieben, welche Frage auf welche Antwort zu erfolgen habe.

Schreier kritisiert an diesem Konzept, dass „der Lehrplan [...] zum Übungs-Plan für all diese Fertigkeiten" (Schreier 1994 a, 132) wird.

Es wird wenig danach gefragt, wie Kinder denken und handeln, sondern die Kinder werden umgekehrt in ein durchdachtes System hierarchisch strukturierter Ziele gepresst. Aber Kinder können die Unterrichtssituationen aus ihren unterschiedlichen Vorerfahrungen heraus gänzlich anders deuten als die Autoren fest gefügter Curricula geplant hatten. So beschreibt Schreier (1992 b, 54) eine Beobachtung von Unterrichtsversuchen mit dem Titel „Rollende Gegenstände", bei dem die Kinder auf schiefen Ebenen verschiedene Kugeln und Walzen herunterrollen und beobachten sollten, um zu physikalischen Erkenntnissen zu gelangen. „Die Kinder aber veranstalteten mit den Dingen Wettrennen. Die Idee des Wettrennens lag ihnen so nahe, dass sie Läufe mit gleichem Ergebnis eliminierten" (Schreier 1992 b, 54). Die Kinder hatten sich nicht auf die erwartete statistische Sicht von Daten eingelassen, sondern ein Erlebnis konstruiert. Wenn ihnen durch engmaschige Unterrichtsvorschriften dieser Freiraum der Uminterpretation genommen wird, verlieren sie Entfaltungsmöglichkeiten.

Garlichs und Groddeck (1978) kritisierten an diesem Konzept vor allem, dass den Interessen und Erfahrungen der Kinder bei einem derart vorgefertigten Modell nicht genug Rechnung getragen werden kann. Sie fürchten, dass die Methoden oft vermittelt werden, ehe das inhaltliche Problem, zu dessen Lösung die Verfahrensweisen beitragen sollten, bei ihnen subjektiv aufgetaucht ist.

Auch für dieses Konzept wissenschaftsorientierter Sachunterrichtsentwicklung gilt die Kritik der Künstlichkeit und Abstraktheit, bei der es den Kindern schwer fällt, das im Unterricht Gelernte mit der Wirklichkeit in Verbindung zu setzen. Die Probleme des Unterrichts erwachsen nicht aus den Erfahrungen der Kinder, so können dabei auch keine widersprüchlichen Erfahrungen oder ungelösten Fragestellungen aufkommen. Damit geht die Problemhaltigkeit von forschenden Methoden verloren. Die Motivation der Kinder zum weiteren Nachdenken kann nicht genügend mit derartigen Konzepten angesprochen und entwickelt werden.

Auch wenn in diesem Konzept die Bedeutung der Methoden des Wissenserwerbs betont werden, so haben die Autoren ein wichtiges Moment von Wissenschaft übersehen, nämlich dass WissenschaftlerInnen bei echter Forschung von einer sie persönlich berührenden Forschungsfrage ausgehen und dass das Ergebnis dabei offen ist. Gerade dies wird beim künstlichen Aufbau der ursprünglich von der AAAS (American Association for the Advancement of Science) ausgedachten Versuchsanregungen nicht genügend berücksichtigt. Es ist gerade kein forschendes Lernen, sondern den Kindern wird nur ein Nachgestalten der Forschungssituationen anderer abverlangt. Ein starrer Aufbau des Curriculums steht anstelle neugierigen Forschens. Trotz der kritischen Einwände muss jedoch festgehalten werden, dass diese Konzepte als Negationskonzepte der als problematisch erkannten Heimatkunde wichtige Voraussetzungen für die Weiterentwicklung des Sachunterrichts darstellten. Aus der einseitigen Betonung von Begriffen und Verfahrensweisen entwickelten sich allmählich mehrseitige Konzepte.

So gab es schon gegen Ende der 1970er Jahre vereinzelt Konzepte, die methodenorientiertes Lernen mit exemplarischen Inhalten zu verbinden versuchten. Insbesondere in den Richtlinien für den Sachunterricht in Hessen ist dieser Syntheseversuch deutlich zu erkennen. Dort wurden einerseits sog. instrumentelle Ziele (Der Hessische Kultusminister 1979, 18), also wissenschaftsorientierte Verfahrensweisen als Lernziele angepeilt. Gleichzeitig sollte dies nicht zum Selbstzweck erfolgen, sondern an wichtigen Erfahrungsbereichen. Im gesellschaftswissenschaftlichen Sachunterricht wurde zwischen fünf Erfahrungsbereichen unterschieden: Spielen, Lernen, Arbeiten, Wohnen, Konsum (der Hessische Kultusminister 1979).

Für diese inhaltlichen Erfahrungsbereiche wurde ein umfangreicher Katalog von zu erwerbenden „Fertigkeiten, Fähigkeiten, Verhaltensweisen" (Hessischer Kulturminister 1979, 18ff) entwickelt, der hier nur in Ausschnitten wiedergegeben werden kann:

- „um Hilfe, Rat, Information nachfragen, Fragen formulieren"
- „für andere sprechen können"
- „Gefühle aussprechen"
- „gemeinsam Pläne entwickeln"
- „Regelungen finden, vereinbaren, erproben, kontrollieren"
- „Erwachsene, Fremde zu einer Sache befragen"
- „Symbole lesen und entwickeln"
- „einfachste Tabellen herstellen"
- „Beobachtungen durchführen und festhalten"
- „Jemand befragen"
- „einfachste Formen der Protokollführung"
- „Inhaltsverzeichnis und Stichwortregister benutzen"
- „Befragungsergebnisse auswerten"
- „einfache Statistiken herstellen und lesen"
- „Informationen aus Zeitungen und Zeitschriften entnehmen"
- „nach Begründungen fragen, Begründungen geben"
- „erkennen von Kompromissmöglichkeiten"

In diesen Richtlinien ist erstmals sehr deutlich eine Konzeption im Sinne exemplarischen Lernens und vom Lernen des Lernens entwickelt worden. Gleichwohl ist dieses Konzept nur auf einen in sozialwissenschaftlichen, vom naturwissenschaftlichen getrennten Sachunterricht begrenzt. Dementsprechend geraten fachübergreifende Ziele und Inhalte aus dem Blickwinkel. Gleichwohl bleibt grundsätzlich ein derartiger Ansatz von verbindlichen Fähigkeiten, die an relevanten exemplarischen Inhalten entwickelt werden, immer noch mustergültiges Beispiel für gegenwärtige Versuche, im Sachunterricht Kerncurricula und Kompetenzen zu formulieren.

3.2 Politisch-soziales Lernen im Sachunterricht

Die bisherige Diskussion erweckt den Eindruck, als handele es sich bei den frühen Sachunterrichtskonzepten hauptsächlich um naturwissenschaftliche Konzepte. Tatsächlich ist aber die Wendezeit zum Sachunterricht nicht nur durch die vom Sputnik-Schock ausgehende Debatte um mehr und bessere Qualifizierung der Bevölkerung ausgelöst worden. Vielmehr ist diese Zeit der Bildungsreformdebatte auch mit einer Demokratisierungsdebatte gleichzeitig einhergegangen. So forderte Ende der 1960er Jahre die Studentenbewegung eine Abkehr von autoritären Herrschaftsstrukturen, die Zielvorgabe „mehr Demokratie wagen" aus Willy Brandts erster Regierungserklärung 1969 wurde immer wieder zur Legitimation von konkreten Demokratisierungsversuchen in der Gesellschaft zitiert. Dementsprechend sind auch im sozialwissenschaftlichen Bereich konflikttheoretische Ansätze und Begriffe wie Mitbestimmung und Emanzipation thematisiert worden. Diese Entwicklung hat sich auch in der sachunterrichtsdidaktischen Diskussion niedergeschlagen.

Damals wurden verschiedene Untersuchungen zur Politischen Sozialisation (Nyssen 1970, Greenstein 1969, Greenstein 1970) häufig zitiert und diskutiert. Dabei ging es vor allem um das Problem, dass früh entstandene politische Einstellungen relativ lange überdauern. Schon im Vor- und frühen Grundschulalter, das belegten diese Untersuchungen, werden das zukünftige politisch-gesellschaftliche Bewusstsein, die Einstellungen und Vorurteile, wesentlich für das spätere Leben entwickelt. Dementsprechend wurde z.T. sehr massiv versucht, auf das politisch-soziale Denken der Kinder frühzeitig Einfluss zu nehmen. Zwischen politischem und sozialem Lernen wurde nur sehr unscharf unterschieden.

Das bekannteste und schon sehr früh differenziert ausformulierte, wissenschaftsorientiert verstandene politisch-sozialwissenschaftliche Konzept für den Sachunterricht stammt von Gertrud Beck. Sie hat schon in den frühen 1970er Jahren ein mehrfach aufgelegtes „Arbeitsbuch zur politischen Bildung in der Grundschule" (Beck 1973; 1974, 4. Aufl.) als erstes Sachunterrichtsbuch für politisch-sozialwissenschaftliches Lernen mit herausgegeben, an theoretischen Büchern zum sozialen Lernen mitgearbeitet, bei den Richtlinien für das Land Hessen mitgewirkt und durch Handreichungen für Lehrerinnen und Lehrer in die Praxis hineingewirkt. Die Begriffe soziales Lernen und politisches Lernen sind in diesen Vorschlägen der 1970er Jahre noch nicht streng voneinander getrennt. Häufig sind es nur andere Etiketten oder Schwerpunktverschiebungen.

Gertrud Beck verstand sich als kritisch-emanzipatorische Wissenschaftlerin und hat wissenschaftsorientierten Sachunterricht nicht in Form rezeptiven Anpassens, wie es etwa in manchen naturwissenschaftlichen Konzepten praktiziert wurde, verstanden. Sie hat sich vielmehr besonders darum bemüht, die Kinder dazu zu bringen, die Gesellschaft kritisch zu durchschauen und einen eigenen Standpunkt zu finden, wie es besonders im „Arbeitsbuch zur politischen Bildung in der Grundschule" (1973) zum Ausdruck kommt. Schon allein das Titelbild zeigt einen Kontrapunkt zur idyllischen Heimatkunde: Wir sehen eine Demonstration von Kindern mit Transparenten, „Verändert die Schule jetzt", „mehr Lehrer – weniger Kinder", „mehr Geld für die Schule jetzt" und eine engagiert wirkende Versammlung, offensichtlich in einem Schulklassenraum mit einer Tafelanschrift „Vorschläge, Streik, Demonstration, Eltern bezahlen 2. Lehrerin, Brief an […]".

Diese Bilder legen schon nahe, was in diesem Buch beabsichtigt ist, nämlich das Begreifen von politischen Konflikten und eine Befähigung zu politischem Handeln zu fördern. Im Buch werden aber auch die Grenzen dieses Konzeptes schnell deutlich.

Das aus dem Inhaltsverzeichnis zu entnehmende Themenspektrum zeigt, dass in diesem Band ein breites Spektrum sozialwissenschaftlich relevanter Probleme angeschnitten werden soll.

Dies zeigt ein Blick ins Inhaltsverzeichnis, dort finden wir Themen wie:

- Neuigkeiten, Nachrichten, Informationen – was sie sagen, was sie meinen
- Werbung, Reklame, Propaganda,
- Wünsche, Bedürfnis, Interessen oder was man braucht und was man haben möchte
- Ordnung, Regeln und Gesetze oder was Recht ist, muss nicht Recht bleiben
- Rollenvorurteile oder wie man lernt zu tun, was 'richtig' ist
- Herstellung, Verteilung, Verbrauch
- Stände, Schichten, Klassen.

Dieses Themenspektrum umreißt für die damalige Zeit ein außerordentlich wichtiges und auch letztlich noch zeitgemäßes Inhaltsspektrum.

Wenn wir uns aber die methodische Durchführung näher anschauen, werden wir feststellen, dass noch wenig Praxiserfahrung in diese neuen Sachunterrichtsthemen eingegangen ist. Das Ziel von Gertrud Beck geht zwar auf kritisches politisches Handeln hinaus, tatsächlich läuft die Praxis des Sachunterrichts sehr stark auf kognitives Durchdringen von Inhalten hinaus. Für veränderndes Verhalten reicht aber das „Kopfwissen" nicht aus, auch die Emotionen und tatsächliches Verhalten sind wichtige Bedingungen politisch verändernden Lernens. Dies sei an einem Beispiel aus dem Themenbereich „Herstellung, Verteilung, Verbrauch" verdeutlicht. Eine Autofotografie steht zu Beginn dieses Themenabschnittes. Hier stellt sich die Frage, wie Beck ihre konsumkritische Intention gerade am Beispiel eines emotional hoch besetzten Konsumgutes zu realisieren versucht. Sie schließt an das Foto die Frage „Wie viel Geld kostet ein Auto in einem Jahr?" an. Anschaffungspreis, Versicherungen, Steuer, Reparaturen, Benzin, werden aufgeschlüsselt, die Kinder müssen die Kostenzahlen eintragen. Auch noch weitere Dimensionen sind dabei als Variablen zu berücksichtigen wie PS-Zahl und Alter des Autos, ob es sich um ein neues oder ein gebrauchtes handelt, ob Normal- oder Superbenzin verbraucht wird, also Dimensionen, durch die sich der Preis verändern könnte.

Als Hilfe zum Ausfüllen der Tabelle wird dann im Buch entsprechend dem damaligen wissenschaftsorientierten Konzept empfohlen: „Informationen dazu kannst du dir beschaffen, wenn du deine Eltern befragst, dir Prospekte besorgst, in Autozeitschriften nachschlägst [...]" Die Kinder sollen also selbstständig das Wissen aus der „Erwachsenenwelt" herbei tragen und zusammen führen.

Soweit entspricht der Unterrichtsansatz den für die Zeit typischen kognitiven Aufklärungskonzepten.

Gertrud Beck versuchte aber schon damals, über diesen Ansatz hinauszugehen und auch sozial-emotionale Dimensionen ansatzweise in den Unterricht einzubringen.

So wurden anschließend die Dialoge in einer Familie über verschiedene Konsumwünsche abgedruckt, um den Kindern verschiedene Identifikationsmöglichkeiten anzubieten. Die Kinder sollten nun im Unterricht die verschiedenen Wünsche begründen und Rangfolgen zwischen ihnen herstellen sowie verschiedene Gründe für und gegen den Autokauf benennen und vergleichen. Die emotional geprägte Familienkonfliktsituation wird also wieder auf rationaler Ebene zu lösen versucht. Es geht darum, Begründungen zu finden, ob ein neues Auto notwendig oder wünschenswert ist.

Weil alles letztlich über Kognitionen läuft, kommen die Kinder nicht in die Lage, ihre eigene Person und ihre eigenen Motive, nämlich ein Auto sehr attraktiv zu finden, in Frage zu stellen. Und darin scheint einer der Hauptmängel bisheriger gesellschaftskritisch intendierter Sachunterrichtscurricula zu liegen, dass diese Ziele durch die primär kognitive Orientierung des Unterrichts letztlich gar nicht erreicht werden können. Trotz der generellen kognitiv-begrifflichen Orientierung ist in den Konzepten Gertrud Becks – über die Trends der Zeit hinausgehend – immer wieder der Versuch feststellbar, auch emotionale Anknüpfungspunkte bei den Kindern zu finden. Beim Thema Soziale Ungleichheit ist es etwa die Äsop-Fabel von der Grille und der Ameise, in der die Grille schließlich im Winter Hunger hat, weil sie im Sommer nur musiziert hat, die Ameise ihr dann nichts mehr zu essen gibt, die Fragen der Arbeitsteilung und des sozialen Ausgleichs sehr dicht präsentiert.

Diese emotional sehr vielschichtigen Fabeln werden schließlich durch im Lehrbuch abgedruckte kritische Leitfragen abgeschlossen wie z. B.: „Warum lügen Feen und Wichtel? Wem nützen die Eigenschaften, die in einer Geschichte gelobt werden? Wem nützt es, wenn junge Menschen ihr Glück von Zauberfiguren erhoffen? Werden in einer Geschichte Unterschiede zwischen Menschen als natürlich hingestellt?" (Beck 1973, 59). Das Ziel ist also wieder, kritisch die bestehenden gesellschaftlichen Verhältnisse zu durchschauen. Auch hier sind kognitive Denkprozesse gefragt, wobei offen bleibt, wie die Kinder in einer kurzen Unterrichtseinheit tatsächlich dem angestrebten Ziel gemäß eigenständiges kritisches Denken erwerben können und nicht nur die Sichtweise ihrer Lehrpersonen rezipieren.

Letztlich kommt auch bei Gertrud Becks sozialwissenschaftlichen Sachunterrichtsentwurf (vgl. Lange/Kaiser 2004) ähnlich wie in den naturwissenschaftlichen Curricula der frühen 1970er Jahre didaktisch das Konzept structure of discipline zum Tragen. Dies wird besonders im ökonomischen Themenbereich am Beispiel „Angebot und Nachfrage" (Beck 1973, 49) deutlich. Da werden typisch wirtschaftswissenschaftliche Begrifflichkeiten wie „Auf dem Markt treffen sich Käufer und Verkäufer" lediglich auf Kindersprache umtransponiert.

Die Gefahr, dass dadurch totes Kategorienlehren, was ist Angebot, was ist Nachfrage, im Unterricht folgt, ist nicht von der Hand zu weisen. Es ist zu vermuten, dass im Zusammenhang „gesunde Ernährung" oder „Verkauf selbst erstellter Produkte auf dem Schulhof" das Ziel der Preisbildung, sehr viel sinnvoller und sehr viel mehr im inhaltlichen Kontext entwickelt werden könnte als bei der Vermittlung abstrakten Fachwissens.

Neben diesem Ansatz gab es in den 1970er Jahren noch stärker kognitiv ausgerichtete Unterrichtseinheiten zum politischen Lernen – wie etwa die aus einer von Paul Ackermann (1973 ff.) herausgegebenen Reihe.

In diesem Konzept Ackermanns werden stärker kursartige Elemente vorgeschlagen, damit die Kinder die erforderlichen Arbeitstechniken lernen. Somit wurden die Methoden aus den Inhalten herausgelöst.

Die hohe Abstraktion dieses Konzeptes soll hier an einem kurzem Beispiel dargestellt werden, nämlich der Unterrichtseinheit Jungen und Mädchen. Die folgenden Ziele soll diese Unterrichtseinheit erfüllen:

1) den Schülern Einblick in die Struktur gesellschaftlicher Zusammenhänge geben,

2) sie zu eigenen Auseinandersetzungen und zur kritischen Stellungnahme zu ihnen befähigen,

3) durch die Auflockerung von Rollenfixierungen zur Veränderung von Verhaltensweisen des Schülers führen.

Angesichts dieser hohen Ziele kommen die unterrichtlichen Praxisvorschläge banal vor. So soll in einem Tafelanschrieb festgehalten werden, wie viele Mädchen, wie viele Jungen zur Hauptschule, zur Realschule und zum Gymnasium gehen, um festzustellen, dass in der damaligen Zeit zu wenig Mädchen ins Gymnasium gingen.

Auch hier werden wieder Informationen kognitiv dargeboten und in der Erwartung ihrer aufklärerischen Wirkung präsentiert. Es folgen Tabellen, Gegenüberstellungen von Meinungen zur Gleichberechtigung und der wiederholte Appell an kritisches Abwägen.

Diese weitreichenden Ziele waren allerdings mit wenig wirksamen kognitiv-aufklärerischen Methoden verknüpft und damit kaum nachhaltig.

Mit der allmählichen Kritik an der Vermittlungsweise dieser Themen sind diese gesellschaftswissenschaftliche bedeutsamen Themen wie gesellschaftliche Wertvorstellungen in verschiedenen Kulturen, geschlechtsspezifische Rollen, Fernsehen, Werbung u. a. insgesamt aus den Richtlinien, fachdidaktischen Publikationen und Lehrplänen für den Sachunterricht weitgehend verschwunden, obgleich es für die angestrebten Ziele genug didaktische Legitimierung gab und gibt. Insbesondere in den neuen Bundesländern hat es einen Einbruch bei den sozialwissenschaftlichen Themen gegeben.

3.3 Mehrperspektivischer Sachunterricht

In Reutlingen wurde Anfang der 1970er Jahre ein Konzept entwickelt, das wegen seiner Differenziertheit in der Fachliteratur besonders viel Anerkennung erhält. Lediglich in der „Didaktik des Sachunterrichts von Dagmar Hänsel (1980) finden wir deutlich kritische Anmerkungen hinsichtlich der Praxisrelevanz dieses Ansatzes. So bezeichnet sie das Konzept als intellektuelles Glasperlenspiel (Hänsel 1980, 74).

Dieses Konzept ist das früheste Sachunterrichtskonzept, das versucht hat, sozialwissenschaftliche und naturwissenschaftliche Inhalte zu integrieren.

Dieses aus Mitteln der VW-Stiftung geförderte Projekt sollte gerade nicht die Fehler einer einzelfachlich didaktischen Orientierung wiederholen, sondern sich an der gesellschaftlichen Wirklichkeit orientieren. Dieser „Mehrperspektivischer Unterricht" genannte Ansatz wird auch gegenwärtig noch als besonders differenziertes Konzept bezeichnet (Meiers 2004).

Das Konzept vom mehrperspektivischen Unterricht geht nicht davon aus, die Zersplitterung der Inhalte in einzelne Fächer aufzuheben, sondern im Unterricht tatsächliche bedeutsame Alltagssituationen der Kinder besser durchschaubar zu machen. Dabei wollten die Autoren den Kindern nicht eine diffuse Ganzheit im Sinne der alten Heimatkunde vorsetzen, sondern aus verschiedenen Perspektiven bedeutsame Inhalte erschließen. Ihre pädagogische Leitidee ist es,

„Kinder und Jugendliche fähig zu machen, dass sie zunehmend kritischer, weitsichtiger, gescheiter, risikobewusster, kalkulierter und humorvoller in der Wirklichkeit, in die sie verstrickt sind, handeln können" (Giel u. a. 1974, 12). Ein wesentliches Ziel ist die Herstellung von Handlungsfähigkeit, die in der Reutlinger Konzeption im Sinne der Kritischen Theorie (u. a. Habermas 1981) weniger als konkretes praktisch-veränderndes Handeln, sondern als kritisch reflektierendes Verhalten verstanden wird. Damit wird bereits eine hohe kognitive Grundlegung des gesamten Konzeptes deutlich.

Für die Inhaltsauswahl wurde ein Themenraster entwickelt (Giel u. a. 1974, 97), das nach verschiedenen Schuljahrsstufen differenziert ist.

Themenübersicht mehrperspektivischer Sachunterricht

Themenbereich	1.Schuljahr	2. Schuljahr	3. Schuljahr	4. Schuljahr
Wohnen	Kinderzimmer	Hochhaus	Stadtplan	unbehaustes Wohnen/ Zwangswohnen
Dienstleistung	Post	Taxizentrale	Krankenhaus	Versicherungsgesellschaft (im späteren Entwurf: Friedhof)
Erziehung	Schule-Einschulung	Lehr- und Lernmittel	Lehrer-/ Schülerrollen	Sportverein/ Peergroups
Produktion	Sprudelfabrik	Binnenstruktur eines Betriebes	Konzern	Landwirtschaft und EWG
Freizeit	Spielhaus	Freibad/ Hallenbad	Reisebüro	Kirchen
Verkehr	Kfz.-Zulassungsstelle TÜV	Tankstelle	Flugplatz	Verkehrssystem
Handel und Gewerbe	Supermarkt	Sommerschlussverkauf	Banken	Geldprobleme
Kommunikation	Fernsehen	Kino/ Film	Rundfunk	Zeitung
Politik (in späteren Entwürfen gestrichen)	Wahlen	Gewerkschaft	Partei	Finanzamt/ Öffentlicher Haushalte
Feier	Geburtstag	Weihnachten	Begräbnis	politische Feiertage

Abb. 12

An diesem Themenraster wird der außerordentlich hohe auch gesellschaftskritische Anspruch der Autoren deutlich. Es sind nicht nur kindliche Erfahrungen wie Weihnachten und Geburtstag, sondern auch tabuisierte gesellschaftliche und im Alltag weniger sichtbare Probleme in dieses Curriculum aufgenommen worden wie Begräbnis oder Unbehaustes Wohnen oder hochabstrakte Themen wie „Versicherungsgesellschaft". Nicht nur die Themen und ihre Zahl, die in verschiedenen Entwurfsfassungen wechselten, auch die Ziele dieses Autorenteams sind sehr hoch gesteckt: „Wir wollen schon in der Vor- und Grundschule im Unterricht gesellschaftlich relevante Ausschnitte der Wirklichkeit rekonstruieren, als einen durch Menschen erzeugten Zusammenhang, als etwas, das Menschen in Organisationen, Gruppen oder als Einzelne so ausgebildet und verfasst haben und wozu es Alternativen geben kann. Die Wirklichkeit soll als ein Gefüge durchsichtig werden, das man durch gezielte Eingriffe verändern, ja sogar destruieren und neu aufbauen kann, das man aber auch befestigen und verteidigen kann, das man aber allemal legitimieren muss" (Giel u. a. 1974, 22).

Dieses Ziel soll im Unterricht durch Rekonstruktionen der Wirklichkeit verständlich gemacht werden (Giel u. a. 1974, 14). Nach dem Reutlinger Konzept werden dabei anfangs sieben, später vier verschiedene Rekonstruktionsperspektiven vorgesehen. Deshalb wäre der Begriff „siebenperspektivischer Sachunterricht" genauer, denn nur auf diese sieben Zugangsweisen hin sind die jeweiligen Unterrichtsthemen untersucht worden. Diese sieben Perspektiven sind (Giel u. a. 1974, 15 ff.):

1) die räumliche Perspektive (z. B. Bewegungsmöglichkeiten und Raumgefühle)

2) die szenische Perspektive (hier sollen die Menschen als alltäglich Rollenspielende in den jeweiligen Handlungsfeldern betrachtet werden)

3) die institutionalisierte Perspektive (hier wird das Planspiel als Beispiel des Handelns in bestimmten Positionen für den Unterricht vorgeschlagen)

4) die wissensbezogene und technische Perspektive (hier sind ähnlich wie in der wissensakkumulierenden Sachkunde instrumentierbare Aussagen und Gefüge von Sachverhalten gefragt)

5) die kultur-anthropologische Rekonstruktion (hier wurden interkulturelle Vergleiche zur gegebenen Wirklichkeit vorgeschlagen)

6) die Perspektive persönlicher Erlebnisse und Erfahrungen

7) die körpersprachliche Perspektive (Pantomime und andere nicht-verbale Kommunikationsformen werden hier zur Rekonstruktion des Inhalts eingesetzt)

So kompliziert dieses siebendimensionale Raster auch wirken mag, so sehr sollte der produktive didaktische Gewinn dieses Ansatzes nicht in Vergessenheit geraten. Hier wurden nämlich gegenüber der bislang eindeutigen kognitiven Orientierung von Lernen auch subjektive Bedeutungen zugelassen. Inhalte des

Sachunterrichts wurden nicht allein als rational erklärbare gesehen, sondern auch als einbezogen in zwischenmenschliche subjektive Definitionen und verschiedene gesellschaftliche Interessensauseinandersetzungen. Emotionales, menschliches Handeln und Denken sind – wenn auch letztlich ungleichgewichtig – doch gleichermaßen in der Theorie vorgesehen.

Problematischer als die Theorie scheint mir die Umsetzung dieser Theorie in die Praxis zu sein. Die Überfüllung mit Inhalten macht allerdings schon die praktische Umsetzbarkeit fraglich.

Ich habe zur Veranschaulichung der praktischen Umsetzungsprobleme nun ein einziges Unterrichtsthema von den insgesamt vierzig vorgeschlagenen zur näheren Analyse ausgesucht, nämlich das Unterrichtsthema Technischer Überwachungsverein fürs erste Schuljahr.

Zu diesem Thema liegt wie zu den anderen in der Projektlaufzeit fertig gestellten Unterrichtskonzepten ein Arbeitsheft für die Schülerinnen und Schüler sowie ein über 200seitiges Anleitungsbuch zum Thema für die Lehrpersonen vor (Nestle u. a. 1975).

Als Lehrperson muss man nicht nur die allgemeine Konzepttheorie kennen, sondern auch die themenspezifischen Anleitungsbücher, um zu verstehen, was im Unterricht mit dem Arbeitsheft gemacht werden kann. Denn die Arbeitshefte sind ohne Anleitung für die Kinder völlig unverständlich.

Das Praxisarbeitsheft 'Technischer Überwachungsverein 1. Schuljahr' beginnt auf der ersten Seite mit sehr deutlich gedruckten Grundgesetzausschnitten: „Jeder hat das Recht auf freie Entfaltung seiner Persönlichkeit. Grundgesetz Artikel 2. Jeder hat das Recht auf Leben und körperliche Unversehrtheit. Die Freiheit der Person ist unverletzlich." Auf derselben Seite darunter ist eine Welt voll von Friedhofskreuze und links ein Autofriedhof abgebildet. Laut Lehrerhandbuch sollen die Kinder jetzt durchschauen, wie das Grundgesetz faktisch durch die Autofahr-Gesellschaft missachtet wird, dass Gesetzesanspruch und Realität auseinanderklaffen. Es soll deutlich werden, dass die freie Entfaltung der Persönlichkeit verschieden interpretiert werden kann, sowohl aus der Perspektive des Autofahrers, der nicht im Tempo begrenzt werden will und aus der Perspektive des Kindes, das das Recht auf körperliche Unversehrtheit beansprucht. Es soll also eine interessante Diskussion zwischen verschiedenen gesellschaftlichen Normansprüchen provoziert werden.

Doch wie sollen Kinder aus der verbalen Abstraktion von Rechtsanspruch und verschiedener Deutung wirklich zu eigenständigen Erkenntnissen gelangen? Wie sollen Kinder überhaupt diesen Interessenskonflikt auf dieser Präsentationsebene im 1. Schuljahr verstehen – geschweige denn zu kompetenten Lösungen gelangen? Auch die Rekonstruktion des Problems aus verschiedenen Perspektiven scheint nicht zum besseren Verständnis durch sechsjährige Kinder beizutragen. Dies soll am Beispiel einer Schülerbuchseite verdeutlicht werden:

Abb. 13 Seite des Arbeitsheftes für das erste Schuljahr

Auf einer nächsten Seite wird eine Collage abgebildet, diese soll zeigen, wie der
Mensch szenisch in den Verkehrsstress eingebunden ist. Der Mensch als Ver-
kehrsteilnehmer in der unteren Zeile ist schon grafisch so dargestellt, dass Stress,
Problembelastung und Zeithetze visualisiert werden.

Jedenfalls soll ein Kind laut Handbuch dies denken bzw. im Gespräch allmählich
herausarbeiten. Symbolisch soll durch eine Kilometerkurve angedeutet werden,
wie viele Kilometer pro Stunde zurückgelegt werden, dass der Verkehr weitgehend von technischen Medien gesteuert ist und dass die menschlichen Zusammenhänge fehlen.

In der weiteren grafischen Gestaltung wird verdeutlicht, dass es verschiedene
Phonstärken in verschiedenen Situationen gibt und dass es natürlich auch verschiedene Verkehrssituationen gibt, in denen es lauter oder leiser ist und was das
für den Menschen bedeutet, für seine physische Existenz, für sein Wohlbefinden
und andere Aspekte. Auf abstrakten Zeichnungen werden die neuralgischen
Punkte im Verkehr einer Stadt markiert, wo es überall Verkehrsgefahren gibt.
Um auch subjektive Bedeutsamkeit herzustellen, werden diesen Zeichnungen
der Gefahrenquellen auch Fotos von der Realsituation nachgestellt.

Tatsächlich wird nur äußerlich-abstrakt auf kindliche Bedürfnisse, etwa gefah-
renfrei zu spielen, eingegangen. Wir sehen an den Praxisbeispielen, dass trotz
der mehrperspektivischen Intentionen in der Praxis auch in diesem Konzept
noch weitgehend kognitives, lehrerzentriertes Lernen im Vordergrund steht.

Es bleibt ungeklärt, wie die vielen gesellschaftskritischen Intentionen und Ziele
verwirklicht werden können, z. B. tatsächlich für die Kinder einsehbar zu klären
wie heute die Autoindustrie mit den Parteien in den Parlamenten verflochten ist
und dies nicht nur als grafisch gestaltete Setzung im Buch abzudrucken.

Das Konzept des mehrperspektivischen Sachunterrichts kann als totaler Kontrapunkt zur Kindertümelei der Heimatkunde verstanden werden. Hier werden
Kinder völlig als erwachsene Partner behandelt, die in gleicher Weise mit den
Problemen der Erwachsenenrealität konfrontiert werden wie diese auch. Wenn
das Bild vom Kinde als einem zu gleichberechtigtem politischem Handeln prinzipiell befähigtem Menschen in diesem Konzept vertreten wird, dann kann es auch
keine besonderen pädagogischen Zugangsweisen für Kinder geben. Die bisher
kritisierten Mängel in der praktischen Durchführung sind gemäß den Ansprüchen der Autoren keine relevanten. Historisch hat jedoch die fast fehlende praktische Rezeption des mehrperspektivischen Sachunterrichts gezeigt, dass die
Mehrzahl der Lehrpersonen andere Vorstellungen von Kindheit und Lernen hat.

Trotz aller berechtigter Kritik an der damaligen sehr künstlichen Praxisumset-
zung bleibt festzuhalten, dass die Reutlinger mehrperspektivische Sachunter-
richtskonzeption weit ihrer Zeit voraus schon als produktive Leistung einen
Blick für ästhetische Zugangsweisen im Sachunterricht hatte, als andere noch
explizit in kognitiven Kategorien gebunden waren. Es war auch ein Konzept,

dass letztlich ähnlichen Gedankengängen folgt wie es bei heutigen konstruktivistischen Ansätzen (Voß 2002) der Fall ist.

3.4 Offene Sachunterrichtscurricula in England

Während sich in den USA und in der Bundesrepublik verschiedene geschlossene Curricula gegenüberstanden, hat sich in England zeitgleich – anfangs ohne internationale Beachtung – eine gänzlich andere Entwicklung vollzogen.

Die Strukturbedingungen des englischen Schulsystems, insbesondere seine damals dezentrale Verwaltung durch die örtlichen School Councils sowie durch die Tatsache, dass die Ganztagsschule Regelform wurde und eine Einschulung der Fünfjährigen bestand, trugen mit zur spezifischen Entwicklung in England bei. Hier waren nicht objektive Erkenntnisse oder gesellschaftskritisches Handeln an erster Stelle gefragt, sondern eine aus einer anthropologischen Sicht gewonnene Einstellung, die Lernmotivation der Kinder zu fördern. Besonders weite Verbreitung hat das Curriculum-Projekt „Science 5/13"gefunden, das u. a. von der Nuffield Foundation getragen wurde. Dort standen die Förderziele Wissbegierde, lustbetontes Lernen, Entdecken und Sammeln, Individualisierung und das Vertrauen auf die Fähigkeiten der Kinder an erster Stelle. Nicht ein fester Kanon an Stoffen war vorgesehen, sondern die Art und Weise des Lernens an sinnvollen Fragen. Entdeckendes Lernen wurde als die wesentliche Unterrichtsform entwickelt. Die Arbeit mit einer umfangreichen Klassenbibliothek wurde in diesen Unterricht integriert. Die Lehrpersonen hatten die Aufgabe, Arbeitsvorhaben der Kinder anzuregen und nicht, sie zu einem bestimmten Erkenntnis- oder Handlungsziel hinzubewegen. Nicht Lehrgänge, sondern thematische Unterrichtseinheiten sind in diesem Konzept die Strukturierungsformen von Unterricht.

Im Mittelpunkt dieses Ansatzes stehen problemhaltige Inhalte wie Schatten, Hören, Wind. Man wählt dabei „Probleme aus der unmittelbaren Umwelt der Kinder und lässt sie weitgehend anhand von praktischen Untersuchungen bearbeiten" (Schwedes 1976, 16). Die Kinder werden „intensiv bei der Auswahl der Probleme, die sie in Angriff nehmen sollen, beteiligt" (Schwedes 1976, 23). Ziel ist nicht, den Kindern die naturwissenschaftlichen Vorstellungen der Lehrpersonen aufzustülpen, sondern ein „Erweitern des kindlichen Erfahrungsbereichs" (Schwedes 1976, 24) zu initiieren. „Das hat zur Folge, dass Aktivitäten, die als ‚naturwissenschaftliche' Aktivitäten zu bezeichnen sind, bei den verschiedenen Gelegenheiten durchgeführt werden" (Schwedes 1976, 38). Nicht nur die Fächergrenzen lösen sich auf. Auch innerhalb des Unterrichts verlangt entdeckendes Lernen nach Gruppenarbeit und Auflösung der starren Klassenorganisation. Außerdem muss die Gestaltung des Klassenraums anregungsreich sein, um entdeckendes Lernen zu fördern. Materialecken, Leseecken, Experimentierecken,

Informationsmappen und andere Einrichtungen sind notwendig, um „die Bereitschaft der Kinder (zu) fördern, Verantwortung für ihre Arbeit zu übernehmen" (Schwedes 1976, 39). Dieses englische Konzept hat gegenüber den strukturierten lehrgangsmäßigen Konzepten erstmalig auch Freie Arbeit im Sachunterricht propagiert und gefördert. In der Diskussion über diese englischen Curricula tauchte in Deutschland erstmals der Begriff „offene Curricula" auf.

Auch in diesem Konzept wurden abgeleitet vom Hauptziel, „Entwickeln einer Fragehaltung und eines wissenschaftsorientierten Problemlöseverhaltens" (Schwedes 1976, 49) verschiedene Methodenziele angestrebt, die den verfahrensorientierten Konzepten (s. o.) z. T. ähneln:

- „Beobachten und explorieren, Beobachtungen ordnen
- Entwickeln von Grundkonzepten und logischem Denken
- Fragen stellen und experimentieren, um die Fragen zu beantworten
- Wissen erwerben und Fertigkeiten erlernen
- Kommunikation
- Beziehungen und Strukturen erkennen
- Ergebnisse kritisch interpretieren
- Entwickeln von Interessen, Einstellungen und ästhetischer Sensibilität" (Schwedes 1976, 49)

Am Beispiel des Teilbandes „Erste Erfahrungen", der für die 5–7jährigen Kinder konkrete Handlungsanregungen bieten soll, kann nun die Praxisrelevanz dieses offenen Ansatzes näher überprüft werden. Ich wähle dabei das Beispiel „Licht und Schatten" aus. Andere Themen dieses Curriculums sind Wind, Klänge/Hören, Basteln und Bauen, Elektrisches Licht, Schiffe, Luft/Fliegen, Gleichgewicht, Muster und Symmetrien, Sammeln, Vergleichen und Ordnen, Wasser, Säen und Pflanzen, Kochen, Pflegen und Erhalten, Sehen und Betrachten, nass und trocken, Schmecken, Körperpflege, Waschen und Putzen, Fahrrad, Farben, Spiegelungen, Wir betrachten uns gegenseitig, Baustelle, Regen, Wasser und Erde, Im Winter, Schnee und Eis, Warm halten.

Die Unterrichtsanregungen haben die Form von bildlich unterstützten Handlungsanregungen, von denen nur einige hier zum ausgewählten Schwerpunkt dargestellt werden (Schwedes 1976, 59 ff.):

- Sonnenstandsverlauf im Laufe des Schulvormittags verfolgen und die Farben der Umgebung genau beobachten

- Sonnenstand durch Klebestreifen am Fenster markieren und den Schatten der Markierung an der Wand verfolgen

- Schattenspiele mit Taschenlampe unter mit Packpapier zugehängtem Tisch erzeugen

- einen Schatten eines Kindes auf Papier werfen und ausschneiden

- Zirkuskunststücke (z. B. Pyramiden) als Schatten simulieren

- den Schatten einer Flasche im Freien zu verschiedenen Tageszeiten verfolgen-
  die Schatten verschiedener Gegenstände an die Wand werfen

- Spiel „Schattentreten", den Schatten eines anderen Kindes zu treten versuchen

- Fangspiel mit Schatten

- Schattenspiele mit Figuren, Gegenständen, Fingern

- Können sich die Schatten von zwei Menschen die Hand geben, ohne dass sich
  deren Hände dabei berühren?

- einen Schatten mit sechs Armen werfen

- Könnt ihr auf euren Schatten springen?

Diese Ansätze offenen entdeckenden Sachunterrichts haben allmählich Eingang
in den bundesdeutschen Sachunterricht gefunden. Die englischen Experimen-
talbücher liegen mittlerweile in deutscher Übersetzung vor, viele der Anregungen aus den englischen Curricula sind in deutschen Lehrbüchern abgedruckt
oder in publizierten Unterrichtseinheiten für die weitere Praxis empfohlen worden. Die gestalteten Ecken in Klassenräumen und die Ausstellungstische beginnen auch an deutschen Schulen immer mehr zum Alltag zu werden. Gleichwohl
sind dies nur Zeichen einer beginnenden Öffnung von Sachunterricht. Häufig
werden lediglich vereinzelte Elemente übernommen, während der übrige Unterricht noch immer weitgehend lehrerzentriert gesteuert abläuft. Gleichwohl ist
eine generell zunehmende Wertschätzung entdeckenden Lernens nicht zu übersehen, so dass zu vermuten bleibt, dass diese Ansätze sich auch weiterhin fort-
setzen und entwickeln werden.

3.5 Tendenzen der Sachunterrichtsentwicklung in Deutschland ab 1975

Mit der Einführung des Faches Sachunterricht wurde in den frühen 1970er Jahren eine Vielzahl an Konzeptionen der Sachunterrichtsdidaktik entwickelt. Häufig wurden auch nordamerikanische Curriculum-Konzepte übertragen. Diese
wurden im Gefolge des Sputnik-Schocks gefördert, um den damals von westli-
cher Seite befürchteten naturwissenschaftlich-technischen Vorsprung der Sowjetunion auf der Bildungsseite selber zu erlangen. Die Konzeptionen unterschieden sich danach, ob sie fachliche Verfahren oder fachliche Strukturen oder
klassische Fachinhalte als Gliederungskriterium für den Sachunterricht wählten.
Gestritten wurde, welcher dieser Ansätze nun der beste sei. Die Frage, ob für die
Kinder eine so genau und systematisch ausgedachte Konzeption einen bedeutsamen Zugang, die heutige Welt zu begreifen, bieten kann, blieb dabei außen
vor.

Insgesamt waren trotz aller Unterschiede der Konzeptionen und Ansätze eine deutliche Gefahr kognitiv-kritischer Einseitigkeit und ein Verlust der emotionalen Seite des Grundschullernens wesentliche Momente dieser Phase.

Gerade wegen ihrer hohen abstrakten Ansprüche – seien diese kognitiv-gesellschaftskritischer, verfahrensorientiert-naturwissenschaftlicher oder fachlich-fördernder Art – hatten die in den 1970er Jahren entwickelten Konzepte wenig Korrespondenz zu heimatkundedidaktischen Prinzipien.

Im Anschluss an Bruners Idee (1976 (4)) eines Spiralcurriculums wurde an Grundschulkinder die Erwartung gestellt, auch an den bislang älteren Lernenden vorbehaltenen Inhalten zu partizipieren. Insbesondere naturwissenschaftliche Inhalte wurden in dieser Zeit mit Rekurs auf die prinzipielle Lernfähigkeit von Kindern in allen Altersstufen in großem Umfang als relevante Unterrichtsinhalte für den Sachunterricht in der Grundschule begründet (vgl. Spreckelsen 1971 b). Eine Stoffüberfüllung der Schule mit Nebenwirkungen auf den Leistungsdruck, die Oberflächlichkeit und vor allem des Verlustes an subjektiver Bedeutung des Lernens wurden damit hervorgerufen.

Die damaligen Tendenzen der Curriculum-Entwicklung für den Sachunterricht liefen von den USA bis Westdeutschland darauf hinaus, dem Glauben an die perfekte Planbarkeit von Unterricht oder von der prognostischen Definition zukünftiger gesellschaftlicher Situationen und entsprechender Qualifikationen zu huldigen (Robinsohn 1969). Gleichzeitig darf die Zeit der ersten großen Sachunterrichtsreform nicht pauschal als rigide und fachorientiert abqualifiziert werden. So wurde in der Sachunterrichtsdidaktik Anfang der 1970er Jahre in mehrfacher Weise dem Partizipationsgedanken – analog zu den gesellschaftlichen Demokratisierungsprozessen – Gewicht gegeben:

1) Es wurde gefordert, den Unterricht so zu gestalten, dass möglichst alle Kinder alles lernen und die sozial bedingten Begabungsunterschiede kompensiert werden (vgl. Roth 1969).

2) Die gesellschaftliche Entwicklung zu mehr Demokratisierung und Mitbestimmung auf allen Ebenen führte auch im gesellschaftswissenschaftlichen Sachunterricht zu Innovationen, die in der Praxis auf kognitive Erweiterung der Problemsicht auf gesellschaftliche Mitbestimmungsbereiche hinausliefen. Vor allem in den social studies der USA aber auch im gesellschaftsorientierten Sachunterricht vieler Bundesländer hatten die generellen gesellschaftlichen Mitbestimmungsintentionen ihren Niederschlag gefunden.

3) In der Allgemeindidaktik, die eng mit der Sachunterrichtsdidaktik zusammenhängt, wurden die Begriffe Selbstbestimmung und Mitbestimmung als oberste Normen verwendet (Klafki 1972).

4) Es wurde insbesondere von Gertrud Beck der in der damaligen Curriculum-Diskussion verbreitete Emanzipationsbegriff zu einer Leitidee auch für den Sachunterricht gewählt. Damit wurden Gesellschaftskritik und Abbau von

Herrschaft erstmalig in der Geschichte des Sachunterrichts zu legitimen und wichtigen Zielen erklärt und in ersten Unterrichtsmodellen sowie in einem Lehrbuch zur „Politischen Bildung in der Grundschule" (Beck u. a. 1973) mit den damaligen methodischen Möglichkeiten konkretisiert.

Zwar hatte Ilse Lichtenstein-Rother auf dem Grundschulkongress von 1969 mit dem Warnruf „Wo bleibt das Kind?" Stellung gegen rigide Verwissenschaftlichungstendenzen genommen. Aber dieser Warnruf wurde erst nach einigen Jahren wahrgenommen. Danach setzte etwa gegen Ende der 1970er Jahre eine reformpädagogischen Renaissance in der Grundschule ein. Sichtbar wurde dies besonders in einer neuen Gestaltung von Klassenräumen durch Sofaecken, Spielecken oder Tierecken. Die Weiterentwicklung der Sachunterrichtsdidaktik löste sich allmählich von wenig kindgemäßen abstrakten Prinzipien hin zu differenzierteren Konzepten. Besonders die vom Arbeitskreis Grundschule[3] herausgegebenen Sammelbände versuchten, auf einen differenzierten, anregungsreichen, lebendigen Schulalltag zu orientieren. Begriffe wie u. a. erfahrungsoffener Unterricht (Garlichs/Groddeck 1978), entdeckender Unterricht (Klewitz/Mitzkat 1977), handlungsorientierter Unterricht (Bolscho/Haarmann 1978), schülerorientierter Sachunterricht (Ziechmann 1979), offener Unterricht (Benner/Ramseger 1981), Schulleben (Dietrich 1980) oder Projektunterricht (Hänsel 1986) treten in neueren grundschuldidaktischen Theorien immer häufiger in den Vordergrund. Diese Phase lässt sich kennzeichnen als Wiederentdeckung der didaktischen Kategorie „Kind" bei gleichzeitigem Beibehalten einer realistischen Orientierung des Sachunterrichts und Aufrechterhalten eines weiten inhaltlichen Spektrums. Insbesondere in der Tendenz, sich in der Strukturierung der Inhalte von fachspezifischen Einteilungskriterien abzuheben, unterscheidet sich diese zweite Phase deutlich von der ersten Phase.

Es entstanden hierzu auf theoretischer und praxisnaher Ebene vielfältige didaktisch-methodische Anregungen.

Gleichzeitig hat sich dabei nicht eine eigenständige Konzeption neueren Sachunterrichts herausgebildet, sondern nur einige nicht immer miteinander zu vereinbarende Tendenzen. Rauterberg (2005, 107) betont aber bei seiner Diskursanalyse, die er auf der Basis seiner „Bibliographie Sachunterricht" anschließt, schon erste gemeinsame Linien des Denkens über Sachunterricht. Er hebt hervor, dass schon sehr früh ein eigenständiger Diskurs zum Sachunterricht erkennbar war, der weder dem der Bezugsfächer noch der Soziologie oder Psychologie zuzuordnen ist.

So liegen für diese Phase der Sachunterrichtsgeschichte zwar einzelne theoretische Entwürfe vor (Schreier 1981, Soostmeyer 1988), die aber selbst unterschiedliche didaktische Konzeptionen verfolgen. So ist Schreiers Konzept eher der er-

---

[3] Heute „Der Grundschulverband"

fahrungsorientierten Didaktik in Anlehnung an Deweys Reformpädagogik (1965 (3)) einzuordnen, während Soostmeyer stärker von der lerntheoretischen Seite den entdeckenden, problemorientierten Sachunterricht als Zielperspektive der didaktischen Entwicklung skizziert. Sachunterrichtsdidaktik hat sich aber – so meine These – nicht aus sich heraus entwickelt, sondern in systemischer Kommunikation mit der gesamten grundschulpädagogischen Entwicklung in Theorie und Praxis. So ist es konsequent, die Sachunterrichtsdidaktik als allgemeine „Gesamtdidaktik" der Grundschulpädagogik zu verstehen (Hänsel 1980, 53).

Insgesamt hat sich ab 1980 das Spektrum des Denkens über Sachunterricht deutlich vervielfacht. So liegen viele zu dieser Zeit veröffentlichte fach- bzw. lernbereichsdidaktische Unterrichtsanregungen in grundschulpädagogischen Zeitschriften vor. Sie reflektieren einerseits den Stand der grundschulpädagogischen Diskussion, versuchen Beispiele für die Unterrichtspraxis vorzustellen. Sie intendieren, praxisnahe neue pädagogische Orientierungen zu vermitteln und sind gleichzeitig von der redaktionellen Auswahl her Antizipationen möglicher Handlungsintentionen von Lehrerinnen und Lehrern in der Praxis. Denn es werden bevorzugt diejenigen Artikel in auflagenstarken Grundschulzeitschriften publiziert, von denen eine positive Rezeption durch das Lesepublikum vorausgesetzt wird. Ich habe deshalb die letzten beiden Jahrzehnte der Zeitschriften „Die Grundschule" und „Grundschulzeitschrift" (letzte seit Gründung) auf die in den sachunterrichtsdidaktischen Aufsätzen implizit vertretenen didaktischen Prinzipien untersucht und habe die dominierenden Trends in den folgenden Thesen zusammengefasst:

1) Die Entwicklung des Sachunterrichts seit 1980 zeichnet sich durch eine breitere Rezeption des Kindheitsbegriffs als didaktischer Kategorie aus als die stärker fach- und gegenstandsbezogenen Konzepte.

2) In Abgrenzung zur Dominanz wissenschaftsorientierter Prinzipien wird nun verstärkt die subjektive Seite des Sachunterrichts betont. Erfahrungsnähe und Erfahrungsorientierung sind die Stichworte, die seit Mitte der 1980er Jahre besonders häufig verwendet wurden.

3) Anstelle einer Dominanz kognitiver und kognitiv-kritischer Dimensionen werden nun auch handelnde Dimensionen von Unterricht betont. Das Begründungsmoment „handlungsorientiert" gewinnt insbesondere in der Zeit ab 1980 ein starkes Gewicht.

4) Gegenüber der starken Fach- oder Fachbereichssubgliederung von Sachunterricht wird nun verstärkt auf inhaltlich-integrierende Momente Wert gelegt. Stichworte wie Projektlernen oder ganzheitliches Lernen tauchen immer häufiger in publizierten Unterrichtsvorschlägen zum Sachunterricht auf.

Die Veränderung des Sachunterrichts ist nicht unabhängig von verschiedenen grundschulpädagogischen Konzeptionen und Bewegungen zu sehen. Einen wesentlichen Anteil hatte seit den 1970er Jahren die sich ausbreitende Freinet-Bewegung. Im Anschluss an den französischen Reformpädagogen Celestin Freinet bildeten sich seit Ende der 1970er Jahre überregionale Zusammenschlüsse – ausgehend von zuerst jährlich bundesweit stattfindenden Pfingsttagungen – von Lehrpersonen, die im Anschluss an Freinets Konzept ihre eigene Praxis weiterentwickeln wollten. Die wesentlichen Reformelemente für den Sachunterricht aus diesem Kontext waren das differenzierte Arbeiten, die Arbeit an selbst erstellten Büchern mit der Druckerei und die Projektarbeit. Die aus der Freinet-Bewegung hervorgegangene Freinet-Kooperative hat mittlerweile für verschiedene auch weniger verbreitete Sachunterrichtsthemen (z. B. Licht und Schatten, Indianer, Bewegung) Karteien für differenziertes Arbeiten herausgegeben, die entdeckendes, handlungsorientiertes und soziales Lernen ermöglichen (vgl. Riemer 2005).

Aber auch aus der Wissenschaft heraus gab es wichtige Impulse zur weiteren Entwicklung des Sachunterrichts. Das **Marburger Grundschulprojekt** (vgl. Koch-Priewe 2004) wurde seit 1972 unter der Leitung von Wolfgang Klafki (vgl. Klafki u. a. 1982) als erstes großes bundesdeutsches Grundschulprojekt im Sinne der Handlungsforschung von der VW-Stiftung gefördert. In diesem Projekt wurden neben stark rezipierten Ansätzen wie dem Wochenplanunterricht erstmals in größerem Umfang Formen eines fachübergreifenden projektartigen Sachunterrichts erprobt (vgl. Grüber/Koch 1978). Die dabei entwickelten z. T. sehr anspruchsvollen Unterrichtsprojekte zu gesellschaftlichen Schlüsselproblemen, z. B. Technikgeschichte am Beispiel des Bohrers (Koch-Priewe u. a. 1982), Soziale Bedingtheit abweichenden Verhaltens am Beispiel eines historischen Räubers, Schulkritik am Beispiel der „Häschenschule", Zeugnisschreiben für die eigenen Lehrpersonen oder das Herstellen von Büchern sind von ihrer breiten fachübergreifenden didaktischen Reflexion wie auch von den konkreten exemplarischen Inhalten auch für heutigen Sachunterricht von Bedeutung (vgl. Klafki u. a. 1982). Mitwirkung der Kinder und das Ziel der kritischen Solidaritätsfähigkeit waren verständlich in die jeweiligen Inhalte integriert (Koch-Priewe 2004, 181; Koch-Priewe u. a. 1982). Diese waren damals bereits an den später entwickelten Schlüsselproblemen in kindgemäßer Form orientiert (Koch-Priewe 2004, 182).

Besonders das Projektbeispiel Zeugnisschreiben stellt eine für den Sachunterricht außerordentlich produktive Lernmöglichkeit dar. Die Idee ist leicht in die Praxis umzusetzen. Am Tag der Zeugnisausgabe für die Kinder dürfen diese auch ein Zeugnis für ihre Lehrperson ausstellen. Gemeinsam wird zunächst überlegt, welche Fächer es denn in diesem Fall gibt. Nach meinen Erfahrungen schlagen Kinder Fachbezeichnungen wie „Gerechte Noten", „gute Ideen",

„Tafelbilder", „Gut erklären" und andere vor. In Gruppen müssen sich die Kinder nun um eine Notenfindung wie in einer Konferenz bemühen. Derartige Lernerfahrungen lassen Kinder nicht in ihrer Sorge um Zeugnisnoten allein, sie können erfahren, dass Noten nicht objektiv sind, sondern immer ein Abwägen verschiedener Kriterien ist. So können sie das Funktionieren sozialer Prozesse hautnah erleben und sind dem schulischen Selektionssystem nicht hilflos ausgesetzt. Es ist erstaunlich, wie kompetent Grundschulkinder ihre eigenen Lehrpersonen beurteilen können, für Lernziele der Selbst- und Mitbestimmung und gesellschaftliche Demokratisierung sind derartige Lernschritte außerordentlich produktiv.

Nachhaltig in den Grundschulunterricht eingegangen ist von den Vorschlägen des Marburger Grundschulprojektes lediglich das Beispiel des Wochenplanunterrichts (Klafki u. a. 1982), die vielen anderen exemplarischen Projekte zum Sachunterricht (vgl. Koch-Priewe 2004) sind auch gegenwärtig beachtenswerte Beispiele kindgemäßen und zur kritischen Reflexion anleitenden Sachunterrichts.

Während der Übergang von der Heimatkunde zum Sachunterricht, der zumeist auf die Wende von den 1960er zu den 1970er Jahren datiert wird, auf großes wissenschaftliches Interesse gestoßen ist (vgl. Schwartz 1977), bleibt die neuere Geschichte des Sachunterrichts aber noch weitgehend im Dunkeln. Es entsteht leicht der Anschein, als habe sich nun eine einheitliche Konzeption durchgesetzt. Es liegen aber immer noch sehr unterschiedliche Vorstellungen über den Sachunterricht vor. Der Versuch einer „inhaltlichen Ordnung des Sachunterrichts" (Schreier 1985, 8 f.) mit den drei Themenkreisen („Sachverhalte und Dinge der Welt erkunden"; „Ich-Identität aufbauen" und „Zusammenleben mit anderen lernen" (Schreier 1985, 9) kommt dabei den hier vertretenen Positionen nahe, der Sachenwelt und Personenwelt gleich-berechtigt Geltung zu verschaffen. Hier setzte das Denken ein, auch das Philosophieren mit Kindern, ethische Bewertungsfähigkeit und ästhetische Zugangsweisen zu wichtigen Zielen des Sachunterrichts zu zählen. Um diese hohen Ziele zu erreichen, muss auch ethisch begründetes Verhalten von Lehrpersonen erfahrbar sein. Stähling (2006) nennt Verlässlichkeit, Zugehörigkeit und „Begleitung" als Gütekriterien für eine produktive inklusive Schule. Dies wird bei ihm nicht nur als Lernziel für Kinder verstanden, sondern auch als Norm für pädagogische Einstellungen und Haltungen. Die Wende zum Subjektiven und Sozialen findet sich schon im früheren Richtlinienkonzept des Saarlandes (Saarland 1992) mit den drei Hauptzielen des Sachunterricht: Entwicklung individueller, sozialer und sachgebundener Sensibilität.

Spätestens seit explizit eine Anerkennung auch des Inhaltsbereiches „Ich" erfolgt ist und dem Sozialen ein hoher Stellenwert beigemessen wird, setzt meines Erachtens die neueste Phase in der Geschichte des Sachunterrichts ein, von der später noch unter dem Begriff „zukünftiger Sachunterricht" die Rede sein soll.

Aber auch andere Konzeptionen beginnen Einfluss auf die Sachunterrichtsdidaktik zu nehmen. So wird mittlerweile die aus den Vorschuleinrichtungen der Region Reggio in Italien bekannte Konzeption eines ästhetisch orientierten Projektunterrichts, die sich intensiv auf die kreative Erfahrungswelt von Kindern einlässt, für die Grundschulpädagogik zunehmend zur Kenntnis genommen (Krieg 2002; 2004).

Insbesondere hat sich in den 1980er Jahren die grundschulpädagogische Projektidee (vgl. Hänsel 1986) stark verbreitet. Vor allem mit der bürokratisch leichter handhabbaren Formvariante der Projektwoche hat sie dazu beigetragen, dass die Sachunterrichtspraxis weiterentwickelt wurde. Die Versuche, Projekte durchzuführen, haben an vielen Schulen dazu beigetragen, nach Lernorten außerhalb des Klassenzimmers zu suchen, Kinder in Problemlöseprozesse und forschendes Lernen einzubeziehen, differenziertes Arbeiten in Gruppen zu erproben. Diese Impulse bedeuten zwar nicht, dass damit bereits der gesamte Sachunterricht erneuert worden ist. Aber es sind an vielen Orten erste Schritte in Richtung eines handlungsorientierten, projektorientierten Sachunterrichts unternommen worden, aus denen sich allmählich auch eine Konzeption eines zukünftigen Sachunterrichts herausbilden kann.

Immer wenn Konzeptionen miteinander verglichen werden, besteht die Gefahr, dass Besonderheiten überzeichnet werden, während die anderen auch mitgedachten Aspekte ins Hintertreffen geraten. Dies gilt auch für die Curriculum-Konzepte der 1970er Jahre. So wird ihnen aus heutiger Sicht vorgeworfen, das Kind nicht genug gesehen zu haben. Gleichwohl finden wir in diesen Konzepten immer wieder Hinweise auf die Wichtigkeit, diese oder jene Frage auch in Hinblick auf die Kinder zu lösen. Es sind immer Verallgemeinerungen und Pauschalisierungen, die Darstellungen von Konzepten begleiten. Gleichwohl bedeutet es auch sehr viel für die praktische Rezeption, welche Gesichtspunkte bei einer Konzeption besonders in den Vordergrund geraten sind.

> Die mehr der Wissenschaftsorientierung verschriebenen Konzepte der 1970er Jahre hatten trotz der Beachtung der Kinder im Detail deren Perspektive zugunsten der Fachinhalte eher aus dem Auge verloren. Dies wurde gerade im Zuge ihrer praktischen Erprobung immer deutlicher als Kritik hervorgehoben. Dennoch haben die meisten Autorinnen und Autoren selbst diese Dimension keineswegs völlig aus dem Blickwinkel verloren. Sie wurden aber in der folgenden Debatte gerade in grundschuldidaktischen Zeitschriften und auf Fortbildungen immer deutlicher thematisiert.

> So lösten sich allmählich systematisch entwickelte Sachunterrichtskonzeptionen auf. An ihre Stelle traten einzelne an Themen gebundene Vorschläge für die Praxis, in denen immer stärker bestimmte pädagogische Prinzipien auftraten. So wurden einzelne Begriffe wie Erfahrungsorientierung, Problemorientierung, kindgerecht, Projektorientierung zu Leitbegriffen der Begründung von konkretem Sachunterricht. Die Inhalte wurden stärker eklektisch ausgewählt. Trotzdem wurden über Richtlinien und Schulbücher allmählich bundesweit die Themenkataloge für den Sachunterricht ein wenig angeglichen.

Die neuere Entwicklung der Formulierung von Kompetenzen für den Sachunterricht nach der Jahrtausendwende scheint allerdings auch wieder eine Rück-
schrittstendenz zu signalisieren, indem soziales Lernen zugunsten einfacher ab-
prüfbarer kognitiver Kompetenzen zurück gedrängt wird.

4 Veränderungen in der Welt der Kinder – die sachunterrichts-didaktische Gegenwarts- und Zukunftsdimension

4.1 Sachunterricht und Welt

Es gibt keinen Sachunterricht für die „allgemeine Situation", weil es die „allgemeine Situation" nicht gibt. Deshalb ist es wichtig, genauer zu untersuchen, wie sich die Welt verändert.

Wenn wir verschiedene Sachunterrichtskonzeptionen anschauen, dann werden wir immer wieder feststellen, dass sie entweder explizit in ihrer Begründung oder implizit in ihren Inhalten und Strukturen deutlich Ausdruck der jeweiligen gesellschaftlichen Bedingungen sind. So sind die auf enorme Fachwissensteigerung ausgerichteten naturwissenschaftlichen Curricula der frühen 1970er Jahre eine Folge der geplanten US-amerikanischen Forschungspolitik nach dem Sputnikstart.

Aber nicht nur „von oben herab" prägen gesellschaftliche Entwicklungen die Entwicklung von Sachunterricht. Als Willy Brandt 1969 in der Regierungserklärung der ersten von der SPD geführten Regierung der Bundesrepublik die Formel „mehr Demokratie wagen" prägte, sprach er damit gleichzeitig die in vielen gesellschaftlichen Bereichen aufkeimende demokratische Aufbruchstimmung an, die durch die antiautoritäre Studentenbewegung seit 1967, die Bewegung gegen die Notstandsgesetze von 1968, die Auseinandersetzungen um Presse- und Meinungsfreiheit vor allem ausgelöst durch die Auseinandersetzungen mit der Springer-Presse, das Aufbegehren gegen autoritäre staatliche Regimes wie im Iran, Versuche autoritäre Erziehungsstrukturen im eigenen Lande aufzubrechen und viele andere gesellschaftliche Bewegungen für Demokratie zum Ausdruck kam. Dieses gesellschaftliche Aufbegehren fand seinen Niederschlag in vielen kritischen sachunterrichtsdidaktischen Vorschlägen, in denen herrschende Verhältnisse hinterfragt, analysiert, durchschaut und kritisiert werden sollten (vgl. G. Beck u. a. 1974).

Sachunterricht hat also immer wieder – mehr oder weniger deutlich erkennbar – einen Prägestempel der gesellschaftlichen Situation, in der, aus der und für die Sachunterricht jeweils entwickelt wurde. Wir können Sachunterricht erst dann bewusst entwickeln, wenn wir uns über den gesellschaftlichen Kontext Klarheit verschafft haben. Deshalb soll hier von der didaktischen Trias, Kind, Welt und Sache, die Dimension Welt an erster Stelle für zukünftigen Sachunterricht näher umrissen werden. Dabei ist voranzuschicken, dass gesellschaftliche Bedingungen und Entwicklungen niemals wertneutral existieren und auch nicht wertneutral beurteilt werden können. Sie sind Ausdruck gesellschaftlicher Interessen und Kräfteverhältnisse und müssen als solche gekennzeichnet werden, um nicht den fälschlichen Schein der wissenschaftlichen Objektivität zu verbreiten.

Arbeitslosengeld-II-Empfangende, die um einzelne Leistungen kämpfen müssen, haben ein anderes Bild vom Sozialstaat als diejenigen mit Spitzeneinkommen. Die wissenschaftliche Interpretation der gesellschaftlichen Wirklichkeit ist entsprechend von verschiedenen Interessen geprägt. Wenn wir die Kategorie Welt zum Ausgangspunkt didaktischer Überlegungen wählen, müssen wir vorweg die darin eingehenden pädagogischen Normvorstellungen offen legen. Ich gehe hier davon aus, dass auch Schule und Unterricht dazu beitragen sollen, dass sich in unserer Gesellschaft das demokratische Ziel einer humanen Wirklichkeit für alle Menschen entfalten kann. Dies heißt, dass die Verschiedenheit der Menschen ernst genommen wird, aber dass ihnen gleiche Entwicklungsmöglichkeiten unabhängig von ihrem Geschlecht und ihrer sozialen, ökonomischen, religiösen oder nationalen Herkunft eröffnet werden. Der humane Anspruch heißt gleichzeitig, dass keine Ellenbogengesellschaft, sondern eine Welt des sozialen Ausgleichs und damit auch Auseinandersetzung und Konflikt unter demokratischen Regeln erforderlich ist. Harmonischer Sachunterricht ohne Konflikte wäre ein fehlgeleiteter Sachunterricht, denn er würde auf eine Welt vorbereiten, die es nicht gibt.

4.2 Heimat oder Welt, Lebenswelt oder Lebenswirklichkeit? Worauf zielt der Sachunterricht?

Weltkunde und Heimatkunde sind schon im 19. Jahrhundert Gegensatzpaare gewesen. Mit Weltkunde wurden die sich progressiver verstehenden Ansätze bezeichnet, die inhaltlich über das enge räumliche Verständnis hinausgehen wollten. Auch hier wird mit dem Begriff Weltorientierung als Neuformulierung für Sachunterricht eine derartige Akzentuierung vorgenommen. Dies steht deutlich im Gegensatz zu Bemühungen, den Heimatbegriff wieder „hoffähig" zu machen. Wenn wir hier für die Zielbestimmung von Sachunterricht den Begriff „Welt" verwenden, ist dies noch sehr allgemein. Damit ist nicht gesagt, wie wir im Einzelnen den Sachunterricht konzipieren, ob wir ihn an der Lebenswelt der Kinder oder an ihrer Umgebung oder der Heimat orientieren. Eine genaue Klärung ist wichtig, denn angesichts der Renaissance des Heimatbegriffes (Engelhardt / Stoltenberg 2002) muss hier eindeutig Stellung genommen werden, ob der Sachunterricht auf Heimat, Gesellschaft, Lebenswelt, Umwelt oder Alltagswirklichkeit orientiert sein soll.

Insbesondere muss geklärt werden, ob die Kategorie Heimat einen wichtigen didaktischen Bezugshorizont bieten kann. Nachdem dies seit Gründung des Faches Sachunterricht von weiten Kreisen der Fachwelt abgelehnt wurde, gibt es seit etwa 1990 vereinzelt Befürworter.

Zuerst wurde der Heimatbegriff durch Soll (Soll 1988, 10) in die neuere Diskussion des Sachunterrichts gebracht. Er sieht das Interesse an diesem Begriff als Folge der Unwirtlichkeit der Umwelt (Soll 1988, 9; Duncker 1994b, 230).

Soll versucht, Heimat vom irrationalen Verständnis der alten dörflichen Heimatkunde des vorigen Jahrhunderts mit den konzentrischen räumlichen Ringen um
Haus und Hof neu zu definieren.

Dieses räumliche Verständnis von Heimat ist nach Soll angesichts verinselter Le-
bensräume von Kindern zwischen Spielplatz, Kinderzimmer, Musikschule,
Schwimmbad, Schule und sonntäglichem Ausflugsort keine Grundlage mehr.
Denn „in keinen der Teilbereiche gehört das Kind mit seiner ganzen Person. Der
Stückelung des Raumes entspricht so auch eine Stückelung der sozialen Beziehungen" (Soll 1988, 18). Soll verweist darauf, dass auch die subjektive Sicht
wichtig ist, also dass nur das Heimat ist, was das Kind auch emotional positiv als
Ort der Geborgenheit (Soll 1988, 12) erfahren hat. Zum Heimatbegriff zählt er
nicht nur Sicherheit und Identität, sondern auch sinnvolle Weltdeutung und Umwelterkundung (Soll 1988, 12ff.). Ähnlich fasst auch Duncker die Renaissance
des Heimatbegriffes positiv als „Wiederentdeckung der sozialen, politischen und
natürlichen Umwelt als eines schutzbedürftigen Nahraums" (Duncker 1994b,
230) und formuliert als Aufgabe der Grundschule, dass sie einen Beitrag zum
„Heimischwerden" (Duncker 1994b, 231) durch Entwicklung einer demokratischen Schulkultur leistet.

Thiedke (2005) weist in seiner Untersuchung über das Verhältnis von Regional-
wissen und Europakompetenz von Grundschulkindern darauf hin, dass im Wissen über die Region bereits wichtiges komplexes Wissen für Europa vorhanden
ist. Er deutet diese Beziehung als Inklusionsverhältnis und sagt damit, dass das
Kinderwissen selbst die regionale Begrenzung überwunden hat.

Das Überschreiten des räumlich begrenzten Heimatbegriffs wird auch deutlich,
wenn von Heimaten geredet wird – in Rücksichtnahme auf die verschiedenen
Sichtweisen der Kinder. Mit dieser Pluralisierung von Heimat, wird aber auch
der Begriff inhaltlich aufgelöst: „Heimaten sind nicht heile Inseln in der sonstigen Welt. Sie können gefährdet sein, ein Beitrag zu ihrem Erhalt oder ihrer Verbesserung kann zur Aufgabe auch für Kinder werden" (Engelhardt/Stoltenberg
2002, 18).

Auch wenn die spezielle Deutung von Heimat als Ort des Heimischwerdens
durchaus sinnvoll zu sein scheint, enthält der Begriff Heimat im deutschsprachi-
gen Kulturraum immer auch eine räumlich rückwärts gewandte Dimension in
den Vorstellungen der Zuhörenden. Deshalb sind fortschrittliche Umdefinitio-
nen von Heimat letztlich didaktisch wenig ertragreich. Aus diesem Grund ist
Schwier/Jablonski zuzustimmen, wenn sie sagen: „Wir sind davon überzeugt,
dass der Sachunterricht keinen „Heimat"-Begriff braucht, ja sogar auf diesen
verzichten muss, um seinem aufklärerischen Bildungsauftrag (vgl. Klafki 1992)
nachkommen zu können" (Schwier/Jablonski 2002, 125).

Ich halte gegenüber jeglichen Versuchen der Neudefinition von Heimat den
Begriff Lebenswelt (vgl. Lippitz 1980, Kahlert 2004a) für tragfähiger als einen

wegen der Geschichte immer missverständlichen Heimatbegriff. Der Lebens-weltbegriff – in Anschluss an Husserls und Alfred Schütz' Verständnis (vgl. Kahlert 2004a) – enthält auch die subjektiven Sichtweisen auf Welt und damit auch emotionale Sinndeutungen wie die Resultate von Umwelterkundung. Soostmeyer vertritt die Position, die noch pragmatischere Begrifflichkeit der Lebenswirklichkeit für das didaktische Denken zu nehmen: „Lebenswirklichkeit meint hier die Gesamtheit aller Personen und anderer Lebewesen, aller Sachen und Sachverhalte, zu denen das Kind Beziehungen aufgebaut hat und aufbaut. Dazu gehören auch die Einflüsse, die aus den Lebensumständen und -gewohnheiten unserer Gesellschaft und aus Problemen anderer Gesellschaften [...] stammen" (Soostmeyer 1986, 28). Dazu gehören auch die kulturellen Wertvorstellungen und Produkte einer Gesellschaft. Lebenswirklichkeit als Begriff enthält aber auch eine Engführung. Er unterstellt eine objektive Welt, die unabhängig von den Menschen so und nicht anders erkennbar ist. Soostmeyer definiert allerdings bei Lebenswirklichkeit, dass sie gleichzeitig subjektiv geprägt ist. Denn „Lebenswirklichkeit ist [...] wesentlich mitbestimmt durch das, was man die 'innere – psychische – Wirklichkeit' eines Menschen nennt" (Soostmeyer 1986, 28).

Während der Begriff Lebenswirklichkeit mehr auf die konkrete Situation orientiert ist und leicht objektivistisch verstanden werden kann, hat der Begriff der Lebenswelt einen umfassenderen Anspruch. Aber auch er ist eingegrenzt, weil jeweils verschiedene Kinder auch aus verschiedenen Lebenswelten kommen. „Schließlich ist es mit einem modernen Bildungsgedanken nicht vereinbar, es den Zufällen der Lebenswelt zu überlassen, was Kinder lernen können, denn das, was Kinder in ihrer Lebenswelt lernen und erfahren können, ist in hohem Maße abhängig von Bedingungen, die alles andere als sozial gerecht oder gleich verteilt sind" (vgl. Kahlert 2004a, 37).

Besonders verbreitet ist die Darstellung der Lebenswelt nach Habermas (1981) in drei Strukturen, Persönlichkeit, Gesellschaft und Kultur. Angesichts der gesellschaftlichen Verflochtenheit und Veränderung von Natur – wie es in den immer deutlicher zutage tretenden Umweltrisiken zum Ausdruck kommt – ist m. E. auch die Natur als viertes Strukturmerkmal von Lebenswelt unerlässlich zu benennen. In diesem vierdimensionalen Raster ist gesellschaftliche Lebenswelt von Kindern also hier zu verstehen und nach näheren konkreten Bezeichnungen zu suchen, welche die Breite der Lebenswirklichkeit zu erfassen vermögen. Wichtig bleibt festzuhalten, dass Lebenswelt nicht naiv mit heimatlicher Umwelt im Nahraum gleich gesetzt wird. Lebenswelt verlangt auch immer die kritische Distanz und Reflexion des Erfahrenen (Richter 2002, 78). Im Lebensweltbegriff sind somit verschiedene Deutungen und die kritische Auseinandersetzung mit gedacht. Eine bloße oberflächlich-räumliche Beschreibung kann diesem Anspruch nicht genügen.

Der Heimatbegriff ist verglichen damit analytisch unscharf. Mit einem an Heimat orientierten didaktischen Ansatz ist es schwer, qualitative Dimensionen zu unterscheiden, wie Welt genauer erfasst werden kann. Das erweiterte Raster von Habermas kann dagegen als Orientierung bei der Suche nach für den Sachunterricht wichtigen Aspekten helfen. Veränderungen, die das Individuum betreffen sind danach genauso wichtig wie Veränderungen von Kultur und Natur.

Denn der Sachunterricht kann nur dann umfassend sein, wenn er für alle Bereiche der Welt Orientierung bietet und nicht eng an einen Bereich gebunden bleibt. Deshalb vertrete ich, dass der Sachunterricht nicht als Heimatkunde, sondern als Weltorientierung verstanden wird, der in der Lebenswelt der Kinder seinen Ausgang nimmt, aber nicht bei ihr endet.

4.3 Grundzüge der Risikogesellschaft

Wenn wir Aussagen über die gesellschaftliche Wirklichkeit und die Lebenswelt von Kindern heute machen wollen, gibt es nur als einzig unumstrittenes Merkmale festzuhalten: Es gibt keine tradierten festgelegten Sicherheiten mehr. Gesellschaft wird zunehmend mit Veränderungskategorien oder gar mit Kategorien der Bedrohung beschrieben (vgl. Beck 1986).

Die Gesellschaft bleibt aber im Inneren weiterhin hierarchisch strukturiert, es gibt also kein freies Spiel der wechselnden Kräfte. Vielmehr spitzen sich innerhalb dieser Veränderungen die sozialen Probleme zu. Fundamentale soziale Umschichtungen können Folge risikohafter Veränderungen werden.

Die risikohafte Veränderung heißt aber nicht, dass damit nichts mehr über die Art der Entwicklung gesagt werden kann. Vielmehr gibt es Erscheinungen und Entwicklungen der heutigen Gesellschaft, die wir als generelle Merkmale im didaktischen Denken beachten müssen. Zunächst einmal ist es wichtig, den diffusen Gesellschaftsbegriff zu dimensionieren, um zu pädagogisch handhabbaren Beschreibungen zu gelangen. Gerade in den letzten Jahrzehnten sind vermehrt Gesellschaftstheorien entwickelt worden, die nur eine Veränderungsdimension zur wesentlichen erklärt haben. So gibt es Theorien über die „Erlebnisgesellschaft" (Schulze 1992) oder „Mediengesellschaft" (Goldmann 1973) und viele andere inflationär wachsende Teilgesellschaftstheorien. Diese sind als Grundlage für didaktische Entscheidungen unzureichend, weil sie die Vielfalt geradezu ausklammern, die für didaktisches Denken in die breite Gegenwart und Zukunft hinein geradezu unerlässlich ist.

Der Arbeitskreis Grundschule[1] hat 1989 auf seinem großen bundesweiten Kongress die heutige – auch für Grundschulkinder relevante – gesellschaftliche Wirklichkeit unter drei Überschriften zu fassen versucht:

---

[1] Heute: „Der Grundschulverband" http://www.grundschulverband.de/homepage.html

1) Leben aus zweiter Hand
2) Leben in zunehmender Vereinzelung
3) Leben angesichts bedrohter Zukunft (Faust-Siel u. a. 1990)

Noch genauer beschreibt Ilse Lichtenstein-Rother 1992 die heutige Kinderwelt mit den Kategorien:

- Verwissenschaftlichung
- Veränderungsdynamik
- ökologische Probleme
- Konsumterror
- Verlust an sozialer Sicherheit
- Medien
- Urbanisierung

An dieser Stelle kann keine umfassende Gesellschaftsanalyse geliefert werden, sondern nur eine überspitzte Charakterisierung gegenwärtiger Trends der gesellschaftlichen Entwicklung, von denen aus heutiger Sicht vermutet werden kann, dass sie sich auch zukünftig als Problem erweisen können und somit für die Schule von morgen wichtige Bedingungen darstellen. Vorweg sei aber auch der gesellschaftstheoretische Kontext, aus dem diese Thesen entwickelt werden, offen gelegt.

Mir erscheint dafür der theoretische Ansatz zur Analyse der Moderne von Ulrich Beck (1986) besonders interessant zu sein. Er geht vom zentralen Begriff der Risikogesellschaft aus, die allmählich die Industriegesellschaft mit ihren klaren Strukturen ablöst. Den Begriff der Risikogesellschaft leitet er von den gegenwärtigen globalen Gefährdungslagen ab, bei denen die zumeist unsichtbaren Risiken nicht mehr individuell oder regional begrenzt sind, sondern weltweit Konsequenzen haben wie er am Beispiel von Tschernobyl sehr eindringlich entwickelt. „Ihrem Zuschnitt nach gefährden [...] [die Risiken] das Leben auf dieser Erde" (Beck 1986, 29). Diese hohen Gefahren gehen einher mit nicht mehr verlässlichen alltäglichen Bedingungen, ständigem unvorhergesehenem Wechsel und Hilflosigkeit. So führte er weiter aus: „Alltägliche Lebensregeln werden auf den Kopf gestellt. Märkte brechen zusammen. Es herrscht Mangel im Überfluss. Anspruchsfluten werden ausgelöst. Rechtssysteme fassen die Tatbestände nicht. Wissenschaftliche Rationalitätsgebäude stürzen ein. Regierungen wackeln. Wechselwähler laufen weg" (Beck 1986, 10). Versicherungen denken an die Grenzen der Versicherbarkeit bei Wetterschäden (FR 3.2.1993). Diese bereits in den 1980er Jahren formulierten Trendaussagen treffen noch viel deutlicher für die Zeit nach 2000 zu.

So wie die Schauplätze von Bürgerkriegen wieder nach Europa einrücken, so kommen auch Katastrophen Stück für Stück näher: Grubenunglücke in der Ukraine, geborstene Gletscherbahnen und gewaltige Lawinen in Österreich, Überschwemmungskatastrophen, die sich nicht nur auf einen Fluss beschränken.

Wir wissen nicht, welche Katastrophe uns als nächstes betrifft. Ob Feuer oder
Sturm, Meereswasser oder Riesenhagel, ob Baumgeripppe anstelle von Wäldern,
unbekannte Killerviren oder unvertraute Kombinationen dieser Naturphänomene, ob Krieg oder radioaktiver Niederschlag – wir wissen nicht, was uns noch
alles erwartet.

Aus der zunehmenden Häufigkeit derartiger Meldungen über immense Natur-
dramen oder Unglücke schließen viele aber, dass es ernster wird auf diesem Pla-
neten. So gibt es aus verschiedenen Weltregionen unterschiedliche Katastro-
phenmeldungen: Überschwemmungskatastrophen in Bangla Desh, China oder
Mosambik, verheerende Flächen- und Waldbrände in den USA, Portugal und
Griechenland, Hungerkatastrophen durch Dürre und Trockenheit in der Sahel-
Zone, verheerende Buschfeuer in Australien, Landstriche und Küsten verwü-
stende Hurrikane in Mittelamerika, undurchdringliche Rauchwolken über Moskau, ein von Menschenhand zerstörtes World Trade Center in New York, extreme Kälte in Sibirien, dass die Wasserleitungen in den Häusern vor Frost bersten,
einzelne Riesenwellen auf den Ozeanen, die Kreuzfahrtschiffe unerwartet zu
überstülpen drohen. Bekannte Orte von Katastrophen bringen immer deutlicher
erschreckende Zahlen von Opfern. So sind Überschwemmungen zur Monsun-
zeit in Bangla Desh keine Seltenheit. Wenn allerdings 60 Millionen Menschen
auf einmal auf der Flucht vor Überschwemmungen sind, dann ist dieses Ausmaß
nicht mehr vorstellbar. Katastrophen wirken immer durchschlagender. Diese Erwartung basiert nicht auf Fantasien. Ein internationales Forscherteam der Uni-
ted Nations University mit Sitz in Tokio prognostiziert: Derzeit wohnen weltweit
eine Milliarde Menschen in Hochwasser gefährdeten Gebieten. In den nächsten
fünfzig Jahren wird sich diese Zahl verdoppeln (Spiegel-online 6/2004). „Momentan seien weltweit jedes Jahr mehr als 520 Millionen Menschen direkt von
den Folgen von Überschwemmungen betroffen, berichten die Forscher. Bis zu
25.000 Menschen sterben jedes Jahr durch die Fluten, viele werden obdachlos,
die Bedrohung durch Seuchen wächst und ganze Ernten und Viehbestände werden vernichtet. Besonders gefährdet ist Asien: Zwischen 1987 und 1997 regi-
strierten die Forscher auf dem Kontinent 44 Prozent aller Flutkatastrophen weltweit und 93 Prozent aller Todesopfer" (Spiegel-online 6/2004). Wenn wir von
Hochwasser in Österreich oder den bayerischen Alpen hören, dann sind dies Indikatoren, dass die wissenschaftlichen Prognosen nicht aus der Luft gegriffen
sind. Mit Garmisch-Partenkirchen verbinden wir Berge und Felsen, allenfalls
Schmelzwasser im Frühling. Wenn dort im Spätsommer Katastrophenalarm wegen Hochwasser gegeben wird, muss es uns zu denken geben. Ein Fernsehkom-
mentator beschreibt aus dem Hubschrauber die Luftaufnahmen von Tirol: „Nor-
malerweise ist Tirol als Bergland bekannt. Jetzt sieht es aus wie eine Seenplatte".
Es ist unübersehbar: Die Naturkatastrophen der Welt sind immer weniger vor-
hersehbar. Ehemalige Trockengebiete werden von Überschwemmung bedroht

und im Amazonasgebiet trocknen mitten im größten Regenwald die Flüsse aus.
Die Folgen von regionalen Katastrophen breiten sich über das Klima weltweit
aus. Kältewellen im Pazifik durch das Phänomen El Niño verursacht setzen sich
über die Weltmeere fort und können im Indischen Ozean zu massenhaftem Ko-
rallensterben durch zu große Wärme führen. Selbst die auch in der Sachunterrichtsdidaktik noch geläufige Unterscheidung von Natur und Gesellschaft löst
sich auf: „Die Kehrseite der vergesellschafteten Natur ist die Vergesellschaftung
der Naturzerstörungen" (Beck 1986, 10). Auch die Grenzen von Ich und Umwelt
sind nicht mehr klar zu ziehen: Es gibt kein individuelles Ausweichen und keine
individuelle Abwehr globaler Gefahren. Kriege sind nicht mehr von Europa fern
zu halten. Wir kennen es aus den Nachrichten, an vielen Stellen der Erde ist der
Frieden gefährdet, viele Länder leben in Unfrieden wie wir es unschwer aus den
Meldungen über den Irak oder palästinensische Gebiete entnehmen können.
Gerade angesichts des massenhaften und unerwarteten Auftretens von Gewalt
von Paris bis Falludscha, von Los Angeles bis Duschanbe, von Sarajewo bis Jo-
hannesburg reichen nationale Besonderheiten oder Familienkonstellationen allein nicht zur Erklärung aus. Für alle diese Länder trifft aber zu, dass die Menschen zunehmend in den bedürfnisexpansiven Weltmarkt mit seinen hohen Leistungsanforderungen an alle aus traditionalen kulturellen und sozialen Bezügen
hineingeworfen worden sind und individuell immer mehr von den Risiken der
Individualisierung und des Bindungsverlustes betroffen sind und sich eher an
den letzten festgelegten Sicherheiten des Ichs und damit den biologischen Her-
kunftsmerkmalen orientieren (vgl. Heitmeyer 1992, 67 f). Manche nationalen
und religiösen Auseinandersetzungen können lediglich Ausdruck von fehlenden
individuellen Entfaltungsmöglichkeiten in der global uniformen Konsumwelt
gedeutet werden.

In den weltweit erfolgten Auseinandersetzungen der ausgehenden 1960er Jahre
von Oakland über Paris, West-Berlin, Prag und Peking waren Probleme der fehlenden Gleichheit verschiedener sozialer Gruppen und der Geschlechter das
Hauptthema. Ebenso Fragen der Mitbestimmung, der Demokratisierung, also
letztlich soziale Fragen für die aufbegehrenden Menschen waren damals individuell relevant. Aus dieser Zeit lassen sich heute viele partielle Erfolge belegen –
etwa bei der Auflösung der starren biografischen Definitionen für Frauen oder
bei den vielfältigen Willensbildungsinstitutionen von Bürgerinitiativen, der
Schulmitwirkung bis hin zu Ausländerbeiräten. In Ansätzen hat sich darin die
demokratisch-soziale Seite der Gleichheit durchsetzen können. Gleichzeitig hat
sich eine – schon mit der Kolonialisierung Asiens, Afrikas, Ozeaniens und Amerikas begonnene – kulturelle Standardisierung vom Hochleistungssaatgut bis
zum AKW, vom Rock bis zum PVC oder von der Jeans-Hose bis zum Film-Idol
weltweit verbreitet und ist nur noch in der durch Armut bedingten Relation des
Mehr differenziert.

Wo bleibt das Ich, wenn ohne subjektives Dazutun die Welt in immer anonymer werdenden Entscheidungs- und Vermarktungsprozessen gestaltet wird?

Gerade in der Problematik der Ich-Verluste scheint mir der Kern zu liegen, wenn Menschen weltweit irrationale Zuflucht in einer der vermeintlich letzten Oasen der Verschiedenheit, der nationalen oder biologischen Herkunft suchen.

Einen wichtigen Hinweis darauf, wie diese äußeren gesellschaftlichen Strukturmerkmale sich auch in den Menschen selbst niederschlagen, hat Elisabeth Beck-Gernsheim in ihrem Beitrag „Von der Liebe zur Beziehung" (1986) besonders deutlich herausgearbeitet, nämlich die Frage der Umstrukturierung subjektiver Motive in ständig erhöhte Ansprüche auf emotionales Glück, die wiederum die Gefahr des Beziehungsbruches heraufbeschwören.

In dieser subjektiven Bedürfnisexpansion insgesamt liegt m. E. auf der allgemeinen Ebene der Kern der Vermittlung von konfliktreichen Bedingungen einer Risikogesellschaft und Veränderungen der Persönlichkeit.

4.4 Tendenzen in der Risikogesellschaft

Diese hier nur skizzierten gesellschaftlichen Entwicklungen verlaufen nicht widerspruchsfrei, dennoch sollen zunächst auffällige gesellschaftliche Trends in den folgenden Thesen überpointiert herausgearbeitet werden, um einige zentrale Anhaltspunkte für didaktische Entscheidungen zu beleuchten.

1) Die Welt wird ein Objekt des Weltmarktes und führt zu Konsumexpansion

Die Welt ist eine Risikogesellschaft, weil sie weltweit durch verstärkte Globalisierung in Dynamiken eingebunden ist, die durch Einzelstaaten oder Regierungen nicht allein zu steuern sind. Ökonomische Entwicklungen durchsetzen gesellschaftliche Entwicklungen und individuelle Vorstellungen. Probleme aus anderen Ländern berühren Kinder nicht nur über Fernseh-Bilder. Auch über die Ökonomie sind wir eng mit der Welt verknüpft und in ihre Dynamik eingebunden. Waren, die wir nutzen, haben oft Tausende Kilometer zurückgelegt.

Markenprodukte bestimmen immer mehr den Alltag von der Körperpflege über die Kleidung bis zum Verkehrsmittel. Es werden immer neue Bedürfnisse geweckt, um entsprechende Produkte zu vermarkten. Dadurch werden enorme Möglichkeiten des Konsums eröffnet, die fast nicht mehr zu bewältigende Müllfluten nach sich ziehen. Die Werbung verspricht in Millionenauflage individuelle Freiheit. Tatsächlich nimmt aber die Uniformierung etwa der Bekleidung durch die Marktführer der Textilbranche zu. Immer mehr Menschen geraten in Konsumsog. Die Jeans-Hose hat von den USA ausgehend einen weltweiten Siegeszug von Moskau bis Polynesien angetreten. Tatsächliche Alternativen schwinden. Die Konsumansprüche werden ständig geschürt, aber gleichzeitig sind die Möglichkeiten der Befriedigung dieser wachsenden Bedürfnisse eingeschränkt.

Von der expansiven „Haben-Wollen-Mentalität" (vgl. Fromm 1980) bis hin zur versuchten Erklärung „da nimmt uns jemand etwas weg" ist der Weg dann nicht mehr weit. In Praxisberichten ist immer wieder von einer egozentrischen Anspruchshaltung von Schulkindern die Rede (Korte 1992), die durchaus als Produkt der Haben-Wollen-Kultur zu interpretieren ist, in der wiederum in ihrer expansiven Seite auch die Tendenz des aggressiven Zugehens auf andere angelegt ist. Das expansive „Immer-Mehr"-Denken ist nicht nur auf den materiellen Konsum beschränkt. Auch private Glückserwartungen steigen (Beck-Gernsheim 1986). Jedes nicht erfüllte Bedürfnis zieht notwendig Kränkungen der Personen nach sich und kann Folgen in deren Verhalten zeigen. Dieser starke Konsumsog lässt Unzufriedenheit wachsen und kann gewaltsame Konfliktherde wie etwa bei den randständigen Jugendlichen in Frankreich schüren. Und auch Kinder sind in diesen Konsumismus eingebunden. Kinder schaffen es zudem – oft gegen den erklärten Willen ihrer Lehrpersonen – informell die Schule als Forum der Konsumexpansion zu nutzen, Pokemons oder Didl-Mäuse sind nur einige der vermarkteten Produkte für Kinder, die den Sieg der Konsumgesellschaft symbolisieren. Auch im Unterricht selbst können wir konsumorientiertes Denken finden, das die Inhalte verdrängt. So können wir immer wieder als Antwort auf die Frage, was ein Kind heute in der Schule gelernt habe, hören, es habe drei Blätter ausgefüllt oder eins mehr als seine Freundin. Konsumismus ist also durchgängig in die Gesellschaft eingedrungen und beherrscht auch die Wahrnehmung von kleineren Kindern.

2) Ungleichheit und Konflikte nehmen zu

Zwar haben mittlerweile viele Gesellschaften demokratische Verfassungen, aber ökonomisch nimmt Ungleichheit immer mehr zu. Damit verbunden sind auch ungleiche Chancen der gesellschaftlichen Teilhabe. In Deutschland haben Kinder aus ärmeren Familien ungleich weniger Möglichkeiten, zu höheren Bildungsstufen zu gelangen.

Wenn wir Nachrichten von verzweifelten Afrikanern hören, die monatelang zu Fuß nach Norden unterwegs waren, um irgendwann in den Enklaven der EU auf afrikanischem Boden anzukommen, dann wird deutlich, dass die Ungleichheit der Welt nicht mehr aus unserer Wahrnehmung abzuschieben ist, sondern immer deutlicher offensichtlich wird.

Aber auch hierzulande ist in den gesellschaftlichen Entwicklungsprozess eine zunehmende Ungleichheit eingebunden. Die Veränderung von Gesellschaft ist risikoreich und dynamisch. Sie verursacht in der Regel, dass die Schere zwischen „arm und reich" immer weiter auseinander klafft. Dies gilt auch für eine Gesellschaft mit insgesamt großen Reichtümern wie die der Bundesrepublik Deutschland, in der die sozialen Ungleichheiten ständig wachsen. Unabhängig davon, ob wir dies in Zahlen als Eindrittel/Zweidrittel-Gesellschaft oder Einzehntel /

Neunzehntel-Gesellschaft ausdrücken, besteht für jeden Menschen die Gefahr, von Arbeitslosigkeit, Pflegebedürftigkeit, Berufsunfähigkeit und Statusverlust z. B. durch Ehescheidung betroffen zu sein und damit in Armut und/oder soziale Unsicherheit zu geraten. Dies hat auch Konsequenzen für die Bildungsprozesse, denn heute gilt mehr denn je „Armut als Entwicklungsrisiko" (Speck-Hamdan 2001, 25). Die Lernmöglichkeiten von Kindern werden durch einen Migrationshintergrund zusätzlich beeinträchtigt. Denn „ein Migrationshintergrund bedeutet eben nicht nur eventuelle Unsicherheit in der deutschen Sprache. Er umfasst eine Reihe anderer möglicher Risiken, die sich gegenseitig verstärken können" (Opp/Speck-Hamdan 2001, 181).

Gleichwohl ist die Schule ein hervorragender Ort, um den Auswirkungen dieser Ungleichheit entgegenzusteuern. „Die Schule [...] scheint [...] der einzige Ort zu sein, an dem Kinder verschiedener sozialer Schichten und unterschiedlicher Kulturen einander begegnen. Die Freizeit wird eher zur sozialen Differenzierung und Abgrenzung benutzt" (Fölling-Albers 2001, 28).

3) Traditionelle Bindungen und Strukturen der Welt brechen zusammen

Ein weit verbreiteter theoretischer Ansatz zur Erklärung veränderter gesellschaftlicher Bedingungen konzentriert sich auf den Zerfall primärer sozialer Strukturen und Bindungen, insbesondere der Familien, in denen durch abwesende Väter/Eltern den Kindern kein Halt mehr geboten werden kann (Rauschenberger 1989, Gebauer 1991).

Trotz aller Ambivalenzen ist es unübersehbar, dass in den privaten Beziehungen deutliche Veränderungen stattfinden. Die nichteheliche Lebensgemeinschaft wird normativ immer mehr akzeptiert, während sie vor 40 Jahren noch ein Sakrileg war. Die Kinderzahl in den Familien sinkt. Stieffamilien, Patchwork-Familien und kinderlose Ehen nehmen zu. In den östlichen Bundesländern werden über 50% der Kinder nichtehelich geboren.

Eng mit dem relativen Funktionsverlust von Familien bei gleichzeitiger Zunahme an Intensität von Belastungen in der beruflichen Sphäre hängt eine wachsende Anonymisierung von Erziehung zusammen. H. Giesecke spricht in diesem Kontext sogar vom „Ende der Erziehung" (1985). Eine Zunahme „anonymer Sozialisation", z. B. durch Medien, lässt sich nicht bestreiten. Der Medienkonsum von Kindern im Grundschulalter ist gegenwärtig außerordentlich hoch (Selg 1990; Preuss-Lausitz 1993). Durch passive Medienrezeption lassen sich aber keine sozialen Erfahrungen aufbauen (Korte 1992).

Deutlich ist auch ein Wegfall traditioneller Grenzen zu verzeichnen. Die Einteilung der Welt in zwei Lager, bei denen jede Seite der anderen Aggressivität und negative Folgen unterstellt, ist historisch überholt. Jetzt müssen unausweichlich innere Normen aufgebaut werden. Dies wird aber schwierig, denn auch innerhalb von Gesellschaften verschwinden traditionelle Tabus und Grenzen. Weder das königliche Schlafzimmer noch eine Besenkammer, weder das Sterben bei Attentaten noch das Dahinsiechen im Gefangenenlager, weder die tödliche Welle eines Tsunamis noch der Einsturz des World Trade Centers bleiben vor unseren Einblicken abgeschirmt. Für Kinder beginnt sich die seit der frühen Neuzeit herausgebildete Grenze zwischen Kindheit und Erwachsensein wieder zu verlieren. Es wird deutlich sichtbar, dass mittlerweile das Gewalttabu wie auch tradierte Sozialnormen gesellschaftlich weitgehend gefallen sind (Korte 1992; Preuschoff 1992).

Mit der Auflösung von tradierten Bindungen und Strukturen einher geht eine schwere Orientierungssuche. Andererseits eröffnet das Auflösen traditioneller Bindungen auch eine Veränderungsdynamik, in der Raum für Neues möglich ist.

4) Zunehmende Individualisierung

Eng mit dem Wegfall tradierter Normen und tradierter Orientierungen zusammenhängend ist die Tendenz zur Individualisierung. An immer mehr Individuen wird der Anspruch gestellt, in sich auflösenden traditionalen gesellschaftlichen Strukturen, individuell einen Weg zu finden. Gleichzeitig ist die Konsum- und Mediengesellschaft so strukturiert, dass eigene Entscheidungsfreiheit nur scheinbar verlangt wird. Autoritäre Beziehungen haben sich von der Person-Person-Ebene auf die Institution-Person-Ebene verschoben. Die Menschen sollen immer mehr autonom entscheiden und gleichzeitig werden ihnen gesellschaftlich die Entscheidungsmöglichkeiten genommen. Der Tastendruck auf die Fernbedienung ist erlaubt und dennoch gibt es nur geringfügige Alternativen des Medienkonsums.

Der Individualisierung wirkt auch die weltweit fortschreitende Urbanisierung (Breyvogel 1983) entgegen. Breyvogel analysiert Probleme Jugendlicher eindeutig als Moment der Urbanisierung, d. h. der gesellschaftlichen Erfahrungsverluste und Anonymisierung der Heranwachsenden. Auch Kinder sind von den Erfahrungsverlusten durch Urbanisierung alltäglich betroffen (Thiemann 1988). Gleichzeitig bedeutet die Urbanisierung nicht ein Aufheben von sozialen Entwicklungsmöglichkeiten, sondern lediglich deren besondere Ausformung. Kinder können auch in diesen verstädterten Räumen für sich aktiv gestaltend in ihre Umwelt eingreifen (vgl. Rusch 1998).

Urbanisierung, Individualisierung, Wegfall von traditionalen Grenzen, Medienabhängigkeit, Veränderung der sozialen Beziehungen und Ausbreitung des Konsumsystems sind nur einige grobe Merkmale gegenwärtiger gesellschaftlicher Entwicklung.

M. E. ist es sinnvoll, in allen diesen Momenten und ihrem Zusammenwirken wichtige gesellschaftliche Bedingungen der Kinder von heute zu sehen. So fasst der von Beck ausführlich diskutierte Begriff der Risikogesellschaft besonders zutreffend diese Phänomene.

Gleichzeitig wäre es undifferenziert, diese Trends als widerspruchsfreie Entwicklung einseitig zu betrachten. So ist einerseits eine Entwicklung hin zu Urbanisierung zu verzeichnen, gleichzeitig gibt es Menschen, die sich bewusst für einen *subsistenzwirtschaftlichen* Rückzug aufs Land, sei es in Deutschland oder in der Toscana, entscheiden. Auch die Veränderungen in den Familien mit zunehmenden Scheidungsraten und weniger Eheschließungen haben nicht die soziale Form von Familien aufgehoben. Nach einer Trennung erfolgt bald ein neues Zusammenleben. Kinder im Grundschulalter sind nur zu einem geringen Prozentsatz in einer Zwei-Personen-Familie. Die subjektiv hohe Bedeutung der Primärgruppe ist ungebrochen. Auch die Allgegenwärtigkeit von Medien und Konsumwerbung ist nicht gleichbedeutend mit ihrer Bedeutung für die einzelnen Subjekte, sondern hier gibt es in einer individualisierten Risikogesellschaft auch zunehmend das Risiko des individuellen Ausscherens von Menschen aus Vermarktungs- und Beeinflussungsmaschinerien.

Für unsere didaktische Frage sind diese Widersprüche von außerordentlich hoher Bedeutung. Sie zeigen, dass die allgemeinen Trends sich nicht wie ein monolithischer Block durchsetzen, sondern dass es subjektive Einflussmöglichkeiten und damit auch pädagogisch Erfolgschancen für veränderndes Handeln gibt.

5) Die Weltprobleme werden global – durch Urbanisierung, Medien und Bürokratisierung wächst die Uniformierung

Früher waren Kriege lokal begrenzt. Erst im 20. Jahrhundert bildeten sich Kriege zu Weltkriegen aus. Damit wurde auch der Frieden weltweit zerstört. Mittlerweile ist bekannt, dass Veränderungen der Umwelt in einer Region der Erde sich auch in den entferntesten Regionen auswirken. Es gibt nur noch eine globale Umwelt, die allerdings verschiedene lokale Auswirkungen hat. Es ist nicht mehr nur pädagogischer Anspruch, wenn wir von der „Einen Welt" sprechen, sondern dies ist Realität und muss wahrgenommen werden. Aber auch politische Aspekte wie Demokratisierung und Menschenrechte sind durch internationale Konventionen nicht mehr nur Angelegenheit des Einzelstaates, sondern der Welt. Und alle diese Aspekte sind eingebunden in die weltweiten ökonomischen Verhältnisse. Die ungleiche Verteilung in der Welt ist der Kern globaler Probleme.

Die Widersprüche zwischen Uniformierung und Individualisierung, zwischen Konsumorientierung und Ungleichheit sind offensichtlich. Wir können bei ökonomischer Ungleichheit nicht gleichzeitig am gesteigerten Konsum teilhaben. Und die gesellschaftliche Norm zur Individualisierung bricht sich in den bürokratischen Tendenzen und weltweiter Uniformierung durch Medien. Diese Widersprüche stellen aber gerade für pädagogisches Verändern Hoffnung dar. Denn es wird deutlich, dass sich die gesellschaftlichen Tendenzen nicht widerspruchsfrei durchsetzen. Und hier ist die Chance eröffnet, über Pädagogik zu intervenieren.

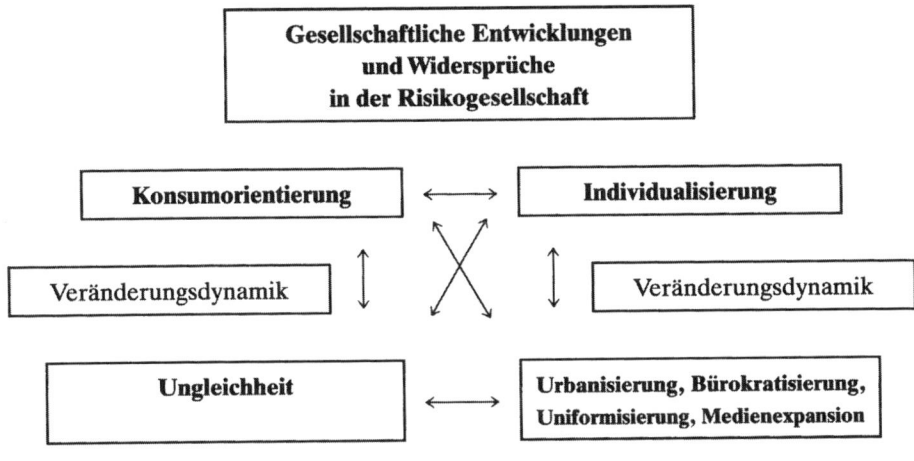

Abb. 14

Denn die gesellschaftlichen Trends brechen sich wechselseitig. Wodurch es auch Hoffnung für verändernden Sachunterricht gibt.

4.5 Chancen für nachhaltige Bildung aus der Widersprüchlichkeit der Weltprobleme der Gegenwart

Die Schule ist eine gesellschaftliche Institution. In ihr spiegeln sich die Entwicklungstrends der Gesellschaft. Wenn wir uns gegenwärtige Sachunterrichtsdidaktik genauer anschauen, werden wir feststellen, dass Reizüberflutung, Formularflut und Bürokratisierung im gesellschaftlichen Subsystem Schule wie generell gesellschaftlich um sich greifen. Schule ist Teil des gesellschaftlichen Systems (von Recum 1992) und kann sich nicht isoliert aus sich heraus verändern. Gleichwohl gibt es die Chance, an den inneren Widersprüchen ansetzend bewusst pädagogisch gegenzusteuern. D. h. für die Kinder alternative Erfahrungsmöglichkeiten zu schaffen, um mögliche Wege anzubahnen.

Denn zu den zentralen Aufgaben der Pädagogik gehört es auch, „Einseitigkeiten und Defizite der herrschenden Sozialisation aufzuheben" (Garlichs 1990, 90). So kann die Schule „gegen die vorgefertigte und genormte Welt [...] die Erfahrungen der eigenen Kraft und Subjektivität setzen" (Garlichs 1990, 91). Dieses didaktische Gegensteuern ist nicht leicht, weil durch didaktische Anstrengungen ein Gegengewicht zu gesellschaftlich vorherrschenden Trends gesetzt werden muss.

Für den Grundschulunterricht in einer Risikogesellschaft ist deshalb ein ungleich größeres Maß an Wissen der Lehrerinnen und Lehrer gerade über gesellschaftliche, ökologische und natürliche Strukturen und Prozesse notwendig als in traditionellem rezeptivem Unterricht.

Hartmut Bölts (2002) hat ein Modell eines didaktischen Kreuzes entwickelt, in dem er die Möglichkeiten ökologischen Lernens in jeweils zwei Gegensatzpolen sieht. Dazu zählt er Widerstand und Utopie auf der einen Seite und individuelle wie auch universelle Momente. Dieses heißt, dass es nicht eine einzige mögliche Entwicklung gibt, sondern dass pädagogische Entscheidungen immer zwischen Gegensätzen erfolgen. Auf Gesellschaft bezogen heißt dies, dass sich gesellschaftliche Entwicklungen nicht einseitig bei den Menschen abbilden, sondern dass es immer um eine Spannung zwischen Möglichkeiten und Grenzen geht, in denen auch Gestaltungsmöglichkeiten für Pädagogik erwachsen.

Dies soll hier an einem Beispiel deutlich werden. Es ist ein unbestreitbares Ziel, dass den Kindern die Möglichkeit eröffnet werden muss, gesellschaftlich problematische Entwicklungen für ihr Leben zu durchschauen. So ist etwa die Belastung der Nahrungskette mit längst verbotenen Chemikalien bekannt, auch Eisbären tragen in ihrem Körper Chemikalien, mit denen vor Jahrzehnten in Europa Weizenfelder besprizt wurden. Die europäische Union hat deshalb mit der als REACH bezeichneten Initiative angestrebt, die Produzenten neuer chemischer Substanzen zu verpflichten, nachzuweisen, dass diese für Menschen unschädlich sind. Diese politische Absicht stieß auf heftigen Widerstand der Chemieindustrie. Im Koalitionsvertrag vom 11.11.2005 heißt es als Richtlinie für die deutsche Politik: „Der REACH-Verordnungsvorschlag muss mit dem Ziel grundlegend verändert werden, die Chemikaliensicherheit und den Schutz der Gesundheit der Menschen zu verbessern, ohne dabei die Herstellung von Chemikalien zu verteuern oder ihre Anwendung bürokratisch zu behindern." Wenn wir diesen Text genauer lesen, werden wir erkennen, dass die Intention des Menschenschutzes aufgeweicht wird zugunsten eines ökonomischen Schutzes der Hersteller von Chemikalien. Wenn wir dieses Dilemma allerdings am Text selber aufzuzeigen versuchen, verfehlen wir die Erkenntnismöglichkeiten vieler Kinder. Deshalb ist das Dilemma von chemischen Zusätzen und ökologischen Zielen viel besser im konkreten Handeln im Sachunterricht zu entwickeln. So können Kinder beim Herstellen von Seife sehr lange Natron und Fett (Palmfett oder Schweinefett) unter Erwärmen rühren bis Seife entsteht (vgl. Kaiser/Zeschmar-Lahl 1993). Dies kann eine Unterrichtsstunde lang dauern. Wenn wir Alkohol als Katalysator dazu schütten, geht es erheblich schneller. Für die Kinder ist dies eine ernste Angelegenheit, die Seifenproduktion schnell aber mit chemischem Zusatzstoff zu schaffen oder einfach mehr Mühe zu haben. Dieses real erfahrbare Dilemma hilft, auch gesellschaftliche Konfliktsituationen zu durchschauen.

Es ist fundamental erforderlich, die Kinder in ihrer Welt zu sehen und zu akzeptieren und nicht eine Durchschnittswelt anzunehmen.

Deshalb ist es ein wichtiger Weg, dass wir die gesellschaftlichen Entwicklungen ernst nehmen und an den Erfahrungen der Kinder im Sachunterricht anknüpfen. Denn Kinder können nicht von den Problemen ferngehalten werden, die sie selber wahrnehmen. Besonders deutlich nehmen Kinder von allen Problemen des globalen Wandels offensichtlich die ökologischen Probleme war. So lässt sich die schleichende ökologische Zerstörung von Luft, Boden, Wasser und Lebewesen auch im Alltag immer weniger verbergen. Dementsprechend bringen auch jüngere Kinder Erfahrungen zu ökologischen Problemen in die Schule ein. Nachdem deutlich wurde, dass die früheren abstrakt aufklärerischen Unterrichtskonzepte wenig bewegen, haben sich nach und nach an verschiedenen Orten in der Ökoerziehung auch die meditative Seite und ästhetische Zugänge herausgebildet. Damit ist vor allem aber der Gedanke des Machbarkeitsfetischs in der Umweltfrage radikal infrage gestellt worden. Der einfache Kurzschluss, beispielsweise die Wasserverschmutzung durch eine einfache technische Anlage in den Griff zu bekommen, gibt den Kindern nur Scheinlösungen und klammert etwa die Folgeprobleme der Klärschlammbelastung aus. Kinder müssen aber emotional und kognitiv auf wirksame Lösungsstrategien vorbereitet werden. Diese sind längerfristig und tief greifend. Sie betreffen auch die Persönlichkeit im Innersten. Da ist es wichtig, eine einzelne Pflanze in Pflasterritzen kennen zu lernen, sie wirklich wert zu schätzen, die Bereitschaft zu entwickeln, das eigene Handeln von sich aus zu verändern. Aber es ist auch unerlässlich, diese einzelnen Erfahrungen in Verbindung mit den gesellschaftlichen Zusammenhängen zu betrachten. So sind etwa am Beispiel des Problems der Pflanzen in Pflasterritzen Gespräche mit Anwohnern zu führen, die diese Pflanzen mit Messern oder anderen Geräten bis hin zu Gasbrennern vernichten. Dann erfahren Kinder das Konfliktfeld zwischen ihrer Pflanzenliebe und dem Schutz der Menschen vor Unfällen auf Gehwegen, der Notwendigkeit, die Gehwege für Menschen mit Bewegungsproblemen sicher gangbar zu gestalten. So wird es möglich, aus der emotional bedeutsamen Erfahrung, kritisches Analysieren verschiedener Perspektiven im Sachunterricht zu entwickeln. Brüdt und Oldenburg betonen gerade die emotionale Berührung als besonders wichtig für die Entwicklung von Nachhaltigkeit: „Für nachhaltiges Verstehen und Begreifen im wahrsten Sinne des Wortes ist das gefühlsmäßige Betroffensein von besonderer Bedeutung" (Brüdt/Oldenburg 2003, 52).

Die wichtigen reflexiven Ziele der 1970er Jahre dürfen aber nicht kognitiv überfordernd angestrebt werden. Vielmehr muss Kritik und gesellschaftliches Durchschauen nachhaltig sein. Es muss bei den Kindern ankommen. Deshalb ist es erforderlich, in konkreten lebendigen Handlungssituationen des Sachunterrichts Kritikfähigkeit herauszufordern. Dabei ist es wegen der ökologischen und ökonomischen Tragweite des eigenen Alltagsverhaltens erforderlich, dass das eigenverantwortliche Handeln auch mit Verantwortungsbewusstsein gegenüber den anderen und der Welt gekoppelt wird (Brüdt/Oldenburg 2003, 52).

So können wir aus dem Detail einer konkreten Aufgabe im Sachunterricht schrittweise nachhaltige Bildung aufbauen, die in einer globalen Welt eine wichtige Möglichkeit der humanen Steuerung bietet.

„Das allumfassende Ziel einer nachhaltigen Entwicklung soll sein, dass die Bedürfnisse der heute lebenden Menschen befriedigt werden und zugleich vermieden wird, die Befriedigung der Bedürfnisse nachfolgender Generationen zu gefährden. Der Leitgedanke der nachhaltigen Entwicklung beinhaltet Gerechtigkeit als Ziel und grundlegendes Werturteil. Nicht erst seit der Weltkonferenz in Rio de Janeiro im Jahr 1992 ist das Leitbild einer nachhaltigen und zukunftsfähigen Entwicklung der Völker zu einem zentralen Thema in Gesellschaft, Politik und Wirtschaft geworden. Auch wir bauen gegenwärtig auf vielem auf, was sich in der Vergangenheit bewährt hat mit dem Ziel, eine Verbesserung der ökonomischen und sozialen Lebensverhältnisse aller Menschen dieser Erde mit der Sicherung der natürlichen Lebensgrundlage in Einklang zu bringen. Mit dem Konzept der Nachhaltigkeit wird versucht, die Bereiche Gesellschaft, Wirtschaft und Ökonomie so zu vernetzen, dass eine zukunftsfähige Entwicklung stattfinden kann" (Holl-Giese/Schrenk 2005, 7).

Um diesem umfassenden Anspruch nach Verbindung der Bereiche zu genügen, müssen die Kinder in ihrem alltäglichen Schulleben erfahren, dass es sich lohnt, sich an Entscheidungen zu beteiligen. „Die Partizipation von Schüler/innen an Entscheidungen im schulischen Leben ist für Grundschulkinder interessant und fördert Kompetenzen, die für demokratische Lebensformen wichtig sind [...], auch wenn sie nur einen Ausschnitt aus dem Gesamtbereich des Demokratie-Lernens darstellen " (Prote 2004, 137). Dieser hohe Anspruch an die Kinder ist keineswegs eine Überforderung, denn viele Kinder haben bereits in ihrem Alltagsleben erste Erfahrungen mit Mitsprache und Mitbeteiligung gewonnen. „Partizipation wird heute in den Lebenswelten der Kinder gefördert und gefordert. Sie erfahren in der Familie vielfach einen partnerschaftlichen Umgang mit den erwachsenen Erziehungspersonen. Kinder nehmen an vielfältigen Aushandlungen aktiv und gleichberechtigt teil und erleben, wie Selbstständigkeit und Kommunikationsfähigkeit gefordert werden. Dies führt dazu, dass Kinder heute oftmals Lernvoraussetzungen in die Grundschule mitbringen, die im Hinblick auf Partizipation als positiv einzuschätzen sind. Hier ist besonders die Bereitschaft und Fähigkeit der Kinder zum Aushandeln zu nennen. Die Kinder haben eigene Interessen und eine eigene Meinung, die sie in der Regel gut verbalisieren und Erwachsenen gegenüber vertreten können. Sie fragen nach und äußern Kritik. Außerdem sind Kinder heute tendenziell weniger autoritätsfixiert, und viele von ihnen sind früh selbstbewusst. Sie sind vielfach selbstständig im Sinne von Selbst- Entscheidungen- Treffen bzw. Freiräume nutzen" (Prote 2004, 137).

Noch wichtiger ist es allerdings für diejenigen Kinder, die selber nicht Erfahrungen mit Mitbestimmung und Beteiligung an Entscheidungen gemacht haben, diese Lernchancen im Sachunterricht zu eröffnen. Deshalb ist es unerlässlich, den Sachunterricht lebensnah zu gestalten. Dabei muss es um Meinungsvielfalt und unterschiedliche Entscheidungsmöglichkeiten gehen, – um diese Sicht oder eine andere. Und alle diese Entscheidungsmöglichkeiten ranken um konkrete Probleme – von den Pflanzen in Pflasterritzen bis hin zur Gestaltung des Klassenraums, von der Entscheidung über das Ziel eines Unterrichtsgangs bis zur Planung eines Vorhabens.

Nur wenn die Welt in ihrer Komplexität in konkreten Handlungssituationen des Sachunterrichts wirklich abgebildet wird, können Kinder lernen, in dieser Welt zu bestehen.

5 Was bedeutet der Sachunterricht den Kindern?

> *Eure Kinder sind nicht eure Kinder. Sie sind die Söhne und Töchter der Sehnsucht des Lebens nach sich selber. Sie kommen durch euch, aber nicht von euch. Und obwohl sie mit euch sind, gehören sie euch doch nicht. Ihr dürft ihnen eure Liebe geben, aber nicht Eure Gedanken. Denn sie haben ihre eigenen Gedanken. Ihr dürft ihren Körpern ein Haus geben, aber nicht ihren Seelen. Denn ihre Seelen wohnen im Haus von morgen.*
>
> *(Khalil Gilbran)*

Die Frage nach den Kindern in der Sachunterrichtsdidaktik ist keine neue, aber auch keine uralte. Zu Zeiten stofforientierter Pläne in den meisten Schulen der vorigen Jahrhunderte spielte das Kind keine Rolle. Damals glaubte man, dass der dargebotene Stoff schon ankommt. Dies hat sich geändert mit der Anerkennung von Kindern und Kindheit als etwas Eigenständigem im pädagogischen Denken. Danach ist es fundamental wichtig zu erkennen, wie die Kinder der eigenen Klasse sind, denn nur wenn man sie besser versteht, kann man auch ein positives Verhältnis zu ihnen aufbauen. Früher hieß dies in der geisteswissenschaftlichen Pädagogik das „pädagogische Verhältnis" (vgl. Klafki u. a. Funkkolleg Erziehungswissenschaft 1970). Ohne einen positiven Bezug zwischen Lehrperson und Kindern kann danach kein Unterricht gelingen. Dies galt damals und gilt auch heute. Die erste Bedingung ist, dass wir mehr über Kinder wissen, denn nur aus Wissen kann Verstehen und letztlich ein positives Verhältnis erwachsen. Doch ist das Wissen über das Leben der eigenen Grundschulkinder bei Lehrenden auch heutzutage noch sehr gering. Susanne Miller (2004) hat empirisch belegt, dass die tatsächliche Armut in den Familien der Kinder den Lehrerinnen und Lehrern weitgehend unbekannt ist. Aber diese existenziellen Erfahrungen reichen weit in den Unterricht, in das Denken und Fühlen, in das Vorwissen und die Einstellungen von Kindern hinein.

Die Frage nach den Kindern berührt unsere pädagogische Verantwortung. Wir müssen daran denken, „dass wir mit vier Jahren Grundschule vier Jahre Lebenszeit unserer Kinder verantworten" (Beck 1994, 17). Denn Kinder leben zunächst in der Gegenwart und haben ein fundamentales Recht auf eine erfüllte Gegenwart. „Schule ist eine Einrichtung auf Zeit, die einen bestimmten Teil der Bevölkerung von der gesellschaftlichen Praxis ausschließt, um sie auf gesellschaftliche Praxis vorzubereiten" (Beck/Scholz 2000, 158). Aber dies verlangt, dass wir Schule nicht als weltferne Kunsteinrichtung belassen, sondern in ihr Erfahrungen ermöglichen, die für die Kinder auch im Augenblick Sinn machen.

Von der Seite des gegenwärtigen Kinderlebens betrachtet sind zwei extreme Gegenpositionen von Unterricht auszuschließen:

1) Das Predigen von aus der Vergangenheit stammenden „Stammesgesetzen" und tradierten Normen ohne Blick auf die Gegenwart des Kindes.

2) Eine nur vorwärts schauende Vorbereitung auf die Zukunft ohne Blick auf die Gegenwart und die Vergangenheit des Kindes.

Wie die Vermittlung zwischen Gegenwart des Kindes und Sachunterricht im Detail zu leisten ist, soll in diesem Kapitel näher untersucht werden.

Die Frage nach den Kindern muss in drei Teilaspekten untersucht werden:

1) Wie gelingt es didaktisch, die Gegenwart der Kinder zu berücksichtigen, sie in ihrem jetzigen Leben in Unterricht einzubeziehen? Dazu gilt es, didaktische Konzeptionen zu finden, die wirklich kindgemäß sind. Hier ist auch die Tatsache zu beachten, dass Unterricht niemals nur auf Unterricht bezogen sein darf, sondern das Leben von Kindern gestaltet. Der Weg, den Unterricht durch Rituale zu gestalten (Kaiser 2006), ist eine erste Antwort. Aber das gesamte Schulleben muss eine Welt für Kinder sein. Die Beantwortung dieser Frage steht im ersten Unterkapitel im Mittelpunkt (Kap. 5.1).

2) Wie können wir die Kinder annehmen, damit ein positives Verhältnis entstehen kann? Dazu ist es wichtig zu wissen, wie Kinder generell sind und wie sie sich insgesamt in ihrem Leben äußern. Die anthropologischen Bedingungen sind gefragt (vgl. Kap 5.2).

3) Welche Lernvoraussetzungen bringen die konkreten Kinder meiner Klasse in den Unterricht ein? Was haben sie vorher gelernt und erfahren, auf welchem Hintergrund nehmen sie wahr, wenn sie in den Unterricht kommen (vgl. Kap. 5.3)?

5.1 Kindheit im Wandel – didaktische Konsequenzen

5.1.1 Kindheit historisch betrachtet

Es ist bislang schon viel in der Wissenschaft über die Kindheit und ihre Geschichte philosophiert und gestritten worden. Im Streit der Kindheitswissenschaft geht es um grundsätzliche Einschätzungen.

Aries dokumentiert historisch die Herausbildung von Kindheit. Er vertritt eine Geschichtssicht, bei der das Mittelalter in positivem Licht erscheint. Er betont, dass die Kindheit im Mittelalter ganzheitlich Berufserfahrung und Alltagsleben verbinden konnte (Aries 1978). Es gab noch keine Trennung von Kinderwelt und Erwachsenenwelt und viele positive Anregungen zum Lernen im ganzen Haus für Kinder. Die eigentliche Kindheit als besondere Phase entstand in der bürgerlichen Gesellschaft des 18. Jahrhunderts. Dieser Einschätzung stimmt auch De-Mause (1980) zu. Er interpretiert die Geschichte der Kindheit allerdings als geprägt von viel Gewalt und Missachtung gegenüber den Kindern (DeMause 1980). Er meint, dass sich ab dem 18. Jahrhundert eher eine zunehmende Sensibilität für die besonderen Bedürfnisse von Kindern herausgebildet hat. Neil Postman (1983) dagegen interpretiert die Gegenwart als „Verschwinden der

Kindheit" und klagt über den Verlust einer besonderen Kindheit. Nach seiner Auffassung ist durch die neuen Medien und andere Veränderungen die Grenze zwischen Kindsein und Erwachsensein wieder geschwunden. Allerdings kann auch dies als eine besondere Dramatisierung veränderter Kindheit bezeichnet werden. Aber „in der Tat lassen sich […] am Ende des 20. Jahrhunderts zunehmend Lebensbereiche und Verhaltensweisen identifizieren, in denen sich Kinder und Erwachsene kaum noch unterscheiden" (Fölling-Albers 2001, 39).

Die Einschätzung, ob Kindheit sich von einem idealen früheren Zustand zur Gegenwart (Aries 1978) oder von grausamen früheren Verhältnissen zu verständnisvollen gegenwärtigen Beziehungen (DeMause 1980) entwickelt, gehört zu den zentralen Fragen der wissenschaftlichen Kindheitsdebatte. Als gemeinsame Antwort ist der Literatur zu entnehmen, dass sich die Kindheit als eigenständige Phase erst mit Entstehung der bürgerlichen Gesellschaft herausgebildet hat. Wie das Kindsein früher zu bewerten war und welche Entwicklungstrends gegenwärtig zu verzeichnen sind, ist noch umstritten. Allerdings wissen wir aus der gesellschaftlichen Entwicklung (vgl. Kap. 4) welche Tendenzen sich auch im Leben der Kinder niederschlagen und können daraus erste Konsequenzen für Kinder formulieren (vgl. Kap. 5.2).

 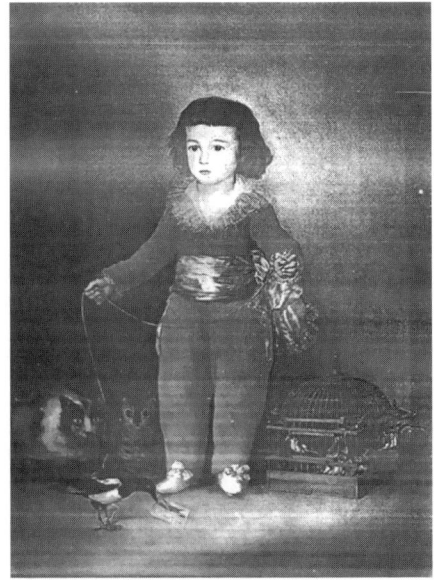

Abb. 15 und 16 Historische Kinderbilder

5.1.2 Kindorientierung als didaktischer Maßstab

Der Begriff der Kindheit in der Pädagogik und die Idee, pädagogische Entscheidungen vom Kriterium der Kindgemäßheit abhängig zu machen, ist zwar nicht neu, explizit ist er aber erst im letzten Jahrhundert verstärkt aufgetreten. Erst allmählich, nachdem Ellen Key zu Beginn des 20. Jahrhunderts in ihrem viel zitierten gleichnamigen Buch[2] das Jahrhundert des Kindes verkündet hatte und Kindgemäßheit auf den großen Kunsterzieherkongressen (1901/1903/1905) wenige Jahre darauf im Mittelpunkt stand, nahmen viele sich als fortschrittlich verstehende Pädagoginnen und Pädagogen diesen Gedanken auf. In der als Reformpädagogik bezeichneten Bewegung pädagogischen Denkens wurde unter dem Etikett „Pädagogik vom Kinde aus" (Scheibe 1969) Kindheit zur zentralen Orientierung pädagogischen Denkens.

So häufig damals der Begriff des Kindes verwendet wurde, so oft waren aber auch die Vorstellungen von „Pädagogik vom Kinde aus" – und sogar das Verständnis von Kindheit – unterschiedlich.

Ich nenne hier nur einige Beispiele – etwas pointiert – zur Veranschaulichung:

- Der Bremer Lehrer und Schulreformer Fritz Gansberg (1912 a) glaubte, das Entscheidende an kindgemäßer Pädagogik sei es, dass der Lehrer den Kindern anschauliche, lebensvolle Geschichten erzählt, in denen die wichtigen Lerninhalte des kindlichen Erfahrungsraumes allen Kindern einer Klasse spannend vorgetragen werden, um sie wiederum zum gemeinsamen Gespräch anzuregen.
- Nach Ansicht der schwedischen Publizistin Ellen Key (1907 (2)) war es das Entscheidende, gerade die Klassensituation aufzulösen und eine Schule zu fantasieren, in der den Kindern verschiedene Erfahrungs- und Betätigungsräume (Garten, Bibliothek, Kunstwerke) zur Verfügung stehen.
- Die italienische Ärztin und Pädagogin Maria Montessori (1913) stellte sich dagegen die kindgerechte Schule sehr ruhig und individualisiert vor: Kinder arbeiten in ihrem Konzept allein möglichst still mit vorgegebenem strukturierten didaktischen Material und kommen so individuell zu Lernergebnissen.

Diese wenigen Beispiele zeigen bereits, dass das bloße Wort der Kindorientierung didaktisch und methodisch zu ganz unterschiedlichen pädagogischen Konsequenzen bzw. Konzepten führte.

In der reformpädagogischen Literatur wurde insgesamt der Begriff der Kindheit oft nur als reduzierte Kindheit im Sinne von Fasslichkeit verstanden (Hänsel 1989) und auf methodische Fragen begrenzt (Hänsel 1989, 34). D. h. einfache, für leicht verständlich gehaltene Inhalte wurden für kindgerecht gehalten.

---

[2] Key, Ellen: Das Jahrhundert des Kindes. Berlin 1907 (2) [1900 (1)]

Weit verbreitet war bis zur Wende zum Sachunterricht Anfang der 1970er Jahre – und in der Praxis noch fortwirkend – die Verwechslung des Prinzips der Anknüpfung an subjektive Lernvoraussetzungen mit Kindertümelei. Indem vermeintlich kindgemäße Verniedlichungen von Sachverhalten und probleminadäquate Personifizierungen vorgenommen wurden, glaubte man, dem Entwicklungsstand der Kinder gerecht zu werden. So wurde noch Anfang der 1970er Jahre in enger Sicht kindlichen Denkens vorgeschlagen, die Sozialerziehung der Kinder anhand von Figuren wie „Stoffel", „Trödelsuse" oder „Heinzelmännchen" zu betreiben (Rabenstein/Haas 1972 (3), 21). Weil das realistische und differenzierte Wahrnehmungsvermögen der Kinder (Baacke 1984; Kaiser 1996b) dabei grob vernachlässigt wird, engt Kindertümelei die Entwicklungsmöglichkeiten der Kinder ein und fördert undifferenzierte, vorurteilshafte Sichtweisen.

Auch in Alltagsgesprächen und Richtlinien[3] wird die Kategorie der Kindorientierung letztlich als Argument für die „Vereinfachung" von Inhalten verwendet. Unter kindgemäß wird im Alltagsdenken oft verstanden, dass keine anspruchsvollen Inhalte gewählt werden könnten.

Dies steht in deutlichem Kontrast zu den Anfang der 1970er Jahre entwickelten wissenschaftsorientierten Curricula für den Sachunterricht, in denen explizit didaktisch expansive Argumente gegen ein eigenständiges Kindheitsverständnis entwickelt wurden. Am deutlichsten wurde der Kontrapunkt zur Kindorientierung im mehrperspektivischen Sachunterrichtskonzept gesetzt: „Es geht uns darum, zu verhindern, dass Kinder von der Partizipation an der Wirklichkeit der Erwachsenen ausgeschlossen und in eigens geschaffene Reservate abgeschoben werden" (Giel u. a. 1974, 47).

Es muss also eine Balance gefunden werden zwischen anspruchsvollen Inhalten für Kinder, die ihren Wissensbedürfnissen entsprechen und doch an ihre „Denkwelt" anknüpfen ohne die Inhalte auszuklammern.

Auch wenn die bisherige Forschung nur wenig Differenziertes über die jeweiligen Kinder und die sie interessierenden Gegenstände hat ermitteln können, deutet das Erfahrungswissen von Lehrerinnen und Lehrern an Grundschulen darauf hin, dass der Interessenhorizont viel breiter als angenommen ist. Zum einen zeigen die meisten Kinder im Grundschulalter eine generelle Aufgeschlossenheit für fast alles gegenständlich Neue, wie sich aus schulpraktischen Beobachtungen unschwer entnehmen lässt. Schon der Intuitionsdidaktiker Fritz Gansberg kritisierte deshalb zu recht die inhaltliche Enge schulischer Curricula: „Es ist in der Tat nicht zu begreifen, warum sich die Schule so einseitig auf die Heimatkunde verlegt hat, während doch der denkende Geist, auch im Kinde schon, die Schranken des Alltäglichen überfliegen möchte, um sich am Ungewöhnlichen

---

[3] vgl. die Richtlinien für den Sachunterricht in NRW von 1985 (Kultusminister NRW 1985) und die Überarbeitung der Rahmenrichtlinien für den Sachunterricht Gesellschaftslehre in Hessen (Röhner 2004 a).

und Außerordentlichen zu erlaben" (Gansberg 1926; zit. nach: Kopp 1964, 23).

Die klassische Frage Ilse Lichtenstein-Rothers, „Was ist psychologisch nah?" (1969) ist meines Erachtens immer noch die gültige Frage zur Kindorientierung. Da kann auch die Unwetterkatastrophe in der Karibik genauso emotional bedeutsam für ein Kind sein wie der Bau einer Umgehungsstraße im Dorf. Es kommt didaktisch auf die Frage an, was tatsächlich für Kinder problemhaltig ist. Mit der Bildungsreformdebatte Ende der 1960er Jahre verschwand der didaktische Kindheitsbegriff der Reformpädagogik als Formel quantitativ und qualitativ. Lediglich in der Entwicklungspsychologie spielt Kindheit als Übergangsstadium eine Rolle. Dies gilt z. B. auch für das von Dieter Baake verfasste Standardwerk „Die 6- bis 12jährigen" (1984). Entgegen eines derartigen Kindheitsverständnisses als Entwicklungsstadium hin zum Erwachsensein halte ich es für grundschuldidaktisch entscheidend, die gesamte Lebenswirklichkeit der Kinder in didaktische Überlegungen einzubeziehen und damit Kindheit als eigenständige Lebensphase ernst zu nehmen.

Dies hat für das Verständnis von Sachunterricht deutliche Konsequenzen. Wir müssen genau schauen, wie sich die Welt der Kinder ändert, um zu erfahren, in welche Richtung die Kindorientierung des Sachunterrichts zu erfolgen hat.

Die Auflösung von tradierten Normen und sozialen Strukturen, die hohe regionale Mobilität der Menschen, die Instabilität privater Bindungen – dies alles bedeutet insgesamt, dass Kinder heute immer weniger sichere Orientierungen erfahren. Wahrheiten von heute können morgen vergessen sein. Väter von heute können morgen Exväter und Stiefväter anderer Kinder sein. Eltern beschließen, dass Kinder das Land ihrer frühen Kindheit verlassen – oft aus Angst um das bloße Überleben und geraten in eine Umgebung, in der das Leben schwer zu regeln ist. Und gleichzeitig ist die Bedrohung des Lebens generell durch Krieg und ökologische Katastrophen oder schleichende Unterhöhlung der Lebensgrundlagen oder das Risiko, die materielle Existenz zu verlieren, höher als je zuvor. Veränderung ist ein wesentliches Merkmal der Lebenswelt aller Kinder, auch wenn dies im Einzelfall unterschiedlich stark ausgeprägt sein mag. Aber Sachunterricht muss generell auf diese fundamentalen gesellschaftlich risikoreichen Veränderungen eingehen. Er muss Kindern ermöglichen, Wandel zu verstehen und sich darauf vorzubereiten. Da die Strukturen immer komplexer werden und die Bedingungen des Wandels immer stärker miteinander verstrickt sind, ist ein Verstehen in komplexen Kontexten unerlässlich für die Handlungsfähigkeit von Kindern.

1) Flexibler Sachunterricht

Sachunterricht muss auf dynamischen Wandel vorbereiten und selber dynamisch angelegt sein. Ein festgelegter Kanon von Wissensbestandteilen würde der Mobilität der Welt nicht gerecht werden.

Sachunterricht muss den Kindern helfen, sich in neuen Situationen zu orientieren und selber den Wandel gestalten. Dies fängt mit der Planung von Versuchen
und Umgestaltung der Lernumgebung an, wenn neue Erkenntnisse aus den bisherigen Versuchen erwachsen sind.

2) Integrierter Sachunterricht

Eine Zersplitterung des Sachunterrichts nach Fachaspekten – wie sie auch heute
noch in vielen Lehrbüchern vorgenommen wird – entspricht nicht der immer
komplexer werdenden Wirklichkeit. Kinder haben einen unmittelbaren Zugang
zur Welt und nicht über einzelfachliche Systeme. Sachunterricht im inhaltlichen
Kontext ist eine zentrale Perspektive einer kindgerechten Grundschule. Der
Sachunterricht muss die verschiedenen Perspektiven auf die Inhalte eröffnen
und darf das Wissen nicht kanonisiert übermitteln. Integrative Perspektiven
schließen alle Kinder, also Jungen und Mädchen, Kinder verschiedener Fähigkeiten und sozialer Herkunft im Sinne inklusiven Sachunterrichts ein.

3) Soziale Kompetenzförderung als Prinzip

Das Bedürfnis nach Identität jedes einzelnen Kindes in einer sich rapide verändernden Welt sollte oberste Priorität in den didaktischen Entscheidungen erlangen. Das Ich jedes Kindes, die innerpsychischen Zustände des Zusammenlebens
sind zentrale Inhalte eines zeitgemäßen Unterrichts. In der Reformpädagogik
hat bereits Hugo Gaudig (1917) diesen Inhaltsbereich der „Persönlichkeit" als
wichtig begründet. Die Vernachlässigung psychologischer Probleme in den
Richtlinien von Grundschule und Sonderschule (vgl. Seitz 2005) widerspricht
fundamental den Fragen und Kompetenzen der Kinder, die sich sehr intensiv mit
ihrem Innenleben und den Problemen des Miteinanders beschäftigen.

Aber auch von der gesellschaftlichen Seite lässt sich dieser Inhaltsbereich begründen, denn Identitätsverluste und gesellschaftliche Krisen führen dazu, dass
soziale Ich-Stärke entwickelt werden muss, wenn die Menschen eigenständig
überleben sollen; dazu gehört es, die Schule in der Welt zu verorten, damit die
Kinder in dieser Welt Fuß fassen lernen, stehen und gehen lernen.

Partiell wurde dies in der neueren grundschuldidaktischen Diskussion hervorgehoben, wenn soziale Kompetenz und Ich-Stärkung als Ziel des Grundschulunterrichts gefordert wurden (Rauschenberger 1989; Garlichs 1985 b). Gleichwohl
bleibt dieser Inhaltsbereich in den meisten Richtlinien und Unterrichtsanregungen auffällig ausgespart. Ein differenziertes Schulleben, aus dem und in dem das
Lernen stattfindet, ist eine zentrale Voraussetzung, um der fortschreitenden „sozialen Umweltzerstörung" (Bronfenbrenner 1981) zu begegnen.

4) Sichere konkrete Erfahrungen

In einer Welt des rapiden Wechsels, in dem Kinder immer mehr ihre Sicherheit verlieren, ist es wichtig, dass Unterrichtsinhalte aus dem eigenen Schulleben, den eigenen lebendigen Erfahrungen stammen. Nur so können die Kinder einen subjektiven Bezug zu den Inhalten bekommen und eigene Bewertungskriterien entwickeln. Anstelle von medialer Belehrung oder der Vermittlung von verkopften Inhalten, die aus den Wissenschaften destilliert werden, wo sie ursprünglich aus anderen gesellschaftlichen Problemlagen entwickelt wurden, ist es wichtig, im Sinne der Aktualisierung von Gansbergs Großstadtheimatkunde (1905) die Schule in der Welt zu verorten. Dabei kommt es für die Grundschule vor allem darauf an, anstelle der vielfachen, auf das Kind einstürmenden Außenreize zu sinnlichen Erfahrungen zu gelangen und exemplarisch zu verstehen ohne permanent nur Informationen zu speichern. Eine Neudefinition von Kindorientierung ist erforderlich und zwar mit gleichzeitiger Orientierung an subjektiven Problemen der Kinder und gesellschaftlichen Krisenentwicklungen. So geschen kann Sachunterricht auch präventiv Gewalt vorbeugen. Denn Gewalt kann gerade in Umbruchsituationen aus fehlender Orientierung erwachsen.

5) Sachunterricht der Vielfalt

Die Grundschule der Gegenwart ist bereits eine multikulturelle Schule. Weltweite Migrationsbewegungen von Osten nach Westen und von Süden nach Norden machen ein traditionell nahräumliches Heimatkundeverständnis vollends obsolet. Lernen in und mit Verschiedenheiten, der Umgang mit verschiedenen Kulturen sind zentrale Bedingungen eines zeitgemäßen Grundschulunterrichts. Kinder müssen mit einer „Pluralisierung von Heimaträumen" leben lernen (Schreier 1994 a, 54). Differenzierung und Öffnung des Unterrichts für die jeweiligen Erfahrungen und kulturellen Zugangsweisen der Lerngruppe sind unabdingbar. Aber gerade die Differenzierung ist in der Tradition der Unterrichtspraxis besonders *unterbelichtet*. Methodisch entspricht diesem Ziel am ehesten ein Werkstattunterricht wie er mit dem Aufbau von Grundschulwerkstätten an verschiedenen Orten begonnen wird.

Auch auf der Lehrplanebene darf angesichts kultureller Entwicklungen nicht ein uniformierter Kanon etwa verbindlicher Lesestücke festgelegt werden, sondern hier muss Raum gegeben werden für differenzierte Entwicklungen. Die subjektiven Voraussetzungen der jeweiligen Kinder müssen ernst genommen werden können, indem daran didaktisch angeknüpft wird.

Gleichzeitig darf die Vielfalt und individuelle Verschiedenheit, an die es notwendig pädagogisch anzuknüpfen gilt, nicht zur pädagogischen Norm, also zum Endziel pädagogischer Bemühungen werden. Gegen derartige auf individualisierende Zielvorstellungen ausgerichtete Ansätze wendet Duncker zu Recht die Frage nach der Integration: „Worin besteht eigentlich Integration, wenn es zunehmend nur noch um die Berücksichtigung und Beachtung individueller Unterschiede geht? Gibt es noch gemeinsame Erfahrung, oder gibt es nur noch individualisierte Erfahrungswelten, die man zur Kenntnis nehmen, aber vielleicht nicht einmal mehr verständlich machen kann?" (Duncker 1997, 319). Hier wird die Differenzierung und Individualisierung im Sinne des Konzeptes einer kommunikativen Sachunterrichtsdidaktik (vgl. Kaiser 2004a) als eine Seite eines dialektischen Verhältnisses von Integration und Differenzierung verstanden. Methodisch sind diese beiden Seiten kommunikativer Didaktik als Gesprächskreis und differenzierte Arbeit oder als Arbeit am gemeinsamen Ergebnisbuch und differenzierte Projekterkundung zu verstehen.

6) Lernen in sinnvollen Kontexten

Der Sachunterricht soll zum Weltverstehen beitragen und muss auch als Verständigung von Anfang an sinnvoll angelegt sein. Deshalb liegt ein wichtiger Schlüssel zu einer kindgerechten Grundschule beim Schulanfang. Anstelle der zunehmenden Verkursung in einzelne Stränge wie Leselehrgang, Schreiblehrgang und Rechenlehrgang sollte gerade beim Schulanfang der Weg zu sachunterrichtlichen Erfahrungen eröffnet werden. Die Kinder wollen die Welt kennen lernen und ihre offenen Fragen geklärt haben, also lassen wir sie. Die Probleme, die Kinder selbst haben, sind die entscheidenden, aus denen sich dann Anlässe, das Schreiben oder Lesen zu lernen entwickeln lassen. Eine offene Eingangsphase von mehreren Monaten ohne feste Lehrgangsstränge mit klaren Sach- und Sozialinhalten wären ein wichtiger Schritt.

Lassen wir die Kinder zuerst erkunden und zueinander finden! Wann haben sie jemals wieder im Leben die Chance zu einer verbindlichen sozialen Gruppe mit soviel Ausgleichs- und Konfliktpotential wie in der Schulklasse?

Diese hier in sechs Thesen formulierten Postulate an eine kindgemäße und zukunftsorientierte Sachunterrichtsdidaktik sind nicht völlig neu und unrealistisch. Wir können schon auf vielfältige Erfahrungen aus den letzten Jahrzehnten zurückblicken, in denen der Sachunterricht immer wieder umgestaltet wurde. So haben die Versuche der Friedenserziehung im Sachunterricht gezeigt, dass es nicht reicht, ein bloß kognitives Verstehen von internationalen Konflikten anzubahnen, sondern dass dieser Unterricht nur nachhaltig ist, wenn er mit sozialem und emotionalem Lernen eng verbunden ist. In Ansätzen von Stationenlernen wird versucht, der Vielfalt an Erfahrungsmöglichkeiten zu entsprechen. Insbesondere Projekte im Sachunterricht versuchen, das Lernen mit Sinn im Kontext zu gestalten.

Wenn ich Kindorientierung als wichtigen Weg des didaktischen Denkens vorschlage, meine ich aber nicht eine Anpassung an das aktuelle Denken und Handeln von Kindern und auch nicht das bloße Sich-Abhängigmachen von oft zufälligen Kinderwünschen. Vielmehr geht es darum, Kindheit im gegenwärtigen gesellschaftlichen Umfeld genauer zu untersuchen. Dies ist eine wichtige Basis für didaktische Entscheidungen im Sachunterricht. In diesem Kontext ist für mich die pädagogische Konsequenz aus der Kindheitsdebatte: Nicht eine noch stärker verplante Kindheit, nicht eine „verinselte Kindheit" (Cloer 1992) mit ihren Konsequenzen der „Ich-Bezogenheit", „Sozialblindheit" und „Erörterungstaubheit" (Gebauer u. a. 1991) sind das Ziel, sondern eine humane Schule, die den Kindern Erfahrungs- und Lebensraum ermöglicht. Allerdings muss dazu einschränkend bedacht werden, dass derartige Tendenzen wie die zur verplanten Kindheit längst nicht für alle Kinder zutreffen (Fölling-Albers 2001, 11). Es gibt Kinder, die sind ohne Termine ganz auf sich allein gestellt in der Wohnung, weder Schwimmkurs noch Bastelnachmittag, weder Reitstunde noch Einladung zum Kaffeetrinken bei der Großmutter dominieren den Zeitplan.

Aber für beide Alternativen von Erfahrungen ist es zentral wichtig, dass entgegen den Tendenzen zum „Verschwinden der Kindheit" (Postman 1983) ein eigener Bereich der kindlichen Zugangsweisen – wie Freude an Fantasie, Bewegung, Neugier, Spiel und Größer werden – zur Welt möglich ist, ohne dabei eine wirklichkeitsferne pädagogische Kunstwelt zu schaffen. Kinder sollen Kind sein dürfen, aber auch in ihren Problemen mit sich und ihrer Umwelt ernst genommen werden.

Für den Sachunterricht kommt es neben diesen generellen Tendenzen aber mehr darauf an, wie Kindheit und Kinder gegenwärtig sind. Deshalb soll hier zunächst vor allem auf die verschiedenen didaktisch relevanten Aspekte des Wandels der Kindheit geschaut werden.

5.1.3 Kindheit heute

Aber wie sieht diese Kindheit aus? Die Kindheitsforschung hat uns bislang nur Widersprüche gezeigt. Es scheint so zu sein, dass Kinder gleichzeitig immer mehr mit der Erwachsenenwelt konfrontiert werden – sei es durch Medien oder sei es durch die Notwendigkeit, den Autoverkehr beim Überqueren der Straße als lebensbedrohlich zu erkennen. Diese Entwicklung wird gegenwärtig unter dem Etikett „veränderte Kindheit" sehr ausführlich diskutiert. Dazu seien hier nur einige Stichworte genannt:

- Kinder haben eingeschränkte eigenständige Bewegungsräume nach draußen (Popp 1994, 62)
- Kinder verbringen viel Zeit in Binnenräumen
- Kinder spielen mit Kunstwelten und weniger in der Natur
- Kinder haben häufigen sozialen Wechsel mitzumachen
- Kinder leben vielfach sozial isoliert

- Kinder leben in einer verplanten Welt, selbst Verabredungen zum Spielen müssen telefonisch geregelt werden (Preuss-Lausitz 1993, 45)
- Kinder nehmen am Medienkonsum der Erwachsenen teil
- Kinder sind Teilhaber der Konsumwelt, AV-Medien, Computer, Telefon, Uhren, gestylte Fahrräder und viele andere Statussymbole sind selbstverständlich (Preuss-Lausitz 1993)
- Kinder bewegen sich in einer technisierten Welt. „Die technische Zivilisation hat zu einem allgemeinen Erfahrungsverlust und Realitätsverlust beigetragen" (Popp 1994, 61)
- Kinder erleben Bedrohungen der Welt (Beck 1990)
- Kinder leben in einer sozial mobilen Welt, in der äußerlich betrachtet nicht Tradition und Bildung den Status bestimmen, sondern der Besitz von Konsumgütern. „Die reiche bundesdeutsche Kindheit schließt einen verbreiteten Besitz von technischen Geräten ein, die eine wichtige kulturelle, kommunikative und statusrelevante Bedeutung unter Kindern haben" (Preuss-Lausitz 1993, 47)
- Kinder in einer individualisierenden Konsumgesellschaft haben sinkende Chancen zu sozialen und sinnlichen Erfahrungen, denn „je stärker die Möglichkeiten sozialer Kontakte, Freundschaften, Gruppenerlebnisse sich reduzieren, umso mehr schrumpfen auch die Möglichkeiten sinnlicher Erfahrung, sozialer Erfahrung und damit auch der Erfahrung des eigenen Selbst im Handeln und in der Interaktion mit anderen" (Popp 1994, 62)

Allerdings finden wir auch Studien, die den konkreten Wandel in den generellen Tendenzen zeigen. Vor allem die sozialen Beziehungen von Kindern, ihre Freundschaftsverhältnisse und ihre Netzwerke im Alltag sind wichtige Untersuchungsgegenstände gegenwärtiger Kinderforschung (Alt 2005).

Doch bei allen Tendenzen dürfen wir nicht vergessen, dass jeder Trend auch sozialökonomisch und kulturell gebrochen wird. „Prinzipiell haben Kinder aufgrund ihrer eigenen psychischen und physischen Merkmale und aufgrund der in der Familie vorhandenen sozialen Entwicklungsbedingungen unterschiedliche Chancen und Risiken für ihre soziale Entwicklung" (Prote 2000, 13). Dies gilt es besonders in pädagogischen Entscheidungen zu beachten, um nicht unbedacht, soziale Differenzen zu verstärken.

Mehrheitlich geht es in Untersuchungen aber um den generellen gesellschaftlichen Wandel und seine Auswirkungen auf Kinder.

Diese Trends, die aus gesellschaftlicher Entwicklung für Kinder erwachsen, sind aber keine einlinearen Bedingungen. Wir können verschieden darauf reagieren und sie haben immer auch ihre widersprüchlichen Seiten. Gerade diese Ambivalenz gibt Hoffnung. Denn es gibt keinen Grund zur Resignation angesichts veränderter Kindheit, sondern nur viele Anlässe, gestaltend einzugreifen. Sie er-

Abb. 17 Gemälde zur Kindheit heute.
        Harald Duwe, Kind am Strand, Öl auf Leinwand, 1971/72.

fordern jeweils besondere pädagogische Maßnahmen. Die Inhalte dieser Thesen finden wir – zum Teil deckungsgleich – auch in anderen Entwürfen. So unterscheiden die neuen niederländischen Untersuchungen die folgenden Bereiche:

- anderer Arbeitsmarkt
- zunehmende Maßstabsvergrößerung
- zunehmende Globalisierung („die Welt in Reichweite")
- zunehmende (Auto-)Mobilität
- zunehmender Konsum
- multi-ethnische Gesellschaft
- zunehmende Säkularisierung und andere Religionen
- Informationsgesellschaft
- zunehmende europäische Integration
- zunehmende Bedeutung des Wassers
- zunehmende Auswirkungen der Klimaänderung (Greven/Letschert, 179)

Die Bereiche sind nach unterschiedlichen Akzentsetzungen in verschiedenen Ländern aufgeteilt, es scheint sich jedoch auch ein Konsens herauszubilden. Ich formuliere die veränderten gesellschaftlichen Lebensbedingungen hier zusammengefasst in Form von 14 Thesen:

1) Urbanisierung und Verkehrsdichte

Kinder leben heute in einer Welt zunehmender Urbanisierung. Konkret heißt diese Verstädterung, dass für Kinder der Umbau in eine Welt zunehmender Asphaltierung und Verkehrsdichte erfolgt. Alte Entfernungsmaßstäbe verlieren an Gültigkeit. Ferne Länder rücken durch Migration, Medien und Reisen unvorstellbar nahe, gleichzeitig werden benachbarte Wohngebiete durch gefährliche Durchgangsstraßen zu für Kinderfüße unerreichbarem Terrain. Spontane sinnliche Erfahrungen von Natur werden in einer urbanisierten, asphaltierten Welt immer seltener.

Sachunterrichtsdidaktisch muss einerseits die Orientierung in dieser Welt ermöglicht werden. Mobilitätsbildung ist unerlässlich (Spitta 2005). Damit ist nicht eine Anpassung der Kinder an die vorhandene Autogesellschaft in Form von Verkehrssicherheitserziehung gemeint, sondern das Schaffen wirklicher Bewegungsräume. Gleichzeitig brauchen die Kinder durch die Begrenzung ihrer Wohnräume von naturnahen Gebieten alternative Utopien. Sie brauchen Inseln der Naturerfahrung und der Bewegungsfreiheit zu Fuß ebenso wie länger andauernde konkrete soziale Kontakte, um in einer anonymen urbanen Umgebung menschliche Entwicklungsmöglichkeiten zu haben. Und auch in der größten Stadt der Welt mit Geschäftstürmen nahe der Schule gibt es gleichzeitig Natur im Unterrichtsgang zu sehen: Pflanzen in Pflasterritzen, Insekten, die sich auf Blumenkübeln nieder gelassen haben und Witterungseinflüsse an Gebäuden sind nur einige der Möglichkeiten ...

2) Informationsgesellschaft und Zeithetze

Kinder leben heute in einer Welt zunehmender Informationsdichte. Informations- und Unterhaltungsmedien senden eine ungeordnete Fülle an Eindrücken und Informationen, werfen Fragen und Probleme auf und konfrontieren die Kinder mit verschiedenen Weltbildern, die kaum in Einklang zu bringen und zu bearbeiten sind. Dies geschieht in einer Geschwindigkeit, die kaum Zeit zum „Verdauen" der Informationsflut lässt.

Sachunterrichtsdidaktisch wäre ein belehrender und Informationen vermittelnder Unterricht obsolet. Denn es besteht kein Mangel an Informationen, sondern ein Mangel an Informationsverarbeitung. Kinder brauchen Zeit, die Fülle an Informationen in Ruhe gemeinsam einzuordnen und aufzubereiten, eigene Wertmaßstäbe anzulegen und weiterzuentwickeln. Der Sachunterricht muss das „Zeitlassen und die Geduld" (Hemmer 1982, 40) wieder entdecken. Der kopflastigen Informationsfülle gilt es, ein stärker kritisches und auf Sinn bezogenes Lernen gegenüberzustellen, bei dem die Gefühle und Interessen nicht ausgeklammert werden. „Wir müssen einen gelassenen Schultag als Lebenstag mit den Kindern gestalten, wir müssen aufhören, die Kinder auszubeuten, indem wir in möglichst kurze Stunden möglichst viel Stoff hineinpressen und schon wieder bei der nächsten Sache sind, die keine werden kann, weil die Kinder in dieser Hast nicht zur Sache kommen können. Wir müssen den Kindern Zeit und Gelegenheit geben, sich in Sache und Situation buchstäblich einzufinden" (Meier 1993, 22). Viel wichtiger als der Wettbewerb mit der Informationsindustrie ist die Konzentration auf wenige wichtige Inhalte, die den Kindern auch emotional etwas bedeuten. Dazu gilt es, in Büchern und im Internet zu recherchieren, das Wissen zu systematisieren, Unwahrheiten, Werbung und Falschaussage von objektiverer Information zu unterscheiden.

3) Reizüberflutung und Vermarktung

Kinder leben heute in einer Welt der Erwachsenen bei gleichzeitig ausgedehnter institutionalisierter Kindheit. Sie haben durch Medien Einblick in die große Politik und in Katastrophen in fernen Ländern, bekommen Einblick in sexuelles Verhalten und erfahren Probleme, auf die sie von sich aus nie gestoßen wären. Sie werden als Konsumenten im Marktgeschehen fest eingeplant und damit Objekt von Vermarktungsstrategien.

Preuss-Lausitz spricht in diesem Zusammenhang von den selbstbewussten „Konsumkindern" (1993, 81). Wenn wir diese Formel näher betrachten, entdecken wir darin zwei widersprüchliche Seiten, nämlich einerseits, dass viele Kinder abhängig von Vermarktungsstrategien sind und dennoch gegenüber früheren Kindergenerationen die Chance haben, mehr Selbstbewusstsein zu entwickeln. Diese Selbstständigkeitsentwicklung wird in der Literatur kaum bestritten. „Im Vergleich zu vergangenen Zeiten ist Aufwachsen heute durch eine frühe Verselbstständigung, einen größer gewordenen Raum autonomer Bestimmung und eine Veränderung der Bewusstseinslage gekennzeichnet. Kinder und Jugendliche haben heute immer und überall die Wahl" (Sundmacher 2004, 8). Aber gleichzeitig ist auch dieser Trend nach kulturellen Räumen, sozio-kulturellen Kontexten und familiären Strukturen deutlich differenziert. Es gibt nicht *die* modernen Kinder, sondern verschiedene Kinder, die aber jedes für sich auch Kind sind.

Sachunterrichtsdidaktisch heißt dies, dass der Zugriff zu fernen Welten zwar nicht verhindert werden kann, dass aber auch Raum geschaffen werden sollte für eine Kindheit der Kinder. Dazu gehört die Fähigkeit zur Distanzierung von Konsumangeboten materieller und medialer Art. Einfache Dinge selbst herstellen und ihren Wert schätzen lernen ist dabei ein wichtiger Weg. Kinder sollen die Chance haben, ihre eigenen Fragen weiterzuverfolgen, Freiräume der Kindheit zu erleben und spielerisch auszugestalten.Es gilt auch im Sachunterricht Alternativen für aktive Freizeitgestaltung zu eröffnen. Gegen den Verlust an Selbsttätigkeit durch passiven Medienkonsum sind Möglichkeiten des Handelns der Kinder durch Eröffnung neuer Interessen und Fragestellungen in der Schule anzu-

bahnen. Insbesondere die Selbsttätigkeit, die schon in der Phase der Reform-
pädagogik eine große Rolle spielte, gilt es bewusst in der Schule weiterzuentwik-
keln, da die Alltagserfahrungen immer weniger Raum dafür lassen.

4) Soziale Konflikte und emotionale Armut

Kinder leben heute in einer Welt, in der das Individuum hohe Ansprüche erfüllen
muss. Es soll in der Lage sein, privat Wärme und Einfühlung zu geben, Konflikte
partnerschaftlich zu lösen und sich in schwierigen Situationen kompetent zu erweisen. Gleichzeitig lebt es in einer Welt, in der Aggressionen, Macht, Angst und
Konkurrenz herrschen. Aber Menschen – und auch Kinder – scheitern oft an den
einfachsten sozialen Konflikten. Schon allein die eigenen Gefühle und Interessen sozial verträglich mitzuteilen fällt schwer. In diesem Konflikt befinden sich
Menschen, Erwachsene wie Kinder, die durch Jahrhunderte lange „schwarze
Pädagogik" bei der Entwicklung menschlicher Glücksgefühle eingeschränkt
worden sind.

Dies heißt auch, dass das Bedürfnis der Menschen insgesamt wie auch der Kinder insbesondere danach steigt, soziale Nähe und Wärme zu erleben.

Sachunterrichtsdidaktisch ist die Alphabetisierung in Beziehungsfähigkeit eine
zentrale Aufgabe, d. h. die Innenwelt von Menschen kennen zu lernen, sich
selbst zu erfahren und andere Mitmenschen wahrzunehmen, damit Kinder die
persönlichen Kompetenzen erwerben, in einer inhumanen Welt Humanität zu
entwickeln und gegenwärtig wie zukünftig selbst zu bestehen.

Das Bedürfnis nach Identität jedes einzelnen Kindes in einer sich rapide verän-
dernden Welt sollte oberste Priorität in den didaktischen Entscheidungen erlan-
gen. Das Ich jedes Kindes, die innerpsychischen Probleme des Zusammenlebens
sind zentrale Inhalte eines zeitgemäßen Unterrichts wie sie schon bei Gaudig
(1917) mit der Idee der Persönlichkeit als zentralem Inhalt von Bildung oder den
Richtlinien für den Sachunterricht im Saarland von 1992 oder für die Basisschool
der Niederlande (Annink u. a. 1984) als gleichberechtigte didaktische Bereiche
aufgenommen worden sind.

Die didaktische Vernachlässigung psychologischer Probleme in der Grundschule
widerspricht **fundamental** *auch den Fragen und Kompetenzen der Kinder, die*
sich sehr intensiv mit ihrem Innenleben und den Problemen des Miteinanders
beschäftigen.

Bei dem gegenwärtig sich ausbreitenden grundlegenden Trend der Identitätsver-
luste und gesellschaftlichen Krisen ist es m. E. besonders wichtig, dass Kinder so-
ziale Ich-Stärke entwickeln können, um in dieser veränderten Lebenswelt aktiv
bestehen zu können; dazu gehört es, die Schule in der Welt zu verorten, ***damit die***
Kinder in dieser Welt Fuß fassen lernen, stehen und gehen lernen.

5) Bürokratisierung und Standardisierung

Kinder leben heute in einer Welt, die außerordentlich stark formalisiert und durchstrukturiert ist. Immer mehr alltägliche Verrichtungen werden durch DIN-Normen und bürokratische Vorgaben standardisiert und den subjektiven Entscheidungen entzogen. Schulen haben Standardaufgaben durchzuführen, immer mehr Rechtsvorschriften dringen in den Alltag ein. Herrschaft und Willkür sind immer weniger persönlich festzumachen, es gelten abstrakte bürokratische Vorschriften. Auch Produktionsprozesse werden stärker formalisiert und von der persönlichen Anschauung abgehoben. Terminvorgaben bestimmen Tagesabläufe. Zeit wird immer mehr zu einem knappen Gut (Seitz 2005). Der Alltag steht unter vielfältigen Vorschriften und Standards. Schulentwicklung wird durch vielfältige Evaluationsbögen ihres Inhalts beraubt.

Sachunterrichtsdidaktisch steht hier die Frage offen, inwieweit kindlicher Kreativität, Entdeckungslust, Autonomieerleben und Spontaneität noch Raum gegeben werden können. Deshalb muss versucht werden, den Verlust an eigener Anschauung, authentischen sozialen Erfahrungen und konkreten Handlungsmöglichkeiten auszugleichen. Die Lebenswelt der Kinder kann dabei exemplarisch mit den Kindern so untersucht werden, dass sie konkret und durchschaubar, vielfältig, sinnlich erfahrbar und lebendig wird. Dazu gehören Methoden des Beobachtens, Erkundens und Analysierens, die konkrete Erscheinungen der Lebenswelt zum Ausgangspunkt haben. Diese Beobachtungsergebnisse gilt es zu sammeln, zu systematisieren und zu hinterfragen. Aber auch das Erleben von gegenwärtiger Zeit, die Ruhe und das Hineineinschauen in Inhalte und Probleme anstelle des Hinzufügens ständig neuer Ereignisse und Wissensbestandteile sind ein wichtiger Kontrapunkt, damit Kinder nicht ihrer Gegenwart ausgesetzt werden, sondern in ihr zu leben lernen.

6) Verwissenschaftlichung und Verlust an Intuition

Kinder leben heute in einer Welt, die zunehmend verwissenschaftlicht wird. Abstrakte, wenig anschauliche Vorgaben, nicht aus dem eigenen Erfahrungsraum gewonnene Verhaltensimperative nehmen immer mehr Raum ein. Selbst natürliche Vorgänge wie Geburt oder Aufwachsen von Kindern geraten immer mehr in kontroverse wissenschaftliche Diskussionen und verlieren ihren spontanen alltäglichen Charakter.

Sachunterrichtsdidaktisch folgen daraus zwei konträre Richtungen. Zum einen wird es immer mehr notwendig, die Menschen zum kritischen Durchschauen von wissenschaftlichen Erkenntnissen zu befähigen. Für Kinder heißt dies, dass sie alltägliche Probleme und Phänomene systematisch zu beobachten lernen, methodisch untersuchen und eigene theoretische Verallgemeinerungen anschließen, d. h. dass sie verstehen lernen sollen. Die dabei gewonnenen Theorien können so von Kindern als abhängig von den eigenen Fragestellungen und Untersuchungsmethoden relativiert werden. Das Lernen in Projekten scheint gerade für diese Zielperspektive ein wichtiger methodischer Ansatz zu sein. Auf der anderen Seite brauchen Kinder gerade als Gegengewicht zu systematisierten, analytischen Erkenntnissystemen ganzheitliche Erfahrungen und ästhetische Herangehensweisen. Die Grundschule muss zum Ort eines lebendigen zwischenmenschlichen Aushandelns von Vorstellungen zwischen Lehrpersonen und Kindern werden. Dieser offene Kommunikationsprozess darf nicht von abstrakt verabsolutierten Prinzipen und Dogmen überschattet werden.

7) Technisierung und Automatisierung

Unsere Lebensbedingungen werden immer mehr durch Technisierung und Automatisierung des Alltags geprägt. Wir nutzen diese Apparaturen wie Computer oder Waschmaschinen ohne sie verstehen zu können. Geräte des Alltags können weder durchschaut noch repariert werden.

Sachunterrichtsdidaktisch heißt dies, dass wir erreichen müssen, dass nicht die Maschinen und Geräte die Menschen beherrschen, sondern dass schon Kinder lernen, diese Maschinen zu durchschauen. Deshalb ist es wichtig, einfache technische Geräte wie Windmesser oder Regenmesser selber herzustellen und ihre Funktion allmählich zu verbessern.

8) Rapider Wandel und Verlust von Sicherheit

Kinder leben heute in einer Welt des rapiden Wechsels, in der sie immer weniger auf tradierte Sicherheiten vertrauen können.

Die tradierten Hierarchien und gesellschaftlichen Strukturen geraten immer mehr in Bewegung, ohne sich dabei jedoch aufzulösen. Das patriarchale Geschlechterverhältnis, die Parteienführung oder die staatliche Autorität kommen immer mehr in Legitimationskrisen. Aber auch die Existenz der Erde beginnt bedrohlich infrage gestellt zu werden. Einlineare Beherrschungsstrategien werden angesichts der Unbeherrschbarkeit der Welt zunehmend abstruser.

„Erziehung und Sozialisation sind in diesen Modernisierungsprozess eingebunden. Grundmuster des Aufwachsens und der Betreuung von Kindern, die seit der Aufklärung das kultur-anthropologische Selbstverständnis wesentlich bestimmt hatten und die als quasi-natürliche Bedürfnisse von Kindern gewertet wurden, geraten zunehmend ins Wanken, ohne dass (bisher) andere die alten zuverlässig ersetzen können [...]" (Fölling-Albers 2001, 40). Dies hat zur Folge, dass Kinder im Alltag oft nicht wissen, woran sie sind, auch wenn sie wegen Liberalisierung der Erziehung in der Bilanz auch als „Gewinner des Modernisierungsprozesses" (Fölling-Albers 2001, 40) bezeichnet werden können.

Sachunterrichtsdidaktisch ist es wichtig, Verlässlichkeit zu schaffen. Dazu gehö-
ren klare Strukturen und regelmäßig wiederkehrende Rituale des Schullebens
(Kaiser 2006). Von der Begrüßungskerze zum Geburtstagskalender, vom Klas-
sentagebuch bis zum „Buchberichtewurm" der Kinder, von der Ämterverteilung
bis zur Tischdecke für die Frühstückspause lassen sich unzählige Formen ent-
wickeln. Die Rituale in der Schule können Kontinuität und Sicherheit schaffen,
um auf dieser Basis stabiler mit dem Wandel umzugehen.

Kinder müssen lernen, im Wandel selber Sicherheit und Verlässlichkeit zu fin-
den. Das geschieht vor allem durch stärkere Verbindung zum realen Leben. Ins-
gesamt gilt es, von eindeutigen von außen gesetzten Lösungen und apodikti-
schen Setzungen Abschied zu nehmen und mit eigenen Maßstäben Orientierung
zu schaffen. Dabei ist die Ehrfurcht vor dem Leben, eine Abkehr vom Macht-
und Beherrschungszugang in sozialen Beziehungen und zur Objektwelt der not-
wendige Paradigmenwechsel. Dies heißt, dass der Unterricht nicht mehr auf ein-
deutige vorher festlegbare Strukturen hin konzipiert werden kann, sondern dass
die Offenheit mitbedacht werden muss. Die Dingwelt und die natürliche und so-
ziale Umwelt müssen einen Eigenwert bekommen, nicht zum Objekt der Beherr-
schung werden. Anstelle einer sinnlosen Überforderung und Stoffbewältigung
muss eine Besinnungsdidaktik in Form, Inhalt und Methode einsetzen, in der
Langsamkeit, Ehrfurcht vor dem Leben, die emotionale Nähe zu Problemen und
Dingen, Introspektion und Meditation wieder einen hohen Stellenwert be-
kommen.

Generell erfordert die sich beschleunigende Veränderungsdynamik, dass den
Kindern gegen das Gefühl des Ausgeliefertseins ein verlässliches Schulleben an-
geboten wird.

9) Bevölkerungsexplosion und Vereinsamung

Kinder leben heute in einer Welt, in der es immer mehr Menschen gibt, in einer
Welt, deren Existenz durch immense Wachstumsprozesse gefährdet ist. Aber die
einzelnen Menschen vereinsamen gleichzeitig immer mehr. Traditionelle soziale
Bezüge zerbrechen und verlangen von Kindern immer wieder neue Anpassungs-
reaktionen. Demografische Verwerfungen im Lande stören das soziale Miteinander.

Sachunterrichtsdidaktisch heißt dies, dass die Schule selbst zu einem Sozial- und
Lebensraum werden muss, in dem elementare zwischenmenschliche Erfahrun-
gen gelebt werden. Gerade angesichts des zunehmenden Verlustes an sozialer Si-
cherheit muss die Schule dazu beitragen, in einem verlässlichen Schulleben mit
klaren Strukturen und festen Ritualen soziale Sensibilität und Formen des Zu-
sammenlebens überhaupt erst zu erlernen. Die Probleme des Miteinanders wer-
den immer mehr zu einer Aufgabe von Schule, weil außerhalb des Unterrichts
soziale Konflikte entstehen, die hier aufgearbeitet werden können und müssen.

Schule wird so zu einem Modell menschlichen Zusammenlebens. Kinder müssen erfahren, dass jedes einzelne ein wichtiger Mensch ist und nicht nur eine Nummer im ökonomischen Prozess.

10) Herrschaft und Ungleichheit

Kinder leben heute in einer Welt, die seit Jahrtausenden durch Herrschaft und Ungleichheit gekennzeichnet ist. Auch in der Schule trägt abstrakter Leistungsdruck und -vergleich dazu bei, Ungleichheit zu verstärken. Immer deutlicher wird die Selektionsfunktion der Schule besonders in Deutschland (Schümer 2005). Durch Zuweisung ungleicher Lernchancen werden auch unterschiedliche Lebenschancen verteilt, was der Förderfunktion der Schule widerspricht. Die „'weichere' Selektivität der Schule (scheint) von immer mehr Kindern und Adoleszenten als Belastung empfunden zu werden. Dieses Problem scheint eher unterschätzt zu werden, während die tatsächlichen oder vermeintlichen Belastungen der heutigen Kindheit in Familie und Freizeit häufig zu pessimistisch gesehen werden" (Fölling-Albers 2001, 43).

Gleichzeitig steigen die Ansprüche an Demokratisierung. Daraus erwachsen pädagogische Probleme und auch Möglichkeiten, denn es sind bereits die Anfänge selbstbewusster aktiver Lebensgestaltung gelegt. An vorhandene Mitbestimmungswünsche kann im Unterricht angeknüpft werden. Denn „die an die Anerkennung ihrer frühen Selbstständigkeit in Familie und Öffentlichkeit gewohnten Kinder fordern Demokratie im Alltag der Schule ein" (Preuss-Lausitz 1993, 55).

Gesellschaftliche Ungleichheit ist durch Unterricht nicht zu ändern, aber es ist wichtig, Sensibilität gegen Ungleichheit zu entwickeln und Gerechtigkeitsnormen zu stärken. Dies ist auch beim Austragen schulischer Konflikte möglich. Sachunterrichtsdidaktisch muss damit umgegangen werden, dass alltäglich Herrschaft und Machtkampf in verschiedenen Facetten akut sind. In der Grundschule können insbesondere solche Sozialerfahrungen geschaffen werden, die mehr soziales Miteinander faktisch eröffnen, ohne dies nur normativ abstrakt zu fordern. Dabei ist ein Grundschulunterricht besonders wichtig, der das Lernen um der Sache willen fördert und das Lernen aller entwickelt. Das heißt auch, dass verschiedenartige Lernwege zugelassen und ermöglicht werden. Es heißt außerdem, eine vielfältige, anregende Lernumwelt aus den die Kinder berührenden Erfahrungsbereichen zu schaffen, in der neue soziale Beziehungen möglich sind.

Wenn Kinder lernen sollen, Solidarität, Respekt und Toleranz zu üben und nicht die wechselseitige Unterdrückung fortzusetzen, müssen bereits im Lernen Respekt und Toleranz erfahrbar sein. Deshalb ist es wichtig, dass, bezogen auf die Inhalte des Sachunterrichts, die Dimensionen Ehrfurcht vor dem Leben und Respekt erfahrbar werden.

11) Gewaltexpansion und Friedenssuche

Kinder leben heute in einer Welt, in der Gewalt der Kinder immer mehr zum schulischen Alltag gehört (Rauschenberger 1992). Dies ist nicht primär ein Problem der Kinder, denn auch außerhalb der Schule werden vielfach Konflikte gewaltsam zu lösen versucht. Gewalt ist dabei nicht nur als physische, sondern auch als strukturelle Gewalt zu verstehen. Denn „Macht, Herrschaft oder auch Geld können als Steuerungsmedien Gewalt ausüben und Bildungsprozesse stören" (Richter 2002, 109).

Friedenserziehung nach außen und innen ist ein Gebot, das gerade den Kindern im Grundschulalter, die durch Gewaltdarstellungen und -erfahrungen große psychische Probleme haben, in ihren Bedürfnissen nach Geborgenheit und Sicherheit außerordentlich entgegenkommt. Friedenserziehung kann durch Pflege und Versorgen im Sachunterricht beginnen. Das Versorgen von Pflanzen und Tieren, die ästhetische Gestaltung der eigenen Lernumgebung, das Pflegen von Dingen und Fürsorge für andere Menschen sind wichtige Erfahrungen, die früh ausgeübt werden müssen, wenn Gewalt gar nicht heranwachsen soll. Aber auch die Wahrnehmung der zerstörerischen Seite von Gewalt ist wichtig. So ist es möglich, in Städten, die im zweiten Weltkrieg stark zerstört wurden, mit Dias aus der Vorkriegszeit und einem handlichen Diabetrachter ausgerüstet durch die ehemals zerstörten Straßen zu gehen und beim Betrachten der Bilder in Richtung der früheren Standorte gemeinsam nachzudenken.

12) Verschiedenheit und Mehrkulturalität

Kinder leben heute in einer Welt, die unterschiedlich von den Menschen gedeutet wird. Verschiedene Kulturen stoßen aufeinander. Kinder haben unterschiedliche Alltagserfahrungen. Da versorgen Achtjährige den Haushalt, während Zehnjährige noch nie den Weg ins Stadtzentrum gehen durften. Da verbringen Kinder die Nachmittage in pädagogisch auserlesenen musischen Kursen, während andere Anregungen aus den Medien der Erwachsenen sammeln. Diese unterschiedlichen Erfahrungen tragen in der Lerngruppe zu Fremdheit und Nicht-Verstehen bei und eröffnen den Kindern unterschiedliche schulische Chancen.

Sachunterrichtsdidaktisch kann man den verschiedenen Kindern nur gerecht werden, wenn nicht nur unterschiedliche Erfahrungen einbezogen werden, sondern auch eine gemeinsame Erfahrungs- und Handlungswelt geschaffen wird.

13) Risiken und Gefahren

Kinder leben heute in einer Welt, die voller Risiken und Gefahren ist. Menschliche Eingriffe bekommen immer größere Auswirkungen, und das Gefahrenpotential für die menschliche Umwelt und menschliches Leben überhaupt steigt ins Immense. Kriege finden in fernen Ländern statt und doch ist dort auch das

Leben deutscher Soldaten bedroht. Flächenabholzungen des tropischen Regenwaldes haben Einfluss auf unser Wetter. Kinder wissen immer deutlicher um diese Probleme. In allen Untersuchungen wird deutlich, dass schon Kinder große Angst um die Zukunft angesichts von Umweltzerstörung äußern (Kaiser 1996 b).

Pädagogisch ist es aber notwendig, den Kindern Gewissheit zu verschaffen, dass ihre Zukunft lebenswert ist und Lebensmöglichkeiten bietet. Von daher ist es ein möglicher Beitrag des Sachunterrichts, dass Kinder in begreifbaren ökologischen Zusammenhängen Handlungsperspektiven erarbeiten und erproben, um in ihren Lebensräumen selbst aktiv eine sozial- und umweltverträgliche Entwicklung zu fördern. Dies kann bei einfachen Fragen der Reduzierung des Schulmülls beginnen. Dazu gehört insbesondere angesichts der zunehmenden ökologischen Probleme, den verantwortlichen Umgang mit Ressourcen in der Schule zu praktizieren und zu lernen. Denn „der Sachunterricht braucht eine andere Ethik als bisher" (Meiers 1993, 94).

14) Soziale Sorgen in der Wohlstandsgesellschaft

Die Welt vieler Kinder ist geprägt durch die Erfahrungen der Erwachsenen. Arbeitslosigkeit, Krankheit, Stress, Sorgen um den Arbeitsplatz, finanzielle Probleme, Trauer sind Alltagssorgen vieler Menschen auch in der sog. Wohlstandsgesellschaft. Andererseits ist das gesellschaftliche Muster, wie es in der Werbung gezeigt wird, durch freies Entscheiden über viele mögliche Optionen gekennzeichnet. Kinder sind in diese Brüche eingebunden, auch wenn Eltern die Armut durch Fernsehkonsum oder Fertiggerichte und andere materielle „Gaben" kompensieren. Die Probleme von Ungleichheit, ökonomischer Macht und Ausbeutung bleiben bestehen und wirken in den Alltag von vielen Kindern hinein.

Sachunterrichtsdidaktisch gilt es, Kinder zu stärken, ihre Angelegenheiten selbst in die Hand zu nehmen, in für Kinder zugänglichen Bereichen politisch verändernd einzugreifen und Ungleichheitserfahrungen ernst zu nehmen. Konfliktaustragung in der Schule, Initiativen, etwas real im Schulleben zu ändern sind wichtige Schritte, um Kindern erfahrbar zu machen, dass die Welt auch veränderbar ist.

Wir sehen, dass all diese Trends in sich Chancen der Veränderung bergen. Aber wenn wir nur die problematischen Entwicklungen der Welt beachten, laufen wir Gefahr, die heutigen Kinder nur als Risikofälle zu betrachten, ihre Welt zu dramatisieren und ihr Können zu vergessen.

Denn auch diese Trends sind nicht widerspruchslos. So ist schon die in der ersten These angesprochene Verinselung von Kinderräumen nicht ohne Widersprüche gegeben. Da gibt es öffentliche Räume wie Schwimmbäder, in denen sich Grundschulkinder anstelle der Straße vor dem Haus treffen. In dörflichen Regionen sind zuweilen trotz Verkehrsgefahren Kindercrews zu beobachten. In Migranten-Unterkünften entstehen auf den Fluren hierarchisch gegliederte Kinderspielgruppen, die das Sozial- und Spielverhalten aus dem bisherigen eigenen Kulturraum exportieren. Selbst in asphaltierten Städten bewegen sich Kinder sehr wohl eigenständig (Rusch 1998).

Trotz aller Trendmeldungen von Scheidungsziffern sind „nur" 10–20 % der Kinder an Grundschulen Scheidungskinder (Preuss-Lausitz 1993, 42), d. h. über 80– 90 % der Kinder leben in einer Mann-Frau-Kind-Familie. Es werden nämlich häufig sehr schnell nach Trennungen wieder neue Stieffamilien gebildet, die allerdings für Kinder erhöhte soziale Anforderungen aber auch neue Erfahrungen bedeuten. Die Anforderungen an die soziale Kompetenz steigen damit immens. „Auch die Kinder selbst müssen heute, bei Strafe der sozialen Isolation, sich gezielt um Spielpartner bemühen. Freundschaften erhalten ein noch größeres Gewicht als früher" (Preuss-Lausitz 1993, 42). Und Trennungskinder (Röhner 1994) haben oft lang andauernde sozial-emotionale Erfahrungen von Konflikten zusätzlich zu verkraften.

Ähnliches gilt für die Bedeutung der Technisierung für die Kindheit (vgl. Oberliesen 1994, 72): Trotz der vielfach genannten Erfahrungsverluste durch die technische Zivilisation haben Kinder dabei auch begrenzte Entwicklungsmöglichkeiten und Einflusschancen.

Diese Differenzierungen werden in der gegenwärtigen Debatte um veränderte Kindheit weniger gesehen und stattdessen kulturpessimistisch gewendet. So verweist Popp (1994) zwar auch auf die neuen Lernchancen des Wandels, beachtet sie aber in seinen Überlegungen nicht näher. Tatsächlich setzt auch er eine kulturpessimistische Sicht der sozialen Erfahrungsmöglichkeiten fort. Aber Kinder haben gerade durch eingegrenzte Räume und veränderte Familienverhältnisse besonders viele soziale Erfahrungen; sie müssen ihre Freizeitkontakte selbst organisieren, sich in der Schule verabreden, telefonisch Treffpunkte und Termine vereinbaren. Neben diesen hier nur unvollständig aufgezählten Trends der veränderten Kindheit (vgl. Fölling-Albers 1989; Lichtenstein-Rother 1992), die generell die These vom „Verschwinden der Kindheit" stützen, gibt es aber auch empirische Beobachtungen, die zeigen, dass die individuelle Wertschätzung von Kindern steigt. So hat nicht nur das Kinder-Haben mittlerweile für Eltern einen hohen Stellenwert im Lebensglück (Beck-Gernsheim 1986), sondern auch die psychischen Regungen von Kindern sind mehr als je zuvor im Zentrum der Aufmerksamkeit.

Beispielsweise steht die Selbstständigkeit der Kinder bei vielen Eltern an der Spitze aller Erziehungsziele (Preuss-Lausitz u. a. 1990), während früher Gehorsam oder Fleiß die Spitze der Tugenden darstellte. Der Normenwechsel im Bereich Ehe und Sexualität in Richtung auf Liberalisierung hat sich auch für Kinder ausgewirkt, indem ihnen in liberaleren Familien eine „schuldfreie Lust am eigene Körper" (Preuss-Lausitz 1993, 46) zugestanden wird. „Kinder gelten heute als selbstbestimmter, reifer und eigenständiger in ihrem Handeln […]. So konnte unsere Erhebung zu Lesen und Fernsehen von Grundschulkindern die eindeutige Hinwendung zu Fernsehwelten und die Abkehr von der Buchlektüre nicht bestätigen" (Richter 2005, 8–9). Es findet in Theorie und Praxis eine Dramatisierung der Entwicklung der Kindheit statt, die nicht der Wirklichkeit entspricht, sondern weitgehend auf Legendenbildung beruht. Der Band „Kinder im 21. Jahrhundert" (Kaiser/Röhner 2000) hat viele empirische Untersuchungen zusammengetragen, die belegen, dass Kinder heute durchaus eigenaktiv sind, spezifische Kompetenzen entwickeln und sich produktiv mit ihrer Umwelt auseinander setzen. Eine Bewertung der Veränderung von Kindheit als katastrophale Entwicklung kann aus den empirischen Ergebnissen jedenfalls nicht geschlossen werden. Die eigentliche Katastrophe ist gegenwärtig, dass unter dem Etikett „Veränderte Kindheit" eine Jammerkultur über heutige Kinder entwickelt wird, die den Kindern eine negative Bewertung zuweist.

Hopf setzte schon 1993 den kulturpessimistischen Positionen systematisch kulturoptimistische entgegen und entwickelt daraus zweiseitige Entwicklungsfolgen (Hopf 1993a, 44). So stellt er dem medialen Angebot auch die Erweiterung der Kenntnisse, dem zurückgehenden Streifraum im Freien die vermehrte ganzjährige Nutzung von Sport- und Bewegungshallen, den fehlenden kulturellen Orientierungsnormen eine Zunahme flexibler Verhandlungsfähigkeit, den weniger konstanten Bezugspersonen eine Zunahme frühkindlicher Selbstständigkeit und den zunehmenden zeitlichen Verregelungen eine größere zeitliche Planungsfähigkeit und besseres Zeitbewusstsein entgegen (Hopf 1993a, 44).

Wir können also nicht einlinear Folgen aus der gesellschaftlichen Entwicklung für Kinder ziehen, sondern müssen immer wieder auf besondere Bedingungen und die jeweiligen individuellen Verarbeitungsstrategien achten. Hierbei kommt es auch auf die sozialen und pädagogischen Einflüsse an, wie sich die veränderte Kindheit letztlich tatsächlich beim jeweiligen Kind auswirkt.

Denn Kinder – so meine Grundthese – leben nicht nur in dieser Welt, sondern haben durchaus eigene Erfahrungen und Probleme mit ihrer natürlichen und gesellschaftlichen Umgebung – und sie handeln in dieser Welt. Insofern schließe ich mich Hans Rauschenberger an, der sagt: „Das Handeln der Kinder hat Zukunft; denn es ist das Handeln künftiger Erwachsener" (1992, 135).

Dabei dürfen wir die veränderte Kindheit nicht zum Sündenbock aufbauen. Dann schaffen wir Abstand zu den Kindern und können das Wichtigste nicht erreichen, ein enges zwischenmenschliches Band zwischen einer erwachsenen Person und jedem einzelnen Kind in seiner Art. Nur auf dieser Basis kann Erziehung und Unterricht gelingen.

Aber auch die Tendenzen der veränderten Kindheit sind selber kritisch zu beleuchten, denn es trifft nicht zu, dass alle Kinder sich dem Medienkonsum hingeben oder dass Kindheit völlig verplant sei, diese Entwicklungen sind deutlich abhängig von der Sozialschicht. „Man kann also festhalten, dass es erhebliche

Unterschiede zwischen den Kindern gibt, ob sie überhaupt und in welchem Ausmaß sie Förder- und Freizeitangebote nutzen. Alter, Geschlecht, Region und nicht zuletzt das sozial-kulturelle Milieu tragen wesentlich zu den Differenzen bei" (Fölling-Albers 2001, 32).

Wichtig bleibt vor allem aus dem Wandel der Kindheit festzuhalten, dass die Kinder, die wir in unseren Klassen vorfinden, immer heterogener sind. Dies wird leider zu leicht dahin gehend interpretiert, dass Kinder dadurch schwieriger sind. Das ist aber keineswegs der Fall. Dazu zwei Beispiele aus meinen eigenen Beobachtungen im gemeinsamen Unterricht behinderter und nicht behinderter Kinder, die zeigen, dass Heterogenität der Kinder den Unterricht für alle bereichern kann. Denn wenn ein Kind in der Klasse blind ist, dann ist das nicht negativ, sondern anregend für alle anderen, um wirklich das Sehen zu lernen. Ich habe noch nie in meinem Leben so schön farbige Bilder gesehen, wie in Klassen, wo blinde Kinder integriert wurden, weil alle anderen diesen Kindern erklären mussten, was blau ist und welches Blau wohl für diese Wassernuance am ehesten geeignet sein mag. Dadurch haben alle Kinder eine hohe Wahrnehmungsfähigkeit für Farben gewonnen, so dass sie alle durch diese blinden Kinder besser im Sehen wurden.

Eine Lehrerin hat für ein schwer körperbehindertes Kind ein Tandem entwickkelt, bei dem das behinderte Kind bei Verkehrsunterricht vorne lenkte und Anweisungen an das tretende Kind weiter gab. Dieses und die anderen konnten nun sehr präzise verbalisiert die Bedingungen der jeweiligen Situation hören und bekamen Anregung, genauer zu reflektieren, was sie spontan im Verkehr tun.

Potenziell wird der Sachunterricht immer besser, je verschiedener die Kinder werden. Insofern liegen im Wandel der Kindheit auch große Chancen für die pädagogische Entwicklung, denn alle Tendenzen verlaufen differenziert und bringen vielfältige Entwicklungen hervor.

5.2 Kinder sind Kinder

Wenn wir Kinder tatsächlich in didaktisches Denken einbeziehen wollen, können wir aber nicht bei der Kindheit stehen bleiben, dann müssen wir auch schauen wie Kinder sind. Dazu gehören zwei Fragerichtungen. Zum einen ist es wichtig zu wissen, wie Kinder ganz allgemein – unabhängig von den verschiedenen gesellschaftlichen Entwicklungen – sind, also die Frage nach den anthropologischen Konstanten. Noch schwieriger zu beantworten ist die zweite Frage, nämlich konkreter zu wissen, wie die verschiedenen Kinder sind. Aber auch die erste Frage wirft große Probleme auf, denn was sind allgemeine Merkmale von Kindern, wenn wir immer nur konkrete Kinder vorfinden? Anthropologische Merkmale können nur aus verschiedenen Beobachtungen gefolgert werden. Jede Definition anthropologischer Konstanten geht mit subjektiven Theorien von Kindsein einher. Eine Möglichkeit, weniger vage Antworten zu bekommen, ist es, verschiedene anthropologische Konzepte von Kindsein – möglichst noch aus verschiedenen Epochen – zu vergleichen. Deshalb sollen hier zunächst die aus subjektiven Beobachtungen an der Jena-Plan-Schule Petersens – also lange vor der „veränderten Kindheit" – gewonnenen Merkmale von Kindern vorweg gestellt werden und mit neueren Untersuchungen verglichen werden.

Else Petersen (1965) unterscheidet aus den Jahrzehnte langen Beobachtungen an der Jena-Plan-Schule vier Grundkräfte:

1) Bewegungsdrang (1965, 40 ff.)
2) Drang zu selbstständigem Tun (1965, 45 ff.)
3) Gesellungsdrang (1965, 69 f.)
4) Verlangen nach straffer Führung (1965, 96)

Kobi (1975 (2)) hat zehn Jahre später aus psychologischer Perspektive für das „normal entwickelte Schulkind" folgende Grundzüge unterschieden:

- Vitalität
- Lebensfreude
- geistige Interessiertheit
- Sinnenhaftigkeit
- Kontaktfreudigkeit (Kobi 1975 (2), 11)
- Realitätsbezogenheit
- Leistungsbereitschaft
- Selbstbestimmtheit (Kobi 1975 (2), 12)

Noch klarer stellt Meiers die Entdeckungsfreude von Kindern in den Vordergrund: „Jedes normale Kind ist von einem 'ungebrochenen Pioniergeist' beseelt, geht an nichts Unbekanntem achtlos vorüber, ist aktiv, sucht die Dinge zu erfassen, auszuprobieren, 'dahinter' zu schauen, Zusammenhänge zu verstehen. Staunen, Fragen, Zugreifen, Ausprobieren, Spielen – in diesen Formen drückt sich Pioniergeist aus" (Meiers 2004b, 167).

Zierer (2004) hat einen Versuch unternommen, die vielfältigen Aussagen anthropologischer Literatur über Kinder zusammenzufassen. Folgendes ist danach für das Kind notwendig:

1. Geborgenheit und Vertrauen, „um so den Mut aufbringen zu können, die noch unbekannte Welt zu erschließen" (vgl. Zierer 2004, 31)[4].

2. Bewegung und Spiel. Zierer sieht in Spiel und „Bewegung sowohl ein Grundbedürfnis als auch eine Voraussetzung der Kindheit" (Zierer 2004, 32).

3. Staunen und Neugier: „Wer die Phänomene der Erde nur noch als selbstverständlich wahrnimmt, kann sich über nichts mehr wundern. Und gerade dies trifft häufig für Erwachsene zu. Im Gegensatz zu Kindern ist ihr Weltbild

---

[4] Weiterhin sieht Zierer Sachlichkeit als wichtigen Faktor im Bildungsprozess an. „Allerdings ist Sachlichkeit weniger eine Konstante als vielmehr eine Haltung, die erst erworben werden muss" (Zierer 2004, 32).

Abb. 18 Bewegungsdrang: Kinder wollen sich bewegen, Beispiel aus Peru

weitaus normierter und besetzter. Die Welt des Kindes hingegen steckt (noch) voller Überraschungen und Geheimnisse, voller Unbestimmtheiten und Ungeklärtheiten" (Zierer 2004, 33).

4. Leiblichkeit und Ganzheitlichkeit (vgl. Zierer 2004, 33): Zierer spricht mit dieser Kategorie vor allem die stärkere Körperwahrnehmung bei Kindern an.

Diese Dimensionen sind m. E. fundamental, können aber noch durch einzelne Aspekte ergänzt werden.

Die Übereinstimmung der verschiedenen Autoren in vielen Punkten ist auffällig, aber es gibt bei derartigen subjektiven Vorgehensweisen auch Akzente, die mehr über die Deutungen der Autoren ausdrücken als über die Kinder. Auch bezogen auf den Sachunterricht gibt es Aussagen aus Beobachtungen über Annahmen, wie Kinder generell sind: Soostmeyer (2002) sagt: „Wenn Kinder Aussagen über die Realität machen, dann wollen sie, dass diese Aussagen Bestand haben, dass sie heute, wie auch morgen gültig sind. Die Aussagen sollen verlässlich und nachvollziehbar sein. Sie sollen die Sachverhalte, die sie betreffen auch wirklich kennzeichnen. Die Antworten auf Fragen müssen gültig und verstehbar sein. Kinder suchen nach Richtigkeit, Wahrheit, Wiederholbarkeit, Beständigkeit und damit zugleich nach Sicherheit und Geborgenheit" (Soostmeyer 2002, 7f.).

Auch hier sind Sicherheitssuche und Sinnsuche wichtige Merkmale von Kindern. Er verallgemeinert den Forscherdrang von Kindern: „Wissenschaftliches Denken und Handeln stellt ein anthropologisches Grundphänomen dar" (Soostmeyer 2002, 10). Das Merkmal „Forscherdrang" wurde in den beiden zuerst genannten Schriften nicht erwähnt.

Gerade weil es so verschieden akzentuierte Ansätze gibt, halte ich es für eine wichtige Aufgabe, derartige Merkmale zu sammeln und sowohl der kritischen Diskussion zu öffnen wie auch der praktischen Erprobung von Konsequenzen.

Abb. 19 Kinder wollen sich bewegen, Beispiel aus Laos

Je mehr Texte wir in dieser Hinsicht untersuchen, umso klarer werden die Konturen davon, welche Persönlichkeitsmerkmale bei Kindern generell zu erwarten sind:

Unumstritten ist die Betonung der sozialen Motive von Kindern (Fölling-Albers 1994). Das Bedürfnis nach Bindung und Sozialem bedeutet gerade für die gegenwärtigen gesellschaftlichen Entwicklungen hin zur Individualisierung, dass es offensichtlich deutliche subjektive Ansatzpunkte für schulisch entwickeltes soziales Lernen gibt.

Ein sehr häufig betonter Bereich ist die kindliche Entdeckerlust oder Neugier (Meiers 1994, 33), die als ein besonders hervorhebenswertes Merkmal angesehen wird: Langeveld zählt das Prinzip der Exploration zu den vier anthropologischen Grundgegebenheiten (Langeveld 1968). Andere akzentuieren dieses Motiv der Suche der Kinder nach Neuem anders und betonen das „Bedürfnis nach neuen Erfahrungen" (Soll 1988, 15). Zu Soostmeyers Kategorie des Forscherdrangs gibt es enge Korrespondenzen.

Gareth Matthews sieht bei Kindern vor allem: „Sinn für Rätselhaftes und Entdeckung, ihr unverdorbener Sinn für Ungereimtheiten und Unpassendes und die Dringlichkeit ihres Verlangens, den Sinn aller Dinge zu erkennen" (Matthews 1989, 17) und betont damit neben der Seite der Entdeckungsfreude auch die Seite der Sinnsuche.

Abb. 20 Das schöpferische Kind: Kinder wollen erproben und entdecken, Beispiel aus Thailand

Ebenfalls schon bei Langeveld und vielen späteren Pädagoginnen und Pädagogen wird immer wieder betont, dass das Kind schöpferisch ist (Popp 1994, 60). Langeveld betont aber auch die andere Seite kindlicher Bedürfnisse, nämlich die Hilfsbedürftigkeit und Suche nach Geborgenheit (Langeveld 1968). Auch Popp sieht die anthropologischen Konstanten der Kinder eher in einem zweipoligen Modell von „Behütung, Orientierung, Lenkung, Bindung, Belehrung und Beistand einerseits und Offenheit, Ermutigung, Herausforderung, Freiraum, Erfahrung und Wagnis andererseits" (Popp 1994, 61). Diese zweipolige Sichtweise von Kindern ist mittlerweile in der Sachunterrichtsdidaktik weit verbreitet. So sieht Soll bei Kindern eine grundlegende „Ambivalenz zwischen dem Bedürfnis nach Geborgenheit und dem Drang nach Aneignung und Aktivität. Das Kind braucht offensichtlich beides, das Zu-Hause-sein und das Weg-von-Daheimsein, Sicherheit und Weltoffenheit" (Soll 1988, 16).

M. E. ist ein zweipoliges Modell von Kindermotiven zu eng. Denn Kinder haben sehr viele verschiedene Motive, die zum Teil aus der Sicht von Erwachsenen Gegenpole sind, in ihrer Lebenswelt aber nicht notwendig als ambivalent wahrgenommen werden. So ist zu beobachten, dass Kinder im Grundschulalter „eine Lust daran (haben), eine nützliche Aufgabe zu übernehmen und sie gut zum Ende zu bringen. Diese Lust ist der Werksinn" (Schreier 1994a, 61). Andererseits kann neben der Freude am handelnden Tun auch der Geborgenheitswunsch bei Grundschulkindern deutlich beobachtet werden. Wir müssen davon ausgehen, dass ein breites Geflecht an Motiven in der Kinderwahrnehmung vorhanden ist.

Hopf (1993a) stellt einen Katalog auf, in dem er auch die Leistungsaspekte im Erleben von Grundschulkindern neben den oben genannten aufnimmt. Nach seiner Interpretation gehören zu den „unverzichtbaren Grundbedürfnissen:

Das Bedürfnis nach

- emotionaler Zuwendung und Geborgenheit
- Anerkennung
- neuen Erfahrungen
- Selbstverantwortung
- spontanem Ausdruck ihrer Befindlichkeit
- Selbsttätigkeit
- Bewährungsmöglichkeit
- Neugier und Entdeckungslust" (Hopf 1993a, 72).

In der Literatur zum Sachunterricht finden wir immer wieder Aussagen, bei denen die Freude am Lernen und an wirkungsvollem Handeln als generell gegeben vorgestellt wird: „Kinder wollen mit Sachen kompetent umgehen, sie wollen eine Wirkung hervorrufen und diese auf sich zurück beziehen. Sie verknüpfen das Handlungsergebnis mit der eigenen Tüchtigkeit, ein erstes Selbstkonzept eigener Fähigkeiten entsteht, und diese Wahrnehmung ist mit Freude und Stolz verbunden, was nichts anderes als die Anbahnung eines positiven Selbstwertgefühls bedeutet" (Möller/Tenberge 1997, 147f.). Wir können also das schöpferische Erproben und die Selbsttätigkeit, die Neugier und Entdeckungslust und ebenso den Erkenntnisdrang als generell beobachtbar feststellen, auch wenn im Einzelfall Lernbarrieren und Desinteresse vorliegen mag.

Abb. 21 Kinder sind neugierig,
Beispiel aus Chile

Röhner wiederum verweist auf die in diesem Alter grundsätzlich hohe positive Besetzung von Natur:

„Das Interesse der Kinder an der Natur, das sie in ihren Texten zeigen, korrespondiert insofern mit einer psychosozialen Grunddisposition dieser Alters- und Entwicklungsstufe" (Röhner 2000, 208). Dies entspricht der auch in der amerikanischen Forschung bekannten Formel von der Biophilie (Gebauer/Harada 2005), das heißt der prinzipiellen Liebe von Kindern zu allem Lebendigen.

Ich fasse hier einige dieser spezifischen Motive des Kindheitsalters, wie sie seit der klassischen Reformpädagogikepoche in den verschiedenen Konzepten gesehen wurden, in einer eigenen zusammenfassenden Interpretation stichpunktartig zusammen:

Abb. 22 Kinder wollen Freundschaft erleben, Beispiel aus Venezuela

Kinder haben generell das Bedürfnis danach …

1. intensiv emotional zu erleben
2. sich zu bewegen
3. handelnd tätig zu sein
4. selbstständig tätig zu sein
5. geborgen zu sein
6. gemeinsam mit anderen Kindern zu sein
7. Freundschaft zu erleben
8. Spaß zu haben
9. Ernst (für groß) genommen zu werden
10. Sinn zu suchen
11. Liebe zum Detail und zu kleinen Dingen zu haben
12. Liebe zur Natur (Biophilie) zu haben
13. Liebe zum Schönen zu haben
14. gern zu entdecken und zu enträtseln

Abb. 23 Kind in Kambodscha, Kinder wollen etwas Sinnvolles tun

Wenn wir diese subjektiv kategorisierten Motive von Kindern hier als anthropologische Grundlagen ansehen, aus denen weiteres Handeln und Lernen erwächst, dürfen wir sie gleichzeitig nicht als völlig natürlich missverstehen. Denn sie sind auch wiederum von den Erfahrungen und Umständen formbar und veränderbar; Anna Freud untersuchte nach dem 2. Weltkrieg in England Kinder, die aus dem Konzentrationslager Theresienstadt kamen. Diese Kinder hatten nicht das für Kinder typische vertrauensvolle Verhältnis zu Erwachsenen und wiederum ein untypisches intensives Gruppenverhalten untereinander (Freud 1969 (2), 36 f.). Auch anthropologische Beobachtungen sind keine Natur-Konstanten, sondern in ihrer Ausformung abhängig von den jeweiligen sozialen Erfahrungen.

Dennoch können wir im internationalen Vergleich feststellen, dass Kinder sehr wohl überall auf der Welt sehr viele Ähnlichkeiten aufweisen. Ihre Zukunftsvorstellungen werden von ähnlichen Motiven und Wünschen geleitet – egal ob die Kinder in Chile, Japan oder Deutschland leben (Kaiser 2003 b). Auch in einer noch laufenden Untersuchung über Alltagsleben von Kindern in der Öffentlichkeit zeichnet sich ab, dass es außerordentlich viele Gemeinsamkeiten gibt und dass Neugier, Entdeckungsfreude, Bewegungslust, Interesse an Tieren und kleinen Dingen, soziale Freude und das Bedürfnis nach Zuwendung in Deutschland, Irland, Zypern, Chile, Argentinien, Peru, Venezuela, Laos, Thailand, Vietnam und Kambodscha grundlegend sind. Die Stabilität der in der pädagogischen Literatur meist nur vermuteten anthropologischen Merkmale von Kindern scheint sich durch diese Untersuchung auch empirisch untermauern zu lassen.

Zu einzelnen Dimensionen der Anthropologie von Kindern gibt es auch schon spezielle empirische Untersuchungen. Kuhn/Buhl (2002) zeigen in einer Studie auf, wie umfassend und intensiv die Bewegungsbedürfnisse von Grundschulkindern sind. Dieses ist allerdings noch wenig in Konzepte von Sachunterricht eingegangen. Auf das Neugierigsein wird eher verwiesen (vgl. Soostmeyer 2002). Ein sinnvoll kindgerechter Sachunterricht ist nur dann gegeben, wenn wirklich allen Dimensionen der kindlichen Persönlichkeit, integriert im Erlernen von relevanten Problemen der Welt, Rechnung getragen wird.

Aber auch Unterrichtsbeobachtungen und vereinzelte empirische Untersuchungen (Kaiser/Röhner 2000) machen deutlich, dass diese aus der Literatur gewonnenen anthropologischen Merkmale durchaus die Stärken von Kindern treffend beschreiben. In Beobachtungsstudien wird deutlich: Kinder sind lebendig, wissbegierig, aktivitätslustig und können viel Wissen, Handlungsbereitschaft und Lebendigkeit in den Unterricht einbringen. Dieses näher im Sinne einer Analyse von Lernvoraussetzungen zu betrachten, scheint eine wichtige Aufgabe zu sein, die auch auf Lehrpersonen aktivierend wirken kann, weil die Fähigkeiten von Kindern und die Entwicklungspotenzen in den Blickwinkel geraten und nicht die Negativetikettierung in dem Sinne, dass die heutige Gesellschaft zu wenig Entfaltung bietet. Gerade hier hilft die anthropologische Sicht auf das, was Kinder

generell ausmacht. Dabei gibt es in der Tat auch für Kinder zutreffende allgemeine Kennzeichnungen, aus denen wir sehr viel für die eigenen didaktischen Entscheidungen lernen können. Diese klingen zunächst sehr simpel, aber dennoch
steckt bereits in diesen einfachen Bestimmungen eine Fülle an didaktischen Orientierungen. Die erste dieser allgemeinen Bestimmungen ist die banalste und
zugleich wichtigste:

1) Kinder sind Menschen. Dies heißt aus didaktischer Sicht, dass Kinder nicht
   etwa als Aufbewahrungskisten für Stoffe oder als „steuerbare Knetmasse",
   die nach beliebigen Zielen formbar ist, missverstanden werden dürfen. Kinder sind und bleiben eigenständige Lebewesen, die in aktiver Beziehung zu
   ihrer Umwelt stehen, auf diese einwirken und sich in der Auseinandersetzung
   mit ihr entwickeln. Von daher sind humane Ansprüche an Schule und Bildung
   für alle Kinder unteilbar, sie müssen als Menschen gesehen und ernst genommen werden, ihre Lebendigkeit darf nicht unterdrückt oder negiert werden.
   Dazu gehört auch, dass der Bewegungsdrang und die Lebensfreude, Spaß
   und Spiel ernst genommen werden.

2) Kinder sind kleine Menschen. Aus diesem kleinen Attribut folgen gerade für
   den Sachunterricht bedeutsame Konsequenzen. Denn kleine Menschen sind
   dabei, größer zu werden und wollen größer werden, sie wollen wichtig sein
   und gleichberechtigt zur Welt gehören. Deshalb ist Sachunterricht mit Ernstcharakter, bei dem die Kinder den Sinn des Lernens klar erkennen, sei es, die
   Erwachsenen an einer Ampel auf verkehrswidriges Verhalten aufmerksam zu
   machen, Aktionen zur Reduzierung des Schulmülls oder Arbeit im Schulgarten für die Kinder besonders wertvoll, weil sie erfahren, bedeutsam zu sein,
   zu dieser Welt zu gehören und einzeln angenommen zu sein. Das tragende
   Motiv von Grundschulkindern ist es, groß sein zu wollen, „es den Großen
   gleichzutun" (Meiers 1994, 35). Dies schafft Energien auch für schwierige
   Lernprozesse, solange diese so gestaltet sind, dass die Kinder auch tatsächlich den Erfolg ihrer Bemühungen feststellen können. Gerade weil Kinder
   noch auf dem Weg sind, einen festen Platz in der Gesellschaft zu finden, ist es
   so wichtig, dass sie etwas Sinnvolles tun dürfen und sich den „Großen" nahe
   zu fühlen. Aber auch Erwachsene lernen intensiver, wenn sie selbst einen inhaltlichen Sinn im Lernen sehen, wie es an den Alphabetisierungsprogram-
   men von Paulo Freire (1974) sehr eindrücklich geschieht.

3) Kinder sind lebendige Menschen, sie wollen sich bewegen und wollen aktiv
   sein. Sie wollen gerade nicht nur still sitzen und sich von Informationen berie-
   seln lassen, wie es ohnehin in ihrer Freizeitwelt immer mehr zunimmt. Sie
   wollen vielmehr aktiv und selbst bestimmt leben und lernen. Wenn wir Kinder aus Pappkartons Häuser für ihre Schnecken bauen lassen, in die sie je
   nach ihren Beobachtungen über die Vorlieben ihrer Schnecken eine Speise-
   kammer mit den geeigneten Lebensmitteln, einen Nassraum oder auch nicht,

Klettermöglichkeiten je nach erfahrenen Fähigkeiten der eigenen Schnekkensorte u. v. a. m. gestalten, dann ist Erkenntnisbildung über das Leben der Schnecken und aktives Tun eine Einheit geworden, die den Kindern gemäß ist. Sie sind als tätige Menschen durch den Unterricht angesprochen und nicht als tote Informationsspeicher behandelt worden.

Diese drei allgemeinen Bestimmungen, dass Kinder Menschen, kleine Menschen und tätige Menschen sind, sollten bei allen didaktischen Überlegungen mitbedacht werden.

5.3 Lernvoraussetzungen für den Sachunterricht

5.3.1 Zur Problematik der Lernvoraussetzungen

Kaum jemand zweifelt am Satz, dass es wichtig ist, die Kinder in ihrem Denken, an ihrem Entwicklungsstand (Meiers 1994, 36), bei ihrem Vorwissen anzusprechen, Aber das Wissen um diese Lernvoraussetzungen ist äußerst dürftig, wir wissen kaum etwas über das soziale Alltagsleben von Kindern unserer Schulklassen. Dadurch können aber wesentlich Fehlentscheidungen erwachsen. Ein kleines Beispiel aus einer Unterrichtsbeobachtung mag dies veranschaulichen.

„Ein Kind, das in zwei Elternhäusern aufwächst, malt, auf die Aufforderung eines Grundschullehrers, sein Wohnhaus zu malen, zwei Häuser. Der Lehrer kritisiert das Produkt des Kindes mit den Worten: Du solltest ein Wohnhaus malen. Das Kind malt daraufhin nur ein Haus" (Heinzel 2000b, 26).

Schon 1982 konstatierte Hemmer einen Mangel an „Analysen der kindlichen Lebenswirklichkeit" (Hemmer 1982, 33) als großes Problem der Sachunterrichtsdidaktik. Seitdem hat sich nicht viel geändert. Wenn wir danach fragen, wie Kinder nun tatsächlich gesellschaftliche Probleme wahrnehmen, werden wir in der wissenschaftlichen Literatur weitgehend auf Leerstellen stoßen. Röhner (2004b) spricht von einem ungelösten Forschungsproblem, das Weltwissen der Kinder zu erkunden. Denn gegenwärtig ist unser Wissen über die Kinder insgesamt sehr dürftig. Nur wenige Untersuchungen sagen etwas über ihre Verarbeitung gesellschaftlicher Probleme wie Arbeitslosigkeit (Gläser 2004a) oder Armut (Miller 2004). Besonders wenig können wir über die Lebensprobleme von Kindern, die nicht zur deutschen Mittelschicht zählen, aussagen. Denn „wir wissen relativ wenig von den subjektiven Erfahrungen nichtdeutscher Kinder; sie sind kaum je gefragt worden" (Preuss-Lausitz 1993, 40), obgleich allein 12 % aller Schülerinnen und Schüler Westdeutschlands nichtdeutscher Herkunft sind (Preuss-Lausitz 1993, 40).

Wenn wir danach fragen, mit welchen Vorkenntnissen und Vorstellungen die heutigen oder gar zukünftigen Kinder in den Unterricht hinein gehen, dann haben wir große Probleme, eindeutige Hinweise zu finden.

Dies wird in der gegenwärtigen, schnelllebigen Zeit besonders augenfällig, weil Kinder sehr unterschiedliche Biografien haben und damit aus den ursprünglichen Motiven nach Nahrung, Wärme und Fürsorge sehr verschiedene Persönlichkeiten entwickeln. Trotz eines einheitlichen gesetzlichen Rahmens bilden sich immer mehr kulturelle und sozio-ökonomische Teillebenswelten heraus.

Es ist zu vermuten, dass das Verschiedenheitsspektrum zwischen den Kindern viel größer ist als in früheren Jahrzehnten oder gar Jahrhunderten – insbesondere in der Grundschule, die mit dem Anspruch „Schule unter einem Dach", alle Kinder zu integrieren beansprucht und damit prinzipiell eine Schule für alle Kinder dieses Alters wird. Deshalb sind simple Etikettierungen wie „die verwöhnten Konsumkinder" wenig fruchtbar. Trotzdem müssen wir für den Sachunterricht in der Praxis über Lernvoraussetzungen aller Kinder genauer informiert sein. Dies kann aber nicht bedeuten, dass wir nach einem festen Wissenskanon über Lernvoraussetzungen der Kinder suchen, denn diese sind grundsätzlich dynamisch. Schon allein eine Frage zum Vorwissen zu einem Thema erweitert das Denken und damit die Lernvoraussetzungen (vgl. Kaiser 1996 b).

Aber Lernvoraussetzungen entwickeln sie nicht nur ständig, sie sind auch relativ und von der Situation abhängig. Denn in jeder Lerngruppe, in jeder Familie und jeder subkulturellen Gruppierung ist das Denken an bestimmte Selbstverständlichkeiten und Normen gebunden und wird davon geprägt: „Kinder einer Generation und selbstverständlich Kinder in ihrem Freundeskreis oder in institutionellen Zusammenhängen (Kindergartengruppen, Klassen, Hortgruppen, Freizeitgruppen) sind durch eine solch fundamentale Sinnschicht verbunden" (Heinzel 2000 a, 119 f.).

Trotz all dieser Einschränkungen erkenntnistheoretischer und methodischer Art brauchen wir mehr Wissen über die Lernvoraussetzungen einer Klasse mit all den verschiedenen Kindern und schon in den ersten Lebensjahren außerordentlich heterogenen biografischen Erfahrungen. Obwohl Lernvoraussetzungen nur schwer zu definieren sind und obgleich es schwierig ist, didaktische Konsequenzen aus „festgestellten" Lernvoraussetzungen zu entwickeln, ist es für fruchtbare Lernprozesse besonders wichtig, die subjektiven Lernbedingungen möglichst genau zu kennen. Denn nur wenn wir mehr über das konkrete Denken und Fühlen der Kinder wissen, können wir auch die identitätsstiftenden didaktischen Momente finden. Allerdings wird es mit zunehmender Komplexität der Entwicklung von Kindern immer schwieriger, die adäquaten Vorerfahrungen aufzugreifen, weil „in einer pluralistischen und zunehmend multikulturellen Gesellschaft die Schüler mit unterschiedlichen Erfahrungen, sozialen Normen und Wirklichkeitsbildern in die Schule kommen" (Duncker/Popp 1994 b, 17).

Auch wenn es kompliziert ist, die Lernvoraussetzungen zu erheben, so ist dies unerlässlich, denn tatsächlich entsteht Bildung nur über die Lernenden und nicht über Programme. Wir können beobachten „[...], dass eine Reihe von sozialen

Systemen wie Recht, Wissenschaft, Politik, Wirtschaft zwischen sich die 'Bildung' aushandeln, die produziert werden soll, während Bildung selbst das ist, was außerhalb der sozialen Systeme im psychischen System der Schüler z. B. als Fähigkeiten, Einstellungen, Motivationen und Wissen entsteht bzw. entstanden ist" (Hoppe 2004, 77). Wenn Bildung im Sachunterricht in die Tat umgesetzt werden soll, müssen wir an die Lernvoraussetzungen anknüpfend unterrichten und diese Voraussetzungen zunächst (er)kennen. Dies heißt aber nicht, sie linear in Unterrichtsinhalte zu transformieren. Denn wenn wir Lernvoraussetzungen erheben, wollen wir nicht einfach mechanische Schlussfolgerungen aus den momentanen Interessen und Wünschen der Kinder auf Unterrichtsinhalte ziehen, sondern nur gezielte Anregungen zum Lernen geben.

5.3.2 Vorliegender Untersuchungsstand zu Lernvoraussetzungen

Einige wenige Untersuchungen liegen zu Lernvoraussetzungen im Grundschulalter mittlerweile vor, bevorzugte Inhalte im Sachunterricht (Hansen/Klinger 1997), Zukunftsvorstellungen (Glumpler 1993; Hempel 2000; Kaiser 2003b), Gedanken zur Arbeitslosigkeit (Gläser 2004a), Körperbewusstsein und Sexualwissen (Milhoffer 2004) oder Wissenschaftsverständnis (Grygier u. a. 2004). Ich selbst habe schon in den 1980er Jahren eine derartige Untersuchung (Kaiser 1996b) durchgeführt, in der ich das vielfältige Wissen der Kinder in den Bereichen, Konsum, Arbeitswelt, Umweltschutz und Werbung betont habe. Das generelle Ergebnis zeigte, dass Kinder als Klasse über außerordentlich viele Vorkenntnisse verfügen, die nicht erst mühselig vermittelt werden müssen, sondern auch untereinander in der Lerngruppe ausgetauscht werden können. Viele Informationen vermittelnde Unterrichtsstunden können erspart werden, wenn wir uns der Mühe unterziehen, die tatsächlichen Lernvoraussetzungen zu erheben. Allerdings war dieses Wissen auch immer wieder gebrochen und widersprüchlich und machte gründliche Aufarbeitung im Unterricht erforderlich. Unterricht ist also erforderlich, aber mehr, um diese Widersprüche gedanklich aufzulösen. Allerdings fehlt es uns noch in weiten Gebieten an Erkenntnissen über Lernvoraussetzungen. Unser Wissen um Lernvoraussetzungen der Kinder ist beim gegenwärtigen Forschungs- und Erkenntnisstand außerordentlich dürftig. Ein wichtiger Grund dafür liegt darin, dass derartige Forschungen wenig generalisierbar sind und sich notwendig auf bestimmte Themen und letztlich auch auf bestimmte Lernsituationen beziehen. Für diese Fragestellungen muss ein auf die komplexe Praxissituation bezogenes Forschungsdesign entwickelt werden, das in der Durchführung und Auswertung ausgesprochen aufwändig ist.

Im Oldenburger Promotionsprogramm Prodid (Promotionsprogramm Didaktische Rekonstruktion) wird neuerdings systematisch in anspruchsvollen qualitativen Studien danach gesucht, was Schülerinnen und Schüler sich zu bestimmten bedeutsamen Unterrichtsinhalten vorstellen. Für den Sachunterricht liegt als erste Studie die Untersuchung von Simone Seitz zur Thematik Zeit vor (Seitz 2005). In dieser Untersuchung wird auch das Spektrum möglicher Lernvoraussetzungen von Kindern mit Lernproblemen bis hin zu denen, die für hochbegabt eingeschätzt werden, betrachtet. Auch Claudia Schomaker hat zum naturwissenschaftlichen Sachunterricht bereits Ergebnisse ihres Promotionsvorhabens zu den Kindervorstellungen bei ästhetischen Impulsen vorgelegt (Schomaker 2005). Danach sind Kinder gerade über ästhetische Impulse in der Lage, vielfältige Aspekte des naturwissenschaftlichen Gegenstandes auszudrücken.

Lernvoraussetzungen sind stark abhängig von den jeweiligen Umwelterfahrungen der einzelnen Kinder und der sozialen Kindergruppen, in denen sie lernen und spielen. Sie sind damit auch an verschiedene äußere Bedingungsebenen gleichzeitig gebunden:

a) Bedingtheit durch Strukturmerkmale des regionalen bzw. lokalen Umfeldes
b) Bedingtheit durch die konkrete Wohn- und Lebenssituationen
c) Bedingtheit durch den Entwicklungsstand der Kinder
d) Bedingtheit durch das intraindividuelle Entwicklungsprofil

Eine weitere Schwierigkeit beim Formulieren von Lernvoraussetzungen ergibt sich daraus, dass diese – wie die neuere entwicklungspsychologische Forschung immer deutlicher macht (Keller 1982, Sodian 1995) – in sich sehr heterogen sind und gleichzeitig – je nach Inhalt – verschiedene Stufen etwa der kognitiven Entwicklung nebeneinander stehen können. Die Diskrepanz der Entwicklung heutiger Kinder, die mit hoher kognitiver Ansprechbarkeit und einer sehr schwierigen Balance in der Situation einhergeht, ist gegenwärtig sehr augenfällig (Klafki 1992, 17). Deshalb ist es nicht mehr hilfreich für die Praxis, wenn die Fragentypen von Kindern in eine altersspezifische Rangfolge gesetzt werden, etwa dass die Fragen mit sozialem Aspekt „War das immer so?" mehr dem 8.–9. Lebensjahr zugeordnet werden, während die Fragen nach dem ökonomischen Aspekt, „Was nutzt uns das?", eher dem 7.–9. Schuljahr zugeordnet werden (Mayer 1994, 63). Derartige Stufenbildungen sind zwar verlockend, aber sie erwecken gleichzeitig Lösungshoffnungen, die in unserer komplexen Wirklichkeit nicht mehr zutreffen. Im vorigen Jahrhundert war die Erwartung, klare Stufenschemata der Kinderentwicklung als Grundlage didaktischer Entscheidungen zu gewinnen, dagegen noch sehr legitim.

In der didaktischen Literatur wird seit Ende des 19. Jahrhunderts häufig auf die Notwendigkeit hingewiesen, Kenntnisse über die Lernvoraussetzungen zu erwerben, um pädagogische Fehlurteile, Über- und Unterforderungen der Kinder zu vermeiden (vgl. Troll 1922 (10), 4).

Zuerst haben sich Herbartianer darum bemüht (Hartmann 1913 (6)), mit empirischen Methoden zu Schulbeginn genauere Daten über die Kinder zu erfahren. Auch andere Didaktiker schätzten den Wert von Kenntnissen über Lernvoraussetzungen. Man wollte herausfinden, welche „fehlenden Vorstellungen" erst im

Schulunterricht erzeugt werden müssen (Hartmann 1913, 63). Hier gab es von der „psychologischen Statistik" des Herbartianers K. V. Stoy (in: Hartmann 1913, 60 f.) verschiedene erste Ansätze.

Eine besonders breit angelegte Untersuchung aus Annaberg stammt von Hartmann selbst (Hartmann 1913, 136). In diesen frühen Untersuchungen ging es darum, bei didaktisch als wichtig eingeschätzten Begriffen (z. B. Frosch oder Regenbogen oder Schumacher oder Vaters Beruf) zu erfragen, ob die Schulanfänger/innen sich darunter bereits etwas vorstellen konnten. Es sollten „Aufschlüsse über die Häufigkeit des Vorkommens bei den einzelnen Kindern und der Nachweis gewisser konstanter Verhältnisse für die Gedankenkreise aller Kinder desselben Ortes oder derselben Gegend" gewonnen werden (Hartmann 1913, 59). „Hauptzweck war, den Gedankenkreis der eintretenden Kinder zu erforschen, um die natürlichen Grundlagen des Lehrplans für das erste, beziehentlich zweite Schuljahr zu gewinnen" (Hartmann 1913, 66). Abgesehen davon, dass dabei von Hartmann selbst biologische Reifungstheorien zugrunde gelegt wurden, bedeutet dieser Ansatz einen interessanten Versuch der didaktischen Grundlegung der Unterrichtsplanung durch die Ermittlung von Lernvoraussetzungen.

Bemerkenswert ist dabei auch, dass er zwar deutliche Geschlechterdifferenzen, aber ein anderes Profil als heutige Studien gefunden hat. Keiner der im Fragenkatalog enthaltenen Begriffe mit technisch-naturwissenschaftlicher Relevanz (Gewitter, Bergwerk, Regenbogen, Abendrot, Sonnenuntergang, Mondphasen, Sternenhimmel, Uhr, Himmelsgegenden, Würfel, Kugel, Dreieck) ist als Interessen-Domäne der Jungen aufgefallen. Vielmehr wiesen die Mädchen in fast allen diesen Fragebereichen ihrerseits eine deutliche Überlegenheit auf. Wichtig bleibt festzuhalten, dass offensichtlich geschlechtsspezifische Sozialisationsprozesse starken historischen Wandlungen unterliegen, also auch prinzipiell veränderbar sind.

In späteren Jahrzehnten hat sich diese Tradition, konkrete inhaltliche Lernvoraussetzungen systematisch zu erheben, nicht fortgesetzt. Vielmehr gibt es im 20. Jahrhundert nur vereinzelte Studien. Weitgehend verließ man sich auf generelle Studien über Entwicklungsphasen, um Aussagen über das Kind in das didaktische Denken einzubeziehen.

Insbesondere Piagets Konzept (1974) der Entwicklungsphasen von der präoperationalen über die konkret operationale bis zur formal operationalen Phase ist stark in die didaktische Diskussion eingeflossen. Er hat dieses Konzept aber weitgehend nur auf mathematische Entwicklungen – Formbegriff, Zahlbegriff und Raumbegriff – bezogen. Für den Sachunterricht inhaltlich spezifischer ist seine Untersuchung des moralischen Wertbewusstseins, das er ebenfalls in diesem Prinzip von der egoistischen über die altruistischen bis zur autonomen Moral hin fasst.

Piaget ist vor allem mit seiner These, dass Kinder erst im Grundschulalter beginnen, in breitem Umfang schlussfolgernd zu abstrahieren, auf breite Resonanz gestoßen. Nach Piaget fangen die Kinder erst allmählich an, „abstrakte" geistige Operationen auf der Ebene gegenständlicher, begrifflich präzisierter Relationen auszuführen. Der Begriff der konkret-operationalen Phase nach Piaget genießt für dieses Alter weithin Anerkennung und wurde mit Kohlbergs Theorien weiter entwickelt (Kohlberg 1974). So wird auch in der Sachunterrichtsdidaktik aus Kohlbergs Stufentheorie pädagogisch gefolgert: „Die Forschungsarbeiten von Lawrence Kohlberg zur Entwicklung des Normen- und Wertbewusstseins bei Kindern zeigen, wie schwierig es für das Kind ist, soziale Phänomene zu verstehen, Konventionen zu begreifen, moralische und rechtliche Urteile nachzuvollziehen, Verantwortung zu übernehmen und aktiv am sozialen Leben teilzunehmen" (Soostmeyer 1986, 32). Erfahrungen mit philosophischen Zugangsweisen im Sachunterricht (Müller/Pfeiffer 2004) und sozialem Lernen (Kaiser 2001) zeigen dagegen, dass Kinder im Grundschulalter sehr wohl in der Lage sind, Bewertungen vorzunehmen und soziale Prozesse zu durchschauen und zu gestalten. Auch Soostmeyer räumt im Gegensatz zu seiner Kohlberg-Rezeption ein: „Wir müssen [...] von der Unbegrenztheit der kindlichen Möglichkeiten ausgehen, Erfahrungen zu machen und zu verarbeiten" (Soostmeyer 1986, 28). Dabei gehen Kinder auf ihre eigene Weise Zweck bezogen mit Inhalten um und nicht bei allen Inhalten mit der von den Lehrpersonen gewünschten Abstraktion. Sowohl neuere Entwicklungspsychologie (Sodian 1995) wie auch Praxisbeobachtungen sprechen eher dafür, dass Kinder je nach Inhalt verschieden weit entwickelt sind. Sie sind kognitiv sehr wohl auch zu abstraktem Denken fähig. Dies steht im Widerspruch zu Piagets (1974) Stufenlehre, in der schlussfolgerndes und selbstreflexives Denken erst in höheren Altersstufen für möglich gehalten wird (vgl. Popp 1994, 59). Sie können bei der einen Frage abstrahieren und bleiben bei der anderen an der Oberfläche stehen. Es gibt kein klares Stufenprofil. Seitz (2005) hat methodenkritisch Piagets Ansatz betrachtet und die begrenzte Reichweite für didaktische Entscheidungen herausgestellt. Auch in ihren Ergebnissen wird die Gleichzeitigkeit verschiedener Abstraktionsstufen des Denkens über Zeit bei Kindern offensichtlich.

Deutlich wird das Nebeneinander verschiedener kognitiver Strukturen ebenso an Spreckelsens Unterscheidung differenter Denkmuster im Grundschulalter (Spreckelsen 1994, 217). Er geht davon aus, dass die Analogiebildung zwar in diesem Alter dominiert (zusätzlich unterschieden in phänotypische Analogiebildung und genotypische Analogiebildung), aber dass daneben auch zwei „frühere" Denkweisen stehen, nämlich ein Denken im Täter-Tatsystem und eine Regression auf leibliche Erfahrungen (Spreckelsen 1994). D. h. auch hier ist eine Gleichzeitigkeit verschiedener kognitiver Entwicklungsstufen zu verzeichnen.

Die bisher vorliegenden Untersuchungen zu allgemeinen – insbesondere kognitiven – Lernvoraussetzungen werden ergänzt durch einige konkret-inhaltliche unmittelbar aus dem sachunterrichtlichen Kontext. So liegen zum ökonomischen Bewusstsein – genauer: zu einzelnen Teilfragen – bereits verschiedene Untersuchungen vor (Strauss 1952/1976). Richtung weisend war vor allem die Untersuchung Furths (1980, 1982), der in sehr ausführlichen Einzelinterviews Kinder befragte, wie sie sich die Herkunft des Geldes vorstellen, wie sie die Transaktionen beim Einkauf erklären, was sie über Lohnarbeit wissen, wie sie sich Gemeindestrukturen vorstellen. In der Nachfolge von Furth hat K. Feldmann (1987) versucht, verschiedene Interviews, die er mit Kindern durchführte, nach differenzierteren Kriterien zu interpretieren und in den Kontext der bisherigen Forschungen zum Gebiet ökonomischen Bewusstseins zu stellen. Feldmann fragte die Kinder nach ihren Erklärungen dafür, „dass ein Geschäft Pleite geht" (Feldmann 1987, 65), nach der Verwendung von Taschengeld (Feldmann 1987, 70), nach ihren Vorstellungen vom Sparen (Feldmann 1987, 76), nach den Ursachen von Armut und Reichtum (Feldmann 1987, 76). Beide Studien verweisen in Anlehnung an Piagets (1974) Vorstellungen von Entwicklungsphasen letztlich darauf, welche großen kognitiven Defizite im kindlichen Denken vorliegen. Selbst in der vierten, der höchsten festgestellten kognitiven Entwicklungsstufe bei Grundschulkindern konnten die befragten Kinder dieser beiden Studien keine adäquaten Vorstellungen für eine begriffliche Durchdringung der ökonomischen Alltagsprobleme formulieren. Allerdings liegt dieses Ergebnis auch daran, dass nicht nach den Kompetenzen der Kinder gefragt wurde, sondern umgekehrt ein ökonomisch-begrifflicher Maßstab angelegt wurde und das Erfüllen der Abstraktion durch die Kinder untersucht wurde.

In einer eigenen Untersuchung an Bielefelder Grundschulen habe ich versucht, anhand von fünf ausgewählten sozio-ökonomischen Themenbereichen (Umweltschutz, Arbeiten, Konsum, Werbung, Geld) genauere Beschreibungsmerkmale von Lernvoraussetzungen („Schülervoraussetzungen") zu gewinnen (Kaiser 1996b). Im Teilprojekt zum Verständnis von Fabrikarbeit wurden Bilder als Untersuchungsinstrument eingesetzt, in den anderen Beobachtungen der Unterrichtsgespräche bei offenen Eingangsimpulsen wie z. B. dem Stichwort Taschengeld.

Das entscheidende Ergebnis war, dass Jungen in vielen inhaltlichen Aspekten andere Zugangsweisen zum jeweils im Unterricht dargebotenen Thema hatten als Mädchen. Aber auch nach nationaler, regionaler und sozialer Herkunft waren die Ergebnisse differenziert. Wir können also nicht von den Lernvoraussetzungen sprechen, sondern müssen immer eine Heterogenität in einer Schulklasse sehen. Insgesamt konnten verschiedene Grundlinien der Lernvoraussetzungen erhoben werden:

1) Grundschulkinder sind in außerordentlich hohem Maße von den in der Er-
wachsenenöffentlichkeit diskutierten Problemen betroffen, sie wissen um
den inhaltlichen Kontext von aktuellen gesellschaftlichen Problemen wie Arbeitslosigkeit, ökologischer Krise oder Rationalisierung und Technisierung
(Kaiser 1996b). Dazu sei nur ein kleiner Textausschnitt aus den umfangreichen Protokollen dokumentiert. Der folgende Gesprächsausschnitt zum Problem der Technisierung zeigt, wie viele Gedanken sich Grundschulkinder
beim Thema „Fabrik im Jahr 2000" um die „Zukunft der Arbeit" machen:

> „M2: Wie A. gesagt hat, sind Roboter und Maschinen viel billiger und ähm
> [...] die Menschen fordern auch eine Gehaltserhöhung und die Roboter
> bestimmt nicht.
>
> M3: Der Chef hat nicht mehr so viel Verlust wie sonst, weil es kaum noch
> Menschen gibt. Wenn die Maschinen kaputt gehen, ist das zwar sehr teuer,
> aber das passiert vielleicht einmal im Jahr.
>
> J 6: Ja, der braucht nicht mehr soviel Geld abzuliefern wie die Menschen
> das früher so gemacht haben, die kriegten ja Lohn dafür. Der ist jetzt froh,
> dass er keinen Lohn mehr zu vergeben braucht. Die Roboter, die machen
> das ja alles umsonst. Der braucht nur Öl für die Roboter" (Kaiser 1996b,
> 69).

2) Ihre gesellschaftlichen Zukunftsvorstellungen sind pointierte Extrapolatio-
nen gegenwärtiger Entwicklungstrends zu mehr Anonymisierung, Technisierung, Formalisierung und Rationalisierung, die durch Muster spielerischer,
kindlich-fantastischer Wirklichkeitswahrnehmung gebrochen werden.

3) Sie können sich in die Probleme der „Erwachsenenwelt" auch emotional hin-
einfinden und sind von fundamentalen gesellschaftlichen Problemen wie
Umweltkrise, Erwerbslosigkeit, Rationalisierung deutlich selbst betroffen.
Sie sind in der Lage, sich in die Sorgen der Erwachsenen hineinzuversetzen
und fühlen sich diesen Konflikten oft hilflos ausgesetzt.

4) Grundschulkinder können aber nur äußerst fragmentarisch Erklärungen
oder Lösungen für die sie auch emotional stark betreffenden Probleme an-
geben.

> „Das Alltagswissen der Kinder enthält [...] immer eine besondere Kinderper-
> spektive, die manchmal angemessener, zumindest aber häufig kreativer und
> unvoreingenommener sein kann als die der Erwachsenen [...] gleichzeitig
> [ist] aber auch dieses Wissen in seiner Begrenztheit und ggf. auch seiner Ein-
> seitigkeit und Falschheit den Kindern bewusst zu machen" (von Reeken 2001,
> 51).

Diese enge Verknüpfung der Kinder mit der Erwachsenenwelt zeigt sich auch bei
der Untersuchung von Petra Milhoffer zum Sexualwissen von Kindern: „Schon
in den ersten beiden Klassen der Grundschule spielte die gleich- und gegenge-

schlechtliche erotische Anziehungskraft und das kindspezifische Sexualerleben in Form von drängender sexueller Neugier, Schwärmerei und dem Wunsch nach körperlicher Nähe eine handlungsleitende Rolle im Miteinander. Wenn sich dann noch andere körperliche Veränderungen als das Größenwachstum bemerkbar machen, sind Kinder mit der zuweilen höchst irritierenden Aufgabe konfrontiert, sich selbst neu verstehen zu lernen" (Milhoffer 2004, 82).

Die Untersuchung zu Lernvoraussetzungen im Sachunterricht von Simone Seitz zeigt, wie komplex Lernvoraussetzungen von Kindern sein können: „Kinder weisen Fragen nach ihrer eigenen Lebenszeit (Kinderbiografie) eine hohe Bedeutung zu. Sie zeigen dabei besonderes Interesse an den 'Randbereichen' der Lebenszeit (Geburt/frühe Lebenszeit bzw. Tod/hohes Lebensalter) und verweisen damit auf das Bedürfnis, die Auseinandersetzung mit der eigenen Lebenszeit nicht unnötig zu reduzieren, sondern sie in ihrer vollen Bedeutung zu durchdringen. Sie geben außerdem dem Erleben von Zeit einen hohen Stellenwert. Sie integrieren dabei emotionale Aspekte des Zeitverständnisses und die sinnhaft-ästhetische Ebene in ihre Sichtweisen. Die Kinder verhandeln somit das Phänomen Zeit insgesamt als *integralen* Teil ihrer Identität" (Seitz 2004, 23).

Auch aus anderen Untersuchungen ergibt sich ein hohes und differenziertes Niveau der Lernvoraussetzungen. Dies gilt auch für Bereiche, die gemeinhin als für zu schwer im Grundschulalter eingeschätzt werden wie die Frage der Demokratisierung: „Die Lernvoraussetzungen, die Kinder heutzutage in die Grundschule mitbringen, sind im Hinblick auf Demokratie-Lernen positiv einzuschätzen" (Prote 2000, 166).

Insgesamt zeigen die wenigen Untersuchungsergebnisse, dass Kinder über ein außerordentlich hohes Wissen und Einschätzungsvermögen in vielen Themen verfügen, so dass generell aus den Lernvoraussetzungen nicht auf eine Einschränkung der Inhalte des Sachunterrichts geschlossen werden kann, sondern im Gegenteil eine Erweiterung und Ausdifferenzierung nötig ist.

Diese hier vorgestellten Untersuchungen sind nur auf wenige Inhaltsbereiche bezogen. Sie bedürfen der konkreten Ergänzung der Lernvoraussetzungsanalyse in der konkreten Lerngruppe.

5.3.3 Methoden der Lernvoraussetzungsanalyse

„Die Bedeutung von Schülervorstellungen als Ausgangspunkt für jede Form der schulischen Intervention hat für den Sachunterricht der Grundschule eine nicht unerhebliche Auswirkung. Die Fragestellung, ob komplexe Zusammenhänge überhaupt wahrgenommen werden, stellt sich bei einer Vielzahl von Themen des Sachunterrichts" (Holl-Giese/Schrenk 2005, 13). Da aber die erforderlichen Untersuchungen nicht vorliegen und wegen des situativen Charakters auch nur begrenzt vorliegen können, ist es erforderlich, selber nach Wegen zur Erhebung von Lernvoraussetzungen zu suchen. Aber wie finden wir als Erwachsene den

Zugang zu den Lernvoraussetzungen der Kinder? Eine vor allem in Ausbildungsseminaren verbreitete Methode der 1970er Jahre war es, zu Beginn einer Unterrichtseinheit mit einem Fragebogen das Vorwissen der Kinder zu erfragen (Czinczoll 1979). Manchmal wurde diese Pflichtübung auch mündlich absolviert. Diese Verbeugung vor den Kindern zu Beginn einer Unterrichtseinheit ist als Form auch heute noch nicht ausgestorben. Aber was folgte daraus? Allenfalls wurden die Inhalte, die bei vielen Kindern der Klasse als bekannt aus den Fragebögen herauskamen, dann „weggelassen". Anschließend unterrichtete man plangemäß nach den eigenen Unterrichtsstundenzielen, die in den 1970er Jahren oft noch in Ziele für 10-Minuten-Spots untergliedert waren.

Auch in manchen Versuchen des Projektunterrichts wird am Anfang das Thema genannt, z.B. „Kinder in Afrika" und dann gefragt, was die Kinder der Klasse nun zu dem Thema alles lernen wollen. Manche Lehrpersonen haben enttäuscht über die mageren Antworten auf derartige „freie" Fragen an der Mitbestimmungsfähigkeit von Kindern über ihre Lernziele gezweifelt. Dies ist aber eine ebenso starre Fehlform, an Lernvoraussetzungen der Kinder heranzukommen und sie gleich danach im Unterrichtsverlauf zu ignorieren. Gerade weil Lernvoraussetzungen keine feste Größe sind, nicht per se als „ursprüngliches, autonomes Bedürfnis" (Schreier 1994a, 11) gedeutet werden können, sondern immer auch Ergebnis der Auseinandersetzung der Kinder mit ihrer Umwelt und den Mitmenschen darstellen, können sie nicht in einmaligen Tests erhoben werden.

Erfahrene Lehrerinnen und Lehrer, die an den Lernvoraussetzungen der Kinder ansetzen wollen, sehen schon im Gespräch, wie Kinder die Probleme wahrnehmen, wieweit die Probleme für die Kinder überhaupt von Bedeutung sind und was die Kinder selbst für Wünsche haben und welche Momente für sie einengend, bedrohlich oder hoffnungsvoll sind. Wie die Kinder die Welt und die Dinge in der Welt sehen, ist entscheidend für die Entwicklung produktiver Lernanregungen.

Wegen der Dynamik, Bedingungsabhängigkeit und Komplexität von Lernvoraussetzungen ist es methodisch wichtig, sie auch im konkreten pädagogischen Kontext zu erheben. Dazu ist es möglich, die Kinder zu beobachten, sie durch Impulse zum Sprechen oder Aufzeichnen der Thematik aufzufordern.

Derartige relativ offene Methoden machen es allerdings schwer, vergleichbare und valide Ergebnisse zu bekommen. Schon Hartmann, der in den 1880er Jahren eine der frühesten Untersuchungen zu Lernvoraussetzungen von Schulanfängerinnen und –anfängern gemacht hat, wies auf diese Problematik hin: „Es war schwierig, von vielen Kindern überhaupt etwas zu erfahren, und es war schwierig, manche Angaben der Kinder auf ihren wahren Wert zu prüfen" (1913 (6), 74f.).

Wiater (1998) schlägt unter der Terminologie, die Kinder ethnografisch zu sehen, ebenfalls vor, ihre verschieden Lernvoraussetzungen differenziert zu erheben,

u. a. durch Auswertung von „nicht fremdmotivierten alltagskulturellen Produktionen der Schülerinnen/Schüler wie z. B. Witze über die Schule, Gekritzel, Malereien und Graffiti in Heften und anderswo, [… aber auch] die von der Schule selbst […] freie Aufsätze, Kindergedichte, Collagen, Musik- und Videoproduktionen, Leserbriefe, Diskussionsbeiträge in den Medien […] durch freie Gespräche mit Kindern […] durch pädagogische Feldforschung mittels neutral-distanzierter Beobachtung der kindlichen und jugendlichen Sozietät im Klassenzimmer, […]“ (Wiater 1998, 75). Hier werden also selbst produzierte Dokumente der Kinder gesammelt und interpretiert, um daraus Schlussfolgerungen zu finden. Dieser Ansatz, bei verschiedenartigen Äußerungsformen der Kinder anzuknüpfen, erscheint mir zunächst ein wichtiger Schritt zu sein. Wir müssen diese Ergebnisse aber auch deutlich in der Interpretation relativieren. Denn wir können nur Indikatoren erheben und nicht in die Tiefe von Lernvoraussetzungen blicken. Von daher ist Kahlert zuzustimmen, wenn er sagt: „Nicht Gewissheit über Lernvoraussetzungen, sondern Umsicht bei der Interpretation von Lernvoraussetzungen [ist] nötig“ (Kahlert 2002, 40). Denn wir müssen gleichzeitig wissen: Lernvoraussetzungen sind prinzipiell dynamisch (s. o.) und eng mit den (auch pädagogisch) veränderten Umständen der jeweiligen Lernsituation verknüpft.

Gerade wegen der Lernvoraussetzungsdynamik sind statische Methoden ungeeignet, um Lernvoraussetzungen zu erfassen. Aber auch weil Lernvoraussetzungen eng mit subjektiven Motiven, den Kernen der Persönlichkeiten verbunden sind und somit den Ausgangspunkt allen Lernens herstellen, lassen sich Lernvoraussetzungen durch kognitive Abfragebögen überhaupt nicht erfassen.

Deshalb werden hier vier methodische Varianten der Analyse von Lernvoraussetzungen vorgeschlagen (vgl. Kaiser 1997), die auch Wertungen und andere emotionale Dimensionen erfassen:

1) Das offene Gespräch
   Zu dieser Methode zählen Gespräche im Morgenkreis nach einem offenen thematischen Impuls zu Beginn einer Unterrichtseinheit oder eines Projektes und Gespräche während des Unterrichtsprozesses über die Lösung von Problemen. „Das Freie Gespräch [bietet hervorragende] Möglichkeiten zu erfahren, was Kinder bewegt“ (Duncker/Popp 1994b, 18). Heinzel schätzt diese Methode als besonders geeignet für Kinderforschung ein: „Kreisgespräche sind eine Methode der Grundschulpädagogik, die für Forschungen mit Kindern gut genutzt werden kann. Besonders produktive Möglichkeiten, die Kreisgespräche für die Kindheitsforschung bieten, liegen in ihrer Offenheit“ (Heinzel 2000a, 123).

2) Ästhetische Analyse
   „Über die ästhetische […] Darstellung der Wirklichkeit verbinden sich innere und äußere Vorstellungen von der Welt. Beide Seiten sind zu kultivieren: Der

Sachunterricht muss die Wirklichkeit zeigen – dies ist der Vorgang von außen her – und er muss die kindlichen Vorstellungen hervorkehren und sichtbar machen – dies ist der Weg von innen her" (Duncker 1994a, 35).

Eine Variante der ästhetischen Analyse ist bereits mit der Bildanalyse im o. g. Fabrikprojekt durchgeführt worden. Aber auch das Zeichnen ist eine zentrale Methode, um schnell einen Überblick über Kindervorstellungen zu bekommen, sei es, dass die Kinder technische Geräte in ihrer Funktionsweise, Soziale Beziehungen oder das Innere des Körpers wie Knochengerüst oder innere Organe im Zusammenhang zeichnen. In der Reggio-Pädagogik wird das Zeichnen von Kindern in dieser Funktion als Laboratorium zur Beobachtung des kindlichen Denkens bezeichnet (Krieg 2004, 118). „Zeichnen ist eine Form der 'Kinderprotokolle', mit deren Hilfe sie ihre Gedanken von innen nach außen bringen. Im Akt des Zeichnens muss sich das einzelne Kind Klarheit über seine Gedanken verschaffen" (Krieg 2004, 118). Andere methodische Formen der Lernvoraussetzungsanalyse sind u. a. abstrakte Visualisierungen („Malt die Luft!"), symbolische Darstellungen (z. B. durch Knöpfe verschiedene Persönlichkeiten und soziale Beziehungen zu repräsentieren), plastische Darstellungen, szenische oder pantomimische Darstellungen. Auch das Fotografieren durch Kinder z. B. auf einführenden Unterrichtsgängen gibt Aufschluss über Wahrnehmungsweisen und Interessen in der Klasse. In allen diesen ästhetischen Formen können Kinder ihre eigene Sicht in verschiedenen Bedeutungsebenen aufdecken und eröffnen so für sie verstehende Menschen ein wichtiges Spektrum von Lernvoraussetzungen.

3) Philosophische Gespräche

Insbesondere in Kleingruppen gibt es fruchtbare Situationen, in denen Kinder ihre eigene Sicht von Problemen, Dingen, Beziehungen und der Welt verbal zum Ausdruck bringen und damit ihre eigenen Lernvoraussetzungen kundtun (Müller/Pfeiffer 2004). Dabei besteht aber die Gefahr, dass viele Kinder diesem sprachlich anspruchsvollen Weg nicht folgen können und so scheinen, als könnten sie keine besonderen Aspekte zur Problemsicht beisteuern.

4) Selbst erstellte Bücher

Oft werden nach einer längeren Beschäftigung der Kinder mit einer Thematik sog. Ergebnisbücher der Kinder gemalt, geschrieben, illustriert und gestaltet. Darin fließt sehr deutlich der jeweils erreichte Erkenntnisstand der Lerngruppe ein und kann als Lernvoraussetzungsgrundlage für die weitere Unterrichtsarbeit verwendet werden.

Eine besonders interessante, wenn auch methodologisch außerordentlich schwer zu realisierende Idee zur Erforschung der Lernvoraussetzungen lässt sich aus einer Äußerung von W. Hansen folgern, nämlich die Beobachtung und Analyse des Spielverhaltens: „Ihr [der Kinder] Ergriffensein von der Welt tritt im

Spiel am unmittelbarsten in Erscheinung und gewinnt darin Gestalt, ohne dass es in die Formen der konventionellen Verständigung gefasst werden muss. Darum sind die Spiele meist origineller und in den Bezügen zur Welt nuancenreicher als die Gedanken, die von den Kindern geäußert werden" (Hansen 1968, 185).

Besonders ertragreich für die Lernvoraussetzungsforschung ist auch die Analyse von Kinderfragen. Sie ist eine Variante der Analyse des offenen Gesprächs. Hier hat Soostmeyer (2004) einen Themen übergreifenden Überblick über aus Erfahrungen in Grundschulklassen gesammelten Fragedimensionen von Kindern im naturwissenschaftlichen Sachunterricht zusammengestellt:

Soostmeyer unterscheidet dabei mehrere Formen von Fragen, nämlich

- Fragen nach dem Namen
- Fragen nach der Bedeutung
- Fragen nach dem eigenen Vorwissen
- Fragen nach den Funktionen
- Fragen nach der Funktionsweise und nach dem Inhalt
- Fragen nach der Ursache und nach der Wirkung
- Fragen nach der Herkunft (Soostmeyer 2004, 58).

Die Fragen der Kinder ernst zu nehmen und zu erheben, ist ebenfalls ein wichtiger Weg.

Zu den hier vorgestellten Ansätzen der Lernvoraussetzungsanalyse lassen sich in der Praxis noch vielfältige Varianten entwickeln. Wichtig ist, dass Kinder konstruktiv in diesen Prozess einbezogen werden, um reichhaltiges, aussagekräftiges Datenmaterial zu gewinnen.

5.3.4 Lernvoraussetzungen und pädagogische Konsequenzen

Bislang sind die wenigen Untersuchungen zu Lernvoraussetzungen weitgehend folgenlos geblieben. Wir wissen, dass „der naturwissenschaftliche Unterricht [...] in der Schule erheblich an den Interessen der Heranwachsenden vorbei konzipiert worden [ist] – und das besonders an den Interessen der Mädchen" (Hartinger/Fölling-Albers 2002, 75). Dagegen kommt es bei der Berücksichtigung von Kinderinteressen und bei ihrer Mitbestimmung über die Inhalte des Sachunterrichts darauf an, Anknüpfungsmomente für das Verstehen der Kinder, für die Entwicklung ihrer Denkprozesse, Empfindungen und Verhaltensweisen zu finden.

Auch wenn wir derzeit noch nicht viel über Lernvoraussetzungen von Grundschulkindern für den Sachunterricht wissen, können wir viel im konkreten inhaltsbezogenen Gespräch mit Kindern darüber erfahren. Denn Kinder leben in dieser Welt und machen in ihr Erfahrungen. Sie sind Menschen mit eigenen Meinungen und Wünschen und beurteilen die Welt und die Dinge nach ihren lebensweltlichen Maßstäben.

Gerade in Gesprächskreisen ist es möglich, dass Kinder mit ihrer eigenen Sicht zu Wort kommen, ihre Probleme und Weltsichten ausdrücken können, um ihren Lehrpersonen zu zeigen, was für Probleme sie bewegen. Denn Bildung ist – und damit schließe ich mich Wagenschein (1962) an – das, was die Lernenden subjektiv ergreift, sie muss also bei den persönlich bewegenden Problemen beginnen.

Dies heißt aber, dass wir Lernvoraussetzungen nicht nur als Forschungsgegenstand betrachten sollten, sondern auch als Motor von Unterricht. Es genügt nicht, in einem losgelösten Morgenkreis einmal am Tag die Kinder zu Wort kommen zu lassen und dann mit dem „richtigen Unterricht" zu beginnen. Vielmehr muss der Unterricht selbst aus und mit den Lernvoraussetzungen herauswachsen. Neben diesen direkten Methoden sind indirekte Methoden der Elterngespräche nicht zu vernachlässigen, auch wenn dabei jeweils eine bestimmte Deutung des Entwicklungsprozesses des Kindes mit einfließt.

In den Lernvoraussetzungen steckt untrennbar miteinander verquickt eine Seite Subjektives und eine Seite Welt. Dieses spannungsgeladene Gebilde ist stets in Bewegung, verändert sich und drängt nach Veränderung. Jeder Augenblick der Beobachtung bei einer Pflanze verändert die Eindrücke des Kindes und damit die Sicht des Kindes über Pflanzen. Sie können sich über die Farben freuen oder staunen, warum die große Blüte nicht vom Stängel fällt und bald wieder die starke Faserstruktur im Stängel bemerken und bewundern. Sie verändern sich selbst permanent in ihrem Denken und Fühlen und verändern auch gleichzeitig die Sache aus ihrer Sicht, indem sie in Beziehung zu einer Sache treten. Und aus dieser Dynamik Ich und Äußeres erwächst Lernen.

Dies wurde in der Geschichte der Schulpädagogik bis heute stark vernachlässigt. (Sach-)Unterricht wird oft nicht als dynamischer Prozess zwischen Menschen und Sachen/Inhalten/Problemen gesehen, sondern als statischer Verordnungsvorgang von oben nach unten. Lehrpersonen formulieren dann je nach ihrem eigenen Bewusstseinsstand starre Ziele. Beispielsweise sollen die Kinder vaterländische Gefühle beim Anblick der heimatlichen Berge entwickeln, oder sie sollen die Manipulation durch Werbung durchschauen und gesellschaftskritisch werden. Dieses verordnungsmäßige Herangehen an Menschen mag vielleicht in autokratischen Bürokratien sinnvoll sein, in demokratischen Gesellschaften ist es widersinnig und für lebendiges Lernen allemal. Denn bei starr festgelegten Sichtweisen von Lernen, die wir den Kindern abverlangen, sei es die statischen Gesetze am Beispiel einer Pflanze zu begreifen, das „Naturschöne" zu lieben oder die Pflanze ästhetisch zu würdigen, geht in jedem Fall das Dynamisierende der Lernvoraussetzungen der Kinder verloren.

Es gibt aber auch gedruckte Beispiele dafür, wie der Unterricht sich tatsächlich an der Dynamik der immer weiter entwickelnden Lernvoraussetzungen weiterrankt. Ein besonders ausführlich beschriebenes Beispiel ist im Buch „Sprache und Mathematik in der Schule" von den Züricher Hochschullehrern Peter Gallin und Urs Ruf (1990) beschrieben – leider zwar am Beispiel mathematischer Inhalte und für die Grundschule nur am Beispiel von Einzelunterricht bzw. in der „Zweierbeziehung" Lehrperson-Kind. Dennoch ist es interessant zu sehen, wie sich Lehrende auf die Denkwege der Kinder einlassen und gleichzeitig diese weiterführen, indem sie aus der Erfahrung des Kinderdenkens ihr eigenes Fachbrett vor dem Kopf allmählich elastischer machen. Auch die aufgezeichneten Unterrichtsprotokolle aus dem naturwissenschaftlich-physikalischen Sachunterricht von Martin Wagenschein (1968) sind gute Beispiele für aus der inneren Spannungsdynamik der Kinder entwickelte Unterrichtsgespräche.

Wichtig ist es, die Lernvoraussetzungen im gesamten Unterrichtsprozess als Kompass für den weiteren Weg zu nehmen. Dazu gehört das Gespräch mit den Kindern in allen Phasen des Unterrichts. Ihre Einschätzung des Problems, ihre Fragen und Vermutungen sind der Wegweiser, während die Lehrpersonen aus ihrem Können und Wissen immer wieder den Weg bereiten, Unebenheiten glätten, Hindernisse aus dem Weg räumen müssen. Das eigene ferne Ziel bleibt zwar im Auge, kann aber nicht direkt angesteuert werden, wenn der Kompass vieler Kinder auf eine Abzweigung weist. Dann ist es wichtig, erst diesen trittfest auszubauen und die nächste Richtung an der folgenden Wegkreuzung wieder gemeinsam auszuhandeln. In diesen Gesprächen, in diesem Aushandeln kommen die sachliche Lebenswelt und die Kindersicht in Verbindung. Erst so „wirkt Realität [...] bildend, indem das Kind sie erschließend zum Inhalt wandelt" (Lauterbach 1992, 96). Erst die so entstandenen dynamischen Beziehungen schaffen produktives Lernen. Denn Lernvoraussetzungen und Lernprozess kommen in eine spannungsvolle Einheit und werden nicht schematisch auseinander gerissen.

5.4 Kinder sind lernende Menschen

Wenn Kinder auf die Welt kommen, fangen sie an zu lernen. Dies geschieht mit großem Einsatz. In wenigen Jahren lernen sie die Muttersprache, das Gehen, die Sinne differenziert zu nutzen, mit anderen Menschen zu kooperieren und sich Wissen über die Welt anzueignen. Wenn sie in die Schule kommen, verlieren viele Kinder zunehmend die Freude am Lernen. Nicht ohne Grund hat Pestalozzi gefordert, das schulische Lernen solle an die „Mutterschul" anknüpfen (Pestalozzi 1801/1979). Dies sind allerdings nur sehr vage Vorstellungen. Wir wissen noch nicht genau, was Lernen ist. Schließlich ist es schwer, in das Innere eines Menschen hineinzublicken. Aber Lernen vollzieht sich von außen nicht wahrnehmbar. Zwar sind Hirnströme und Pulsfrequenz messbare Merkmale, die das Lernen begleiten, das Können von Menschen (und Tieren) der Beweis dafür, dass Lernen stattgefunden hat, aber wir wissen nicht, wie es wirklich im Detail abläuft. „Für das Lernen sind letztlich nur wenige grundlegende Bedingungen von Bedeutung. Zunächst geht es darum, dass Lernen bewegt wird, hierfür sind die Motive der Lernenden von Bedeutung und als Zugkomponente der Sinn. Ohne

Sinn und Bedeutung gibt es keinen Impuls fürs Lernen" (Pech/Kaiser 2004c, 10). Beobachtbar ist, dass Lernanregungen häufig der Anstoß für erfolgendes Lernen waren, aber welche und wie ist noch unklar. Sicher ist nur, dass die alten Modelle, es werde gelernt, was von außen gelehrt wird, nicht zutreffen. Holzkamp nennt diesen Fehlglauben Lehr-Lernkurzschluss (Holzkamp 1993). Denn „Lernen geschieht nicht durch 'Übernahme' von Begriffen und Lösungswegen, sondern im Verstehen neuer Zusammenhänge und Strukturen" (Lewe 2004, 10).

In unserer Bildungstradition sind wir geneigt, Lehren und Lernen gleich zu setzen. Jahrhunderte lang haben die Menschen über das Lehren nachgedacht und geglaubt, dass durch Lehren auch schon das Lernen erfolge. Dies ist mitnichten der Fall. Wenn wir uns an unsere eigene Schulzeit erinnern, werden wir an viele Stunden denken, in denen wir mit ganz anderen Fragen in unseren Gedanken beschäftigt waren als dem Lehrstoff unserer Lehrpersonen. Und auch die neuere Lehr-Lernforschung belegt, dass Lernen nicht ein passives Belehrt-Werden ist, sondern wesentlich von der aktiven Lerntätigkeit der Lernenden abhängt, besonders wenn es sich um anspruchsvollere Inhalte handelt. „Auch stärker inhaltsbezogene Kompetenzen wie wissenschaftliches Denken [...] sind nicht das Ergebnis eines direkten Instruktionsprozesses, sondern haben sich in einem aktiven Prozess der Konstruktion und Umstrukturierung von spezifischem Wissen herauskristallisiert" (Stern 2003, 39f.). Gerade weil das lernende Subjekt so wichtig ist, müssen wir seine Kräfte stärken. Dazu hilft die Vorstellung Holzkamps (Holzkamp 1993), dass zwischen expansivem und defensivem Lernen unterschieden werden muss. Beim expansiven Lernen versucht das Individuum nach außen zu gehen und die Inhalte, die die Welt bietet, aktiv aufzunehmen. Beim defensiven Lernen versucht das Kind, sich gegen Lerndruck von außen zu wehren. Die dynamische Wechselwirkung zwischen Lernsubjekt und Welt ist die wesentliche Voraussetzung dafür, dass Lernen überhaupt zustande kommt. Durch bloßes Lehren geschieht dies nicht automatisch.

Lehren und Lernen sind allerdings keine totalen Gegensätze. Es gibt auch ein Verbindungsglied zwischen Lehren und Lernen, nämlich die Lernumgebung, d. h. die in pädagogischer Absicht arrangierten Materialien für das Selbst-Lernen der Kinder. Kahlert bezeichnet die Lernumgebung „als Schnittstelle zwischen Lehren und Lernen" (Kahlert 2002, 141). Aber wie und warum dann das Lernen erfolgt, bleibt weiterhin ungeklärt.

Ein ganz wesentlicher Grund dafür, warum wir das Lernen von Kindern zur wichtigsten Frage erklären sollten, liegt beim Blick auf die Welt heute und ihre Entwicklung. Wir wissen, dass ein irrationales Regime bei dem vorhandenen Waffenarsenal in der Welt unglaubliche Gefahren für die Welt bedeutet. Schon allein zwei verantwortungslos am Notabschaltsystem des Atomkraftwerks experimentierende Ingenieure in Tschernobyl konnten bewirken, dass unendlich viele Menschen, Tiere, Pflanzen, Böden, Luftmengen kontaminiert und zerstört worden sind.

Angesichts dieser Gefahren bleibt uns nur eine Chance: auf in die Menschen der Zukunft und ihr eigenes verantwortliches Fühlen, Denken und Handeln zu vertrauen und ihr Lernen[5] soweit es geht zu fördern, damit kein Unheil in dieser Welt geschieht.

Es kommt für die Zukunft der Welt wesentlich darauf an, auf die Kräfte von Kindern zu setzen. Denn sie sind die zukünftigen Erwachsenen in der Welt. Die Entwicklung der Welt hängt wesentlich davon ab, was die Menschen aus ihr machen, sie können durch ihren Erfindungsreichtum und ihr Einfühlungsvermögen humane Verbesserungen ermöglichen, aber auch durch Gewalt und Aggression unermessliches Leid hervorrufen. Kompetente und sozial verantwortliche Menschen zu entwickeln ist die zentrale Aufgabe für die Zukunft der Welt. Diese Menschen erwachsen nicht von selbst, sondern können die produktiven menschlichen Möglichkeiten umso eher entwickeln, je besser sie gelernt haben, mit sich und der Welt bewusst umzugehen und sozial verantwortlich zu handeln.

Dazu ist es wichtig, dass Kinder beim Lernen nicht „in Watte" eingepackt werden, sondern auf die Wirklichkeit mit ihren Widersprüchen und Problemen orientiert werden. Harmonischer Sachunterricht ist unangemessener Sachunterricht, denn er bereitet auf eine Welt vor, die es nicht gibt. Es kommt auch darauf an, den Kindern etwas zuzutrauen und an ihre Lernfähigkeit zu glauben. Den Kindern gibt es Kraft, wenn sie zum Denken und Handeln aufgefordert werden. Dies entspricht auch ihren anthropologischen Fähigkeiten. Soostmeyer (2002) geht etwa prinzipiell davon aus – in Anschluss an Wagenschein – dass Kinder Wissenschaftler sind und systematisch zu Wissen gelangen wollen. „Auf eine Förderung ihrer individuell herausragenden Leistungen haben [alle] Kinder ebenso ein Recht wie die Kinder mit Defiziten" (Meiers 2004b, 168). Dabei ist es besonders wichtig, dass der Blick nicht auf individuellen Defiziten[6] der Kinder ruht. Vielmehr sollte die eigentliche Frage bleiben, was an der Lernumgebung und den Interaktionen in der Lerngruppe sowie von der Lehrperson ausgehend geändert werden muss, damit alle Kinder lernen können. Dies heißt, dass positiv an Ressourcen des Lernens angeknüpft wird und nicht Defizite betont werden.

Gerade weil der Sachunterricht so umfassende Aufgaben der Weltorientierung und Welterkundung (Ramseger 2004) hat, ist es von großer Bedeutung zu wissen, wie Lernen besser gefördert wird.

Für den Sachunterricht gibt es dafür nur allgemeine Theorien und Erkenntnisse, die allerdings schon in Einzelstudien als wirksam für das Lernen bezeichnet werden. Hier seien sie nur in Stichworten auf den Sachunterricht übertragen:

---

[5] Vgl. Kaiser, Astrid/Pech, Detlef: Lernvoraussetzungen und Lernen im Sachunterricht. Baltmannsweiler 2004.

[6] Ursula Carle fordert „eine Abkehr von Defizitrückmeldungen an die Kinder" (Carle 2004, 188).

1) Lernen bedarf an erster Stelle der Motivation
2) Lernen kann an kognitiven Widersprüchen ansetzen
3) Lernen erfolgt in sinnvollen Kontexten und förderlichen Lernarrangements
4) Lernen vollzieht sich in allmählichen Prozessen der Umgestaltung des Denkens: Konzeptwechsel
5) Lernen kann gelernt werden
6) Lernen muss verstärkt werden und an den positiven Ressourcen der Subjekte ansetzen

1) Motivation

Der Unterrichtsbeginn – nicht nur als Beginn einer Stunde zu verstehen, sondern mehr als Beginn einer Sinneinheit – ist das Kernstück von Unterricht. Wir wissen, dass die Lernleistungen bei interessierenden Lerninhalten besser sind und dass dabei höherwertige Lernstrategien verwendet werden" (Hartinger/Fölling-Albers 2002, 82). Wegen der anerkannt hohen Bedeutung der Motivation spielt sie in der Unterrichtsplanung eine große Rolle. Oft wird die Anfangszeit einer Unterrichtsstunde als Motivationsphase bezeichnet. Hier wird den Kindern der Weg in die neue Unterrichtseinheit geebnet, hier entwickeln sich Fragehaltungen und Motivationen, die den weiteren Lernprozess tragen können.

Allerdings ist bei verschiedenen Kindern die Freude am Lernen schon vergangen. Bestrafungen bei Leistungsversagen sind besonders problematisch für den Aufbau intrinsischer Motivation (Decy/Ryan 1993). Wir haben also viele Kinder, bei denen erst das Interesse geweckt werden muss, aus dem wiederum die Motivation zu lernen erwächst.

Um eine überdauernde Fragehaltung zu entwickeln, die nicht nur kognitive, sondern auch emotionale Beteiligung der Kinder beinhaltet, ist das Präsentieren von Widersprüchlichem ein möglicher Einstieg in Motivierung. Widersprüchliches wirkt aber nur motivierend auf Kinder, wenn sie damit etwas Bedeutsames verbinden. In der Tätigkeitstheorie wird anknüpfend an Leontjew (1973) immer wieder deutlich gemacht, dass die persönliche emotional wertende Beziehung zum Inhalt, die Valenz, entscheidend ist, ob eine Entwicklungsdynamik entsteht. Auch die moderne Hirnforschung, die gänzlich andere Vorstellungen entwickelt, zeigt, dass die emotionale Verbindung entscheidend für das Lernen ist (Roth 2004).

Jede Überlegung zur Planung von Sachunterricht sollte mit der Frage nach den Vorstellungen der Kinder zum jeweiligen Inhalt beginnen. Dabei ist es nicht nur wichtig herauszufinden, was sie denken, also Fragen wie: Welche Bedeutung hat dieser Inhaltsbereich für ihr gegenwärtiges und zukünftiges Leben? Welche Vorstellungen haben sie dazu? Welche Probleme, welche Fragen haben sie? Noch wichtiger ist die Frage, ob sie überhaupt ein emotional bedeutsames Verhältnis zum Inhalt haben. Bislang gibt es dazu nur wenige empirische Untersuchungsergebnisse. So wissen wir, „dass solche Themen das größte Interesse der Grundschulkinder erregen, die Erfahrungen mit der lebenden Umwelt vermitteln [...] [und] dass Fragen zur Erhaltung der natürlichen Umwelt Interesse erregen" (Hansen/Klinger 1997, 112). In dieser Untersuchung stießen Inhalte wie die Lebensgewohnheiten von Delphinen, generell Tierschutz und Erhaltung der Umwelt auf höchstes Interesse (Hansen/Klinger 1997, 112).

Erst wenn diese Frage geklärt ist, können wir motivierenden Unterricht aufbauen. Natürlich ist auch hier die Persönlichkeit der Lehrerin/des Lehrers bedeutsam, denn motivieren können insbesondere Menschen, die lebendig sind und ihre Lebendigkeit an die Kinder weitergeben. Aber auch ohne diese Gabe, andere faszinieren zu können, kann jede Person lernen, die Kinder zu beobachten, ihr Denken und Wollen zu erkunden und angemessenen Unterricht vorzubereiten. Gleichzeitig ist es wichtig, sich selbst als Person mit eigenen Interessen ernst zu nehmen. Denn nur, wenn die Lehrperson hinter ihrem Sachunterricht steht und diesen Sachunterricht ernst und wichtig nimmt, kann der Sachunterricht produktiv werden.

2) Lernen an kognitiven Widersprüchen

Gerade weil in den Kindern selbst der Widerspruch zwischen Geborgenheitssuche und Orientierung am Vertrauten und der Suche nach neuen Entdeckungen und Erfahrungen prinzipiell vorhanden ist, ist es didaktisch außerordentlich fruchtbar, an diesem Widerspruchsverhältnis anzuknüpfen. So wird Unerwartetes im scheinbar Vertrauten (Duncker/Popp 1994) gezeigt. Rauschenberger nennt dieses Prinzip Verfremdungseffekt, bei dem Fremdes in einem ausgewogenen Verhältnis zum Vertrauten stehen soll (Rauschenberger 1994). Gleichzeitig ist es nicht beliebig, in welchen Lernstadien die Kinder sich befinden, denn es ist plausibel, „dass Neues umso eher aufgenommen wird, je ähnlicher es dem bereits Gelernten ist [...]. Offenbar akzeptieren die Menschen Fremdes nur unter der Bedingung, dass sie seine Fremdheit ständig dezimieren und es also zum Bekannten machen. Gelingt ihnen dies nicht, so verleugnen oder bekämpfen sie es" (Rauschenberger 1994, 85f.). Das Neue Widersprüchliche muss also in einer organischen Verbindung zum Bekannten stehen, damit Lerndynamik entsteht. Rauschenberger schlägt hierfür die Form der Verfremdung vor.

Er unterscheidet für den Unterricht zwei Grundtypen des Verfremdens:

a) Neues wird in seiner Ungewöhnlichkeit präsentiert

b) Bekanntes wird auf ungewöhnliche Weise gezeigt (Rauschenberger 1994, 86f.).

Trotz des hohen motivationalen Effekts von Verfremdung gibt es aber auch Grenzen des Verfremdens. Nach Rauschenberger darf es nicht so viel Fremdes sein „dass das Bekannte von ihm überwuchert wird" (Rauschenberger 1994, 85). Es ist nur sinnvoll, wenn die Klasse sich sicher in eine Richtung entwickeln kann und keine Kontroversen in sich führt (Rauschenberger 1994, 88). Vor dem pädagogisch arrangierten Verfremden sollte deshalb zunächst danach gesucht werden, ob nicht bereits in der Sache selbst genügend Verwunderliches steckt und ob nicht das Kinderdenken selbst in sich Verwunderliches trägt, erst an zweiter Stelle ist künstlich methodische Verfremdung vonnöten (Rauschenberger 1994, 88).

Bei aller Notwendigkeit, motivierende Lernausgangssituationen zu schaffen, darf dies nicht dazu führen, dass der Unterricht immer stärker in systematischen Stufenfolgen strukturiert wird und sich vom tatsächlichen Schulleben in eine verordnete Stundenwelt versinkt. Die erste und wichtigste Motivationsbedingung ist neben diesen Motivierungstechniken, dass das Lernen in und aus der Schullebenssituation entwickelt wird. Dazu ist es an erster Stelle wichtig, einen „gelassenen Schultag als Lebenstag mit den Kindern (zu) gestalten [...] Wir müssen den Kindern Zeit und Gelegenheit geben, sich in Sache und Situation buchstäblich einzufinden" (Meier 1993, 28).

3) Lernen durch sinnvollen Kontext und förderliche Lernarrangements

In neueren empirischen Untersuchungen wird immer deutlicher, dass vielfältige Anregungen und ein gutes Sozialklima bedeutsam für das Lernen sind. Dies gilt auch für das Vorstadium des Lernens, die Interessensentwicklung. „Kinder, die weniger oft durch Ordnungsprinzipien eingeschränkt werden, die an einzelnen (bis zu Zwei) institutionalisierten Spiel- und Lerngruppen teilnehmen, deren Sozialkontakte gefördert werden und deren Selbstständigkeitsentwicklung unterstützt wird, weisen eine größere Interessenvielfalt auf [...]" (Hartinger/Fölling-Albers 2002, 60). Ein positives Klima und positive Verstärkung scheinen wichtig zu sein, damit Kinder das Lernen nicht aufgeben, denn „Kinder mit positiven Rückmeldungen und guten Lernergebnissen entwickeln eher Interesse am Lerngegenstand" (Hartinger/Fölling-Albers 2002, 83). Bannach (2004) hat in seiner Studie im Grundschulunterricht belegt, dass Kinder im Sachunterricht intensiv lernen, wenn sie an den sie interessierenden Themen arbeiten können.

Eine sinnvolle Verbindung der Kinder mit den Lerninhalten erleichtert das Entstehen von Lernmotiven. Aber auch das Lernen mit verschiedenen Sinnen erweitert die Wahrnehmungsfähigkeit und intensiviert den Lernprozess. Lernen in sinnvollen Kontexten kann positive Einstellungen und Erwartungshaltungen der Lernenden bestärken. Denn „Kinder sollen sich eigenaktiv und selbstverantwortlich mit relevanten Dingen auseinander setzen. Damit sich dabei Lern- und Leistungsfreude entwickeln kann, spielen emotionale Faktoren, Sinn und Belohnungswert eine zentrale Rolle. [...] Es geht darum, Stärken zu fördern. Und das heißt: Konstruktiv und kreativ mit Unterschieden umgehen. [...] Der Glaube an die eigene Fähigkeit basiert auf vielen kleinen Erfolgserlebnissen. [...] Integrale Arbeits-, Selbstführungs- und Evaluationsinstrumente tragen dazu bei, dass jeder Schritt ein Fortschritt wird" (Müller 2004a, 8).

So verstanden ist das Lernen in sinnvollen Kontexten ein Weg, um die Kräfte der eigenen Persönlichkeit des Kindes anzuregen.

Es hat aber auch seinen didaktischen Sinn, denn sinnvolle Kontexte sind ja zumindest wichtige Kontexte. Gerade die Theorien des situierten Lernens zeigen, dass Wissen immer im konkreten Kontext erworben wird und nicht so leicht übertragen wird. „Wenn die Anwendungssituation von der Lernsituation zu sehr differiert, wenn sie also nicht genügend Merkmale der Lernsituation aufweist, so wird Wissen in ihr nicht angewendet. Diese Logik beruht auf dem Verständnis von Wissen als „situierte Kognition": Wissen kann demnach nicht abstrakt betrachtet werden; es wird immer in einem bestimmten Kontext der Lernsituation – erworben, bleibt oft an diese gebunden und ist somit in anderen Kontexten nicht so ohne weiteres anwendbar" (Hartinger/Mörtl-Hafizovic 2004, 63). Von daher ist es didaktisch außerordentlich wichtig, sich zu überlegen, in welche Situationen das Lernen, auf das viel Zeit verwendet wird, eingebunden wird. Auch dies spricht dafür, sinnvolle Lernsituationen zu wählen und nicht losgelöstes „Paper-Pencil-Material". Denn zumindest für diese ausgewählte Situation ist das Wissen dann anwendbar.

4. Konzeptwechsel (Conceptual Change)

Mit Konzeptwechsel („conceptual change") ist in der Didaktik des Sachunterrichts das didaktische Bemühen gemeint, wonach die Kinder von ihren Alltagsvorstellungen hin zu wissenschaftlichen Konzepten geführt werden (vgl. Kaiser 2004 d). Die Theorie des Konzeptwechsels setzt voraus, dass es keine einfache Kontinuität in den Vorstellungen von den Alltagsphänomenen hin zu naturwissenschaftlich differenzierten (bzw. auch sozialwissenschaftlichen) Konzepten gibt. In dieser lebenslangen Sicht gibt es allerdings nicht ein progressives Modell des immer besseren Verstehens, auch Rückschritte sind möglich.

Grundlegend gilt für alles Lernen, dass es in einer Beziehung zu den Lernvoraussetzungen stehen muss. „Sinnvolles Lernen kann nur stattfinden, wenn der neue Lehrstoff in bereits vorhandenen kognitiven Strukturen verankert wird. Kann Wissen dagegen nicht zur Anwendung kommen und nicht in bestehendes Vorwissen integriert werden, wird es zu wenig vernetzt und bleibt zusammenhanglos. So werden individuelle Lernprozesse lediglich verkürzt als Weitergabe von Informationen verstanden. Beispielsweise bei mechanischem Lernen wird 'träges' Wissen produziert" (Gläser 2001, 190). Der Konzeptwechsel ist also kein abrupter Vorgang, sondern ein allmählicher Prozess des Ausdifferenzierens immer neuer Vorstellungen.

Die Lehr-Lernforschung gibt bereits Hinweise, unter welchen Bedingungen der Konzeptwechsel gelingen kann. Diese werden in unterschiedlichen didaktischen Schlussfolgerungen diskutiert. Die eine konzeptionelle Konsequenz ist, diesen Konzeptwandel durch Modelle und Veranschaulichungen zu unterstützen.

Ein wesentliches Merkmal von Unterricht, der dem Konzeptwechsel förderlich ist, scheint nach den Untersuchungen Möllers das handelnde Lernen zu bieten (Möller/Tenberge 1997). Als weitere wichtige Faktoren der Förderung von Konzeptwechseln scheinen metakognitive Vorgehensweisen, die das eigene Vorgehen reflektieren, besonders fruchtbar zu sein (Jonen/Möller/Hardy 2003, 97). Auch die Strukturierung des Lerninhalts scheint ein förderlicher Faktor des Konzeptwechsels zu sein (Jonen/Möller/Hardy 2003, 106).

Forschungsergebnisse weisen darauf hin, beim Konzeptwechsel auf die besonderen Bedingungen wie motivationsfördernde Projektstrukturen zu achten. „Entscheidend ist, dass die Kinder ihre vorhandenen Vorstellungen in eigenständigen Denkprozessen zu Gunsten wissenschaftsnäherer Vorstellungen verändern, dabei eigene Vermutungen aufstellen, diese begründen und überprüfen, die Fruchtbarkeit ihrer Erklärungen erfahren und Alltagsbezüge herstellen" (Möller/Jonen/Kleickmann 2004, 27).

5) Lernen des Lernens

Das Lernen des Lernens wird in der deutschen Unterrichtskultur wenig gefördert. In England ist es dagegen üblich, dass Kinder schon im Grundschulalter ihren Lernstand reflektieren und eine „Evaluation" ihrer Ergebnisse vornehmen. So wird gemessen an den Zielen des selbst erstellten Produktes – z. B. eine Handpuppe mit beweglichen Armen – hinterher geprüft, ob es den geplanten Anforderungen entspricht. Diese Lernstrategien scheinen das Lernen deutlich zu erleichtern, „weil Lernende ihren Lernprozess auf bisherige Erfahrungen stützen und ihn bewusst kontrollieren und überwachen" (Gudjons 2003, 83). Ich halte für den Sachunterricht den Rückblick über auf den Arbeitsprozess (Monitoring), die Selbstbewertung der Ergebnisse (Evaluation) und das Strukturieren des Inhalts (Scaffolding) für praktikable und wirksame Ansätze.

Wir müssen zwei Grundformen vom Lernen des Lernens unterscheiden, nämlich einmal die Seite der Selbstreflexion und andererseits die Steuerung des eigenen Lernprozesses (Konrad/Wagner 1999, 15). Zur Selbstreflexion gehört das Wissen über eigene Stärken und Schwächen oder die Kenntnis wie man selbst am besten Dinge lernt. Daneben ist die zweite Variante mehr auf einzelne Techniken und Strategien der Lernenden beim Lernen bezogen, mit welchen Verfahrensweisen etwa Denkprozesse und Problemlösungsversuche gesteuert werden – sei es durch Karteikarten, mit Merkwörtern, durch Mind maps oder durch lautes Memorieren.

Die Qualität des Sachunterrichts wird durch Methoden der Reflexion und Techniken des Lernen Lernens intensiviert, aber gleichzeitig gehören diese Methoden fundamental zu den Zielen zukunftsgerechten Sachunterrichts (vgl. Kaiser 2004b). Die Ansätze sind sehr einfach schrittweise im Sachunterricht zu entwickeln. Es muss nur zunehmend mehr der Prozess des Lernens in den Horizont des Nachdenkens darüber gestellt werden. Hempel und Lüpkes stellten dazu kleine konkrete Beispiele vor: „Am Ende jeder Gruppenarbeit sollte nicht nur das Ergebnis beurteilt, sondern auch die Fähigkeit und Fortschritte der Kinder in den oben genannten kooperativen Prozessen reflektiert werden. Auch eine individuelle systematische Anleitung zur Selbstreflexion wäre sinnvoll, z. B.: Habe ich abgewartet und zugehört, wenn andere ihre Meinung geäußert haben? Habe ich meine eigenen Meinung sachlich vorgetragen?" (Hempel/Lüpkes 2005, 33).

Diese hier vorgestellten Ansätze für intensiveres und effektiveres Lernen im Sachunterricht umfassen noch nicht die Gesamtheit lernpsychologischer Erkenntnisse. Sie sind aber diejenigen, die sich am ehesten in eine produktive Sachunterrichtspraxis umsetzen lassen. Damit wird eine Verbindung zwischen dem, was in diesem Kapitel über Kinder und Lernvoraussetzungen gesagt wurde, bereits mit der Frage der Entwicklung von Unterricht verbunden.

Empirisch lässt sich jedenfalls schon belegen, dass Kinder mit selbst gesteuertem Lernverhalten mehr Interessen entwickeln und damit auch erfolgreicher beim Lernen sind: „Kinder, die weniger oft durch Ordnungsprinzipien eingeschränkt werden, die an einzelnen (bis zu Zwei) institutionalisierten Spiel- und Lerngruppen teilnehmen, deren Sozialkontakte gefördert werden und deren Selbstständigkeitsentwicklung unterstützt wird, weisen eine größere Interessenvielfalt auf [...]" (Hartinger/Albers 2002, 60).

Die Ansätze des Lernens des Lernens wirken in Deutschland noch fremd und schwierig. In anderen Ländern wie England werden sie aber selbstverständlich im Alltag praktiziert[7] und niemand fragt noch danach, ob Kinder dies können, denn sie können es alltäglich.

6) Ansetzen an positiven Ressourcen der Lernsubjekte

Kinder bringen aus ihrer Lebenslernerfahrung viele Potenziale ein. Dies sind wichtige Ressourcen für das Lernen aller und sie müssen im Sachunterricht an die Oberfläche gebracht und allen zur Verfügung gestellt werden. Dann wird das Wissen positiv anerkannt und gleichzeitig weiter getragen. Grundsätzlich liegt dem ressourcenbezogenen Ansatz die Einstellung zugrunde, den Kindern etwas zuzutrauen, von ihnen Wissen und Können zu erwarten und sie zu bestärken. Verschiedene Methoden im Sachunterricht sind dafür besonders geeignet wie Mind maps (vgl. Bönsch 2004), Lerntagebücher, themenspezifische Informationskarteien, gemeinsame Wandzeitungen und Ergebnisbücher zu Sachunterrichtsvorhaben oder Gruppengespräche. Wichtig ist, bei der Unterrichtsplanung daran zu denken, dass eine Balance hergestellt wird zwischen neuen Inhalten und abgesicherten Erkenntnissen und Wissensbausteinen.

---

[7] In meinem Webfotoalbum habe ich einige Fotos zur Dokumentation der englischen Praxis veröffentlicht unter: http://astrid-kaiser.de/gallery/album12 – ein Evaluationsplan der Kinder steht unter: http://astrid-kaiser.de/gallery/album17/IMG_1808.

6 Die Sache des Sachunterrichts

6.1 Grundfragen der Inhaltsauswahl

Was ist die Sache des Sachunterrichts? An erster Stelle denken wir an Inhalte, die in Büchern präsentiert sind. Aber sind dies wirklich die Sachen, die Grundlage des Sachunterrichts werden sollten? Rauterberg (2004 a) fragt sehr grundlegend, welche Sachen wirklich begründbar sind und eine Beziehung zur Welt für die Kinder herstellen. So macht er besonders auf die Grenzen der in Büchern festgelegten Inhalte aufmerksam: „Im Buch liegen offensichtlich bildlich und/oder schriftlich festgehaltene Erkenntnisse über Sachen vor. Diese Erkenntnisse sind allerdings nicht voraussetzungslos, sondern sind Produkte verschiedener Methoden, nehmen gewisse Differenzierungen vor und sortieren das gewonnene Wissen in verschiedene Strukturen" (Rauterberg 2004 a, 25). Am meisten verbreitet ist es, bei der Suche nach Inhalten für den Sachunterricht bei den Schulfächern anzufangen.

Aber Inhalte von Schulfächern sind nicht sachneutral, sie unterliegen vielfältigen Auseinandersetzungen. Sie sind Ausdruck des jeweiligen historischen Wandels. Gegenwärtig hat durch die nach der PISA-Studie einsetzende Debatte um Sprachförderung der Sachunterricht in der öffentlichen Debatte an Gewicht verloren und droht, etwas zur Seite gedrängt zu werden. Umso wichtiger ist es, den Sachunterricht inhaltlich deutlich zu betonen: „Es muss deutlich sein, welche Sachen und Sachverhalte zum Sachunterricht gehören, denn nur seine fachlich überzeugende Spezifik ermöglicht den Fortbestand dieses integrativen Fachs in der Primarstufe. Dabei darf der Sachunterricht nicht als allgemeines Grundschulfach missverstanden werden, sondern ist als ein Fach zu betrachten, in dem sich sechs- bis zehnjährige Kinder lebensweltbezogen mit grundlegenden Inhalten der natur- und gesellschaftswissenschaftlichen Sachwissenschaften altersgemäß und situationsangemessen auseinander setzen" (Blaseio 2004, 341).

Die Fragen nach der Auswahl von Inhalten für den Sachunterricht sind sehr weit reichend. Wir können uns das Ausmaß an Entscheidungsmöglichkeiten am ehesten vor Augen führen, wenn wir uns vornehmen, fünf Minuten für uns allein auf ein leeres Blatt Papier eine Inhaltsliste für den Sachunterricht im Grundschulalter zu verfassen.

Ich führe hier nur stellvertretend Listen vor, die Oldenburger Studierende des ersten Semesters im Dezember 2005 spontan auf meinen Impuls zusammengestellt haben:

1) Nach fachlichen Bereichen

Umwelt (-schutz), Erdkunde (Land Niedersachsen), Naturkunde (Baumkunde, Pflanzenkunde), Ersteinführung in Technik, Bereich Lebensmittel/Ernährung, Verkehrserziehung, Biologie

2) Nach typischen Schulbuchthemen

Familie, Freundschaft, Kinderrechte, Ernährung, Zeit, Wetter, Wald, Umweltschutz, Verkehrserziehung

3) Nach Zielen

Experimentierfreude wecken, Wissen über den eigenen Körper, Wissen über die nähere Umgebung, Handlungskompetenzen, Zeitliche und räumliche Orientierung, Gefahren einschätzen/Vorbeugung – Umgang mit Folgen, Kritisch hinterfragen

4) Mit fachlichen Orientierungen und geografischem Akzent

Wetter, Tiere und Pflanzen, Zeiten: Jahreszeiten, Tageszeiten, Verkehrserziehung, Menschen und ihre Beziehungen, Geografische Erziehung: Kenntnisse über eigene Region (Stadt, Bundesland), aber auch über das gesamte Deutschland, Geschichtliche Themen

5) Betonung vor allem sozialer Ziele

Familie/Familienformen, Natur und Umwelt erleben, Geschlechterverhältnisse, Krieg und Frieden kennen lernen, Freundschaft, Verkehrserziehung, Konfliktlösung, Wetter, Zeitvorstellungen, Angst, Wut, Hass, Liebe, Trauer, Freude, … (Gefühle)

6) Alltagsorientierung

Familie, Wetter, Umgang untereinander/anders sein, Lebensumfeld/wir gehen zur Post, Alltägliche Dinge wie einkaufen gehen/Uhr lesen usw., Verhalten im Straßenverkehr, Umweltbewusstsein, kritisch hinterfragen

Jede dieser Listen setzt andere Schwerpunkte, jede ist von einer anderen Didaktik, Sach- und Fachstruktur ausgegangen. Es wird deutlich, dass Fachstrukturen keine sachneutralen Automatikkompasse sind, auf die wir uns bei der Sachunterrichtsüberfahrt richten können.

Ebenso willkürlich wie diese Auflistungen sind oft auch die Auflistungen in Schulbüchern. Da wird versucht, wesentliche in Richtlinien gefundene Inhalte und eine möglichst große Breite an Inhalten anzubieten. Aber all diese Inhaltskataloge, die wir aus den verschiedenen Richtlinien oder Sachunterrichtsbüchern nehmen können, haben den Nachteil, dass es dafür keine plausible Begründung gibt. Man kann es so zusammenstellen: Zeit, Wege, Fußgänger und Radfahrer, Familien, Schwangerschaft, Sinne Gesundheit, Tiere, Pflanzen und Wetter, aber man hat keine Legitimation, warum man gerade diese Themen nimmt. Es gibt immer wieder Inhalte, die man eigentlich auch dazu nehmen sollte und könnte wie Rechte der Kinder oder Leben in anderen Kulturen oder Elektrizität.

Viele Studierende des Faches Sachunterrichts halten die fachinhaltliche Frage sogar gänzlich für nebensächlich, oft geben sie an, keine besonderen Vorlieben für bestimmte Inhaltsbereiche zu haben. Aber gerade die Liebe zur Sache ist fast so wichtig wie die Liebe zu den Kindern, damit Unterricht gelingen kann. Bei derartig gering entwickelten Sachmotiven bei Studierenden besteht die Gefahr, dass gerade die Frage der Inhaltsauswahl zu oberflächlich gesehen wird, weil das eigene Engagement fehlt. Dies ist besonders dramatisch bezogen auf die naturwissenschaftlichen Inhalte, wie die Untersuchung von Landwehr (2002) deutlich belegt hat, denn vor allem „das eigene Verhältnis zur Physik, insbesondere zum Schulfach Physik, ist allerdings bei der Mehrzahl der Lehrpersonen belastet; das Interesse am Schulfach Physik äußerst gering" (Möller/Jonen/Kleickmann 2004, 28). Dies macht Lehrpersonen leichter für die Verlagsprodukte auf dem Markt verfügbar. Dabei haben alle ausgewählten Lerninhalte große Bedeutung für Kind und Gesellschaft und verdienen eine sorgfältige Auswahl auch auf der Seite der „Sachen".

Wie stark das Verständnis von Fachinhalten und die didaktischen Entscheidungen historisch und von den jeweiligen Erkenntnisinteressen und pädagogischen Zielvorstellungen abhängig sind, lässt sich gut am ersten Inhaltskatalog der Sachunterrichtsgeschichte belegen.

Schon 1658 machte Jan Amos Comenius, den wir als Urvater der europäischen Sachunterrichtsdidaktik einschätzen können, einen Plan (vgl. Kap. 2).

An diesem Konzept wird deutlich, dass es keine neutralen Sachstrukturen gibt, sondern dass diese immer wieder historisch spezifisch verändert werden. Seine Differenzierung in einem Themengebiet ist gleichzeitig eine deutliche didaktische Entscheidung, die pädagogische Schwerpunktsetzungen zeigt. Als tief religiöser Mensch wollte er Gottes Schöpfung in ihrer Vielfalt zeigen. Dies wird besonders deutlich, wenn wir dies mit einem fast zeitgleich erschienen Curriculumentwurf von Andreas Reyher vergleichen. Beide haben ihre Vorstellungen auch in die Form eines für die Hand der Lernenden gedachten Buchs gegossen. Für Reyher war wichtig, die Menschen für das Alltagsleben vorzubereiten. Deshalb spielten Themen wie Münzkunde, verschiedene Maße und Heilkräuter für Mensch und Tier eine wichtige Rolle in seinem Lehrbuch.

Wir sehen, dass es keine sachneutrale Lehrplanentwicklung gab und gibt. Weder Theorien noch Fächer können eine klare neutrale Orientierung bieten. Immer sind diese Pläne auch Ausdruck von Zielen und Interessen.

Auch heute gibt es für den Sachunterricht wieder eine eindeutig von Interessen gesteuerte Debatte, bei der die naturwissenschaftlichen Inhalte eine hohe Wertschätzung haben. Sie haben auch in internationale Schulleistungsuntersuchungen als wertvolle Kompetenzen Eingang gefunden. Allerdings bleibt dabei ein wichtiger Teil der Sachunterrichtsinhalte auf der Strecke, denn „Bildung wird in öffentlichen Diskussionen und politischen Debatten zunehmend ausschließlich unter Marktgesetzen betrachtet; als 'Bildungsgut' oder 'Humankapital' verzweckt und verwertet, von Mitarbeitern der Bertelsmann-Stiftung oder den

Unternehmensberatungen Mc Kinsey ('Mc Kinsey bildet') und Boston Consulting Group nach ihren Interessen gestaltet. Diese Entwicklung ist bildungs- und gesellschaftspolitisch zu kritisieren, denn nicht allein naturwissenschaftliche und mathematische Fähigkeiten, sondern auch soziale, demokratische oder kulturelle Kompetenzen sind für die künftige Gestaltung von Beziehungen und öffentlichem Leben in einer Gesellschaft essentiell. Eine öffentliche Diskussion und Kontrolle über Bildungsziele gehört zur Demokratie. Einige Theoretiker […] haben in ihren Analysen schon eine gewaltige Lücke entdeckt, zwischen technologischer Überentwicklung und gesellschaftlicher Unterentwicklung" (Richter 2004b, 25).

6.2 Inhalte aus den Fächern?

Sachunterricht ist das Fach der Grund- und Sonderschule, das die Inhalte der Welt zu vermitteln hat, es hat dabei nicht die Sprache oder die numerischen und geometrischen Systeme im Zentrum wie der Deutschunterricht oder der Mathematikunterricht, es ist nicht zentral auf visuelle oder akustische ästhetische Wahrnehmungen ausgerichtet, wie die Fächer Kunst und Musik, es ist auch nicht zentral als Bewegungsförderung zu verstehen wie das Schulfach Sport. Sachunterricht ist „ein Fach mit keiner bzw. vielen Bezugswissenschaften" (Richter 2002, 16).

Prinzipiell gehören alle restlichen Inhalte des Weltwissens in den Sachunterricht. Voraussetzung dafür ist, ob das in den wenigen Grundschuljahren und mit den 6–10jährigen Kindern leistbar ist. Diese unscheinbar wirkende Einschränkung macht bereits deutlich, dass ein derartiger Anspruch auch nicht annäherungsweise zu leisten ist. Es muss also eine pädagogisch begründete Auswahl getroffen werden. Die Antwort vieler Autoren und Verlage der frühen 1970er Jahre war, die Fächer der Sekundarschule mit ihren Inhalten als Grobraster zu wählen und daraus die Inhalte für die Anfangsjahre herauszuholen. D. h. dem Grundschulunterricht wurde von dieser Position keine eigenständige Bildungsaufgabe zugebilligt. Vielmehr wurde die Grundschule als Lieferanteneinrichtung von gut präparierten Kindern für die Sekundarstufe angesehen. Schulbücher oder didaktische Konzepte, die streng nach diesem Gedankengang aufgebaut sind, sind an einer klaren Fächergliederung zu erkennen. Meist bestand diese aus Physik, Chemie, Biologie, Geografie, Geschichte, Sozialkunde. Je nach Bundesland konnten dann noch Technik, Wirtschaftslehre oder Hauswirtschaft in den Rang eines Gliederungsfaches vordringen. Wir finden dieses Gliederungsraster auch heute noch in vielen Studienordnungen für die Lehrerinnen- und Lehrerausbildung im Fach Sachunterricht, da sich gerade dort die Verhältnisse besonders langsam ändern. Aber die Unterschiede im Fächerspektrum der Bundesländer zeigen auch, dass es eine politische Setzung ist, was zu den objektiven Inhalten des Sachunterrichts gezählt wird.

Andere Fächer, wie die Psychologie, Ethnologie oder Pädagogik, fehlen in derartigen fachpropädeutischen Konzepten gänzlich, obgleich es keinen plausiblen
Grund gibt, warum zum Verständnis der Welt das Fach Geschichte wichtigere
Grundlagen zu liefern vermag als das Fach Psychologie. Neuere universitäre Disziplinen wie Gesundheitswissenschaften, Umweltwissenschaften oder Raum-
und Verkehrsplanung blieben bei der Orientierung an tradierten Sekundarschul-
fächern ebenfalls außen vor. Disziplinen des Alltagslebens wie „Violinspiel,
Jazztanz, Aikido, Kalligrafie, Segeln, Bogenschießen, Schneiderei, Forellenan-
geln, Schränke bauen, Buchbinden, Fossiliensammeln, Gartenbau" (Schreier
1994a, 136) werden in nach Disziplinen geordneten didaktischen Ansätzen fast
gänzlich unterdrückt. Somit stecken also schon innere Widersprüche in diesem
so einleuchtend anmutenden Konzept der einzelfachlichen Aufgliederung des
Sachunterrichts. Aber auch in jedem einzelnen Fach liegen verschiedene Deutungsmöglichkeiten verborgen. So kann die Physik nach verschiedenen in physikalischen Theorien begründeten Weltsichten interpretiert werden, nach dem mechanischen Weltbild Newtons, nach dem thermodynamischen Erhaltungsgesetz
von Julius Robert Meyer, nach der statistisch operierenden Quantentheorie Max
Plancks oder nach der Relativitätstheorie Einsteins, die nur noch die Lichtge-
schwindigkeit als unabhängige Größe anerkennt (vgl. Schreier 1994a, 122). Die
Schulphysik ist aber weitgehend am mechanischen Konzept orientiert. Die Wissenschaften bilden also schon einzelfachlich betrachtet ein kontroverses Spektrum an Inhalten, Theorien und Fragestellungen, so dass aus ihnen heraus keine
Folgen für Unterrichtsinhalte abgeleitet werden können. Hinzu kommt, dass alle Disziplinen in ihren Schwerpunkten sich nicht wertneutral entwickeln, sondern „in politische Macht-Interessen" (Schreier 1994a, 143) eingebunden sind.
„Wissenschaft ist immer ein interessengeleiteter Zugriff auf Lebenswirklichkeit
und steht in einer engen Verbindung zu dem, was jemand erkennen will (Er-
kenntnisinteresse) und für welche Absichten etwas erkannt werden soll (Ver-
wertungsinteresse)" (Hopf 1993b, 22).

Soostmeyer „hat gezeigt, dass der Rekurs auf die Wissenschaften allein nicht ausreicht, da andere wichtige Interpretationen von Welt und Menschen fehlen: die
künstlerische, religiöse, weltanschauliche, philosophische Sichtweise sowie die
Darstellung der Realität im Dialog, in der Alltagssprache und in der Narration"
(Soostmeyer 1986, 25). Er meinte damit, dass es nicht nur die in Formeln aus-
drückbare Weltsicht der Naturwissenschaften gibt, sondern vielfältige menschliche Annäherungen.

Eine weitere Problematik liegt darin, dass einmal gewonnene wissenschaftliche
Begriffe nicht so leicht wieder in Wirklichkeit übersetzt werden können.

Aber nur in der besseren Bewältigung der Wirklichkeit liegt die didaktische Legitimation. „Die – gleich nach welchen Kriterien vorgenommene – lehrplanmäßi-
ge Aufschlüsselung der Welt in Bereiche kann im Unterricht nicht wieder in ihrer

ursprünglichen Natürlichkeit hergestellt werden. Es scheint, man muss im Unterricht der natürlichen Gegebenheit der Welt mit den Kindern folgen und mit ihnen gehen, um Verstehen, Einsicht und Verantwortung zu fördern" (Meiers 1993, 90).

Fachinhalte als solche sind also weder pädagogisch übersetzbar noch pädagogisch begründbar. Daum nennt einen Tagungsbeitrag nicht ohne Grund „Die Fächer lassen einen im Stich – Plädoyer für mehr Wirklichkeitsbezug im Sachunterricht" (Daum 2000). Denn nicht oberflächliches Erfassen von Begriffen ist pädagogisch gefragt. Damit wirkliche Erkenntnisse gewonnen werden, ist es erforderlich, dass im Unterricht nur Inhalte, die wirklich für die Kinder subjektiv bedeutsam sind, präsentiert werden und nicht Inhalte, die vorkommen, weil sie zur Fachsystematik gehören. Gerade wegen der notwendigen subjektiven Bedeutsamkeit reicht es nicht aus, von subjektfernen Fachstrukturen Unterrichtsinhalte zu gewinnen. „Die Sachen werden geklärt, indem die Menschen sich als soziale Wesen erleben und sich darin gemeinsam stärken" (Koch-Priewe/Fischer 1993, 403).

Unter dieser Perspektive ist die in der Sachunterrichtsdidaktik immer noch weit verbreitete Debatte, ob der Sachunterricht nach Lernbereichen, alle „Bezugsfächer" integrierend oder einzelfachlich orientiert wird, wie es in den völlig verschiedenartigen Ausbildungsordnungen der Bundesländer zum Ausdruck kommt, zu kurz gegriffen. Denn weder ein, zwei, fünf oder acht Fächer können eine begründbare Ausrichtung der Inhalte für den Sachunterricht geben. Vielmehr ist eine allgemeindidaktische Sicht bei der Auswahl der Inhalte erforderlich. Gefragt werden muss, ob sie kulturell-gesellschaftlich und subjektiv bedeutsam sind – unabhängig von ihrer Organisationsform in den Wissenschaften bzw. Fächern.

Die Debatte um Fachstrukturen im Sachunterricht hat in der didaktischen Diskussion der letzten Jahre immer stärker zu einem ablehnenden Konsens einzelfachlicher und fach-additiver Strukturen geführt. Die GDSU (Gesellschaft für Didaktik des Sachunterrichts) hat deshalb als Versuch der Überwindung von einzelfachlichen Bezügen in einem gemeinsamen Perspektivrahmen für den Sachunterricht (Stoltenberg 2004a) ein übergreifendes Konzept angestrebt. „Die Inhalte eines bildungswirksamen Sachunterrichts werden zum einen durch fünf fachliche Perspektiven bestimmt:

– Sozial- und kulturwissenschaftliche Perspektive
– Raumbezogene Perspektive
– Naturwissenschaftliche Perspektive
– Technische Perspektive
– Historische Perspektive.

Sie beinhalten grundlegendes Wissen über natürliche, gesellschaftliche und kulturelle Erscheinungen und Zusammenhänge, das in diesen Wissenschaftsbe-

reichen gewonnen wurde" (Stoltenberg 2004a, 153f.). In diesen Perspektiven
können leicht die Fächer wie Geografie, Technik oder Geschichte bzw. Lernbereiche wie Naturwissenschaften identifiziert werden. Dies ist allerdings nicht Absicht der Verfasserinnen und Verfasser des Perspektivrahmens. Sie beabsichtigen
eindeutig eine **interdisziplinäre Perspektive für den Sachunterricht**: „Die Inhalte
des Sachunterrichts aber orientieren sich letztlich an Fragen, Problemstellun-
gen, Phänomenen, Themenstellungen, Aufgaben, die sich in der Regel nicht dis-
ziplinorientiert stellen, sondern komplexer Natur sind" (Stoltenberg 2004a,
154). Auch hinsichtlich der Ziele ist der Perspektivrahmen Sachunterricht durchaus ein bemerkenswerter Fortschritt gegenüber tradierten Entwürfen und Richtlinien, weil konsequent versucht wird, das Gewicht auf die Kompetenzentwicklung der Kinder zu legen (GDSU 2002). Allerdings bleibt trotz aller Ansprüche
die inhaltliche Orientierung weitgehend an traditionellen Lernbereichen ausgerichtet ohne spezifische didaktische Kriterien zu benennen, warum etwa nicht
gesellschaftswissenschaftliche, ökonomische oder politische Inhalte für relevant
erachtet werden, sondern dieser Bereich auf die sozial- und kulturwissenschaftliche Perspektive reduziert wird.

Der Spagat zwischen fachübergreifenden Perspektiven und dem Anknüpfen an
vorhandene fachliche Strukturen bleibt aber im Perspektivrahmen bestehen.
Die „fünf Lernbereiche, die sowohl auf wichtige Erfahrungsbereiche der Kinder
als auch auf fachlich anschlussfähige und voneinander abgrenzbare Fachkulturen
bezogen sind" (Kahlert 2004, 39), bilden weiterhin ein Spannungsverhältnis.
„Der Perspektivrahmen fordert, dass der Sachunterricht sowohl an die Sachfächer der weiterführenden Schulen, als auch an die Lebenswelterfahrungen und
Interessen der Kinder anschlussfähig sein soll, und stuft ihn als ein übergangsre-
levantes Fach ein. […] Die von Fachdidaktikern […] zusätzlich vorgenommene
Zweiteilung der naturwissenschaftlichen Perspektive in die Bereiche belebte
und unbelebte Natur unterstützt zudem die Forderung, bei den naturwissenschaftlichen Inhalten nicht nur auf die traditionell präsenten biologischen Inhalte einzugehen.[…]Wie gezeigt werden konnte, hat der Perspektivrahmen auf die
neuen Lehrpläne der Länder – wenn auch unterschiedlich weitreichend – Einfluss genommen" (Blaseio 2005, 45–46).

Das Inhaltsspektrum des Perspektivrahmens ist aber nicht unumstritten. So wird
in ihm etwa die Seite des sozialen und politischen Lernens sehr wenig betont und
unter „sozial- und kulturwissenschaftliche Perspektive" subsumiert. Damit ist
ihm weit weniger als ein Fünftel der fünf Perspektiven des Perspektivrahmens
zugestanden. Dies ist eine Abwendung von der in den 1990er Jahren betonten
"Sozialen Wende" (Meier 1993) in der Sachunterrichtsdidaktik. Verschiedene
Begründungen sprechen für eine stärkere Betonung: So folgert Preuss-Lausitz,
dass mit der Debatte über Kindheitsveränderungen und gesellschaftliche Indivi-
dualisierungszwänge „das Soziale stärker in den Mittelpunkt des Schullebens

und des 'normalen' Fachunterrichts zu rücken" scheint (Preuss-Lausitz 1993, 35). Auch Duncker und Popp sprechen von der Gefahr der „Vernachlässigung sozialer und gesellschaftlicher Inhalte" (Duncker/Popp 1994) im gegenwärtigen Sachunterricht. Dem hat etwa Schreier in Anlehnung an Ruth Cohn eine Unterteilung der Hauptaufgabenbereichen des Sachunterrichts in drei Bereiche gegenüber gestellt, nämlich „Ich – Wir – Es" (Schreier 1994 a, 41). Damit kommt für ihn dem sozialen Lernen im Sachunterricht als Inhalt ein hoher Stellenwert zu.

Auch die Richtlinien der Niederlande von 2003 (vgl. Greven/Letschert 2004, 175) betonen bei einer ähnlichen inhaltlichen Kategorisierung

- Mensch und Gesellschaft
- Natur und Technik
- Raum
- Zeit

den besonderen Stellenwert des Sozialen und der integrativen Perspektive (Greven/Letschert 2004, 175).

Doch das Denken bleibt im Sachunterricht weitgehend an einzelfachlichen Perspektiven orientiert. Viele Bücher, die auf die Praxis orientieren, sind auch heute noch an Einzelfächern orientiert, wie es die Titel „Chemie in der Grundschule" (Kaiser/Mannel 2004) oder „Geschichtsbezogenes Lernen im Sachunterricht" (Michalik 2004) schon zeigen. Dies scheint vor allem für diejenigen, die diese Bücher lesen sollen, besonders ansprechend zu sein, weil die Mehrheit immer noch in Fachkategorien denkt. Auch Begriffe wie fächerverbindender Unterricht (Peterßen 2000) oder fächerübergreifender Sachunterricht (Unglaube 1997) nehmen das Fach oder die Fächer zum Ausgangspunkt des didaktischen Denkens und nicht die Inhalte selber.

Die Richtung fort von den Fächern hin zu Problemen ist in den Richtlinien des Saarlandes für den Sachunterricht bereits eingeschlagen worden, indem anstelle von Gegenstandsbereichen von sozialen Kompetenzen als Grundpfeilern von Richtlinien ausgegangen wird, nämlich von „individueller Sensibilität, sozialer Sensibilität und sachgebundener Sensibilität" (Saarland 1992, 3). Diese in den 1990er Jahren entwickelte Betonung sozialer Kompetenzen scheint seit der Jahrtausendwende rückläufig zu sein, obgleich von der Sache her soziale Konflikte eher zunehmen und die Notwendigkeit, Kinder auf die komplizierten sozialen Auseinandersetzungen vorzubereiten, eher ansteigt. Die sozialen Beziehungen der Menschen untereinander stärker zu entwickeln und zu pflegen, ist angesichts gesellschaftlicher Konkurrenz, Gewalt in Auseinandersetzungen um Verteilung, Ellenbogenmentalität im Alltag, Atomisierung und sozialer Ausgrenzung von Randgruppen außerordentlich wichtig. So ist es ein generelles normatives Ziel für Kinder, in dieser Welt zu leben, sie lebendig zu erhalten und sozial und human weitergestalten zu können. Ich-Stärkung, also eine zunächst subjektiv erscheinende Seite, wird gleichzeitig auch zu einer zentralen Dimension der Umwelterziehung und des globalen und vernetzten Denkens (Hopf 1993b, 27). Sozialerziehung verlangt Ich-Stärkung und Ich-Stärkung ist ohne Sozialerziehung undenkbar.

Gesellschaftliche Bildung im Sachunterricht bleibt also wieder und weiterhin ein wesentliches Defizit der gegenwärtigen Sachunterrichtsdidaktik.

Sachunterricht muss aber auf öffentliches und privates Verhalten, auf Berufsarbeit und Hausarbeit gleichzeitig in den Zielen ausgerichtet sein (Kaiser 1992), wenn wirklich umfassende grundlegende Bildung für das Leben in dieser Welt Aufgabe des Sachunterrichts sein soll. Das Leben besteht nicht nur aus den diversen beruflichen Funktionen, sondern auch aus der privaten Lebensgestaltung. Auch diese verlangt viele soziale Kompetenzen. So gehören ins Hausarbeitsspektrum Tätigkeiten wie pflegen, gestalten, soziale Beziehungen entwickeln, sich und andere versorgen, die privaten Lebensumstände verändern, kommunikativ Probleme lösen. Caring (Kaiser 2004c) ist eine zentrale inhaltliche Perspektive.

Analog zum hausarbeitsdidaktischen Versuch, die Inhalte des Sachunterrichts aus den Lebensaufgaben heraus zu kristallisieren, gibt es einen weiteren Zugang zu veränderten Inhalten aus Fächer übergreifendem Denken.

Besonders deutlich wird dies am Beispiel der Verkehrserziehung. Während dieses Gebiet seit den 1970er Jahren mehr in Richtung Einübung der Kinder in das Einhalten von Verkehrsregeln verstanden wurde, begründen neuere Ansätze der Mobilitätsbildung (Spitta 2005), dass Kinder nicht nur die praktische Orientierung in ihrem räumlichen Umfeld, sondern auch die in diesen Bereich eingeschlossenen ökologischen und politischen Dimensionen erfassen müssen. Analog wird auch für die Umwelterziehung oder Gesundheitserziehung argumentiert. Diese an Aufgaben orientierten Ansätze können aus ihren Aufgaben heraus ein weites Spektrum an inhaltlichen Dimensionen eröffnen, geben aber kein allgemeines Raster für das Erfassen wichtiger Inhalte im Sachunterricht. Die meisten auf die Sache fokussierten Ansätze zur Identifikation von Inhalten für den Sachunterricht verfahren aber weniger an der gesellschaftlichen Perspektive orientiert.

In den Anfangskapiteln von Schreiers Buch „Der Gegenstand des Sachunterrichts" (1994a) wird der Sache allein der Stellenwert eines didaktischen Kriteriums gegeben. Dort heißt es wörtlich: „Die Rekonstruktion des Sachunterrichts geht nicht von der Suche nach einer Weltformel aus, sondern fängt bei den Dingen an" (Schreier 1994a, 23). „Dinge" schaffen zwar Weltverbundenheit und Sicherheit, aber die menschliche Beziehung in der konkreten Tätigkeit ist letztlich entscheidend.

Schreiers Ansatz, sich von den Dingen ausgehend leiten zu lassen und durch die verschiedenen „Bedeutungshöfe um die Gegenstände" (Schreier 1994a, 30) herum die Inhalte des Sachunterrichts zu erschließen, löst nicht die grundlegende didaktische Frage nach den überhaupt auszuwählenden Inhalten. Allerdings gibt er methodisch auf der zweiten Ebene wichtige Hinweise, bei einmal ausgewählten Unterrichtsgegenständen weder an der Oberfläche stehen zu bleiben noch rein kognitiv zu analysieren. Er unterscheidet präsentative Zugangsweisen – z. B. ästhetische Ausdrucksformen zum Thema „Mond" als romantischem Gebilde – und diskursive, bei denen es um physikalische Aussagen zum Thema geht. Er schließt sich dabei Wagenscheins Auffassung an, dass „es uns unmöglich ist, zum wahren Wesen der Dinge selbst vorzudringen" (Schreier 1994 a, 163) und fordert, beide Seiten gleichermaßen zu berücksichtigen. Auf dieser zweiten Ebene gibt der Ansatz Schreiers wichtige Hinweise, einmal ausgewählte Inhalte nicht zu eng an logisch-rationalen Mustern auszurichten. Hier wird dagegen die Position vertreten, dass Kind, Gesellschaft und Sache in ein dynamisches Verhältnis zueinander gesetzt werden müssen, wenn wir begründete Entscheidungen für die Inhalte des Sachunterrichts finden wollen.

Viele Autorinnen und Autoren sehen auch heute das Verhältnis der didaktischen Dimensionen nur auf die Fragerichtungen Kind und Sache begrenzt. Es wird als hinreichende Aufgabe angesehen, „Kind und Sache in ein konstruktives Verhältnis zueinander zu bringen" (Duncker/Popp 1994, 13). Auch wenn im Verhältnis von Kind und Sache recht komplizierte Wechselbeziehungen liegen, wie sie Wagenschein mit der Formulierung „Mit dem Kind von der Sache aus, die für das Kind die Sache ist" (Wagenschein 1973, 11) ausgedrückt hat, kann dieses Verhältnis allein keine Aussagen über die Bedeutung von Inhalten geben, die in irgendeiner Weise nur Sinn durch die gesellschaftliche Wirklichkeit bekommen.

Neben den an Lernaufgaben orientierten Ansätzen gibt es auch allein auf der Seite des Kindes ansetzende Plädoyers für die Notwendigkeit bestimmter Inhalte. Marcus Schrenk kommt beispielsweise auf der Basis einer kleinen nicht-repräsentativen Untersuchung über die Lerneffekte beim Umgang mit Lebewesen zu dem Schluss, dass der Begegnung mit Lebewesen im Sachunterricht mehr Aufmerksamkeit geschenkt werden solle, da diese einen positiven Effekt auf das Lernen habe (Schrenk 2005, 122). Die „Biophilie-Hypothese" als Theorieansatz, wonach Kinder in diesem Alter eine besondere affektive Nähe zu allem Lebendigen haben, ist in der Literatur mehrfach empirisch belegt worden (Gebauer; Harada 2005, 193). Erfahrungen aus der Praxis sprechen ebenfalls für die Relevanz des Umgangs mit Lebendigem im Sachunterricht. Allerdings lassen sich daraus noch keine systematischen Kriterien für die Inhaltsauswahl folgern. Denn auch für den Umgang mit der unbelebten Natur (Kaiser/Mannel 2004) oder mit Inhaltsbereichen der Mobilitätsbildung (Spitta 2005) oder gesellschaftlichen Problemen (Pech/Becher 2005) lassen sich für den Sachunterricht gewichtige Argumente finden. Die anthropologischen Merkmale von Kindern sind kein hinreichendes Raster für die Identifikation von Inhalten.

Neben der auf generelle Merkmale von Kindern orientierten Begründungen für Inhalte im Sachunterricht gibt es auf gesellschaftlicher Basis ansetzende mehr von den fachlichen Inhaltsbereichen abstrahierende Ansätze zur Lösung der Inhaltsfrage im Sachunterricht. Die dabei entwickelten Alternativen zur Fachstrukturierung sind vor allem:

A) Situationsstrukturierungen

- Handlungsfelder (Mayer 1994)
- Daseinsgrundfunktionen (Mayer 1994)
- Erfahrungsbereiche (von Hentig 1985)

B) Problemstrukturierungen

- Lebensproblemorientierung (Westphal 1990)
- Schlüsselprobleme (Klafki 1985)

Alle diese Ansätze sind bereits ein wichtiger Fortschritt, weil die Entwicklung von Inhalten aus der sich verändernden Welt oder gar dem Verhältnis von Kind und Gesellschaft ausgehen soll. Sie haben mehr oder weniger den Dreiklang von Welt, Kind und Sache im Visier.

Eine wichtige Dimension der Inhaltsauswahl ist es, dass die Inhalte nicht als von vornherein festgelegt und festgesetzt betrachtet werden. Sie müssen einerseits aus der Perspektive von verschiedenen subjektiven Deutungen präsentiert werden, um als diskutierbar und veränderbar erkannt zu werden. Andererseits müssen sie situativ auf die Bedingungen der jeweiligen Lernenden bezogen werden.

Hier scheint das Schlüsselproblemkonzept Klafkis einen guten Weg anzubieten, weil darin das Kind, die Sache wie auch die gesellschaftliche Seite systematisch bedacht werden.

6.3 Schlüsselprobleme als Lösung des Fachdilemmas?

Der Begriff der „Schlüsselprobleme" wurde vom bekannten Pädagogen Wolfgang Klafki in die Diskussion gebracht. Klafki, der schon in den 1950er Jahren gegen die Stoffüberfüllung des Unterrichts das Wort ergriff, vertritt demgegenüber die Theorie des exemplarischen Lehrens und Lernens. D. h. es sollen nur wenige zentrale Inhalte vermittelt werden, die gleichzeitig wesentliche allgemeine Probleme erschließen. Im Zuge der Auseinandersetzung um die Veränderung von Lehrplänen – zu Beginn der 1970er Jahre hieß dies Curriculumdebatte – hatte Klafki betont, es komme darauf an, die wesentlichen gesellschaftlichen Probleme, wie Demokratisierung, Emanzipation oder „Krieg und Frieden" in der Schule zu vermitteln. Seit 1985, mit Erscheinen seiner „Neuen Studien zur Bildungstheorie", verwendet er für diese gesellschaftlich zentralen Inhalte den Begriff Schlüsselprobleme. Er betrachtet seine Beispiele als nicht endgültig inhaltlich festgelegt, die Beispiele variieren auch in verschiedenen Publikationen, dennoch kann ein Kern der gesellschaftlichen Schlüsselprobleme, die in allen Schriften wiederkehren, festgehalten werden. Diese sind:

- „die Friedensfrage [...]
- die Umweltfrage
- Möglichkeiten und Gefahren des naturwissenschaftlichen, technischen und ökonomischen Fortschritts
- sog. „entwickelte Länder" und „Entwicklungsländer" sowie das Nord-Süd-Gefälle
- soziale Ungleichheit und ökonomisch-gesellschaftliche Machtpositionen
- Demokratisierung als generelles Orientierungsprinzip der Gestaltung unserer gemeinsamen Angelegenheiten [...]
- Arbeit und Arbeitslosigkeit [...]
- Arbeit und Freizeit [...]
- Freiheitsspielraum und Mitbestimmungsanspruch des einzelnen und kleiner sozialer Gruppen einerseits und das System der großen Organisationen und Bürokratien andererseits
- das Verhältnis der Generationen zueinander
- die menschliche Sexualität und das Verhältnis der Geschlechter zueinander
- traditionelle und alternative Lebensformen
- individueller Glücksanspruch und zwischenmenschliche Verantwortlichkeit
- Recht und Grenzen nationaler Identitätsbestimmung angesichts der Unabdingbarkeit universaler Verantwortung
- Deutsche und Ausländer in Deutschland
- Behinderte und Nichtbehinderte
- Möglichkeiten und Problematik der Massenmedien und ihre Wirkung
- die wissenschaftliche Wirklichkeitsbetrachtung, die sog. „Verwissenschaftlichung" „der modernen Welt und das alltägliche Verhältnis von Mensch und Wirklichkeit" (Klafki 1985, 21).

In späteren Schriften hat er diesen Katalog immer wieder neu zusammengefasst auf wenige übergreifende Schlüsselprobleme oder auch Spezifizierungen vorgenommen. Denn die Schlüsselprobleme hängen doch eng miteinander zusammen. Die Umweltfrage ist mit dem weltweiten Zusammenleben und der Verteilung zwischen armen und reichen Menschen und Ländern eng verknüpft. Denn „Umweltbildung ist ein Prozess, der auf die Bildung einer Weltbevölkerung abzielt, die sich ihrer Verantwortung gegenüber der gesamten Umwelt und der damit vermachten Probleme bewusst ist und die über das Wissen und die Einstellungen, Motivationen und Absichten sowie Fähigkeiten verfügt, als Einzelne und in Gemeinschaft die Lösung der gegebenen Probleme in Angriff zu nehmen und das Entstehen neurer Probleme zu vermeiden" (Schreier 2005, 35). Die

Schlüsselprobleme dürfen wegen ihrer wechselseitigen Verflechtungen nicht als bloße Themenbereiche, die es aneinanderzureihen gilt, missverstanden werden.

Sie stellen ein Spektrum zentraler Inhalte dar, die sich aus der gesellschaftstheoretischen Analyse mit der Perspektive auf gesellschaftliche Humanisierung, Egalität und Solidarität begründen lassen. Die Schlüsselprobleme erhalten ihre Legitimation dadurch, dass sie tatsächlich in der Welt ein Problem sind und aller Voraussicht nach auch in mittlerer Zukunft bleiben werden.

Gerade die fehlenden Lösungsmöglichkeiten und zunehmenden Widersprüche und Konflikte zeigen, wie viel didaktisches Potenzial in den Schlüsselproblemen steckt. So ist das Beispiel Umwelt einerseits eine Frage der zunehmenden Verständigung und gleichzeitig verbunden mit mehr Verständigungsschwierigkeiten. Kahlert drückt dieses Dilemma folgendermaßen aus: „So öffnet sich eine Schere zwischen wachsendem Verständigungsbedarf über den Einsatz knapper Ressourcen und abnehmender Wahrscheinlichkeit von Verständigung" (Kahlert 2001, 38). Gerade diese tatsächlichen unlösbaren Konflikte machen einen an Schlüsselproblemen orientierten Sachunterricht zu einer ernsten Angelegenheit, bei der es um echte Kontroversen geht.

Klafki weist gerade auf den Sachunterricht bezogen darauf hin, dass die Inhaltsauswahl für den Sachunterricht nicht ausschließlich aus dem didaktischen Prinzip der gesellschaftlichen Schlüsselprobleme erfolgen kann (Klafki 1992, 24). Er sieht darin vor allem die Gefahr der Überforderung der Kinder durch zu viel Anspannung und Belastung, die dann gerade die Handlungsfähigkeit beeinträchtigen könnte. Statt einer einseitig schematischen Entwicklung von Unterrichtsinhalten allein aus dem Prinzip der Schlüsselprobleme schlägt er ergänzend ein zweites didaktisches Prinzip vor, nämlich aus den Notwendigkeiten der allseitigen Entfaltung der Kinder Dimensionen für Unterrichtsinhalte zu gewinnen (Klafki 1992, 24f.). Er unterscheidet dabei zwischen der Entwicklung von kognitiven, emotionalen, ästhetischen, sozialen und praktisch-technischen Fähigkeiten der Kinder (Klafki 1992, 25), die es zu fördern gilt. Faktisch kann natürlich ein Thema, das aus der Perspektive der Förderung der praktisch-technischen Fähigkeiten ausgewählt worden ist, gleichzeitig dem Schlüsselproblem „Umweltfrage" entsprechen.

Wichtig ist außerdem, dass wir die Fähigkeiten der Kinder, sich in der Welt zu orientieren, nicht prinzipiell zu gering einschätzen. In den 1960er Jahren wurde sehr intensiv die Debatte um Verfrühung geführt und alles, was angeblich nicht anschaulich ist, als nicht zugänglich für Kinder im Grundschulalter definiert. Hilbert Meyer hat am Beispiel des historischen Lernens in seiner unveröffentlichten 2. Staatsprüfung (Meyer 1966) durch sehr genaue Analyse seines Sachunterrichts belegt, dass Kinder sehr wohl zu sprachlichen Abstraktionen von der unmittelbaren Erfahrung in der Lage sind. Nach seiner Einschätzung gab es keine Verfrühungen festzustellen, weil Kinder durchaus zu anspruchsvollen Fragen im Sachunterricht diskutieren konnten. Er plädierte schon damals auf der Basis seiner systematisch ausgewerteten Beobachtungen für Weltoffenheit im Sachunterricht.

Die Inhalte werden beim Schlüsselproblemansatz nicht aus Fachinhalten oder Fachbereichsinhalten herauskristallisiert. Immer steht die Frage voran, sinnvolle Inhalte für die breite Qualifizierung der Kinder und zur Bewältigung der gesellschaftlichen Herausforderungen zu finden. Die Aufgabe steht im Vordergrund, die Inhalte werden funktional dazu ausgewählt und auf die Kinder abgestimmt. Gerade angesichts der Tatsache, dass die jetzigen Fächer und die ihnen zugrunde liegenden Universitätsdisziplinen historisch gewachsen sind und sich immer mehr in Spezialisierungen verästeln, ist es wichtig bei didaktischen Entscheidungen, an erster Stelle die Sinnfrage zu stellen. Was ist sinnvoll für die Entfaltung der Kinder und was ist sinnvoll für ihre Lebensbewältigung. Nur wenn Inhalte diesem Sinnraster entsprechen, sind sie auch bedeutsam für den Sachunterricht, aber nicht deshalb, weil es sie im Fachkanon gibt.

Sinnbezogenes Lernen im Sachunterricht wird nur dann möglich sein, wenn die Inhaltsauswahl auch wirklich sinnvoll ist. Historisch gewachsene Fächer können zwar vielfältige Erkenntnismethoden und Erkenntnisse liefern, aber bieten aus sich heraus noch keine Rechtfertigung für den Sachunterricht, der als allgemein bildender Grundschulunterricht geradezu quer zu den traditionellen Fächersträngen liegt. Ein derartiges Kriterienraster für die Inhaltsauswahl nach Klafki wäre dann zweidimensional:

Die eine Dimension bestände aus den gesellschaftlichen Schlüsselbereichen, die ich hier in Anlehnung an Klafki nach meinem gesellschaftlichen Verständnis zusammengefasst vorstelle (s. u.).

Quer zu diesen gesellschaftlichen Inhaltsbereichen, die aus der Fragestellung der gegenwärtigen und zukünftigen Lebensbewältigung entwickelt worden sind, sind die Kriterien der umfassenden Entwicklung der Fähigkeiten der Kinder in und durch Sachunterricht zu berücksichtigen. Klafki bezeichnet sie als „vielseitige Interessens- und Fähigkeitsförderung durch die Entwicklung von elementaren Kategorien und Formen des Wirklichkeits- und Selbstverständnisses von Grundschulkindern" (Klafki 1992, 24). Ich fasse diese polaren Querdimensionen zu den Schlüsselbereichen, die der Entfaltung des Kindes dienen sollen, insbesondere in die folgenden Kategorien:

Kategorien individu-eller Entfaltung/ Schlüsselprobleme	Frieden	Umwelt	Eine Welt	Gerechte Vertei-lung in der Ge-sellschaft	Demo-kratisie-rung aller Lebens-bereiche	Technik-folgen
Sinneswahrnehmung differenzieren						
kommunikativ handeln						
ästhetisch-kreativ tätig sein						
technisch-praktisch handeln						
entdeckend lernen						
alltägliche Inhalte und Situationen verstehen						
Individuelle Sinn-deutungen finden						
Verschiedene Bedeu-tungen akzeptieren						

Abb. 24

Damit wäre eine breite Dimensionierung der menschlichen Entfaltung auf der einen Seite und der Zukunftsorientierung auf der anderen Seite entsprochen. Hier müsste auch die Gegenwartsorientierung[1] im Sinne von Ausrichtung des Lernens an den besonderen alltäglichen Schwierigkeiten und Aufgaben auf einer dritten Dimension einsetzen. Dies heißt aber auch, konkret die von Klafki (2005) geforderten verschiedenen Sinn-Dimensionen von Bildung herzustellen. Zur besseren Übersicht wird diese dritte Dimension hier separat vorgestellt. Sie wird aus den lebensweltlichen Veränderungen der Gegenwart[2], wie sie im 5. Kapitel schon ausführlich erläutert worden sind, konstituiert.

Gegenwärtige Aufgaben des Sachunterrichts sind danach zumindest die folgen-den 13 Bereiche:

1.   Mobilitätsbildung und Bewegungserziehung in einer urbanisierten Welt

---

[1] Damit soll nicht gesagt werden, dass auch die Schlüsselprobleme alltäglich für Kinder wahrnehm-bar sind.

[2] Hierbei werden nur diejenigen lebensweltlichen Bereiche herausgegriffen, die nicht deckungs-gleich mit Schlüsselproblemen sind.

2. Kritische Informationsverarbeitung und ethische Beurteilung in einer Informationsgesellschaft

3. Kritische Konsumbildung in einer Welt der Vermarktung

4. Bewusste Ernährungsbildung und Gesundheitsbildung in einer Welt der Warenexpansion

5. Sozial-emotionale Kompetenzentwicklung bei zunehmenden sozialen Konflikten und Stärkung des Selbst durch konkrete Arbeitsprojekte

6. Sozial- und Sexualerziehung zur Stabilisierung der individuellen Glücksfähigkeit in komplizierter werdenden sozialen Zusammenhängen

7. Kreativität, Entdecken und ästhetisches Gestalten in einer Welt der Bürokratisierung und Standardisierung

8. Authentische Kritikfähigkeit in einer Welt der Verwissenschaftlichung

9. Konstruktive Technische Gestaltungsfähigkeit in einer Welt der Technisierung und Automatisierung

10. Verlässliche soziale Strukturen und Rituale schaffen in einer Welt des rapiden Wandels

11. Gefühle der Geborgenheit und des Aufgehobensein schaffen in einer globalen Weltgesellschaft, „Weckung des Interesses für diese Sichtweise des Verhältnisses des Menschen zur ihn umgreifenden Wirklichkeit" (Klafki 2005, 183).

12. Gewaltprävention in einer Welt der Gewaltexpansion

13. Toleranz und Akzeptanz in einer Welt der Verschiedenheit und Mehrkulturalität

Sachunterricht ist ein lebendiger Prozess zwischen Menschen und bezogen auf Inhalte. Er lässt sich nicht in formale Schemata pressen. So kann nicht gesagt werden, diese oder jene Stunde entsprach dem Rasterfeld 7b auf der ersten Ebene. Diese Kriterien sind nicht gleichgewichtig, nicht immer sind bestimmte für die Persönlichkeitsentwicklung wichtige Fähigkeiten auch gleichzeitig in zentralen gesellschaftlichen Inhaltsbereichen zu entwickeln. Dieses dreidimensionale Raster mit seinen 624 Feldern soll lediglich eine Hilfestellung sein, um bei der Inhaltsauswahl für den Sachunterricht ein weites Spektrum an Kompetenzen und Fähigkeiten zu fördern und ein breites Inhaltsspektrum zu eröffnen.

Für die Praxis des Sachunterrichts stellt sich die Frage der Inhaltsauswahl noch schwieriger dar, denn es kommt auch darauf an, sich auf die jeweilige Lerngruppe einzustellen. Jede einzelne Lehrperson ist auf die Kommunikation mit den Kindern und das situative Umfeld verwiesen. Die Kinder bringen von sich aus immer wieder einzelne Inhalte durch Berichte, Problemformulierungen oder -andeutungen, Fragen oder mitgebrachte Objekte ein. Gerade wegen der in aktuellen Lernanlässen durch Betroffenheit und Nähe liegenden Lernmöglichkeiten ist es wichtig, in der Praxis diese Lernanlässe ernst zu nehmen. So kann es sein, dass auf den Schultischen Fische im Aquarium beobachtet werden, aber ein laut Flügel schlagender Vogel draußen sammelt alle Aufmerksamkeit der Kinder. Hier ist es wichtig, geplante Inhalte nicht als Norm zu verstehen, sondern als exemplarisch für ein bestimmtes Problem. Die Aufmerksamkeit der Kinder gilt es beim aktuellen Anlass durch Lernanregungen so zu entwickeln, dass wiederum das generelle, exemplarische Problem darin sichtbar wird. Nicht alle diese Inhalte sind für alle Kinder gleichermaßen wichtig. Hier gilt es, die schwierige Vermittlung von situativen Lernanlässen zu den allgemeinen Schlüsselproblemen zu stiften. Dies ist prinzipiell nicht unmöglich, weil Kinderäußerungen niemals „nur partikular" sind, sondern immer wieder die natürlich-kulturell-gesellschaftliche Umwelt repräsentieren. Gleichwohl gilt es in der aktuellen Situation, eine Balance zwischen inhaltlichen Bedürfnissen einzelner Kinder und dem gesamten Lernprozess herzustellen.

Gerade weil Kinder nicht nur Kinder sind, sondern Kinder in dieser Welt, und Probleme der Arbcitslosigkeit (Kaiser 1996b, Gläser 2004a), Armut (Miller 2004) sowie Umweltbelastung auch in ihrer konkreten Erfahrungswelt wahrnehmen, ist das Schlüsselproblemkonzept angemessen. Es widerspricht nicht dem Ansatz kindgerechten Sachunterrichts, wenn nur die jeweiligen Lernvoraussetzungen der Kinder in ihren aktuellen Äußerungen und Wahrnehmungen für die Klasse fruchtbar gemacht werden.

Neben der Aktualität der Lernanlässe ist es auch wichtig, die Schlüsselprobleme in ihren komplexen Anforderungen in kindgerechten Unterricht zu übersetzen. Sie können nicht auf der engen individuellen Erfahrungsebene stehen bleiben, sondern müssen ebenso Bezüge zu den wirklichen Problemen herstellen. Große-Oetringhaus (2005, 9) führt dieses Verhältnis am Beispiel der Friedenserziehung aus und macht deutlich, dass diese nicht bloß in friedlichem Umgang miteinander stehen bleiben darf: „Während im zwischenmenschlichen Umgang Vertrauen, Zuneigung, Sympathie, Rücksichtnahme, Toleranz und Fairness wichtige Verhaltensweisen sind, reichen sie im politischen Bereich nicht aus. Wichtige Schritte dabei können die Erweiterung unseres Freiheits-, Selbstbestimmungs- und Entfaltungsspielraums bilden. Dazu können Verhaltensweisen, wie Kompromisslosigkeit, Kooperationsverweigerung, Hartnäckigkeit, Unduldsamkeit, Ungehorsam und Widerstand durchaus wichtig werden. Friedenserziehung kann also nicht bedeuten, zur Friedlichkeit zu erziehen. Sie muss vielmehr zur Fähigkeit führen, Frieden durch kollektives Handeln herzustellen" (Große-Oetringhaus 2005, 9).

In ähnlicher Weise sind auch die anderen Schlüsselprobleme in ihrer Komplexität zu entfalten. Auch die Technikfolgen können nicht ausschließlich technisch, sondern immer durch Reflexion der ethischen, sozialen und politischen Implikationen verstanden werden. „Ein besonders wichtiges Ziel ist es, einer blinden

Technologie- und Fortschrittsgläubigkeit entgegen zu wirken durch die Förderung eines kritischen Technikverständnisses im Sinne der Fähigkeit und Bereitschaft, sich mit Voraussetzungen und Folgen technischer Entwicklungen auseinanderzusetzen und Technik im Kontext gesellschaftlicher Fragestellungen und Probleme zu reflektieren. Hierzu gehört insbesondere die Thematisierung der ethischen Dimension von Technik" (Michalik 2005, 4).

Auch die Umweltbildung lässt sich nicht allein aus einer biologischen oder chemischen Perspektive entwickeln, sondern aus den vielfältigen vernetzten Beziehungen zwischen Mensch und Umwelt. Das Projektbuch Streuobstwiese (Weusmann 2006) zeigt in besonderer Weise, dass ökonomische, soziale und biologische Kompetenzen sehr intensiv an einem thematischen Kern, hier dem Aufbau und der Pflege einer schuleigenen Streuobstwiese, vermittelt werden können. Es ist auch ein Beleg, dass vernetztes Lernen gleichzeitig nicht oberflächlich sein muss, sondern gerade zu hoch interessanten Vertiefungen auf der fachlichen Seite führt.

Diese anspruchsvollen Ziele können nicht über reduzierende Arbeitsblätter erreicht werden, sondern verlangen projektartige Lernprozesse (vgl. Kap. 7). Im Band 6 von Basiswissen Sachunterricht (Kaiser/Pech 2004 d) werden nicht nur die wichtigen theoretischen Grundlagen, sondern auch die praktischen Umsetzungsmöglichkeiten von Umweltfragen am Beispiel Boden (Oldenburg 2004), von der Friedensfrage am Beispiel der lokalen Feierlichkeiten zum Westfälischen Frieden[3] (Borns 2004), von der Kinderrechtsfrage aus Anlass aktueller sozialer Konflikte der Kinder in der Schule (Lohrmann 2004) oder von der Eine-Welt-Thematik auf der Basis von ansprechenden Kinderbüchern (Ehlers 2004b) vorgestellt.

Hier gilt es, noch viele weitere Ideen für den Sachunterricht zu entwickeln, aber wichtig bleibt an diesen Beispielen festzuhalten: Das Schlüsselproblemkonzept ist nicht ein die Kinder in Probleme und Sorgen stürzender Ansatz, sondern greift ihre gesellschaftlichen Erfahrungen auf. Situativer, kindgerechter Sachunterricht steht nicht im Gegensatz zum Schlüsselproblemkonzept.

6.4 Vorschlag für ein neues Kerncurriculum für den Sachunterricht

Richtlinien und Lehrpläne sind oft nur die Aneinanderreihung von Themen. Manchmal werden wenigstens fachübergreifende Themenfelder wie Gesundheitserziehung, Sexualerziehung oder Medienerziehung wie im neuen hessischen Rahmenplan (vgl. Röhner 2004 a) aufgestellt. Oft fehlen bei Richtlinien und Lehrplänen durchschaubare inhaltliche Entscheidungsmaßstäbe. Deshalb

---

[3] Aber auch die Selbstbestärkung in einer Haltung gegen den Krieg ist wichtig. Besonders ansprechend ist dazu etwa das Beispiel der Münsteraner Grundschulen, die als rituelles Nachgestalten des Westfälischen Friedens in verschiedenen Farben gekleidet zum Rathaus zusammen kommen und dort eine Friedensbotschaft abgeben (Borns 2004).

soll hier ein am Schlüsselproblemkonzept orientierter neuerer Inhaltskatalog für den Sachunterricht vorgestellt werden. Dieser Katalog kann Denkanstöße für Kritik und weitergehende didaktische Entscheidungen bieten.

In der Praxis der Entwicklung von Richtlinien bzw. neuerdings Kerncurricula wird dagegen deutlich, dass in unterschiedlichen Bundesländern und in unterschiedlichen Medien eine allmähliche Annäherung von normierten Themenkatalogen erfolgt. Den qualitativen Ansprüchen an Kerncurricula entsprechen die meisten gegenwärtig unter diesem Namen laufenden Kerncurricula nicht, denn „ein Kerncurriculum muss bestimmten Kriterien genügen, die die bisherigen Lehrpläne eben nicht erfüllen: Es zeichnet sich durch klar definierte Wissens- und Kompetenzelemente aus wie durch Verbindlichkeit" (Böttcher 2002, 23). Derartige Konkretheit und „Genauigkeit, was gewusst und gekonnt werden soll" (Böttcher 2002, 27), kann auch der folgende Entwurf eines Minimalplans nicht haben, allerdings lässt er sich dahin ausarbeiten, wenn wir die schon im 3. Kapitel hervor gehobenen formalen Kompetenzen (Hypothesen bilden, messen, beobachten…) auf die hier entwickelten Inhaltsbereiche anwenden.

Ich selbst möchte einen aus der Schlüsselproblemkonzeption entwickelten Minimalplan für die vier Grundschuljahre den oft nur kognitiv konzipierten Kerncurricula der Länder gegenüberstellen. Dabei ist zu bedenken, dass Themen noch wenig über die eigentlichen Ziele und Inhalte aussagen, sondern nur sinnvoll gelesen werden, wenn sie im Kontext der übrigen didaktischen Überlegungen dieses Buches verstanden werden. Die Themen sollen als Kristallisationszentren für Sachunterrichtsprojekte oder Lernwerkstattkisten verstanden werden und gerade nicht als gegeneinander systematisch abgegrenzte Themeneinteilung.

1) Je Schuljahr ein Projekt aus den fundamentalen Lebenssicherungsbereichen:
   - Umwelt mit der exemplarischen Aufgabe der kritischen Informationsverarbeitung in einer Informationsgesellschaft
   - Frieden mit der Aufgabe der Konfliktfähigkeit
   - Technikfolgen mit der Aufgabe der konstruktiv technischen Gestaltungsfähigkeit
   - Eine Welt mit der Aufgabe der authentischen Kritikfähigkeit
   - Diese Projekte müssen umfassend sein und historische, ökonomische, technische, sozialwissenschaftliche sowie naturwissenschaftliche Aspekte integrieren.

2) In jedem Schulhalbjahr ein Schwerpunktthema monatelanges Beachten des Zieles als Unterrichtsprinzip zum Schlüsselproblem Demokratisierung/Menschenwürde/Menschenrechte – kombiniert mit den Aufgaben der sozial-emotionalen Kompetenzentwicklung, der Gewaltprävention und der Sozial- und Sexualerziehung z. B.
   - Mädchen und Jungen sind gleichberechtigt
   - Mitbestimmung in der Klasse

- Regeln für den Pausenhof gestalten
- Wie bin ich? – Kooperation
- verschiedene Wünsche – einander Helfen
- verschiedene Menschen – andere Meinungen zulassen

3) In jedem Schuljahr eine Unterrichtseinheit zum Thema Gerechte Verteilung in der Gesellschaft/Interkulturalität/Menschen einer Welt, z. B.
- Lernen/Wohnen/Essen/Spielen in anderen Ländern
- Tänze/Schriftsysteme/Bekleidungsvorschriften/Webmuster verschiedener Kulturen
- Bau von Spielzeugfahrzeugen in verschiedenen Ländern
- In dieser Unterrichtseinheit gilt es, die Aufgaben der Toleranz und Akzeptanz in einer Welt der Verschiedenheit, der Entwicklung verlässlicher sozialer Strukturen und Rituale in einer Welt des rapiden Wandels und des Aufgehobenseins in einer globalen Weltgesellschaft besonders auf der Erfahrungsebene zu vermitteln.

4) Innerhalb von schon genannten Unterrichtsprojekten oder -einheiten sollte man darauf achten, dass jedes Schuljahr die Fragen der Enthierarchisierung und Demokratisierung mindestens einmal explizit vorkommen, z. B.
- Mitbestimmung über Ziele und Inhalte von Unterrichtsprojekten
- Mitgestaltung z. B. beim gemeinsamen Schulfest
- Regeln des Schullebens/der Nutzung des Schulgartens entwickeln
- Enthierarchisierung der Kommunikation in Jahrgangs-/ Schulversammlungen
- sozialer Ausgleich beim eigenen Produktions- und Verkaufsprojekt der Klasse- Rechte der Kinder in der Welt
- persönlicher Umgang mit „höheren" Instanzen (z. B. Ordnungsamt wegen Falschparkenden vor der Schule, Organisierung des Busses für die Klassenfahrt, Fahrplanauskunft einholen für die Bahnfahrt zum Museum)
- Mobilitätsbildung in einer starren Welt

5) In jedem Schuljahr zwei Unterrichtseinheiten zu den Aufgabenbereichen Sexualerziehung, Ernährungsbildung, Bewegungserziehung, Konsumbildung, Körper- und Gesundheitsbildung, die schwerpunktmäßig jeweils einem anderen Bereich der Entfaltung der Kinder dienen:
- Sinneswahrnehmung differenzieren
- menschliche Bewegungsfähigkeit entwickeln
- kommunikativ handeln
- ästhetisch-kreativ tätig sein
- technisch-praktisch handeln
- entdeckend lernen
- alltägliche Inhalte und Situationen verstehen

- individuelle Sinndeutungen finden
- verschiedene Bedeutungen akzeptieren.

6) Einmal in den vier Schuljahren ein exemplarisches Projekt über ein Schlüsselproblem zur Medienerziehung mit der exemplarischen Aufgabe, kritische Informationsverarbeitung und kreative Gestaltung in einer Informationsgesellschaft zu entwickeln
   - selbst einen Film produzieren
   - eine Geschichte in verschiedene Medienpräsentationen (Theater, Fotos,
     Bilder, Film) umgestalten
   - eine multimediale Präsentation herstellen

7) Jedes Schuljahr mindestens einmal in einer Unterrichtseinheit, in der positive Erfahrungen des Lebensglücks und eigenes kreatives Kompetenzerleben
   möglich ist. Kinder sollen – unabhängig von ihren sonstigen Lebensumständen – in der Schule die Chance haben, Kreativität zu entfalten und lustvolles
   Entdecken und Gestalten im Sachunterricht zu erleben, z. B.
   - Freundschaftsbänder, -briefe, -bilder, -symbole
   - Schattentheater
   - Körpererfahrung
   - ästhetischer Umgang mit Naturphänomenen
   - sich selbst verändern
   - ein Produkt selbst herstellen (Kuchen, Webhaus, Bühnenbild, Sandalen
     für die Leseecke, Puppe, Fahrzeug, Suppe)
   - ein Handlungsprojekt planen und durchführen (Schulzirkus, Schul-
     zeitung)
   - neue Spiele erfinden

In jedem dieser sieben Bereiche ist es möglich und sinnvoll, die in den tradierten
Themenkatalogen von Richtlinien und Lehrbüchern genannten Inhalte weitgehend einzubeziehen. Der Umgang mit Pflanzen kann im Zusammenhang mit der
Erhaltung von Umwelt und Lebensgrundlagen der Menschen thematisiert werden. Die Verkehrserziehung ist sehr sinnvoll im Umgang mit bürokratischen Regeln zu praktizieren (Kaiser 1993c) und hat für die Kinder mehr Bedeutung als
das simple Auswendiglernen von Regeln. Besonders gelungen sind zu diesem
Praxisbereich die Unterrichtsvorschläge zur Mobilitätserziehung von Philipp
Spitta (2005). Spitta zeigt anschaulich, dass anstelle bloßen stofflichen Lernens
zur Verkehrserziehung die Einbettung der Inhalte in Umweltfragen und soziale
Orientierung auch im Grundschulalter sinnvoll machbar ist.

Wichtig ist bei einem derartigen Plan, dass nicht nur die schwierigen Probleme
und Konflikte aufgezeigt werden, sondern dass die Kinder jedes Schuljahr mindestens einmal in einer Unterrichtseinheit intensiv positive Alternativen des Lebensglücks erleben, wie sie im 7. Inhaltsbereich beschrieben worden sind.

Dies steht nicht im Gegensatz zu den Schlüsselproblemen. Klafki hat in seinen neueren Darstellungen der Schlüsselprobleme die Ich-Du-Beziehung und die Glücksfähigkeit ebenfalls als schwer herzustellende gegenwärtige Schlüsselprobleme deklariert (Klafki 1993 (3)). Ein Beispiel aus einer Unterrichtseinheit zur Thematik eine Welt in der Schule (Kaiser 1993) mag dies veranschaulichen. Es geht in dieser Einheit um eine Kultur, die Minangkabau auf Sumatra, die für alternative Geschlechterverhältnisse interessant ist. Ausgehend von Fotos, auf denen die Frauen Reissäcke auf dem Kopf trugen, wurde im Unterricht versucht, dies zu imitieren – mit einem um den Kopf gelegten Küchentuch als Stützfundament. Die Kinder sind dann mit dem „Reissack" auf dem Kopf gegangen und haben bewundert wie diese Frauen dort hunderte von Metern ohne abzusetzen mit einem Reissack gehen und sich zudem noch wunderschön bewegen können. Aber es war auch gleichzeitig Spaß für die Kinder. Sie haben sich mit ihrem Körper bewegt und waren glücklich. Außerdem haben sie gelernt andere Menschen zu respektieren und zu bewundern, was diese können – ohne eurozentristisches Mitleid von oben herab.

Insgesamt schlage ich hier für die Unterrichtseinheiten des Sachunterrichts (vgl. Punkt 5 des Planes) eine Verbindung von sinnvollen Inhalten mit Bezug auf die Schlüsselprobleme vor. Dieser Plan ist durchaus auch in klassische Themenübersichten zu übersetzen, wie wir sie aus den Richtlinien und in der schulischen Praxis kennen:

- Ich und die anderen – Zusammenleben in der Klasse. Konkurrenz, Angst, Streit, Konflikt und gemeinsame Freude
- Regeln des Zusammenlebens in der Schule, im Schulgarten, bei Festen und Vorhaben. Mitbestimmung, Mitgestaltung, Rituale und Regeln entwickeln.
- Zeit. Veränderungen in meinem Leben und in der Welt
- Frieden in der Klasse und Frieden in der Welt? Gemeinsames und Unterschiedliches.
- Umweltprobleme am Beispiel Müll beim Schulfrühstück
- Gesundheits- und Umweltprobleme am Beispiel Verkehrslärm in der Schulumgebung. Entwurf von Handlungsalternativen, persönlicher Umgang mit „höheren" Instanzen
- Verschiedene Menschen in unserem Stadtteil. Andere Meinungen und Vorstellungen. Menschenwürde und Menschenrechte
- Mädchen und Jungen sind gleichberechtigt. Aber manchmal ist das, was wir wünschen und wie wir denken, verschieden
- Untersuchungen am Bach. Was bedeuten die modernen Technologien für unser Wasser. Technikfolgen im Stadtteil
- Lernen/Wohnen/Essen/Spielen in anderen Ländern. Eine Welt: Verschiedenes und Gleiches

- Tänze/Schriftsysteme/Bekleidungsvorschriften / Webmuster/selbst gemachte Spielsachen verschiedene Kulturen erfahren
- Enthierarchisierung der Kommunikation in Jahrgangs-/ Schulversammlungen
- sozialer Ausgleich beim eigenen Produktions- und Verkaufsprojekt der Klasse- Rechte der Kinder in der Welt
- Tiere in der Klasse pflegen und halten. Herstellen eines Filmes.
- Etwas herstellen und verkaufen. Erfahren, wie unsere Wirtschaftswelt funktioniert.
- Glücksfähigkeit entwickeln durch Theater, Körpererfahrung oder ästhetische Gestaltung zum Thema Wasser
- Sinnes- und Körpererfahrung. Soziale Dimensionen von Sexualität
- Unbelebte Natur: Luft, Steine, Erde
- Schule und Welt. Schulweg, Stadt, Europa. Was die Welt zusammen hält.
- Zeit in meinem Leben, die Zeit meines Lebens. Denken über mich in der Welt
- Gesunde Ernährung? Lebensmittel herstellen, manipulieren und zu Markenprodukten stilisieren, eigene Werbestrategien erproben
- Ein mediales Produkt (Film, Bildershow, Internetpräsentation) zu einem Buch über das Leben von Kindern in einem anderen Land herstellen

Hier wird zunächst von Inhalten und Richtlinien gesprochen, obgleich die moderne Debatte bereits mit anderen Begriffen operiert. Diese alte Terminologie wird von mir deshalb verwendet, weil es hier erst einmal nur um die Frage geht, welche Inhalte für den Sachunterricht sinnvoll und richtig sind. Erst in zweiter Linie kann es dann darum gehen, diese auch in Form von Standards für die jeweilige Schule zu formulieren, die auch geeignet sind, die Lernleistung von Schülerinnen und Schülern an bestimmten Maßstäben zu messen.

Die Entwicklung hin zu Standards ist in Deutschland politisch beschlossen. Allerdings laufen wir bei der Entwicklung von Standards zwei Gefahren.

Die eine Gefahr bedeutet, dass Standards optimal formalisiert werden, aber dabei wichtige Inhalte verloren gehen und damit auch eine Richtschnur für weitere inhaltliche Entwicklungen des Faches. Gerade die Geschichte des Sachunterrichts in den Jahren zwischen 1970 und 2000 zeigt, dass wichtige Inhalte verloren gehen können, wenn sie nicht genug gesellschaftlich verankert sind. Beate Blaseio (2004) hat in einer umfangreichen Studie zur Entwicklung von Inhalten in Sachunterrichtsschulbüchern deutlich gemacht, dass etwa Inhalte aus der unbelebten Natur und Technik im Laufe ihres Untersuchungszeitraumes deutlich geschwunden sind. Nach ihren Erhebungen unterliegen Inhalte des Sachunterrichts sichtbar den Schwankungen aktueller Einflüsse und nicht unbedingt einem systematisch entwickelten und begründeten inhaltlichen Spektrum. Es bedarf also zunächst eines didaktischen Konsenses über das Inhaltsspektrum von Sachunterricht.

In den letzten Jahren ist als Folge international vergleichender Schulleistungsuntersuchungen die Qualitätsdebatte im Bildungswesen auch in Deutschland geführt worden. Kerncurricula mit überprüfbaren Standards werden als Weg angesehen, die Qualität in schulischen Bildungsprozessen zu steuern. In einigen Ländern wie England, Neuseeland oder Australien wird die Orientierung an Standards schon seit Jahren als Instrument von Qualitätsentwicklung und Qualitätssicherung genutzt, den dies sind zentrale Anliegen im Bildungswesen. Deshalb orientieren sich Lenkungsprozesse im Bildungssystem zukünftig an den Zielsetzungen, die in Bildungsstandards und Kerncurricula festgelegt werden, während bislang Prozesse im Bildungswesen über detaillierte inhaltliche Vorgaben bis hin zu Hinweisen über Methoden und Lernformen gesteuert wurden.

In Deutschland wird die Entwicklung von Kerncurricula und Standards nach einem Beschluss der Kultusministerkonferenz verbindlich vorangetrieben, allerdings steht diese Entwicklung beim Fach Sachunterricht in den Anfängen. Wesentlich dabei ist, dass die erwarteten Lernergebnisse als verbindliche Standards formuliert werden, um einen möglichst einheitlichen Qualifikationsstand für alle Schülerinnen und Schüler herzustellen. Das Wissen, Können und die Fertigkeiten, Einstellungen, Haltungen und Fähigkeiten werden dabei mit dem Begriff der Kompetenz umschrieben. Mit Kompetenzen werden diejenigen Fertigkeiten beschrieben, über die Schülerinnen und Schüler verfügen müssen, um neuen Anforderungssituationen gewachsen zu sein. In England werden diese als spiralförmig von Schulstufe zu Schulstufe sich in den inhaltlichen Aspekten weiter differenzierende verstanden. Allerdings gibt es dort im „National Curriculum" auch ein klares Verständnis darüber, welche Inhalte von der Vorschule bis zur Sekundarstufe II etwa in Science oder in „Design und Technology"[4] zu behandeln sind.

Die Formulierung verbindlicher Standards ist jedoch außerordentlich schwierig, besonders in einem Land, in dem es nicht die entsprechenden Erfahrungen mit der Formulierung überprüfbarer Standards gibt. Es besteht die Gefahr, dass damit die wichtigen Ziele ethischer Beurteilungsfähigkeit, kritischer Handlungsfähigkeit und sozial-emotionaler Beziehungsfähigkeit zu Gunsten bloß kognitiver, leichter als Kompetenzen formulierbarer Ziele und Inhalte, verloren gehen. Aber diese Debatte ist noch nicht wissenschaftlich abgeschlossen. Es besteht weiterhin die Chance, auch die Kompetenzen im Sinne einer breiten Grundbildung zu formulieren. Sie müssen nicht oberflächlichen, operationalisierten, kognitiven Lernzielen entsprechen. Vielmehr können auch Kompetenzziele im Sinne des hier vertretenen zweidimensionalen Kompetenzkatalogs formuliert werden und an der umfassenden Entfaltung der Fähigkeiten der Kinder in Bezug auf die Schlüsselprobleme orientiert sein.

---

[4] Dieses sind Fachbezeichnungen für den nicht fachlich integrierten Unterricht in der Primarstufe und darüber hinaus.

7 Sachunterricht der Zukunft

> Wichtig ist, dass man nicht aufhört zu fragen.
> Albert Einstein

Sachunterricht soll dem Verstehen der Welt dienen und Kinder in ihrem jetzigen und zukünftigen Leben Orientierungshilfe geben. Aber es ist schwierig, den angemessenen Weg zu finden. Ziele und Inhalte zu finden, reicht nicht aus. Es kommt auch darauf an, Unterrichtskonzepte zu finden, die diesen Zielen und Inhalten (vgl. Kap. 6.3) entsprechen. Dazu soll in diesem Kapitel ein Konzeptvergleich moderner Ansätze für den Sachunterricht geleistet werden. Denn vorerst wissen wir nur aus der Geschichte, wie es nicht gemacht werden sollte und welche wichtigen konzeptionellen Marksteine (vgl. Kap.3) wichtig sind. Und Erfahrungen der 1970er Jahre bis heute zeigen jedenfalls, dass die Zerstückelung der Inhalte durch Arbeitsblätter kontraproduktiv ist. Aber es fehlen positiv formulierte konzeptionelle Aussagen.

Wenn wir uns heute die um 1968 formulierten Ziele der Entwicklung des Sachunterrichts vor Augen führen, dann werden wir feststellen, dass die damals geforderten konzeptionellen Ansätze auch heute noch nicht voll realisiert sind. Richard Meier fasst die damaligen Ziele so:

- Begriff und Praxis der affirmativen Heimatkunde bewusst in Frage stellen
- Welt heute als Sache und Situation nehmen
- aktiv handelnde Arbeit im Unterricht zulassen
- bedeutsame Lebenszusammenhänge herstellen
- Aufgaben für gemeinsames Überleben entwickeln
- Methoden erarbeiten, kundig und unabhängig zu machen
- Aufklärungsarbeit, Weg zur Demokratie öffnen (Meier 1993)

Wenn wir dagegen heutigen Sachunterricht[1] anschauen, werden wir feststellen, dass durch die Flut an Arbeitsblättern gerade nicht die aktiv handelnde Arbeit, sondern das Zuordnen von Begriffen gefordert wird. Nicht die Welt als Situation, sondern vereinzelte Zahlen und Wörter werden gesucht. Eine bedeutsame Lebensorientierung kann so nicht hergestellt werden. Gleichwohl hat sich in der Sachunterrichtsdidaktik schon recht viel gegenüber der alten Heimatkunde geändert. Insbesondere haben aktuelle Inhalte der Gegenwart (z. B. Umwelterziehung, Prävention sexuellen Missbrauchs, Eine Welt in der Grundschule) Ein-

---

[1] Hier wird als Indikator für heutigen Sachunterricht genommen, was wir an praxisnahen pädagogischen Tagen als Materialangebot der Verlage finden. Ich habe in der pädagogischen Woche in Oldenburg im September 2005 auf einer großen Ausstellungsfläche im Hörsaalgebäude sämtliches Material für den Sachunterricht durchgezählt. Weitgehend wurden Kopiervorlagen für den Sachunterricht mit Arbeitsblättern angeboten, daneben gab es noch Sachunterrichtsschulbücher zur Informationsvermittlung. Kinderbücher zu Sachthemen machten nur einen geringen Prozentsatz der Angebote aus.

gang in den Alltag vieler Schulen gefunden. Viele Lehrpersonen bemühen sich um Einbezug handelnder Elemente in den Unterricht. An vielen Grundschulen und Sonderschulen werden jährlich Projekte oder Projektwochen[2]kollegial geplant.

Auf der pädagogischen Seite bleiben die Innovationen aber immer noch einseitig auf mehr kognitive oder begriffliche Dimensionen des Lernens beschränkt. Dies wird in den meisten gegenwärtigen Konzeptionen und Richtlinien für den Sachunterricht explizit so gefordert. Auch in neueren kompetenzorientierten Kerncurricula werden weitgehend kognitive, besser abtestbare Kompetenzen für den Sachunterricht[3] gefordert. Die Ansprüche, auf das Leben der Kinder zu orientieren, wozu auch praktisches Handeln oder soziale Kompetenz gehören, werden damit faktisch ausgeklammert. Wenn es uns allerdings nicht gelingt, die Zukunft des Lernens wenigstens gedanklich zu entwerfen, werden wir nichts verändern. Dazu ist es erforderlich, allgemeine Bildungsziele für den Sachunterricht zu nennen. Klafki formuliert diese Normen für den Sachunterricht als „Selbst-Mitbestimmungs- und Solidaritätsfähigkeit" (Klafki 1992 13). Dieser allgemeindidaktischen Norm ist die Normbezeichnung „Emanzipation" vorausgegangen. Ariane Garlichs akzentuiert die Selbstbestimmungsfähigkeit nicht allein auf der nach außen gerichteten Dimension, indem sie Selbsterfahrung „als Bildungsaufgabe" (Garlichs 1985 b) formuliert. Andere Autorinnen und Autoren wählen den Begriff Nachhaltigkeit (Stoltenberg 2004; Hauenschild/Bolscho 2005) als bildungstheoretische Orientierung, um auf den ökologisch-gesellschaftlichen Zusammenhang für Ziele des Sachunterrichts deutlich hinzuweisen. Vorher waren in diesem Kontext Merkmale wie Antizipation und Partizipation (Peccei 1979) als relevant bezeichnet worden. Um diese verschiedenen und doch teilweise sich überschneidenden bildungsnormativen Ansätze zu integrieren, halte ich zur Offenlegung der meinem didaktischen Ansatz innewohnenden Normen die folgenden Formulierungen für erforderlich:

- humane, sozial gerechte und ökologische Entwicklung der Welt
- Demokratisierung und soziale Gestaltung der Gesellschaft
- soziale Entwicklung der Menschen
- vielfältige Entfaltung menschlicher Fähigkeiten, nach innen und nach außen

Es muss also mit Hilfe der humanen Zielvorstellung eine Vermittlung zwischen gesellschaftlichen Entwicklungen und der Bedeutung der gesellschaftlichen Prozesse für die Kinder gefunden werden. Ein derartiger didaktischer Ansatz kann am ehesten als sozialisationstheoretischer Ansatz verstanden werden (vgl. auch Meier 1993). Denn wenn man von gesellschaftlichen Entwicklungen ausgeht, sie

---

2 Oft allerdings nicht im Sinne forschenden Lernens, sondern etwa als arbeitsteilige Themenarbeit, bei der jede Gruppe z. B. zu einem anderen Märchen arbeitet.
3 Das niedersächsische Beispiel (Adresse auf dem niedersächsischen Bildungsserver NIBIS) ist nur ein besonders typisches für diese Entwicklung.

unter pädagogisch-humanistischen Normen einordnet, nach der Bedeutung der gesellschaftlichen Entwicklung für die Kinder fragt und daraus Kriterien für die Inhaltsauswahl entwickelt, hat man eine sozialwissenschaftliche Denkweise eingeleitet. Damit ist beachtet, dass es Wechselbeziehungen zwischen Gesellschaft, Kind und Sache gibt.

In diesem Kontext hat der von Klafki (1964) oft verwendete Begriff der „wechselseitigen Erschließung" von Kind und Inhalt sowie Gesellschaft seinen produktiven Stellenwert.

Wichtig ist, dass die Normen nicht als aufgesetzte Ziele betrachtet werden, sondern dass wir deutlich machen, dass diese Ansprüche nicht nur auf die Zukunft gerichtet sein können, sondern sich auch im gegenwärtigen Leben beim Lernen niederschlagen. Sachunterricht der Zukunft muss auf Gegenwart und Zukunft gleichermaßen bezogen sein. Er muss Kindern gegenwärtig Sinn beim Lernen bieten, damit sie mit inneren Motiven lernen können. „Bildung verlangt eine sinnerfüllte Gegenwart und Vorbereitung auf die Zukunft" (Klafki 1992, 16).

Sachunterricht kann inhaltlich – wie in den letzten drei Kapiteln gezeigt worden ist – weder von der Sache, noch vom Kind noch von der gesellschaftlichen Situation her linear abgeleitet werden. Um diese drei Pole des didaktischen Feldes zusammenzubringen, bedarf es einer pädagogischen Begründung. Nur aus einer vor den Kindern und an einer humanen und demokratischen Gesellschaftsentwicklung orientierten Normsetzung lassen sich pädagogische Auswahlkriterien für den zukünftigen Sachunterricht formulieren. Dieser Sachunterricht muss dabei gleichzeitig wahr, interessant und bedeutsam für die gegenwärtige und zukünftige gesellschaftliche Entwicklung sein.

Deshalb halte ich es für wichtig, zunächst von den Schlüsselproblemen (vgl. Pech/Kaiser 2004b) als Hintergrundfolie auszugehen und diese in Beziehung zu den für die gegenwärtige Lebenswelt der Kinder wichtigen Aufgaben wie Sozialerziehung oder Gesundheitserziehung oder Mobilitätsbildung zu setzen. Dies heißt nicht, dass bei so allgemeinen Problemen ein abgehobener Sachunterricht entstehen muss. Vielmehr muss dieser ganz konkret in unmittelbare Fragen und Erfahrungen der Kinder eingebunden werden. Bei der Beobachtung der Kinder, ihrer Gespräche, Rollenspiele und Zeichnungen wird deutlich, was sie bewegt. Dabei kann es sein, dass sie der Verlust ihres Vaters, ein Straßenkampf in Palästina, ein beobachteter toter Vogel oder der Walfang irgendwo in der Welt bewegt. Diese aktuellen Wahrnehmung und Betroffenheit gilt es aufzugreifen und im Sachunterricht produktiv weiterzuentwickeln.

Sachunterricht als Allgemeinbildung ist nach meinem Verständnis eine fundamentale Seite der Persönlichkeitsentwicklung für das Grundschulkind. Sachunterricht soll dazu beitragen, dass Kinder sich mit ihrer gegenständlichen und sozialen Erfahrungswelt auseinandersetzen. In diesen Sachunterrichtsinhalten soll der Sinn für die zu erlernenden Kulturtechniken wie Lesen, Schreiben und Rechnen liegen.

Gesellschaftliche Betroffenheit von Kindern modifiziert gleichzeitig ihre Wahrnehmung von Inhalten. So wäre Anfang der 1960er Jahre das Wort „Umweltschutz" eine fremde Sache für Kinder gewesen. Aber bereits Anfang der 1970er Jahre haben Grundschulklassen vorwurfsvoll im Chor „Umweltverschmutzung!" gerufen, wenn sie einen rußig brennenden Haufen bemerkten. Die gesellschaftliche Bedeutung der Umweltfrage war durch Sozialisationsprozesse zum subjektiven Problem der Kinder geworden, so dass sie aufgrund dieses Erkenntnishintergrundes konkrete Phänomene wie einen Schwelbrand völlig anders gesehen und gewertet haben. Die Sache hat sich für sie verändert und sie selbst wiederum haben verändert und an der Sache gelernt, weil die gesellschaftliche Entwicklung sowie die individuelle Entwicklung der Kinder beeinflusst hat.

Wichtig bleibt bei allen sachunterrichtsdidaktischen Entscheidungen die Orientierung an einer generellen humanistischen Norm. Diese fordert geradezu zu verstärktem sozialen Lernen und zur Erhaltung einer lebenswerten Welt heraus.

Wenn wir die gegenwärtige Entwicklung der Welt als Risikogesellschaft betrachten, dann wäre es eine didaktische Fehlorientierung, wenn wir die Kinder darauf vorbereiten wollten, Herrscher in der Dingwelt zu sein. Gerade dies verbaut ihnen die Möglichkeiten und Chancen, die in den Risiken liegen, aktiv zu ergreifen. Weil das Risiko der Zerstörung des Lebens so groß ist, wenn die Menschheit nicht insgesamt lernt, schonender mit sich und der Welt umzugehen, kann nicht die weitere Beherrschung der Natur durch die Menschen zum Ziel von Sachunterricht erklärt werden. Vielmehr muss nach Wegen gesucht werden, wie sich Kinder als Teil ihrer Umwelt verstehen, ohne sich ihrer bemächtigen zu müssen. Gerade in dieser Hinsicht liegen die wesentlichen Besonderheiten zukünftigen Sachunterrichts gegenüber vergangenem Sachunterricht: „Wurden von den absolutistischen Fürsten Kenntnisse gewünscht zur Überwindung von persönlicher Not und staatlichem Elend, so werden heute Kenntnisse erworben unter dem Aspekt der Rettung der Welt und der Wahrung des Menschlichen" (Meiers 1993, 89). Gleichzeitig wirken verschiedene Interessen. Kinder müssen lernen, ihre eigene Position zu finden, die anderen kritisch zu durchschauen und zur gleichen Zeit mit den anderen auszukommen, auch wenn sie andere Positionen vertreten. Deshalb ist es nötig, einen vielperspektivischen Sachunterricht zu entwickeln. „Vielperspektivisches Denken wird schließlich als grundlegende Kompetenz in einer pluralistischen Gesellschaft bestimmt; es schließt die Fähigkeit ein, Positionen argumentativ zu begründen und die anderer Menschen zu verstehen, aber auch die grundsätzliche Bereitschaft zum Perspektivenwechsel" (Köhnlein 1999, 18).

Unter diesen Zielperspektiven der Gegenwart soll die folgende Konzeptdiskussion eingeordnet werden. Konzepte sind nicht von sich aus sinnvoll, sondern nur, wenn sie geeignet sind, den Kindern bei der Lösung ihrer Gegenwarts- und Zukunftsfragen Orientierungshilfe zu geben.

Wichtig ist, dass wir die Welt der Kinder nicht als statisch fixiert betrachten, sondern akzeptieren, dass jedes Kind jeweils unterschiedliche Wahrnehmungsformen und –möglichkeiten hat. Dieser Verschiedenheit müssen Konzepte für den Sachunterricht gerecht werden.

So ist es ein generelles Ziel für die Kinder, in dieser Welt zu leben, sie lebendig zu erhalten und sozial und human weiter gestalten zu können. Ich-Stärkung, also eine zunächst subjektiv erscheinende Seite, wird gleichzeitig auch zu einer zentralen Dimension der Umwelterziehung und überhaupt des globalen und vernetzten Denkens (Hopf 1993 b, 27). Sozialerziehung verlangt Ich-Stärkung und Ich-Stärkung ist ohne Sozialerziehung undenkbar.

Die Konzepte zeitgemäßen und zukünftigen Sachunterrichts sind so vielfältig wie die Wirklichkeit. Häufig gibt es deutliche Überschneidungen, doch wird derselbe Begriff auch von Person zu Person unterschiedlich verstanden. Hier sollen aus der in diesem Buch vertretenen Perspektive verschiedene Konzeptionen und Prinzipien von Sachunterricht kurz vorgestellt und erläutert werden.

Anstelle des Streits um große Konzeptionen wird jetzt an vorhandenes Wissen über Sachunterricht angeknüpft. Nicht große geschlossene Konzeptionen wie die Science-Curricula Englands oder der mehrperspektivische Sachunterricht stehen gegenüber, sondern verschiedene Unterrichtskonzepte mit vielfältigen Varianten in der praktischen Rezeption wie problemorientierter, handlungsorientierter, erfahrungsorientierter oder projektorientierter Sachunterricht. An der häufig verwendeten einschränkenden Endung „-orientierte" wird deutlich, dass der umfassende Anspruch an das „Entweder – Oder" sich mittlerweile in bescheideneren Vorstellungen über die Richtung der Entwicklung von Sachunterricht festgemacht hat.

Bei näherem Hinsehen finden wir viele Überlappungen und Überschneidungen zwischen den Konzepten. So ist Handlungsorientierung und Erfahrungsorientierung ein wesentlicher Bestandteil von Projektorientierung. Hier sollen deshalb die gegenwärtig kursierenden Konzepte nur knapp in einem überblickartigen Rahmen vorgestellt werden. Denn es geht nicht um eine Auswahl des einen idealen Konzeptes, das von den anderen begründet abgehoben werden muss. Vielmehr entspricht es der Vielfalt der Kinder und der Heterogenität der gesellschaftlichen Entwicklung sowie den daraus folgenden vielfältigen Aufgaben des Sachunterrichts, dass auch vielfältige Unterrichtskonzepte in der Praxis zum Tragen kommen. Deshalb werden zunächst die gängigen Konzepte der Erfahrungsorientierung, Problemorientierung, Kindorientierung oder Handlungsorientierung und weitere vorgestellt.

7.1 Erfahrungsorientierung und Lebensnähe

Erfahrungsorientierung und Lebensnähe sind zwei verschiedene konzeptionelle Ansätze und doch in wichtigen Aspekten sehr nahe. Gemeinsam ist beiden Konzepten, dass man das schulische Lernen mehr mit dem Leben verbinden will. Bei der Erfahrungsorientierung geht es dabei um zwei Varianten, nämlich das Lernen anknüpfend an bisherige Erfahrungen und das Schaffen neuer Erfahrungen. In der letzteren Variante ist es mit der Lebensnähe eng verbunden.

Lebensnähe greift eines der ersten Konzepte der reformpädagogischen Kritik an der alten Anschauungspädagogik auf. Damals ging es um Auflösung des bloßen Bücherwissens hin zu einem Lernen im realen Lebensraum, insbesondere der Natur. Damit lehnt es sich eng an die verschiedenen Konzepte von „Ganzheitlichkeit" an wie sie im Laufe der Pädagogikgeschichte etwa von der Landerziehungsheimbewegung (Jung 2004) entwickelt wurden. Erlebnis, Ganzheitlichkeit und Gesamtunterricht waren wichtige Begriffe, die die Komplexität der Lerninhalte in lebensnahem Lernen ausdrücken sollten.

Parallel zu dieser Entwicklung wurde in den USA von Dewey das Konzept der Erfahrungsorientierung entwickelt. Beiden Ansätzen lag der Gedanke zugrunde, dass Lernen intensiver ist, wenn wir das Lernen weg von der Buchschule hin zu konkreten Erfahrungen entwickeln. Das Stichwort „Erfahrungsorientierung" war später eines der ersten kritischen Konzepte, das den begrifflich orientierten Curricula der frühen 1970er Jahre gegenübergestellt wurde.

In den letzten Jahrzehnten hat sich auch der Begriff der Lebensnähe zu mehreren Nuancen entwickelt. Im Extrem wird davon ausgegangen, dass nur im Leben das Lernen möglich sei. Entsprechend wird schulisches Lernen abgelehnt. Diese Auffassung verkennt allerdings die historisch gewachsenen Möglichkeiten schulischen Lernens als Lernen für alle – unabhängig von den jeweiligen sozialen Bedingungen. Und weiterhin erlaubt schulisches Lernen Kritik, Distanz und nicht nur Verdoppelung der schon im Leben gemachten Erfahrungen. Darin liegen hohe Entwicklungschancen. „Entgegen einer verbreiteten Auffassung ist es daher nicht als Mangel, sondern als Leistung der Schule anzusehen, dass dort die Auseinandersetzung mit Inhalten und Sachverhalten anders ist als im Leben sonst" (Kahlert 2002, 52).

Kern bleibt, dass für das didaktische Denken die Lebenswelt der Kinder, also ihre subjektiv erlebte umgebende Welt, als wichtig erachtet wird, aber nicht im Sinne eines statischen Verstärkens der Ist-Situation, sondern als Möglichkeit zur weiteren menschlichen und gesellschaftlichen Entwicklung. Lebensnähe heißt dann sowohl, das Leben in das Lernen einzubringen wie auch beim Lernen nicht zu pauken, sondern zu erleben. Der Begriff „lebensnah" ist damit ein schillernder Kernbegriff. Lernen soll Bedeutung für das eigene Leben haben und wirklich authentische Probleme anstelle bloßen Nachgestaltens oder Abschreibens in Selbstkontrollblättern behandeln. Es soll also nicht zerstückeltes Wissen, sondern Erkenntnis im Lebenskontext vermittelt werden. Lebensweltbezogene Ansätze der Gegenwart können als eine Reaktion auf die Mediengesellschaft verstanden werden. Die originalen wirklichen Dinge, die reale Natur, die authentische Lebensumgebung sollen aus erster Hand Gegenstand von Lernen sein und nicht vermittelt durch Medien. Die Gedanken, mehr Lebens- und Erfahrungsraum in der Schule zu gewinnen, stammen aus der reformpädagogische Kritik der 'Buch- und Paukschule' und der gegenwärtigen Debatte um die Abgrenzung der Schule von der Wirklichkeit: „Schule stellt sich als abgegrenztes, quasi professionell 'abgeschottetes', prinzipiell vom 'Leben' abgetrenntes, pädagogisch-didaktisches Handlungsfeld und als Erfahrungsraum mit eigenen, d. h. rationalen Unterrichtszwecken entsprechenden Prägungen dar (für intensive, systematische, regelmäßige und routinemäßig ablaufende 'Belehrung' und konzentriertes, durch möglichst nichts abgelenktes Lernen) und organisiert sich dafür curricular systematisch" (Claussen 2004, 4). Lebensnähe heißt so verstanden, mehr reale Lebensbezüge in den Kunstraum der Schule einzubringen.

Genauer betrachtet ist allerdings die Schule keineswegs nur ein Kunstraum, sondern repräsentiert sehr wohl wesentliche Merkmale gesellschaftlichen Lebens. Kinder erleben während des langen Schulvormittags soziale Konflikte, Diskriminierung wegen der sozialen Herkunft, Konkurrenz um Konsumstandards oder Abwertung wegen ihres Aussehens oder ihrer Persönlichkeit (Claussen 2004, 4). Es ist also unvermeidbar, dass wichtige Segmente des Lebens der Kinder auch in der Schule erfahrbar auftreten.

Der Begriff der Erfahrungsorientierung bezieht sich dagegen auch auf das Anknüpfen an bereits gemachte Erfahrungen. Er ist also breiter als der der Lebensnähe und hat tiefer liegende lerntheoretische Begründungen.

In der Sozialisationstheorie ist es heute unbestritten, dass der soziale und kulturelle Zusammenhang, in dem ein Mensch aufwächst, sehr bedeutsam für seine Entwicklung ist. Gleichzeitig wissen wir, dass viele Kinder sehr anregungsarme Lebensumstände haben, in denen elektronische Medien, vorgefertigte Lebensmittel und wenig Gespräche mit anderen Menschen den Alltag ausmachen. Von daher ist es heute zur Entwicklung von Chancengleichheit sehr wichtig, eine komplexe erfahrungsintensive Lernumwelt zuschaffen. Die gegenwärtigen Argumente für Erfahrungsorientierung unterscheiden sich von den historischen Vorläufern.

Bereits Anfang der 1970er Jahre wurde bei der Gründung der Laborschule in Bielefeld der Begriff der Erfahrung als didaktischer Kernbegriff von Hartmut von Hentig (1985) vertreten. Später haben Garlichs/Groddeck diesen Ansatz unter dem Begriff Erfahrungsoffener Unterricht (1978) weitergeführt. Mit diesen Deutungen von Erfahrungsorientierung wird ein intensiverer Wirklichkeits-, Umgebungs- und Alltagsbezug des Lernens verbunden – also erfordert der erste Schritt die Herstellung von Lebensnähe.

Erfahrung wird dabei aber im zweiten Schritt als methodische Kategorie der Erkenntnisaufbereitung verstanden und als Gegengewicht zur Medienüberflutung durch Modelle, Tafelbilder, Arbeitsblätter oder Filme gesetzt: „Was bei solchem

Unterricht herauskommt, sind immer wieder Begriffshülsen: der verbale Ertrag einer präzis inszenierten Schau, kontrollierbar, zensierbar per Formblatt" (Schreier 1981, 26). Für die Sachunterrichtsdidaktik vertritt vor allem Schreier einen erfahrungsorientierten Ansatz (1993b), bei dem er sich primär auf das Konzept Deweys (1965 (3)) bezieht.

Im pädagogischen Alltagsverständnis steckt im Begriff der Erfahrungsorientierung aber auch die enger gefasste Dimension erfahrungsnahen Lernens, bei der die Erfahrung mehr subjektiv erlebnisorientiert aufgefasst wird. Danach ist Erfahrung das, was die Kinder subjektiv erlebt haben, so dass sie von daher eher einen Zugang haben. Auch diese Variante ist in von Hentigs Denken präsent. Er „wies darauf hin, dass die Lebensprobleme von Kindern bisweilen deutlich größer sind als ihre Lernprobleme"[4]. Unter dieser Prämisse war es ihm viel wichtiger, die Erfahrungen der Kinder aufzuarbeiten als Wissenskurse aufzubauen.

Dieses Verständnis geht vor allem auf den Ansatz der Erlebnisdidaktik Fritz Gansbergs zurück, bei dem allerdings Erzählungen über Erfahrungen im Mittelpunkt des Unterrichts stehen sollten. Von Hentig betonte vor allem die Bedeutung von Gesprächen in der Kindergruppe. In der Laborschule wurde dies als „kleine Versammlung" (in der Kerngruppe) und „große Versammlung" (drei oder vier Kerngruppen) institutionalisiert. Eng ausgelegt hieße dies, dass in der Schule lediglich ein Austausch über gemachte Erfahrungen stattfindet. Gegen dieses enge Verständnis wenden Duncker/Popp ein: „Der Erfahrungsbezug wäre grob missverstanden, wenn er als Austausch von mehr oder weniger belangvollen Erlebnissen ausgelegt würde" (Duncker/Popp 1994b, 22). In ihrem Verständnis von Erfahrungsorientierung kommt es vor allem auf die „nachgängige Reflexion außerschulischer Erfahrungen" (Duncker/Popp 1994b, 23) an. Duncker kritisiert eine enges Verständnis von Erfahrungsorientierung, indem er betont, „dass eine der wichtigsten professionellen Leistungen des Lehrerberufs […] darin besteht, etwas Neues zu zeigen, was durch eigenes Erkunden, Suchen und Probieren kaum gefunden werden kann" (Duncker 1997, 320).

Ein derartiges Verständnis entspricht auch eher der von Dewey vertretenen Sicht der handelnden Erfahrung. Denn „kennzeichnend für Deweys Erfahrungsverständnis ist, dass er neben das passive Moment des Erleidens auch das aktive Eingreifen betont" (Duncker/Popp 1994b, 24). Diese Autoren halten den engen Erfahrungsbegriff für zu einseitig auf die subjektive Seite bezogen, wenn sie betonen, Sachunterricht müsse auch das „Moment des Überschreitens der Erfahrung" haben, weil nach ihrer Ansicht „wesentliche Bereiche unserer Kultur über Erfahrung allein gar nicht erschließbar sind" (Duncker/Popp 1994b, 24).

Erfahrungsorientierung kann also aus drei unterschiedlichen Perspektiven gedeutet werden:

---

[4] http://streitbar.org/artikel.php3?id=45

1) Der Erkenntnis gewinnende Erfahrungsbegriff

Im Mittelpunkt dieser Auffassung steht die Forderung, im Unterricht gemeinsam neue Erfahrungen für die Kinder zu schaffen (von Hentig 1985).

2) Der rückblickende Erfahrungsbegriff

Bei dieser Begriffsvariante geht es darum, die schon gemachten Erfahrungen der Kinder im Gespräch oder durch andere Formen wie Zeichnungen aufzuarbeiten, aber Kinder nicht durch Neues zu verunsichern. Duncker und Popp (1994) warnen allerdings vor dieser Variante, da schulisches Lernen bei den Erfahrungen der Kinder stehen bleibt.

3) Der soziale Erfahrungsbegriff

Eine stärker dialektische Auffassung, die mehr Erfahrungsorientierung fordert und gleichzeitig verlangt, Kindern zu helfen, sich selbst Zusammenhänge zu erschließen, wird von Gertrud Beck vertreten (Beck 1988, 96).

Zu 1) Bei der ersten Variante wird die inhaltliche Bereicherung und Intensivierung von Lernen durch Erfahrung betont und vor allem die Seite der aktiven Umwelterkundung und Erfahrungserweiterung betont. Schreier sieht Erfahrungsorientierung des Sachunterrichts eng verknüpft damit, methodisch konkrete Dinge unmittelbar in den Unterricht einzubeziehen, um „die Welt um uns als eine greifbare, konkrete Wirklichkeit darzustellen" (Schreier 1994a, 35). Dafür ist eine Verbindung von Erfahrungsaufarbeitung und Erfahrungsmachen im Unterricht erforderlich. Erfahrungsorientierung heißt hier, Erfahrungen neu zu schaffen, um das Lernen zu intensivieren.

Ein besonders gut gelungenes Beispiel für das Schaffen von Erfahrungen, um dadurch die Sache besser begreifbar zu machen, finden wir im niedersächsischen Schulprojekt Geschichtsatlas (vgl. zum didaktischen Potential von Internetprojekten für den Sachunterricht: Kaiser 2005a). Dort hat eine 4. Klasse der Glückaufgrundschule in Sankt Andreasberg über die Geschichte des Erzbergbaus und besonders der Kinderarbeit intensiv geforscht. Neben Zeitzeugenbefragung und Recherche in alten Quellen wurde auch ein Erfahrungsversuch eingebaut. Um die Härte von Kinderarbeit erfahrbar zu machen, hat die Klasse in der Schule geschlafen, ist nachts um 3 Uhr aufgestanden, frühstückte wie ein Pochjunge[5] (Brot und Wasser), wusch sich wie ein Pochjunge mit kaltem Wasser, kleidete sich ähnlich wie ein Pochjunge, ging in der Dunkelheit durch den Wald zum früheren Standort des Pochwerks und sortierte und zerkleinerte Erz mit altem Gerät[6]. Die so gewonnenen Erfahrungen wurden in die weiteren Untersuchungen und Interpretationen einbezogen.

Aber auch für das naturwissenschaftliche Lernen scheint es wichtig zu sein, dass Kinder physikalische Phänomene und Zusammenhänge auf der Basis ihrer bisherigen Alltagserfahrungen betrachten (Murmann 2002).

---

[5] Bezeichnung für die damals bei der Erzaufbereitung arbeitenden Kinder.
[6] http://geschichtsatlas.de/~gd10/html/wir_die_pochjungen.html.

Zu 2) Bei der zweiten Variante des Verständnisses wird dagegen eher ein Schonkonzept vorgesehen. Im Alltag ist dies sehr verbreitet, wenn etwa gesagt wird, dass das Thema Krieg zuviel Angst auslöse und nicht den Erfahrungen der Kinder entspreche. Erfahrungsorientierung wird hier sehr eng betrachtet, weil lediglich über schon gemachte Erfahrungen geredet werden soll. Es gilt vielmehr, „bereits Erlebtes und Bekanntes als Basis für Urteile und Orientierung in der Gegenwart bewusst zu machen" (Kahlert 2002, 187). Diese Denkrichtung zeigt, dass eine so verstandene Erfahrungsorientierung nicht dazu beitragen kann, Kinder auf die Zukunftsfragen vorzubereiten. Gegen diese didaktisch-methodische Variante hat sich schon 1948 Jeziorsky gewendet, indem er betonte, dass das „Aktualitätsprinzip kein pädagogisches Wertprinzip" (Jeziorsky 1948, 25) sei.

Zu 3) Bei der dritten Variante wird Erfahrungsorientierung kompensatorisch definiert: „Diese Erfahrungen des Bekannten, des 'So ist es, und so muss es sein', müssen aber gleichzeitig durch Erfahrungen der Fremdheit, des Unbekannten ergänzt werden, wenn anstelle von Enge und rigiden Erklärungsmustern Offenheit, Neugier und Toleranz für Fremdes entstehen soll" (Beck 1988, 95). Erfahrungsorientierung in dieser Interpretation vermittelt eine Sichtweise, welche die produktiven Erwartungen an die Orientierung an bereits gemachten Erfahrungen mit pädagogischer Vermittlung neuer Erfahrungen verknüpft. Ein Beispiel dieses sozialen Erfahrungsbegriffs wäre, dass über das absichtliche Schubsen von anderen Kindern auf dem Schulhof gesprochen wird, aber nicht nur im Sinne des Bewertens von Regeln des Zusammenlebens wie es in rückblickender Perspektive sinnvoll wäre. Vielmehr würden anknüpfend an diese Erfahrungen und das Gespräch darüber neue Impulse ergänzend eingebracht wie etwa das Probieren im Spielhandeln von verschiedenen Varianten der Reaktionen wie klaren Sätzen „Lass das!" oder ein Stopp-Zeichen mit den Händen dagegen zu setzen. Wichtig ist bei dieser Variante, dass im Unterricht ein Kompromiss zwischen dem Aufarbeiten schon gemachter Erfahrungen und erweiternder zusätzlicher Erfahrungen geschaffen wird.

Nicht nur wegen der vielschichtigen Definitionsmöglichkeiten wird deutlich, dass Erfahrungsorientierung als didaktisches Konzept allein nicht ausreicht, um zukünftigen Sachunterricht konzeptionell zu beschreiben. Hier müssen auch weitere Prinzipien noch ergänzend und bereichernd betrachtet werden. Dennoch gibt das Konzept der Erfahrungsorientierung eine wichtige Kritik an häufig praktiziertem Sachunterricht, der sich auf bloßes Begriffstraining auf Arbeitsblättern reduziert und die bereits gemachten Erfahrungen der Kinder ausklammert und sich auch nicht bemüht, neue Erfahrungen zu schaffen, aus denen neue Erkenntnisse erwachsen können.

Allen Varianten lebensnaher und erfahrungsorientierter Konzepte ist eine Betonung zusammenhängender Inhalte als Hauptsache des Sachunterrichts anstelle etwa bürokratischer Verordnung in Arbeitsblättern gemeinsam. Es lassen sich auch Verbindungsformen zwischen diesen Ansätzen entwickeln. So ist es möglich, „Situationen zu schaffen, die zur bewussten Auseinandersetzung mit Bekanntem und Erlebtem anregen und einen Vergleich des Bekannten mit den neu angebotenen Eindrücken provozieren" (Kahlert 2002, 187). Lebensnähe ist darüber hinaus gegenständlich noch weiter als Erfahrungsorientierung zu verstehen. Hier geht es vor allem um Schulleben als Erfahrungsbereich für Lernen und nicht nur um Unterricht.

Aber auch bei der ersten Form der Erfahrungsorientierung gibt es grundsätzlich verschiedene Lesarten.

a) Die eine will Erfahrung und Lebensnähe durch Hinausgehen aus der Schule herstellen. Die Zielvorstellung hier ist: „Die Schule muss Kindern helfen, über ihre 'verinselten' Erfahrungen hinaus sich die sozialen, räumlichen und historischen Zusammenhänge ihrer Umgebung anzueignen" (Soll 1988, 18).

b) Die andere Lesart will wiederum neue Erfahrungen und das Lebensnahe in die Schule hineinbringen, eine Entwicklung des Schullebens fördern, indem räumlich Klassenzimmer, Flure und Treppenhäuser zu Lebensräumen für Kinder werden, indem die Zeitgestaltung des Schulalltags Platz für Kooperation eröffnet und soziale, enge Kontakte zu Lehrpersonen sowie soziale Kontakte der Klassen untereinander ermöglicht werden. Das radikalste Konzept der Erfahrungsintensivierung und Lebensnähe wurde von Paul Östreich mit seiner Lebensschule formuliert (Wißmann 2004), bei der die Schule auch Produktionsprozesse und alle damit zusammen hängenden ökonomischen Aufgaben in pädagogischer Verantwortung mit den Kindern zu bewältigen hat. In diesem Ansatz soll der Ernstcharakter sozialer Situationen praktiziert werden. In ähnliche Richtung hin zur Schaffung neuer Erfahrungswelten gingen auch andere Ansätze in der Reformpädagogik. Dort drückten Begriffe wie „Schulgemeinde" (Fritz Karsen 1930) oder „Kameradschaftsgericht" (Janusz Korczak 1988) diesen Ansatz der Erfahrung als neu geschaffener schulischer Lebenswelt aus. Auch heutige Formen wie Klassenrat (Stähling 2003) oder Schulforum gehen in die Richtung, lebendige Erfahrungen von Demokratie zu schaffen. Damit sollte das Schulleben in echten Situationen zum Erfahrungs- und Lernraum werden.

Der Ernstcharakter sozialer Situationen ist dabei die zentrale Frage. Hartmut von Hentig (1985) hat an diese Gedanken angeknüpft und den Begriff der Polis für eine derart verstandene Schulgemeinde verwendet, Dewey verwendete entsprechend den Begriff einer embryonischen Gesellschaft (Dewey 1965). Lebensnahe erfahrungsintensive Schuldemokratie ist also nur dann gegeben, wenn die Probleme für alle Kinder selbst sinnvoll sind und nicht eine abgehobene Vertreterdemokratie stattfindet, sondern in den Lerngruppen konkrete Entscheidungen oder Vorhaben tatsächlich stattfinden. Z. B. ist es in der Grundschule oder Sonderschule möglich, anderen Klassen mitzuteilen, wie alle besser Schulmüll vermeiden können. Jüngeren Kindern kann eine Führung durch die eigene Ausstellung angeboten werden oder es wird anderen Klassen eine wichtige Aufgabe in einem klassenübergreifenden Vorhaben der Ersten Hilfe bei kleinen Verletzungen auf dem Schulhof durch die Kinder übergeben.

c) Noch weiter fasst Dewey diese Variante der Erfahrungsorientierung (Dewey 1986) in Hinblick auf Persönlichkeitsentwicklung. „John Dewey geht davon aus, dass die Menschen in ständiger Wechselwirkung mit ihrer Umwelt, mit Technik, Natur und mit anderen Menschen stehen. Er betont die Bedeutung der sozialen Interaktionen und der praktischen Kooperation der Menschen zur Bewältigung ihres Lebens ('Interaktionismus'). 'Lernen' ist für ihn ein Prozess des Zugewinns an Erfahrung, die ihrerseits den Weg frei macht für neue Erfahrung. Im stetigen Zuwachs an Erfahrung sieht John Dewey einen Prozess der 'Reifung der Person'" (Himmelmann 2004, 100). Erfahrungs-orientierung ist so verstanden auch Kooperations- und Persönlichkeitsent-wicklung.

An einem Beispiel aus dem eigenen Unterricht möchte ich hier die Bedeutung erfahrungsorientierten Unterrichts darstellen: Aufgrund der sozialen Konkur-renzsituation in meiner im Referendariat neu übernommenen 4. Klasse hielt ich ein gemeinsames Vorhaben mit viel Kontaktmöglichkeiten für sinnvoll. Im Ge-spräch sind wir darauf gekommen, dass die Mehrheit der Klasse ein eigenes Spielhaus haben wollte. Wir erkundigten uns nach einer Wiese und woher wir ko-stenlos Baumaterial erhalten konnten und fingen mit unserem Spielhüttenpro-jekt[7] an. Verhandlungen mit dem Wiesenbesitzer, Planungen des Baus, Verhand-lungen mit dem Besitzer von Abrissholzstangen und viele andere Schritte mus-sten koordiniert werden. Am Ende konnten wir anfangen zu bauen, aber Her-mann, ein Schüler aus der Klasse, erhielt nicht die Erlaubnis seiner Mutter, am nächsten Nachmittag bei uns zu sein. Wir übten im Unterricht in Rollenspielen, wie die Mutter zu überzeugen sei. Schließlich fanden wir heraus, dass es der Mut-ter vor allem darum ging, dass Hermanns Hosen nicht schmutzig werden. Nun versuchten die Kinder, Hermanns Mutter mit dem Argument zu überzeugen, dass alle notfalls seine Kleidung waschen würden, wenn etwas schmutzig werden sollte und dass man ihm Überziehhosen ausleihen wolle. Diese Argumente wa-ren hilfreich und Hermann durfte tatsächlich beim gemeinsamen Hüttenbau mit-machen. So wurde erfahrungsnah gelernt, wie unterschiedlich Menschen den-ken und wie man ein Vorhaben organisiert und durchführt. Wenn wir erfahrungs-orientiertes lebensnahes Lernen so verstehen, dass die Kinder dabei differen-zierte Erfahrungen machen und diese kritisch analysieren können, dann ist das diffuse Ganzheitskonzept der alten Heimatkunde überwunden. So betrachtet

---

[7] Bilder von diesem Projekt finden wir beim Thema Bauen unter www.lesa21.de.

kann ein wesentlicher Beitrag zur Weltorientierung mit diesem Konzept geleistet werden. Die Qualität dieses Konzeptes erweist sich erst, wenn damit Ziele der Demokratieerziehung wie bei Dewey und einer komplexen Wirklichkeitsanalyse angepeilt werden.

Die neueste Konzeptvariante erfahrungsorientierten Sachunterrichts finden wir in den letzten Jahren unter dem Begriff Caring Curriculum (Kaiser 2004c). Es geht dabei nicht mehr nur technisch um das Erlernen von Pflegefertigkeit oder methodisch um die Entwicklung von Kooperationsfähigkeit, sondern um eine Umorientierung der Inhalte zur Alphabetisierung in Beziehungsfähigkeit. „Die amerikanische Wissenschaftlerin Nel Noddings (1992) hat mit dem Begriff Caring Curriculum ein Modell aufgestellt, dass alles Lernen vor allem auf die Sorge gerichtet sein muss. Dabei unterscheidet sie die Sorge für sich, für die nahe stehenden Menschen wie Freunde, für fremde Menschen, die uns fern sind, für Pflanzen und Tiere, für die von Menschen gemachte Welt und für Ideen. Dieser Grundgedanke, auf allen Ebenen für die Welt zu sorgen, ist außerordentlich wichtig in Hinblick auf das Vermeiden von Katastrophen" (Kaiser 2004c, 202). In diesem Ansatz sollen – wie schon bei Gertrud Beck und bei Deweys interaktionistischer Auffassung (s. o.) beansprucht – die verschiedenen Erfahrungsfelder menschlich-gesellschaftlicher Existenz miteinander verknüpft und für Kinder lebensnah entwickelt werden. „Insofern ist der Ansatz des Caring Curriculums keine nur private, sondern eine zutiefst gesellschaftlich-politische Angelegenheit" (Kaiser 2004c, 202), bei der Kinder auf die Welt erfahrungsnah orientiert werden und gleichzeitig bei den konkreten sozial-emotionalen Erfahrungen abgeholt werden.

Caring Curriculum ist ein besonders gut entwickeltes Anwendungsmodell für lebensnahen und erfahrungsorientierten Sachunterricht. Allerdings existiert es momentan vorwiegend auf der Ebene gedanklicher Modelle und noch nicht als geschlossenes Konzept[8] in der unterrichtlichen Realität.

7.2 Forschendes Lernen im Sachunterricht: Problemorientierung und Entdeckendes Lernen im wissenschaftsorientierten Sachunterricht

Forschendes Lernen klingt zunächst als nicht angemessen für den Sachunterricht. Forschung ist im Alltagsverständnis ein schwieriger Prozess, den Außenstehende kaum verstehen. Forschung ist die zentrale Tätigkeit, die Wissenschaft ausmacht. Wenn wir uns allerdings anschauen, wie bundesweit Kinderuniversi-

---

[8] Allerdings gibt es einzelne Ansätze, die zeigen, dass Caring Curriculum möglich ist, wie Bachpatenschaften durch Grundschulklassen, die Übernahme der Verschönerung des Schulumfeldes durch eine Klasse, die verantwortliche Aufarbeitung der Geschichte der Region im Zweiten Weltkrieg (vgl. http://www.geschichtsatlas.de/).

täten (Janßen/Steuernagel 2003) angeboten werden, die einen extrem hohen Zulauf haben, dann müssen wir zugestehen, dass Kinder sehr wohl hohes Interesse an Forschung und Wissenschaft haben. Sie wollen etwas entdecken, um ihre Fragen zu lösen. Wagenschein formulierte sogar: „Das Kind ist von sich aus wissenschaftsorientiert" (Wagenschein 1973, 74), wenn es Naturphänomene beobachtet und beschreibt. Und auch der Deutsche Bildungsrat hielt Wissenschaftsorientierung nicht für eine Formel, die den Kinderinteressen widerspricht. Unter Wissenschaftsorientierung wurde hier verstanden, dass Kinder ebenso wie Wissenschaftler Fragen haben, deren Lösung sie suchen und Neues entdecken wollen.

Das Prinzip der Wissenschaftsorientierung war – neben Lernen des Lernens – eine der wenigen konkreten didaktisch-methodischen Setzungen, die der Deutsche Bildungsrat in seinem 1970 veröffentlichten „Strukturplan für das Bildungswesen" für den zukünftigen Grundschulunterricht vorgenommen hat. Dieser Begriff wurde die Leitformel von Entwicklungen des Sachunterrichts vor allem in den 1970er Jahren. Aber gleichzeitig finden wir immer wieder andere Deutungen des Begriffs. Es gibt bislang noch kein einheitliches Verständnis vom wissenschaftsorientierten Lernen (vgl. Kaiser 2004b).

7.2.1 Drei Varianten forschenden Lernens

1) Nach der ersten Variante ist forschendes Lernen vor allem an den Prinzipien der Wissenschaft orientiert. Klarheit des Beschreibens, Revidierbarkeit von Erklärungen und Begriffen stehen im Vordergrund. Soostmeyer beschreibt diese Grundprinzipien sehr eingängig: Danach ist „Wissenschaft [...] ein Erklären, das der Kritik standhält, das schließt die Selbstkritik desjenigen, der erklärt, ein. Erklärungen müssen bestimmte Voraussetzungen erfüllen: Das in der Erklärung Angesprochene muss vollständig und in eindeutigen Begriffen und Sätzen logisch widerspruchslos dargelegt werden" (Soostmeyer 2002, 11). Der deutsche Bildungsrat hatte unter Wissenschaftsorientierung einen konzeptionellen Dreiklang verstanden:

1. Lernen des Lernens/Methoden der Erkenntnisgewinnung (Deutscher Bildungsrat 1970)

2. Entdecken, Begründen, Anwenden/Erkenntnisse zur Problemlösung (Deutscher Bildungsrat 1970)

3. In Anlehnung an Bruners Theorie (1976 (4)) wird eine spiralförmige Annäherung an wissenschaftliche Inhalte als Ziel vertreten

Zeitgleich wurde allerdings schon der Begriff der Wissenschaftsorientierung in verschiedenen Konzepten andersartig verstanden, u. a.

- Auswahl von Inhalten aus den Wissenschaften (Ochs 1980; Killermann 1976)
- Methoden der Wissenschaften (SAPA 1971) als methodische Unterrichtsziele

- Strukturbegriffe der Wissenschaften (Spreckelsen 1972 (3)) als Strukturierung des Curriculums verwenden

Im Alltagsbewusstsein sind auch heute noch Varianten von Wissenschaftsorientierung verbreitet, die darin eine Stoffsammlung der Bezugswissenschaften verstehen oder fachwissenschaftlich einwandfreie Bezeichnungen verwenden. Häufig wird Wissenschaftsorientierung eng bloß auf Naturwissenschaften reduziert: „Verwissenschaftlichung des Unterrichts wurde in der Regel mit einer naturwissenschaftlich-technischen Orientierung gleichgesetzt" (Lauterbach 1992, 150). Angesichts der Distanz vieler Lehrpersonen zu Naturwissenschaften ist damit auch implizit eine Negativwertung verknüpft.

Wissenschaftsorientierung wurde generell viele Jahre im Alltagsbewusstsein von Studierenden und Lehrpersonen eher negativ gewertet, während entdeckendes Lernen intuitiv eher positiv bewertet wurde. Seminare mit dem Titel „Wissenschaftsorientierter Sachunterricht" werden kaum besucht, während „kindorientierter Sachunterricht" oder „entdeckendes Lernen im Sachunterricht" auf hohe Nachfrage stößt.

2) Forschendes Lernen mit dem Schwerpunkt im entdeckenden Lernen geht auf eine lange Tradition zurück. Schon Copei (1930) hat in seinem Buch über das fruchtbare Moment im Bildungsprozess die denkende Selbsttätigkeit der Kinder in ihrer Bedeutsamkeit beschrieben. Als Sachunterrichtsansatz hat das forschende Lernen seinen Ursprung in den englischen Curricula, von wo es in der zweiten Hälfte der 1970er Jahre importiert wurde. Hier wurde es eher als forschendes Lernen verstanden, bei dem mit kindgerechten Methoden beobachtet, verglichen und probiert wurde (vgl. Kap. 3.4). Entdeckendes Lernen ist vor allem ein lerntheoretisch fundiertes Konzept (vgl. Hellberg-Rode 2004). In der deutschen schulpädagogischen Diskussion wird das entdeckende oder explorative Lernen im Sachunterricht (vgl. Foster 1992) vor allem methodisch als *Gegensatz* zum Frontalunterricht gesehen. Als Gegengewicht zu lehrerzentrierten Konzepten wurde beim entdeckenden Lernen vor allem die Eigenaktivität der Kinder betont im *Gegensatz* zu den vorherrschenden Ansätzen der Vermittlung, in denen die Kinder nur noch „auf die Rolle der staunenden Zuschauer" (Schreier 1981, 26) festgelegt werden. „Das entdeckende Lernen verwirklicht das Lernen als selbstständige Form, Informationen zu erwerben, durchzuarbeiten und anzuwenden" (Soostmeyer 2002, 42). In diesem Sinne wird entdeckendes Lernen vor allem als eigenaktives Lernen verstanden. Entsprechend der eigenaktiven Struktur des entdeckenden Lernens ist ein besonderes Lernarrangement erforderlich: „Selbstaktives, entdeckendes Lernen beginnt mit Fragen und erfordert eine Lernumgebung, welche die Kinder ermutigt, Fragen zu stellen und sie dabei unterstützt, diesen Fragen nachzugehen und dadurch zu neuen Erkenntnissen zu gelangen" (Hellberg-Rode 2004, 101).

„Das Konzept des entdeckenden Lernens [...] legt Wert auf die Kinderäußerung" (Soostmeyer 2002, 43). Insofern ist es mit kommunikativem Sachunterricht vergleichbar. Eng mit dem Maßstab der Eigenaktivität verbunden soll beim entdeckenden Lernen der Frage nach sinnvollen Inhalten und der Schaffung von persönlicher Bedeutsamkeit besonderes Gewicht eingeräumt werden, damit die Kinder tatsächlich entdecken wollen. Lerntheoretisch wird von der These ausgegangen, dass Strukturen, die sich die Kinder im entdeckenden Prozess selbst schaffen, auch tatsächlich gelernt werden.

Die Begründungen für entdeckendes Lernen stützen sich vor allem auf zwei Momente:

- Entdeckendes Lernen ist motiviertes, kindgerechtes Lernen
- Entdeckendes Lernen führt zu gründlichem Wissenserwerb, weil Wissen aktiv erworben wird und so „der Sachunterricht die Übertragbarkeit von Einsichten und Methoden auf andere Situationen und Probleme" (Soostmeyer 1986, 34) sichert.

Entdeckendes Lernen ist deshalb kindgerecht, weil es an die überall beobachtbare Entdeckungslust von Kindern (vgl. Kap. 5.2) anknüpft. Kinder wollen die Welt entdecken; anstatt ihnen diese Möglichkeit zu geben, bekommen sie meist zum Schulanfang Mathematik-, Lese- und Schreiblehrgänge, bei denen viele Kinder entweder die Technik des Lesens schon beherrschen oder diese Formalisierung mit Zeichen nicht verstehen. Deshalb verlieren viele Kinder schon im ersten Schuljahr die Lust an Schule und der Rest folgt in den nächsten Jahren. In der Sekundarstufe finden wir nur noch wenige Kinder, die Freude an der Schule haben.

Eine wichtige Voraussetzung dafür, dass Kinder tatsächlich entdeckend lernen können, ist nach Popp das Gefühl der Sicherheit, ein positives, emotionales Klima in der Gruppe und die Regelmäßigkeit und Erwartbarkeit im Unterricht (feste Formen des Zusammenlebens und des gemeinsamen Arbeitens) (Popp 1994, 67). D.h. es kommt wesentlich darauf an, wie die Lehrpersonen den Unterricht arrangieren, um Kindern die Möglichkeit zu entdeckendem Lernen zu eröffnen. Einsiedler stellt sogar die These auf, „forschend-entdeckender Unterrichtsstil [...] wird in erster Linie von der Einstellung des Lehrers geprägt" (Einsiedler 1994, 203). „In der aktuellen Diskussion wird Entdeckendes Lernen als weitgehend selbst gesteuerter Prozess der Informationsverarbeitung und Wissenskonstruktion definiert, wobei neue Bedeutungen und Wissenselemente in eine bestehende kognitive Struktur des Individuums integriert werden müssen" (Hellberg-Rode 2004, 100). Damit verschiebt sich das Verständnis von der situativen Seite des Entdeckens hin zur Betonung der dabei ablaufenden kognitiven Prozesse.

Allgemein betrachtet führt entdeckendes Lernen auf die Kinder bezogen zu einer wirklichen Neuentdeckung. Sie finden dabei wichtige, bereits bekannte Zusammenhänge in Natur und Gesellschaft bzw. nach der neueren Auffassung in ihren Gedanken.

3) Aus der Didaktik Martin Wagenscheins wurde in der deutschen Naturwissenschafts- und Sachunterrichtsdidaktik eine weitere Konzeptvariante unter dem Etikett Problemorientierung entwickelt. Der Begriff der Problemorientierung ist historisch relativ jung. Er ist erst im Laufe der 1970er Jahre in die sachunterrichtsdidaktische Diskussion eingegangen. Soostmeyer definiert Problemorientierung primär als eigenaktives Handeln der Lernenden: „Besser ist es, die Kinder ein Phänomen selbst entdecken zu lassen. Dann äußern sie auch Erstaunen über die Sache, kommunizieren miteinander über das 'Problem' und probieren selbst verschiedene Möglichkeiten aus, um das Problem in den Griff zu bekommen" (Soostmeyer 2002, 31). Beim problemorientierten Ansatz steht ein echtes und sogar komplexes Problem, das Fragen bei den Kindern aufwirft, am Anfang. Soostmeyer wendet sich gegen kursartige Konzepte mit allmählicher Steigerung der Schwierigkeit: „Die Faustregel 'vom Einfachen zum Schwierigen' ist nicht immer geeignet. Der Beginn mit dem Erstaunlichen und Befremdlichen ist oft verwickelt. Hier liegt jedoch der Reiz für Kinder" (Soostmeyer 2002, 95). Soostmeyer nennt diese Phase des Suchens und Entdeckens Problemfindungsphase. Dieser folgt dann die Problemlösungsphase, die durch systematisches Suchen der Kinder nach Lösungen und Erklärungen gekennzeichnet ist.

Explizit problemorientiert wird im Ansatz Wagenscheins gearbeitet, indem anstelle der Präsentation vorgefertigten naturwissenschaftlichen Wissens die Kinder durch Fragen und Beobachten ein offenes Problem selbst zu klären versuchen. Wagenschein bezeichnet die pädagogische Inszenierung als „produktive Verwirrung" (Wagenschein 1968, 74 f.), um Selbstverständliches und verfestigte Alltagsvorstellungen in Frage zu stellen. Hier zeigt sich ein weiteres Merkmal von Problemorientierung, nämlich, dass es immer in den Köpfen der Kinder um eine „Diskrepanzerfahrung" (Kahlert 2002, 188) geht. „Bei der Problemorientierung [muss] mindestens eine noch offene Frage hinzukommen" (Kahlert 2002, 189).

Zur Lösung des offenen Problems empfiehlt Wagenschein sokratische Gespräche, um Zusammenhänge zu verstehen. Er schlägt dazu als Gesprächsführungsregeln u. a. die folgenden Fragen vor: „Worüber sprechen wir jetzt? Was wollten wir eigentlich herausbringen? [...] Wer ist einverstanden mit dem, was er eben gesagt hat? Sag es noch einmal anders. Hat ein anderer verstanden, was er gemeint haben kann?" (Wagenschein 1968, 98).

Die vor allem auf Wagenschein zurückgehenden heutigen Ansätze problemorientierten Sachunterrichts legen Wert auf eine auch für die Kinder problemhaltige Lernausgangssituation: „Die Erfahrung des Nicht-Erwarteten, des Nicht-Funktionierens, des Überraschenden und Staunenswerten bilden Anlässe für den Sachunterricht, das Theoretisieren zu lehren" (Duncker/Popp 1994b, 23).

Das Konzept problemorientierten Unterrichts geht auf lerntheoretische anthropologische Setzungen zurück. An erster Stelle steht dabei eine Sicht des Kindes als motiviert und fragend denkend: „Kinder denken präzise. Viele Beobachtungen belegen, dass sie, wenngleich oft nicht systematisch variierend, ihren Vorstellungen auf den Grund gehen. Selbst kleine Kinder legen dabei eine sachliche Haltung der Welt gegenüber an den Tag" (Faust-Siehl 1993, 10).

Gleichzeitig mit der Wertschätzung des kindlichen Denkvermögens gehen alle problemorientierten Ansätze davon aus, dass Kinder nicht vorgeformte, aufgesetzte Begriffe brauchen, sondern selbst denkend das Problem ergründen wollen. Sie müssen erst die Probleme verstehen, um die daraus erwachsenden Theorien verstehen zu können (Soostmeyer 1993, 210). Kinder wollen danach keine kursartigen und an Merksätzen orientierten Lehrgänge, sondern zuerst das Denken in Problemsituationen.

Soostmeyer (1986) skizziert in Anlehnung an Dewey fünf Schritte problemorientierten Unterrichts:

„1. Man begegnet einer Schwierigkeit [...]
 2. Man lokalisiert und präzisiert das Problem [...]
 3. Man sucht nach einem Ansatz zu einer Lösung [...]
 4. Man entwickelt den Lösungsansatz weiter und untersucht seine Konsequenzen [...]
 5. Man beobachtet weiterhin und versucht die Lösung experimentell zu erproben" (Soostmeyer 1986, 40).

Inhalte können nur problemorientiert entwickelt werden, wenn sie tatsächlich exemplarisch ausgewählt wurden, also für wirklich wichtige Inhalte stehen. Aber die exemplarische Auswahl garantiert noch nicht, dass die Inhalte dann problemorientiert im Unterricht präsentiert werden. Bei Wagenschein allerdings wird exemplarisches Lernen begrifflich sehr eng an problemorientiertes Lernen angelehnt und das „genetische Lernen" als Konzeptbegriff verwendet (1965).

7.2.2 Verbindungslinien der Konzepte

Wenn wir diese drei Varianten des forschenden Lernens genauer betrachten, werden wir enge Verbindungen untereinander finden. So sieht Bönsch es als eine wichtige Bedingung für entdeckendes Lernen an, dass in der Vorbereitung des Unterrichts „problemhaltige Situationen (und) Materialkonstellationen, die Antwort auf zubereitete Problemlagen enthalten" (Bönsch 1994, 11), bereit gestellt werden. Hellberg-Rode wiederum ordnet entdeckendes und problemorientiertes Lernen nur verschiedenen Phasen des Lernprozesses zu, wobei das entdeckende zu der Phase der Problemfindung gezählt wird, während das problemzentrierte der Problemlösungsphase zugeordnet wird (Hellberg-Rode 2004, 102).

Der Begriff der Wissenschaftsorientierung ist zwar mittlerweile explizit aus der sachunterrichtsdidaktischen Diskussion ausgeklammert worden. Unter dem Etikett der Problemorientierung und des entdeckenden Lernens werden weiterhin positive Elemente der Wissenschaftsorientierung, wie komplexes Denken und methodisch-zielgerichtetes Untersuchen, betont.

So fordert Einsiedler gegen situative Konzepte ein prozessorientiertes Verständnis von Grundschulunterricht, damit die Kinder „Feststellungen nicht einfach hinnehmen, Behauptungen kritisch hinterfragen, Prüfverfahren anwenden, Sensibilität für Widersprüchliches, Unstimmiges, Uneindeutiges" (Einsiedler 1994, 202) entwickeln können.

Schreier weist in früheren Schriften auf die Verbindung zwischen Wissenschaftsorientierung und Problemorientierung hin: „Wissenschaftsorientierung [...] ist eine kritisch-nachdenkliche Haltung, ein Blickwinkel, der die Dinge und Sachverhalte in ihrer Vielschichtigkeit zu begreifen sucht, statt sie begrifflich auszuschlachten und damit auf das Funktionsmuster von Apparaturen zu reduzieren" (Schreier 1981, 22). Gegenwärtig hat sich in der Sachunterrichtsdidaktik ein Konsens herausgebildet, Wissenschaftsorientierung nicht als Wahrheitsanspruch, nicht nach Ordnungskategorien der Wissenschaft (Fächer) zu deuten, sondern die Methode zu betonen, „mit der man die Sachen der Welt befragt" (Mayer 1985, 28). Mayer sieht die „Wissenschaftsorientierung des Sachunterrichts" vorrangig „methodisch begründet" (Mayer 1994, 64). Die Grenzen zwischen diesen Konzeptvarianten verschwinden deutlich.

7.2.3 Konzeptwechsel und neue Perspektiven von Wissenschaftsorientierung im Sachunterricht

Ein Schlüsselbegriff in Richtung neuer Konzepte von Wissenschaftsorientierung liegt im Begriff des Konzeptwechsels „conceptual change" (Duit 1993, 1995). Mit Konzeptwechsel ist das didaktische Bemühen vor allem im naturwissenschaftlichen Sachunterricht gemeint, wonach die Kinder von ihren Alltagsvorstellungen hin zu wissenschaftlichen Konzepten geführt werden. Die Theorie des Konzeptwechsels setzt voraus, dass es keine einfache Kontinuität in den Vorstellungen der Kinder von den Alltagsphänomenen hin zu naturwissenschaftlichen Konzepten gibt. Zum Konzeptwechsel werden drei grundlegende didaktische Ansätze diskutiert: 1. das Bemühen, „falsche" Vorstellungen zu vermeiden und ihre Entstehung bzw. Benennung im Unterricht zu umgehen, 2. die Konfrontationsstrategie, indem die Schülerinnen und Schüler in kognitive Konflikte zwischen Alltagsvorstellungen und naturwissenschaftlichen Theorien gebracht werden, 3. die Umdeutungsstrategie, bei der Alltagsvorstellungen und naturwissenschaftliche Konzepte nebeneinander in Beziehung zu den Unterrichtsinhalten gesetzt werden, um den Lernenden eine eigenständige, dialogische Bewertung zu ermöglichen. Allen diesen Konzepten und Varianten von Wissenschaftsorientierung ist eine starke Lehrpersonzentrierung gemeinsam, obgleich im Begriff der Wissenschaftsorientierung auch die Seite der subjektiven Neugier enthalten ist.

Hinzu kommt, dass Kindern beim Versuch, sie durch gezielte Bemühungen an wissenschaftliche Konzepte heranzuführen, eine Sprache aufgesetzt wird, die ihnen vorerst fremd ist. „Wagenschein und Giel sehen in der Alltagssprache die Sprache des Verstehens, während die Wissenschaftssprache die Sprache des Verstandenhabens sei" (Meiers 1993,92). In dieser Hinsicht bedeutet eine strikte Anleitung zum Konzeptwechsel auch ein Beherrschen kindlicher Denk- und Handlungsmuster.

Denn Kinder haben durchaus andere Ordnungskriterien als die historisch gewachsenen Wissenschaften, die sie mit Berechtigung ebenfalls zur Sach- und Sinndeutung heranziehen können. Diese unterschiedlichen Maßstäbe und Klassifizierungsmuster verdeutlichen besonders plastisch die in einer alten chinesischen Enzyklopädie vorgenommenen Kategorisierungsansätze: „Es gibt Tiere, die dem Kaiser gehören; einbalsamierte Tiere; gezähmte Tiere; Milchschweine; Sirenen; Fabeltiere; herrenlose Hunde; solche, die sich wie Tolle gebärden und welche, die mit einem ganz feinen Pinsel aus Kamelhaar gezeichnet sind; es gibt Tiere, die den Wasserkrug zerbrochen haben und schließlich solche, die von weitem wie Fliegen aussehen" (zit. nach: Duncker 1994b, 166).

Diese Aufzählung zeigt einen weiten Aspektreichtum an Bedeutungen. Demgegenüber ist jegliche Klassifizierung der biologischen Wissenschaft zu eng. „Für Kinder sind jedoch die Gesichtspunkte der Wissenschaften keine Selbstverständlichkeit. Sie legen sich die Vielfalt der bedeutungsvollen Phänomene eher nach dem chinesischen Vorbild zurecht. Trennschärfe der Kategorien, Vollständigkeit, klare Bezugssysteme usw. sind für sie oft gar nicht wichtig" (Duncker 1994b, 166).

Neuere Untersuchungen zur Denkentwicklung im Sachunterricht (Mannel 2002) zeigen, dass wissenschaftliche Konzepte nicht linear im Denken von Kindern zunehmen, sondern immer auch mit vorausgegangenen Vorstellungen kombiniert auftreten. Auch Seitz (2005) – bezogen auf Zeit – ebenso wie Liu (2005) – bezogen auf Weltraumvorstellungen – konnten zeigen, dass es in den Köpfen von Kindern immer ein Nebeneinander verschiedener Konzepte gibt.

Wichtig ist, dass wir keine rein kognitiv orientierten Ansätze des Konzeptwechsels praktizieren. Erste Ergebnisse zum Konzeptwechsel sprechen dafür, gerade die motivationalen Komponenten zu beachten und das wissenschaftliche Lernen in Projektlernen mit sinnstiftenden Strukturen einzubetten (Einsiedler 2002).

So betrachtet ist Konzeptwechsel nicht als eine technisch zu entwickelnde kognitive Erweiterung zu verstehen. Er verlangt vielmehr jeweils situativ und an Themen gebunden spezifische Impulse und ein generelles Klima der Lernmotivation. Deshalb sollte anstelle des missverständlichen Begriffs vom Konzeptwechsel besser der Begriff „conceptual growth" oder „enrichment" gewählt werden. So wird die Gleichzeitigkeit verschiedener Denkebenen zugelassen und die Denkentwicklung nicht in ein einlineares Modell gepresst.

Auch wenn wir einige Ansätze kennen, wie der Konzeptwechsel von Kindern im Sachunterricht hilfreich gefördert werden kann (vgl. Kaiser 2004 d), bleibt doch für den Sachunterricht entscheidend, dass wir beim aktuellen Stand des Wissenschaftsverständnisses von Kindern Impulse geben, aber doch die vorigen Konzepte nicht als falsch abwerten können.

In einem empirischen Projekt wurde untersucht, wie Kindern Wissenschaftsverständnis im Sachunterricht näher gebracht werden kann (Grygier 2005, 188). Als Ergebnisse scheinen hierfür folgende Schritte sinnvoll:

Den Einstieg solle weiterhin ein Problem/überraschendes Phänomen bilden, das an die Alltagsvorstellung der Kinder anknüpft (Grygier 2005, 188). Je nach Eignung der Thematik sollen sowohl erkenntnistheoretische, wissenschaftstheoretische und wissenschaftsethische Aspekte zusätzlich eingeführt. Es wird empfohlen, sich hier auf wenige Aspekte zu beschränken (Grygier 2005, 188). Auf einer metatheoretischen Ebene soll das Gelernte diskutiert werden und hierbei Konsequenzen und Grenzen für den naturwissenschaftlichen Sachunterricht einbezogen werden (Grygier 2005, 188).

Die Ergebnisse zeigen, dass es möglich war, durch gezielte Intervention im Grundschulunterricht das Wissenschaftsverständnis der Grundschulkinder positiv zu beeinflussen (Grygier 2005, 186). Für den Unterricht bedeutet dies:

1. dass es sinnvoll ist, mit der Förderung von Wissenschaftsverständnis in der Grundschule zu beginnen (Grygier 2005, 187),

2. dass SchülerInnen an der Planung möglichst vieler Experimente beteiligt sein sollten und dass die Durchführung eigenständig erfolgen sollte (Grygier 2005, 187),

3. dass den SchülerInnen durch das eigene Erheben und Interpretieren von Daten die Vorläufigkeit naturwissenschaftlichen Wissens deutliche werde (Grygier 2005, 187),

4. die Förderung von Wissensverständnis als Unterrichtsprinzip vor einzuführen, um die SchülerInnen zu einer forschungsfreudigen, objektiven und kritischen Haltung zu führen (Grygier 2005, 188),

5. anschlussfähiges Wissen zu vermitteln, „das durch den Einblick in die Natur der Naturwissenschaft an Tiefe gewinnt und verständlicher wird" (Grygier 2005, 188),

6. die Umstrukturierung von Unterrichtseinheiten für den naturwissenschaftlichen Sachunterricht (Grygier 2005, 188).

Wenn wir diese Ergebnisse genauer betrachten, werden wir feststellen, dass Merkmale problemzentrierten und entdeckenden Lernens auch zum Wissenschaftsverständnis beitragen. Diese Konzepte hängen so eng zusammen, dass sie sich wechselseitig fördern.

Der Begriff der Wissenschaftsorientierung ist zeitgleich mit der Forderung nach Chancengleichheit im Bildungswesen aufgetreten. Damals herrschten noch einseitige kognitive Förderkonzepte vor, die wenig fruchtbar für die Bildungsprozesse der Kinder sein konnten. Mit dem Niedergang der Forderung nach Wissenschaftsorientierung hat gleichzeitig auch die Dimension des Förderns als zentrale Aufgabe von Sachunterricht in der didaktischen Diskussion an Bedeutung verloren. Gerade wegen der großen Bedeutung von Bildungsungerechtigkeit ist diese sozial ausgleichende Seite im Sachunterricht wieder deutlicher ins Blickfeld zu rücken. Ein strukturelles Problem der Wissenschaftsorientierung liegt darin, dass die Sprache der Wissenschaft – so wie sie bislang entwickelt wurde – implizit weniger das Fragende und Entdeckende hervorbringt, sondern fertig geformtes Wissen.

Als kritisch nachdenkende, offene Denkhaltung, als prüfende Verfahrensweisen, als Haltung, „den-Dingen-auf-den-Grund-gehen" ist Wissenschaftsorientierung inhaltlich als Konzept keinesfalls überholt.

Ein weiteres Problem der Wissenschaftsorientierung des Sachunterrichts liegt in der Betonung der rein rationalen Zugangsweisen. Diese sind zu eng dimensioniert. Es stellt sich also das Problem für den Sachunterricht, einerseits die produktiven, suchenden, entdeckenden, expansiven Seiten von Wissenschaft allgemein zu betonen und sich andererseits von der beherrschenden Einengung des Denkens durch die Kategorien, Ergebnisse und Sprachformen konkreter gegenwärtiger Wissenschaften zu lösen. Wegen dieser ambivalenten Deutungsmöglichkeiten wird der Begriff der Wissenschaftsorientierung auch auf längere Sicht in der Sachunterrichtsdidaktik umstritten bleiben.

7.3 Schülerorientierter/kindorientierter/offener Sachunterricht

7.3.1 Begründungen für kindorientierten, offenen Sachunterricht

Die in diesem Abschnitt zusammengefassten Konzepte fokussieren allesamt die Bedeutung des Kindes als lernendes Subjekt für die Gestaltung von Sachunterricht. Da es hier um eine Prozesseigenschaft geht, kann notwendigerweise keine definitive Aussage zu Inhalten des Sachunterrichts gemacht werden. Es geht nur generell um die Berücksichtigung der Kinder, konkrete inhaltliche Aussagen werden in diesem Ansatz nicht gemacht. Denn das, was Kinder wollen, ist zunächst beliebig. Bei diesen Plädoyers für offenen und kindgerechten Unterricht wird meist sehr formal oder organisatorisch argumentiert. Es geht um eine flexible Organisationsform, die Kinderinteressen berücksichtigt. Der Sachunterricht soll in Hinblick auf die subjektiven Interessen der Kinder gestaltet werden. Dabei reicht das Spektrum von auf die Lerngruppe abgestimmter Fasslichkeit von

Zielen und Inhalten bis hin zur an Interessen orientierten Mitbestimmung der Kinder bei der Auswahl von Zielen und Inhalten.

Kindorientierung (bzw. kindgerechter Unterricht), wurde oft dem wissenschaftsorientierten, stark verfachlichten Sachunterrichtskonzepten gegenübergestellt (vgl. Moll-Strobel 1982). Dieses Prinzip enthält fast so viele verschiedene Auffassungen wie es verschiedene Kinder gibt. Hier seien nur einige skizziert:

a) Anschaulichkeit (Veranschaulichung) – die Inhalte werden durch konkrete Beispiel oder Handlungsaufgaben klarer erkennbar

b) Fasslichkeit – die Anforderungen sind an den Verständnisebenen der Kinder orientiert

c) lebendige Inhalte – die Inhaltsauswahl und -präsentation erfolgen in Hinblick auf die anthropologischen Merkmale von Kindern einer stärkeren Lebendigkeit und Unmittelbarkeit in Wahrnehmung und Handeln

d) spielerische Methoden – die Methoden vor allem des Übens knüpfen an die anthropologisch im Kindesalter besonders ausgeprägten Spielbedürfnisse an

e) erfahrungsnahe Inhalte – die Auswahl von Inhalten und Beispielen ist an der Erfahrungswelt der Kinder orientiert [9]

f) Interessensorientierung (Kinderinteresse, schülerorientiert) – hier ist die Inhaltsauswahl an den Themen orientiert, die auf besonderes Kinderinteressen stoßen wie Tiere als exemplarisch für biologische Themen

g) Differenzierung – der Sachunterricht soll in diesem Verständnis von Kindorientierung an den jeweils verschiedenen Lernvoraussetzungen der Kinder differenzierend anknüpfen

h) kreative Lernwege und Lernziele – anknüpfend an die anthropologisch stärkere Spontaneität und Unmittelbarkeit von Kindern wird in diesem Verständnis eine stärkere Kreativität von Kindern im Lernprozess zugelassen

i) Lernen mit allen Sinnen

j) Lernen als Selbsterfahrung

Als kleinster gemeinsamer Nenner aller sich kindorientiert definierenden Konzepte wird eine Veränderung des LehrerIn-SchülerIn-Verhältnisses betont. Denn die Rolle der LehrerInnen soll sich nach diesem Ansatz „von der methodisch versierten Vermittlung zur Anregung und Beobachtung" (Duncker/Popp 1994b, 19) verändern.

Grundsätzlich ist es unumstritten, unter dem Anspruch der Kindorientierung den Unterricht so zu gestalten, „dass die subjektiv und exemplarisch bedeutsamen Erfahrungen des Kindes in eine Beziehung zu den objektiv exemplarischen

---

[9] So ist es etwa im Themenkomplex Ernährung beim Aspekt Natur belassener Lebensmittel sinnvoll, dies an Lebensmitteln zu exemplifizieren, die bei vielen Kindern beliebt sind, (Kartoffelchips, Pommes frites etc. selber frisch und ohne Konservierungsstoffe herstellen).

Inhalten der Praxis des Lebens miteinander in Beziehung treten können" (Soostmeyer 2002, 87). Dies heißt, es ist mehr nötig als bloße Organisationskonzepte, man muss auch inhaltlich an den Lernvoraussetzungen und Erfahrungen anknüpfen. Allerdings wissen wir momentan noch sehr wenig über Wissen, Denken und Einstellungen von Kindern[10].

In der extremen antipädagogischen Variante (von Schoenebeck 1992) wird sogar abgelehnt, dass von außen Inhalte durch die Lehrpersonen eingebracht werden. Den Kindern wird allein das Recht, über Inhalte zu bestimmen eingeräumt. Das äußert sich dann darin, dass sie Bilder oder ihr Vorwissen in den Unterricht einbringen. Dabei besteht allerdings die Gefahr, den Problemhorizont von Kindern zu unterschätzen. „Sachunterricht, der sich beschränkt auf das, was Kinder mitbringen und einander lehren, der sich ausschließlich orientiert auf kindliches Ordnen von Wirklichkeit, der sich beschränkt auf entpolitisierte Privat- und Nahbereiche, verzerrt kindliche Lebenswelt" (Oberliesen 1994, 84 f.). Diese bildet sich in enger Auseinandersetzung mit der gesellschaftlichen Wirklichkeit heraus. Kindheit ist gleichzeitig soziale Kindheit und Ausdruck der gesellschaftlichen Probleme (Kaiser 1992 b).

Meist wird Kindorientierung nicht mit strengen methodischen Richtlinien, sondern nur als ideale Norm in die Diskussion gebracht und unter dem diffus verstandenen Begriff vom Offenen Unterricht eingebracht. Alles gut Pädagogische wird davon erwartet, wenn es heißt: „In einem Offenen Unterricht haben Schülerinnen und Schüler die Chance, selbständig, evtl. gestützt durch Lehrerhilfen und Unterrichtsmaterialien, neues Wissen zu erwerben, ihr Lernen zu reflektieren und sich ihres Lernzuwachses bewusst zu werden. Sie erfahren, dass sie etwas leisten können. Diese Könnenserfahrungen haben einen sehr positiven Einfluss auf die Entwicklung der Lernmotivation und wecken die Bereitschaft zu einem lebenslangen Lernen" (Lewe 2004, 11).

In derartigen idealisierenden Voraussagen wird allerdings zu wenig die wirkliche Unterrichtsrealität beachtet, hierzu fehlen konstruktive Vorschläge. Offenheit oder Kindorientierung sagen noch nicht, wie sich Unterricht inhaltlich ändern kann. Denn so wichtig generell die Perspektive auf Kinder bei der Planung von Lernen und Unterricht ist, so sehr muss Vorsicht walten, diese zu einer idealen Norm zu erklären. Gleichwohl finden wir unter dem Etikett „Offener Unterricht" (vgl. Peschel 2002) Beispiele von differenzierter Praxis, die viele sinnvolle Ideen auch für den Sachunterricht enthalten.

„Beobachter der Sachunterrichtsentwicklung äußern den Eindruck, eine einseitige ‚Auffassung von Kindgemäßheit' habe oft den Anspruch der Sache reduziert und nur das ‚Alltagswissen der Kinder' wiederholt" (Kahlert 2002, 192). Mit dem

---

[10] So gibt es dazu nur wenige Untersuchungen zum Sexualwissen, Berufvorstellungen oder Umweltbewusstsein, vgl. Kaiser, Astrid/Röhner, Charlotte 2001; Kaiser, Astrid/Pech, Detlef 2004 g.

Dogma des offenen Unterrichts bestehe nach Kahlerts Auffassung „die Gefahr, dass der Unterricht keine Orientierungsangebote mache" (Kahlert 2002, 192).

Dieser Gedanke, eine „Balance zwischen Offenheit und Heranführung" (Kahlert 2002, 191) zu entwickeln, ist nicht neu. Schon Lothar Klingberg (1966) machte deutlich, dass es in der Didaktik immer um ein dialektisches Verhältnis zwischen zwei Polen geht und dass die Selbsttätigkeit der Schüler in enger wechselseitiger Verbindung zur pädagogischen Führung stehen muss. Ähnliche Gedanken hat Rainer Winkel unter dem Begriff „Antinomische Pädagogik" (1986) entwickelt. In diesen Ansätzen wird bezogen auf die Selbsttätigkeit der Kinder oder ihre Eigenaktivität immer deutlich gemacht, dass sie auch von pädagogischer Orientierung abhängt und nicht aus sich heraus wächst.

Diese Balance fehlt aber zwischen der methodischen Form der Kindorientierung und den Inhalten. So ist es diesen Konzepten bislang nicht gelungen, die „wechselseitige Erschließung" (Klafki 1964) zwischen Kind und Inhalt als produktiven Begriff zu entfalten. Hier käme es für eine Neuformulierung eines fruchtbaren kindorientierten Konzeptes vor allem darauf an, nicht nur zu betonen, die Inhalte ansprechend, leicht, interessant oder wunschgemäß zu gestalten bzw. anzubieten, sondern sich vor allem auf das Verhältnis der Kinder zu den Inhalten, die Lernvoraussetzungen, unmittelbar zu beziehen. Ein Ansatz in diese Richtung ist die sehr komplexe Definition – wie sie von Meiers 1993 vorgenommen wird: „Kindorientierung heißt für mich dreierlei

- personal begründete Individualisierung
- entwicklungspsychologisch und kognitionspsychologisch begründete Differenzierung
- anthropologisch begründete Aktivierung" (Meiers 1993, 90).

Der Rekurs auf anthropologische Merkmale von Kindern als Basis für aktives Lernen (vgl. Kap. 5.2) soll an dieser Stelle betont werden. Für den Sachunterricht heißt dies allerdings nur, dass es wegen des Bedürfnisses von Kindern nach selbstständiger Tätigkeit, nach Entdeckung und Sinnsuche angemessen ist, diesen Bedürfnissen auch Rechnung zu tragen. Inhaltlich ist dieser Aspekt unter dem Punkt entdeckenden Lernens schon diskutiert worden. Neu ist der Gedanke der Differenzierung in den Konzepten der Kindorientierung. Deshalb soll hier der Aspekt der Differenzierung und Individualisierung, der gerade im Sachunterricht immer noch stark vernachlässigt wird, ausführlicher untersucht werden.

Aus diesem Grund verwende ich auch nicht den Begriff „offener Sachunterricht", weil darin nur ein Idealkonzept ohne inhaltliche klare Beschreibung steckt, sondern nehme in Anlehnung an Rainer Winkel die Bezeichnung „beweglicher" (Winkel 1993) Sachunterricht.

7.3.2 Organisationsformen für beweglichen Sachunterricht

Aus diesen Erkenntnissen hat sich mittlerweile eine Beschreibung offenen Unterrichts (Freinet 1965) insbesondere durch die methodischen Anordnungsformen „Freie Arbeit" (Bartnitzky/Christiani 1998) und „Wochenplanunterricht" (Huschke 1996) eingebürgert. Freie Arbeit kann zwar nur einen kleinen methodischen Ausschnitt von offenem Unterricht beschreiben und unterliegt gegenwärtig vor allem der Gefahr der Vermarktung von Arbeitsblattsammlungen ohne den didaktischen Sinn zu überprüfen (vgl. zur Kritik Kaiser/Pech 2004c), aber ist dennoch eine wichtige Grundform, den verschiedenen Voraussetzungen der Kinder gerecht zu werden, wenn es sich um sinnvolle unterrichtliche Anregungen handelt. Gleichzeitig sind die verschiedenen Lernvoraussetzungen der Kinder aber nicht nur Hürden für den pädagogischen Prozess, sondern können auch Antriebsfunktion haben, den Unterricht vielfältiger zu entwickeln.

Besonders differenzierte praxisnahe Modelle offenen Unterrichts unterscheidet Hagstedt (1992) unter dem Etikett der „Lerngartenmodelle". Darunter versteht er – ganz im Gegensatz zu den papierenen Freiarbeitskonzepten – die Anordnung von vielfältigen Lernmaterialien und Anregungsmaterialien im Raum und einen bestimmten Weg des methodischen Herangehens der Kinder. Er sieht diese als Fortsetzung offen konzipierter reformpädagogischer Vorbilder, z. B. von Deweys Lernumgebung, Montessoris „proportionierte Gegenstände in vorbereiteter Umgebung" (Hagstedt 1992, 369) und Freinets Ateliers. Nach Hagstedt sind vier Lerngartentypen in der Praxis zu unterscheiden:

1) Das Stationen-Modell (Hagstedt 1992, 370)

Hier sind verschiedene Untersuchungstische oder Materialstationen aufgebaut, die die Kinder in einer Art Rotationskonzept ähnlich dem Circle-Training im Sport zu durchlaufen haben. Alle arbeiten an allen Stationen, aber der Zeitpunkt ist differenziert.

2) Das Büffet-Modell (Hagstedt 1992, 371)

Die Auswahlentscheidung von vielen Angeboten an Handlungsmaterialien wird von den Kindern selbst getroffen.

3) Das Arbeitsplan-Modell (Hagstedt 1992, 372)

Ein genaues Arbeitsprogramm liegt vor. Die Arbeitsaufträge sind auf Karteikarten formuliert. „Die Kinder arbeiten weitgehend [...] karteikartengesteuert an verschiedenen Themen oder an Teilaspekten eines Rahmenthemas" (Hagstedt 1992, 372).

4) Das Werkstattmodell (Hagstedt 1992, 373)

Die Lernenden haben ein vielfältiges Angebot an Materialien, sie sollen eigene Fragestellungen formulieren und dazu ein eigenes Arbeitsprogramm entwickeln.

Diese Modelle offenen Unterrichts, die allesamt an konkrete Handlungsmaterialien gebunden sind, können gerade für den Sachunterricht der Zukunft weiterentwickelt werden.

In der gegenwärtigen Praxis werden Lernwerkstätten und Werkstattunterricht (vgl. Nickel 2005) mehr als Sammlung verschiedener Materialien gesehen. Allerdings ist es wichtig, diese Modelle an einem didaktisch begründeten Inhaltskonzept zu entwickeln und nicht als beliebige Form zu betrachten. Durch kommerzielle Angebote geschlossener Kopiervorlagen zu einem Thema des Sachunterrichts wird gerade nicht die Funktion des differenzierten kindgemäßen Arbeitens erfüllt. Vielmehr „vermitteln die veröffentlichten und die käuflich zu erwerbenden Werkstätten […] offensichtlich fälschlicherweise den Eindruck, die Planungsarbeit sei bereits geleistet. Damit besteht die Gefahr, eine eigene inhaltliche Schwerpunktsetzung und eine spezifische Abstimmung auf die lebensweltliche Orientierung der jeweiligen Lerngruppe zu unterlassen" (Miller 2003, 276). Oft bleibt der Unterricht mit vorgefertigten „Werkstatt"-Materialien auf der Ebene des bloßen Ausfüllens von Arbeitsblättern stehen, ohne den verbindenden Sinn heraus zu arbeiten.

Ich selbst habe in den Praxisbüchern für handelnden Sachunterricht (Kaiser 2005) immer wieder betont, dass es hinter differenzierten Arbeitsphasen nach dem Büffet-Modell oder Stationenlernen darauf ankommt, sich gemeinsam über Ergebnisse und den Sinn der Versuche auszutauschen.

Die praktischen Erfahrungen mit differenziertem, offenem und handlungsorientiertem Sachunterricht sind bislang noch weitgehend auf einzelne Reformschulen oder initiative Lehrpersonen reduziert (Hagstedt 1992, 368). Einzelne Praxisbeobachtungen (Kaiser 1991a) zeigen aber, dass in derart offenen, handelnden Lernprozessen durchaus produktiv und umfassend gelernt werden kann. Mittlerweile haben einzelne Formen wie das Stationenlernen quasi Kultstatus im Sachunterricht (Kaiser/Pech 2004b). Dabei ist allerdings die Gefahr gegeben, dass diese Form sich von inhaltlichen Aufgaben des Sachunterrichts loslöst.

7.3.3 Konzeptansätze für kindgerechten Sachunterricht

Neben diesen methodischen Formen des Lernens haben sich in den letzten Jahren neue Grundformen herausgebildet, die für die Gestaltung von Sachunterricht wichtige Impulse geben. Sie entstammen klassischen reformpädagogischen Konzepten.

1) Altersmischung

So ist aus der Pädagogik Peter Petersens (Wulfmeyer 2004b) in Verbindung mit neueren Versuchen altersgemischten Lernens (Laging 1999) der Ansatz „Kinder lernen von Kindern" (Scholz 1996; Ragaller 2004) hervorgegangen. Brügelmann bezeichnet diese Lernform als „latent wirksames horizontales Lernen 'mit- und voneinander'" (Brügelmann 2002, 36) und grenzt dies von der nach seiner Meinung von „Didaktiken überschätzen [...] Wirksamkeit vertikaler Vermittlung von Wissen und Können" (Brügelmann 2002, 36) ab. Hierbei geht es um zwei Varianten von bildungswirksamer Kommunikation zwischen Kindern. In einer Version geht es um das „Helfen" in der Freien Arbeit, in Arbeitsgruppen oder informell bei Einzelarbeit oder dem Frontalunterricht. Beobachtungen zeigen (vgl. Scholz 1996), dass Kinder oft eher geeignete Erklärungen finden als Lehrpersonen. Allerdings sind diesem Helferprinzip auch Grenzen gesetzt, so können Kinder sich selbst als inkompetent deuten, wenn sie spüren, dass ihnen die Lernaufgaben nur mit Hilfe anderer Kinder gelingen. Besonders hochbegabte Schülerinnen und Schüler bekommen häufig die Rolle des „Helfer-Kindes" zugewiesen und sind damit nicht immer zufrieden (vgl. Trautmann 2004). Zum einen fehlt ihnen häufig die Erfahrung der eigenen Verständnisprobleme, um sie anderen Kindern mitzuteilen, zum anderen brauchen auch diese Kinder authentische neue Lernanregungen. Die zweite Version ist noch weniger festgelegt. Hier geht es vor allem um Projekt- und Gruppenarbeit sowie Gesprächskreise. Sinn dieser Variante des Lernens von anderen Kinder ist, deren jeweils spezielles Wissen, deren biografische Erfahrungen und deren Einschätzungen in die Diskussion um die gemeinsame Sache allen verfügbar zu machen. Bezogen auf die verschiedenen Inhalte haben alle Kinder die Chance, ihr jeweiliges Wissen einzubringen und damit den anderen als Anregung anzubieten. Dies hat qualifizierende Wirkung auch für die „erklärenden Kinder", denn „sie sind genötigt, ihre eigenen Gedanken für die anderen zu formulieren und zur Diskussion zu stellen. In der Auseinandersetzung mit anderen lernen sie multiple Sichtweisen eines Problems, verschiedene Standpunkte oder Aussagen kennen. Es werden mehrere Aspekte eines Themas gesehen, wodurch eine abstraktere und differenziertere Sicht dieses spezifischen Themas entsteht und vielperspektivisches Denken angebahnt wird – eine aktuell vielfach propagierte Leitidee des Sachunterrichts" (Ragaller 2004, 161).

Die motivierende Kraft dabei geht bei diesem Lernen von den Motiven, Freundschaft und Nähe zu anderen Kindern zu suchen, aus. Die sozialen Beziehungen in der Klasse bewegen alle Kinder. Dieses Motiv für das Lernen in der Schule zu öffnen, schafft große Potenziale gerade für den Sachunterricht, denn Kinder sind Expertinnen oder Experten für die verschiedensten Gebiete – und sie sind es aus eigenem großen Sachinteresse geworden. Dass dieser „Funke" überspringt, ist ein großes Potenzial für weiteres Lernen aller Kinder. Aber auch hier sind Grenzen dieser außerordentlich produktiven Lernform gegeben. Denn im Gruppengespräch der Kinder können sich Vorurteile und Stereotype verstärken. Gerade bezogen auf sozialwissenschaftlich-politische Inhalte bedarf es beim Prinzip des Lernens von Kindern steuernder Impulse, um nicht das Denken und die Solidaritätsentwicklung eingrenzende Einstellungen von Kindern zu verstärken.

Trotz dieser Einschränkungen liegen insgesamt große Förderpotenziale in der wechselseitigen kommunikativen Anregung durch die Kinder. Carle hält gar generell für das Fördern von Kindern in der Schule die individuelle Perspektive für zu eng und fragt nach den Interaktionsbeziehungen der Klasse als ganzer: „Wie lässt sich das Kommunikations- und Kooperationsgefüge Schulklasse zur Lerngemeinschaft entwickeln, die eine förderliche Bedingung für das einzelne Kind darstellt?" (Carle 2004, 190). Für den Sachunterricht lassen sich einige Indikatoren formulieren, die gelungenes wechselseitiges Lernen erfassen:

- Körpersprachlich sind die Kinder der Gruppe sehr eng aufeinander bezogen
- Die Kinder diskutieren ausdauernd über die Sache/ die Problemfrage
- Die Kinder sammeln eine Vielzahl an Informationen / Gedankensplittern/ Meinungen, so dass sie von sich aus nach Notiz- und Dokumentationsmöglichkeiten suchen, um einen Überblick zu behalten

Noch gibt es keine hinreichende empirische Überprüfung dieser Lernform. Allerdings sprechen die vorliegenden Beobachtungen (Scholz 1996, Protokolle von Gesprächen in Wigger 2001) dafür, dass diese Form außerordentlich produktiv nicht nur im sozialen Lernen zu sein scheint.

2) Selbststeuerung

Vor allem aus der Pädagogik Freinets (Hagstedt 2004) ist aktuell der Ansatz des selbst gesteuerten Lernens (Siller 2004) hervorgegangen. „Selbstgesteuertes Lernen umfasst damit die Befähigung zu Eigenverantwortlichkeit, zu kritischer Reflexion und zu unabhängiger Entscheidungsfindung. Diese Eigenschaften können zugleich als Hauptziele der Autonomieförderung angesehen werden" (Konrad 2003, 16). Allerdings ist dieser Ansatz nicht prinzipiell neu. Er hat eine lange Geschichte bis hin zu Comenius und Kerschensteiner (Siller 2004, 154). Auch Siller betont die Dialektik der Entwicklung von Selbststeuerung: „Fremdbestimmtes und selbst bestimmtes Lernen machen die beiden Antriebskräfte aus, die den Bildungsprozess vorantreiben" (Siller 2004, 152). Für Siller ist selbst gesteuertes Lernen eng verknüpft mit anspruchsvollen Bildungszielen: „Die Selbststeuerung des Lernens ist [...] nicht nur ein Terminus technicus, mit dessen Hilfe sich das unterrichtliche Methodenrepertoire des Lernens ergänzen und optimieren ließe, sie legitimiert sich vielmehr aus dem Streben des Kindes nach Mündigkeit und damit aus dem Bestreben seine Bildungsprozesse selbst zu bestimmen" (Siller 2004, 152). Siller verbindet mit Selbststeuerung vor allem anspruchsvolle Prozesse des Lernens des Lernens (vgl. Kap. 5): „Lernende steuern ihr Lernen selbst, indem sie dieses, aus einer gewissen Distanz zu sich selbst, beobachten, planen, bewerten und modifizieren. Sie werden so zu Managern ihrer Lernprozesse. Möglichst alle Elemente der am Lernen beteiligten Prozesse kommen aus einer Meta-Perspektive in den Blick: Bedingungsfelder, motivationale Lagen, Intentionen, Sachvorgaben und deren Kontexte, Verlaufsplanungen, methodische und mediale Instrumentarien, Kontrollen, Dokumentationen, Bewertungen und Sicherungen der Abläufe und Ergebnisse" (Siller 2004, 153). So verstanden ist selbst gesteuertes Lernen nicht nur eine Antwort auf die Vielfalt der Kinder, sondern auch ein Impuls, die Lernprozesse qualitativ zu intensivieren. Dies lässt sich durchaus in der Praxis durch einfache Schritte realisieren: „Schüler und Schülerinnen verfügen z. B. über die Fähigkeit, sich folgende Fragen zu stellen:

a. Was weiß ich bereits über ein Thema?
b. Wie viel Zeit werde ich brauchen, um diesen Stoff zu lernen?
c. Gibt es einen brauchbaren Plan, nach dem ich vorgehen kann?
d. Wie kann ich feststellen, ob ich erfolgreich war?
e. Wie und wodurch sollte ich meine Vorgehensweisen ändern (z. B. während des Arbeitsprozesses)?
f. Wie entdecke ich einen Fehler (wenn ich einen mache)?
g. Habe ich das gerade Gelesene auch verstanden?" (Gudjons 2003, 82 f.).

Derartige bewusste Durchdringung des eigenen Lernprozesses macht die Kinder selber zu aktiv Gestaltenden ihres Lernprozesses und lässt sie nicht in der passiven und abhängigen Rolle. Dies scheint auch Auswirkungen auf die positive Einschätzung des Sachunterrichts generell zu haben. Hansen und Klinger fanden bei ihrer Befragung heraus, „dass Schülerinnen und Schüler, die angaben, dass ihre Lehrpersonen sie bei der Gestaltung des Unterrichts mitwirken lassen (trifft voll zu), den Sachunterricht auf allen Items positiver bewerten, als solche, für die diese Aussage gar nicht, manchmal oder häufig zutrifft. Sie machen nicht nur ihre Hausaufgaben lieber, sondern beurteilen auch den Nutzen des Faches für ihren Alltag höher" (Hansen/Klinger 1997, 109). Selbst bestimmter oder wenigstens kooperativ gesteuerter Sachunterricht scheint sich also auf Motivation, Sinnwahrnehmung und Effektivität des Lernens auszuwirken.

3) Freie Themenwahl

Aber auch die freie Themenwahl kann als eine Variante selbst gesteuerten Lernens gezählt werden. Kaiser-Haas (2004) stellt ein erprobtes Praxiskonzept vor, bei dem Kinder nach eigenen Interessen Inhalte auswählen. „Die Kinder suchen sich ein Thema aus, bearbeiten es über einen langen Zeitraum selbstständig und präsentieren ihre Ergebnisse. Sie sind Experten für ihr Thema. Den Zeitraum, in dem sich meine Schüler mit ihrem Thema beschäftigen, erweitert sich im Laufe der Schuljahre. Im zweiten Schuljahr waren es drei, im dritten vier bis acht Monate und im vierten ein ganzes Jahr lang (Kaiser-Haas 2004, 18-20). Diese Jahresarbeit im 4. Schuljahr wurde zwar nur zu einem Thema gewählt, aber die Erfahrungen zeigen, dass damit alle wesentlichen Lernziele erreicht werden konnten (Kaiser-Haas 2004).

4) Lernen als Selbstorganisation

Neuerdings wird von einigen Wissenschaftlern die konstruktivistische Didaktik (vgl. Voß 2002) als auch für den Sachunterricht relevante konzeptionelle Lösung angesehen. Dieses kann unterschiedlich ausgelegt werden. Viele Autoren (vgl. Reich 2004), die sich auf den Konstruktivismus berufen, verbinden wichtige erkenntnistheoretische Grundlagen über die Subjektivität von Erkenntnis, wie sie etwa Maturana veröffentlicht hat, mit didaktischen Gedanken. Positiv ist vor allem bei diesem Ansatz dass deutlich Kritik am Belehren geübt wird. Vielmehr wird Lernen und Unterricht als Selbstorganisation von Wissen durch die Lernenden gesehen. Danach werden keine Normen und Inhalte für das Lernen bestimmt, sondern es wird darauf gesetzt, dass die Schülerinnen und Schüler selber Sinn konstruieren. Damit sind die Lernergebnisse völlig unvorhersehbar, weil es auf die individuellen Deutungen der Lernenden ankommt. Die Lehrerinnen und Lehrer haben nur die Aufgabe, möglichst vielfältiges interessantes Material anzubieten, das zur Selbstorientierung auffordert. Reich fordert dabei vor allem Diskrepanzen, d. h. in der Wahrnehmung von Kindern „Rätsel", die Denkanregungen für die Schülerinnen und Schüler bewirken. Damit wird allerdings völlig aufgegeben, begründete didaktische Entscheidungen zu treffen. Und doch sind diese implizit bei jeder Materialauswahl vorhanden. Und selbst wenn nur nach rätselhaften Inhalten ausgewählt wird, ohne irgendwelche inhaltlichen Aussagen zu treffen, dann wird eben das, was am Ende als Unterrichtsmaterial ausgewählt wurde, für die Lernenden inhaltlich wirksam. Man kann also nicht ohne didaktische Entscheidungen handeln. Selbst Maturana, auf den sich so viele Konstruktivisten berufen, distanziert sich davon, als Konstruktivist behandelt zu werden (Kaiser/Maturana 2003). Richter sieht vor allem die Gefahr des Verlustes normativer Entscheidungen in konstruktivistischen Ansätzen und lehnt sie für politische Bildung und Sachunterricht generell ab. „Denn politische Bildung und Konstruktivismus passen nicht zusammen: „Politische Bildung hat gesellschaftspolitische Ziele – der Konstruktivismus ist gesellschaftlich indifferent. Der Konstruktivismus ist eine Erkenntnistheorie ohne Auftrag, politische Bildung bemüht sich um die Umsetzung der demokratischen Idee. Ohne Normativität ist politische Bildung unvorstellbar [...]" (Richter 2002, 62). Daraus schließt sie: „Insofern eignen sich konstruktivistische Didaktiken eventuell für entsprechend technisierte Inhalte, m. E. nicht aber für eine Didaktik des Sachunterrichts, die das Ziel der Aufklärung verfolgt" (Richter 2002, 62). Neben dieser normativen Zielfrage halte ich aber auch die Vermengung von Erkenntnistheorie und Didaktik für problematisch. Wenn Inhalte niemals ohne Subjektivität zu erkennen sind, heißt dies nicht, dass in der Didaktik auf begründete Entscheidungen verzichtet werden sollte zugunsten von beliebiger Inhaltskonstruktion durch die Kinder. Allerdings enthält die generelle Intention dieser radikalen konstruktivistischen Didaktiken ein wichtiges Moment: Auch ich vertrete die Position, dass

Kinder die Welt verschieden sehen und dass diese verschiedenartigen Lernvoraussetzungen in den Unterricht eingebracht werden sollten, um im gemeinsamen
Gespräch zu weiteren Erkenntnissen zu gelangen.

Kindorientiertes bzw. Selbstgesteuertes Lernen im Sachunterricht ist generell
gesehen eine Zielperspektive, die eine zunehmende Eigenaktivität von Kindern
fördern will und gleichzeitig wegen der Heterogenität der Lerngruppen angemessene Differenzierungsformen anbietet. Dies gilt für alle Varianten vom peer-
teaching bis zum Konstruktivismus. Selbstgesteuertes Lernen ist auf Prozesse
der Selbstbestimmung der Lernenden und Differenzierung der Lernanregungen
ausgerichtet. Es ist kein eigenständiges substantielles Konzept, sondern kann
nur im Zusammenhang mit anderen Konzepten praktisch wirksam werden. Allerdings sind die wesentlichen Merkmale wie zunehmende Selbstbestimmung
der Lernenden in einer ausgewogenen Balance zwischen Anregung und Eigenaktivität und differenzierte Lernformen Kriterien für die Qualität aller Konzepte für den Sachunterricht.

7.4 Handlungsorientierter Sachunterricht und Projektorientierung

7.4.1 Begriffsbestimmung von Handlungsorientierung

„Im Zentrum der aktuellen Diskussion um den Sachunterricht steht der hand-
lungsorientierte Sachunterricht" (Siller 1999, 25). Das mittlerweile recht häufig
für den Sachunterricht verwendete Konzept der Handlungsorientierung geht auf
sehr unterschiedliche historische und theoretische Bestimmungen zurück. Ursprünglich wurde der Gedanke handelnden Lernens vor allem in den arbeitspäd-
agogischen Richtungen der Reformpädagogik (Arbeitsschule, Arbeitsunterricht, Arbeitspädagogik) vertreten. Aber ähnlich wie in diesen ersten Ursprüngen, die sehr verschieden als werkendes Tun (Kerschensteiner 1925), Integration
von Schule in den gesellschaftlichen Produktionsprozess (Östreich 1975), handelndes Erkunden der die Schule umgebenden Wirklichkeit (Dewey 1965 (3))
einschließlich verändernden Handelns (Karsen) oder als aktive, kooperative,
geistige Wissenserwerbsprozesse (Gaudig 1922) verstanden wurden, unterscheiden sich auch im heutigen Verständnis (vgl. Gudjons 1994) die Positionen der
Handlungsorientierung in verschiedene Grundgedanken:

1) Handlungsorientierung, bei der das konkrete Handeln und sein Produkt einen eigenständigen Stellenwert als Ziel und Inhalt haben.

2) Handlungsorientierung, bei der das Handeln methodisch im Sinne einer „Didaktik der Denkerziehung" im Sachunterricht (Soostmeyer 1986, 43) seine
   Bedeutung hat.

3) Handlungsorientierung im Sinne des Nachmachens oder Ausführens von vorgegebener Beschäftigung wie Anmalen, Ausschneiden oder Aufkleben.

Die erste Form ist sowohl in Projekten zu finden, bei denen ein konkretes Ergebnis verlangt wird wie auch im Arbeitsunterricht in Werkstätten.

Die zweite Position bezieht sich vor allem auf lerntheoretische Positionen, seien es die tätigkeitstheoretischen (Leontjew 1973, Galperin 1973, Jantzen 2004, Heinze 2004), die handlungstheoretischen der Amerikaner (Miller/Pribam/Galanter 1973) oder die handlungstheoretisch-operationalen Ansätze (Piaget 1974, Aebli 1970). So verstanden bedeutet Handeln im Sachunterricht Hilfe zum Verstehen. „Handelndes Lernen wird [so] auch zum grundlegenden Gestaltungsprinzip des Unterrichts. Der Sachunterricht soll so beschaffen sein, dass er den Kindern nicht ständig das vorgibt, war sie selbst durch eigenes Handeln erarbeiten können. Unter dieser Perspektive werden dem kindlichen Spiel, der Freude am Sammeln und Beobachten, dem Impuls, an Dingen zu hantieren und mit ihnen herumzuprobieren, soviel Raum gegeben, dass sich eben auf der Basis solcher Erfahrungen Fantasie, kreativer Umgang, Interessen, Freude am Lernen und dann in der Folge kognitiv höhere Formen der handelnden Sachauseinandersetzung entwickeln können" (Soostmeyer 2002, 72).

Innerhalb dieser Richtung können die Varianten nach Piaget einerseits und die der kulturhistorischen Schule andererseits unterschieden werden, die allerdings auch gemeinsame Elemente gerade in der unterrichtlichen Umsetzung aufweisen (vgl. Giest 2004, 91). Der Grundgedanke der zweiten Variante liegt in einer dialektischen Verbindung von Handeln und Emotionen, in deren Terminologie von Tätigkeit und Motiven, aus denen sich dann das Lernen entwickelt: „Aus Sicht der Tätigkeitstheorie ist *Tätigkeit* die komplexeste und höchst entwickelte Form bewusster, zielgerichteter menschlicher Aktivität, über welche die Entwicklung der Persönlichkeit und des Bewusstseins des Menschen erfolgt. Eine *Handlung* ist ein auf das Erreichen eines Zieles gerichteter, identifizierbarer (abgrenzbarer), relativ geschlossener, zeitlich und logisch strukturierter Abschnitt in der Tätigkeit. Handlungen können auf Ziele gerichtet sein, die praktisch-gegenständlicher, sprachlicher oder geistiger Natur sind" (Giest 2004, 92). Diese aus der Wechselwirkung von Tätigkeit und Motiv, aber auch von Handlung und Ziel erfolgenden Lernprozesse verlangen im Sinne der kulturhistorischen Schule subjektnahe, handelnde Lernsituationen. Um diese anspruchsvollen Lernprozesse zu vollziehen, bedarf es der Handlungsplanung der Lernenden gemäß den eigenen Zielen und eine Handlungsausführung, die durch Vergleich mit dem Handlungsergebnis kontrolliert und am Schluss noch bewertet wird (vgl. Giest 2004, 94). Selbstbewertung wie Evaluation haben in den neueren englischen Curricula einen zentralen Stellenwert. Auch dort geht es etwa im Teilfach Design & Technology um konkrete Handlungsaufgaben wie die Herstellung von Theaterpuppen (vgl. National Curriculum http://www.curriculumonline.gov.uk/Subjects/DT/Subject.htm). Insgesamt heißt diese Variante des handlungsorientierten Sachunterrichts, „den Schülerinnen und Schülern Möglichkeiten zum eigenständigen Handeln zur Aneignung der entsprechenden Handlungsvoraussetzungen, zur Kooperation und Kommunikation im Handeln untereinander und mit dem Lehrenden, zum adäquaten Handeln in authentischen, das heißt das Handeln erzeugenden, erfordernden Situationen, in denen die Handlungen sinnvoll angewendet werden können, bieten" (Giest 2004, 95). Es sind also komplexe, die gesamte Persönlichkeit der lernenden Kinder einbeziehende Lernprozesse in diesem Konzept angedacht.

Die dritte Grundform von Handlungsorientierung kann eigentlich nicht als solche bezeichnet werden, da es gerade nicht um eigenaktives Handeln, sondern um imitierendes Tun geht: „Ein bloßes Nachmachen [...] wären keine Tätigkeiten, die dem Anspruch nach Handlungsorientierung im Unterricht gerecht würden. Mindestens muss die Möglichkeit bestehen, verschiedene Wege zur Erreichung eines Ziels in Erwägung zu ziehen und eigenständig zu entscheiden, welchen Weg man gerade wählt" (Kahlert 2002, 185). Handlungsorientiertes Lernen darf nicht nur auf praktisches Tun bezogen aufgefasst werden, es gibt verschiedene Handlungsformen. So unterscheidet Habermas (1981) in einem sehr weiten Verständnis vier grundlegende Handlungsformen:

- teleologisches Handeln (dazu gehört auch strategisches Handeln)
- normenreguliertes Handeln
- dramaturgisches Handeln
- kommunikatives Handeln (Habermas 1981)

Ich füge dieser Aufgliederung noch die folgenden Formen hinzu:

- entdeckend-erkundendes Handeln
- praktisch-konstruktives Handeln
- ästhetisch-gestaltendes Handeln

Für alle diese Handlungsformen muss Platz in einem Sachunterricht sein, der den Kindern durch das Handeln die Welt erschließen will. Denn „menschliches Handeln ist Ursache und Grundlage für das Denken und für die Erkenntnis schlechthin" (Soostmeyer 2002, 73).

Gleichwohl bleibt auch bei den vielfältigen Handlungsformen wichtig, dass diese jeweils die Ursprungsformen des Lernens sind, an die sich Reflektionen erst anschließen: „Kinder brauchen zum Lernen erst das Handeln, dann das Nachdenken" (Beck 1994, 17). „Aus den anfänglich spielerischen, intuitiven und episodisch auftretenden Handlungen heraus werden bewusste, durchdachte und persistente Handlungen entwickelt, ohne dass hierdurch die ursprüngliche Fantasie der Kinder sowie ihre Spielfreude unterdrückt werden" (Soostmeyer 1986, 44).

Wenn wir Handeln so weit definieren, können wir sehr vielfältige Merkmale im handlungsorientierten Unterricht unterscheiden:

- Mitverantwortung und Kooperation der Lernenden

- konkret-praktisches Tun beim Herstellen von Produkten

• ganzheitliche Beteiligung mit allen Sinnen

• bewusst geleistete Selbstkontrolle und Selbstkorrektur

• „Das Ordnen, Vergleichen, Kontrastieren, Strukturieren, Auf-den-Begriff-bringen, Generalisieren und die kritische Reflexion und Einordnung in übergreifende Zusammenhänge und Strukturen.

• Die Erfahrung eigener Ausdauer und Kompetenz, individueller Vorlieben und Schwächen" (Popp 1994, 74).

Als Rahmen für diese Handlungsformen halte ich die Einbettung des Handelns in Kommunikation für dringend erforderlich, damit gemeinsam die bildenden Aspekte der einzelnen Handlungsschritte herausgearbeitet werden können (vgl. Kaiser 2004 a, s. Kap. 7.6).

Eine sehr präzise und weit reichende Definition von handelndem Lernen stammt von Wöll. Er führt aus: „Handelndes Lernen verstehen wir vorläufig als eine von einer Lerngruppe verantwortete Auseinandersetzung mit einer Situation. Das bedeutet, dass Lernen nur dann als handelndes Lernen interpretiert werden kann, wenn die Lernenden die Zielsetzung und Thematik eines Handlungsvorhabens bejahen und zur Grundlage ihrer Aktivitäten machen, so dass sie aufgrund von Identifikationsprozessen bereit sind, für die Ermöglichung der Zielrealisierung einzustehen" (Wöll 2004, 35). Damit wird ein sehr wichtiger Aspekt handelnden Lernens betont, nämlich die Zielorientierung. Denn „Handeln meint viel mehr als bloßes Tun, es meint immer ein gezieltes und begriffenes Tun" (Siller 1999, 25f.).

Schreier hat demgegenüber unter der Zielvorstellung „Entwicklung von Werksinn" (Schreier 1994a, 61) ein deutlich konkreteres Verständnis von Handlungsorientierung entwickelt. Er sieht vor allem ein Defizit heutiger Kindheitserfahrung darin, dass Kinder beispielsweise nicht lernen, ein Feuer im Ofen anzuzünden, „zum Unterhalt der Familie etwas beizutragen, indem sie die Eier aus den Hühnernestern sammeln oder die Milch beim Bauern holen" (Schreier 1994a, 61). Daraus folgert er die pädagogische Notwendigkeit, „dass Kinder selber das Gefühl empfinden, an einer Sache zu arbeiten, der ein ähnlicher Anspruch auf Ernsthaftigkeit, Gültigkeit und „Echtheit" innewohnt wie den Arbeiten innerhalb der Lebenswelt von Erwachsenen. Damit sind viele der banalen Basteleien und Beschäftigungs-Übungen ausgeschlossen, die wir in Kindergärten und Grundschulen beobachten" (Schreier 1994a, 63). Er verdeutlicht diese nützliche Tätigkeit am Beispiel des Papierschöpfens in der Schule (Schreier 1994a, 68). Gerade die Dimension des Ernstcharakters schulischen Handelns ist ein sehr wichtiges Kriterium für schulisches Lernen in einer „immer unangreifbarer werdenden Wirklichkeit" (Schreier 1994a, 89), die geradezu das „Bedürfnis nach konkreten Handlungserfahrungen" (Schreier 1994a, 89) hervorruft. Derartige Ansätze sind keineswegs zu schwierig für das Grundschulalter. In Berlin gibt es beispielsweise einen Kindergarten, der Regenwurmzucht zur Handlungsaufgabe hat. Dafür sammeln die Kinder kompostierbare Abfälle von anderen Kindergärten, bauen große Komposthaufen, beobachten durch Glasscheiben wie sich diese Regenwürmer durch die Blätter fressen und wie am Ende fruchtbare Erde erzeugt wird, in der wiederum die Regenwürmer gut gedeihen. Diese verkaufen die Kinder an Berliner Angler.

Auf der anderen Seite heißt dieses Verständnis von Handlungsorientierung, dass *bloße Beschäftigungstherapie durch Ausschneiden, Einkleben, Anmalen von Bildern, Unterstreichen, Falten, Basteln* oder andere häufig beobachtbare schulische Aktivitäten nichts mit Handlungsorientierung als zielgerichtetem, sinnvollen, lebensnahem Lernen zu tun haben. Renner kritisiert es als „vordergründige Selbsttätigkeit" (Renner 1981, 384).

Handlungsorientierung sollte zumindest an die Kriterien Handeln mit Ernstcharakter oder Handeln mit konkreten Objekten oder Handeln in realen gesellschaftlichen Situationen gebunden werden.

Handlungsorientiertes Lernen in diesem Sinne steht in enger Verbindung zum erfahrungsorientierten Sachunterricht. Handlungsorientiertes Lernen verlangt die Prinzipien entdeckenden, exemplarischen Lernens, weil die Kinder so aktiv, in bedeutsamen Situationen handeln. Es bereichert also die bisher diskutierten Konzepte um die aktive handelnde Dimension und weist so klar über bloß kognitives Lernen hinaus.

Erste empirische Untersuchungen belegen, dass Handlungsorientierung auch in der Praxis als wirksam bezeichnet werden kann. So wurden in einer Fragebogenerhebung diejenigen Methoden als besonders beliebt bezeichnet, bei denen „eine Eigentätigkeit der Lernenden oder „hands-on" – Erfahrungen" (Hansen/ Klinger 1997, 114) möglich sind wie experimentieren, mikroskopieren, Geräte untersuchen, etwas zum Thema zeichnen in Gruppen arbeiten oder außerschulische Lernorte aufsuchen.

Auch die Münsteraner Untersuchungen zum Schweben, Schwimmen und Sinken belegen die Effektivitätssteigerung des Lernens, wenn der Sachunterricht handlungsintensiv erfolgt (Möller/Tenberge 1997).

7.4.2 Projektorientierung

Die Projektorientierung basiert auf Handlungsorientierung. Sie führt sie nur im Sinne eines stärker geschlossenen Konzeptes weiter.

Der Begriff des Projektes (Dewey 1931) oder Vorhabens (Reichwein 1937) ist keineswegs ein Produkt der neueren sachunterrichtsdidaktischen Diskussion, obgleich er erst Ende der 1980er Jahre Eingang in die Praxis vieler Grundschulen gefunden und somit den Weg von der Theorie in die Praxis zu beschreiten begonnen hat.

Projektunterricht bzw. Projektorientierung stellt ein Konzept dar, das die bisherigen Konzepte in sich aufnimmt. Trotz seiner hohen Komplexität ist der pädagogische Projektbegriff älter als alle anderen hier vorgestellten Unterrichtskonzepte. Schon gegen Ende des vorigen Jahrhunderts hat der amerikanische Pädagoge und Schulreformer John Dewey projektorientierten Unterricht an der Chicago Laboratory School erprobt - und auch dieses Modell hatte weitere historische Vorläufer. Seit 1931 hat er auch explizit den Projektbegriff, nämlich „Projekt-, Problem- oder Situationsmethode" (Dewey 1931, 97) als Bezeichnung verwendet.

In der neueren europäischen und deutschen Entwicklung hat der Begriff Projektunterricht durch Freinet (1965) besondere Verstärkung erfahren.

Entsprechend der verschiedenen Rezeptionen sind dem Begriff des Projektunterrichts bzw. projektorientierten Sachunterrichts verschiedene Formen und Kriterien zugeordnet worden, die hier beispielhaft vorgestellt werden:

Dagmar Hänsel vertritt eine sehr anspruchsvolle auf Inhalte und Methoden bezogene Doppeldefinition von Projektunterricht „als Unterricht, in dem Lehrer und Schüler ein echtes Problem in gemeinsamer Anstrengung und in handelnder Auseinandersetzung mit der Wirklichkeit zu lösen suchen, und zwar besser als dies in Schule und Gesellschaft üblicherweise geschieht [...] als pädagogisches Experiment mit der Wirklichkeit, das von Lehrern und Schülern in Form von Unterricht unternommen wird und das zugleich die Grenzen von Unterricht überschreitet, indem es Schule und Gesellschaft durch praktisches pädagogisches Handeln erziehlich zu gestalten sucht" (Hänsel 1986, 33).

Schreier betont vor allem die Notwendigkeit ernster tatsächlicher Probleme im Zusammenhang des Projektgedankens (Schreier 1994a, 85). Dies scheint mir in der Tat ein spezifisches Kriterium zu sein, mit dem Projektorientierung von Erfahrungsorientierung und Handlungsorientierung deutlich abgegrenzt werden kann. Viele gegenwärtig in Projektwochen gewählte Themen sind weniger Folge von echten Problemen, die gelöst werden müssten, sondern mehr oder weniger Ausdruck von Interessen der Lehrerinnen und Lehrer z.B. Projektwochenthemen wie „Wir backen gesunden Kuchen" oder „Verschiedene Märchen in unserer Schule" eindrücklich zeigen. Projektwochenprobleme wie „Können wir umweltfreundlich waschen?" (Kaiser/Zeschmar-Lahl 1993) sind dagegen orientiert an echten, nicht leicht lösbaren Problemen.

Sehr viel einfacher wird dagegen bei Duncker/Popp Projektunterricht definiert: „In ihm ist der Anspruch aufgehoben, Erfahrungen durch Handeln zu gewinnen" (Duncker/Popp 1994b, 23).

Der Projektunterricht ist danach „der Ort, an dem die Kinder probeweise handeln dürfen" (Duncker 1992, 78) und nicht eine wirkliche Ernstsituation. Gleichwohl sieht auch Duncker, dass eine „Erziehung zur Handlungsfähigkeit [...] ein Stück weit die schulische Behütung außer Kraft [setzt und] [...] auf die erzieherische Wirkung der Wirklichkeit selbst" (Duncker 1992, 79) orientiert.

Neben diesen Projektdefinitionen gibt es verschiedene Kriterienkataloge von Projektunterricht wie der häufig rezipierte Merkmalskatalog von Gudjons:

- Situationsbezug
- Orientierung an den Interessen der Beteiligten
- Selbstorganisation und Selbstverantwortung
- Gesellschaftliche Praxisrelevanz
- zielgerichtete Projektplanung
- Produktorientierung
- Einbeziehung vieler Sinne
- Soziales Lernen
- Interdisziplinarität (Gudjons 1984, 262ff.)

Meiers (1994) fasst wesentliche Projektmerkmale zusammen, die vor allem gegen tradiertes Stoff- und Lehrplandenken abgrenzend wirken:

„– Das Projekt ist verstärkt kind- und nur bedingt lehrplanorientiert. –

Das Projekt ist handlungsorientiert und schränkt von daher die Dominanz der rezeptiven Informationsaufnahme ein. […]

Das Projekt ist als Erprobungsfeld für die Entfaltung des Ich zu sehen. Die hierarchisch-autoritäre Fremdbestimmung tritt zurück zugunsten einer Selbstbestimmung. […]

Das Projekt im Raum der Schule peilt […] ein Produkt an. […]

Die Durchführung des Projekts ist bereits dann als gelungen zu bezeichnen, wenn auf den genannten Gebieten Fortschritte bei den Kindern festgestellt werden können" (Meiers 1994, 152f).

Diese Projektdefinition lässt Spielraum für praktische Umsetzung und übermittelt wenig normativen Druck auf die Praxis.

Gerade weil es so verschiedene Akzentsetzungen von Projektunterricht und Projektorientierung gibt, besteht die Gefahr, sich in Begriffen zu verlaufen und nicht nach sinnvollen praxisgerechten Umsetzungen zu suchen. Emer/Lenzen (2002) gehen diesen Weg und zeigen sehr eindrucksvoll, was eine Schule alles zu bedenken hat, wenn sie Projekte umsetzen will. Die konkreten Beispiele von Zirkusprojekt bis zur Ernährung, von der Sexualität bis zur Solidarität in der „Einen Welt" belegen, dass projektorientierter Unterricht in die Praxis sehr wohl umsetzbar ist.

Sie stellen nicht in erster Linie Ansprüche an Projektunterricht, sondern zeigen auf, welche Möglichkeiten er bietet (Emer/Lenzen 2002, S. 32ff.), nämlich die Veränderung der Lernkultur durch Teamwork und schüleraktivierende Lernformen, die lernpsychologisch förderlichen Schritte durch Anwendungsmöglichkeiten des Gelernten, die intrinsische Motivierung durch echte Aufgaben fürs Leben sowie durch Sinnbezüge des Projektlernens. Sie sehen sozialisationstheoretisch im Projektlernen die Chance, für Kinder in einer Medienwelt unmittelbare Realität erfahrbar zu machen.

Aus den sozioökonomischen Veränderungen der Arbeitswelt begründen Emer/ Lenzen (2002) als produktiven Effekt von Projektunterricht das Lernen von Kooperation, Teamfähigkeit und Selbstständigkeit. Als weiteren Begründungsaspekt sehen die beiden Autoren das Demokratielernen als wesentliche Funktion von Projektunterricht. Diese vielfältigen Funktionen sprechen deutlich für den Projektunterricht. Allerdings gelingt dies nicht im Selbstlauf. Vielmehr ist ein Unterricht erforderlich, der Kindern auch die Erfahrung von ernsten Problemen, das Erleben echter Kooperation, das Entwickeln sinnvoller Aufgaben tatsächlich vermittelt.

Gerade die wissenschaftlichen Verfahren und Methoden des Entdeckens und Untersuchens lassen sich in Projekten besonders gut entwickeln, Beobachtungen, Befragungen, Vergleiche, Fotodokumentationen oder Versuche sind wichtige Verfahrensweisen in Projekten. Aber auch der systematische Wissenserwerb, wie die kritische Recherche in Bibliotheken und im Internet lässt sich in Projekten besonders gut entwickeln. Denn „die Arbeit mit dem Computer sollte im Sachunterricht vornehmlich in Projekte eingebunden werden. So wird gewährleistet, dass der Computer nicht als sinnentleerter Selbstzweck oder kostengünstiger Ersatzlehrkörper verstanden wird, sondern von vornherein von den Kindern als Werkzeug zur gemeinschaftlichen Planung, Durchführung und Dokumentation ihrer Arbeit begriffen wird" (Jablonski 2003, 65). Sowohl in der Präsentation der Projektergebnisse wie bei der Recherche, bei der Bewertung unterschiedlicher Informationen kann die Arbeit mit dem Computer produktiv sein[11].

Projektorientierung ist nach diesen Bestimmungen nicht nur als Kategorie auf den jeweils einzelnen Unterricht zu beschränken, sondern steht in enger Verbindung mit der Entwicklung des Schullebens. Sobald Projektergebnisse für die schulische Öffentlichkeit vorgestellt werden, wird die Klassentür geöffnet und das Gespräch auch im Kollegium miteinander aufgenommen. Damit sind die Projektergebnisse schon gleichzeitig ein Bestandteil des Schullebens. Dazu ein besonders gelungenes Beispiel: In Delmenhorst wurde von einer „Sonderschule für Geistigbehinderte" das Projekt „Saftbar" entwickelt. Diese Schule liegt unmittelbar neben dem Einkaufszentrum der Stadt. Die Schülerinnen und Schüler haben nun in einer Cafeteria frisch gepressten Fruchtsaft angeboten. Sie haben Obst gekauft, Fruchtsaft gepresst, einen Preis dafür kalkuliert und verlangt und die erwachsene Kundschaft bedient, sie höflich nach ihren Sortenwünschen gefragt. Somit wurden die Schülerinnen und Schüler durch diese Produktion und Verkauf ernst genommen. Sie hatten aber auch verantwortlich zu planen und hinterher abzurechnen.

---

[11] Weitgehend werden die Potenziale neuer Medien noch nicht ausgeschöpft. Susanne Brülls (2005) hat in einer umfangreichen Untersuchung zum Einsatz des Internets im Sachunterricht festgestellt, dass die meisten Angebote aus online gestellten Schulbuchseiten bestehen, so dass die medienpädagogisch erwarteten Möglichkeiten wie Interaktivität oder Adaptivität oder Multimodalität faktisch noch nicht in die Tat umgesetzt werden.

Aber nicht nur die Ergebnisse, auch der Planungsprozess, die inhaltliche Abstimmung, das Einbeziehen verschiedener Orte für Erkundungen sind Momente, bei denen gleichzeitig das Schulleben über die Projektentwicklung lebendiger gestaltet wird. Hier treffen sich Kriterien einer guten Schule (Haenisch 1989) mit denen der Projektentwicklung. Die gelungene Entwicklung von Schule, hängt eng mit Projekten, der gemeinsamen Flurgestaltung und gemeinsamen Festen oder Feiern zusammen.

Alle diese bislang vorgestellten neueren Konzepte haben immer noch große Nähe zum klassischen Unterrichtsmodell mit der Lehrperson im Mittelpunkt, welche die vorwiegend kognitiven Inhalte vermittelt und bei dem die Unterrichtsschritte mehr oder weniger klar beschrieben und geplant werden können.

Die Bedeutung des Projektlernens wird gegenwärtig zwar weitgehend positiv eingeschätzt. Dabei besteht allerdings die Gefahr, dass ein allseitig akzeptierter Begriff auch verflacht wie der Reformbegriff in der Politik in den letzten Jahren vom Ziel der Erneuerung hin zu sozialen Einschnitten umgeformt worden ist.

7.5   Philosophische und Ästhetische Zugangsweisen im Sachunterricht

7.5.1 Philosophische Zugangsweisen

Philosophische und ästhetische Zugangsweisen sind die jüngsten Veränderungen des Sachunterrichts. Doch es gibt auch eine lange Geschichte, die bis auf John Locke im 17. Jahrhundert zurückgeht (Pfeiffer 2004 a, 39). In der zweiten Hälfte des 20. Jahrhunderts bildeten sich durch Lipman und Matthews die ersten zueinander konträren Ansätze des Philosophierens mit Kindern heraus, nämlich als Förderung der logisch-argumentativen Denkfähigkeit (Lipman) und anknüpfend an das Sich-Wundern und Fragen von Kindern sowie ihre anthropologischen Bedürfnisse nach „eigenen Sinn-[12] und Wertdeutungen" (Pfeiffer 2004 a, 40). Historische Vorläufer dieses Ansatzes sind in der Textinterpretation des Deutschunterrichts zu finden, bei der verschiedene Meinungen und Deutungen vertreten werden. Dabei wurde sowohl Nachdenklichkeit angeregt wie auch appellativ Moralerziehung betrieben, indem gerade in Lesebüchern Geschichten mit bestimmter moralischer Tendenz angeboten wurden. Gegen diese wenig reflektierte Form der Anregung von Nachdenklichkeit wurde immer häufiger die Forderung nach Philosophieren schon in der Grundschule laut (vgl. Pfeiffer 2004 a, 40).

Doch mittlerweile sind es keine vereinzelten Forderungen in der Theorie. Es gibt bereits viele Schulen, die diese Ansätze erfolgreich in Praxis umsetzen. Mittlerweile ist das Philosophieren mit Kindern nicht mehr Neuland, sondern hat be-

---

[12]   Im Rahmen des Philosophierens mit Kindern hat der Sinnbegriff mehrere Dimensionen, nämlich gemeinsam im Gespräch den Geltungsanspruch des Gesagten auf Wahrheit, Richtigkeit und Aufrichtigkeit zu überprüfen (vgl. Richter 2002, 86).

reits in Grundschulrichtlinien Niederschlag gefunden. In Mecklenburg-Vorpommern ist Philosophieren sogar ein eigenes Fach in der Grundschule.

Die kritischen Einwände, Kinder im Grundschulalter seien mit einem derartigen Unterricht überfordert, werden nur noch selten vorgebracht. Zusätzlich geben neuere entwicklungspsychologische Untersuchungen durchaus auch Hinweise dafür, dass moralisch-ethische Diskussionen bereits im Grundschulalter möglich sind: „Kohlberg [wies nach], dass moralische Entwicklung als kognitiver Entwicklungsprozess verstanden werden muss: Das Kind ist vom frühesten Alter an von Natur aus ein Moralphilosoph, eine Person, die ihre eigene moralische Wirklichkeit aktiv konstruiert" (Kuhmerker 1997, 28).

Dieses Konzept der philosophischen Zugangsweisen im Sachunterricht ist nicht ohne Grund in einer Zeit aufgetaucht, in der sich immer stärker anonymisierte Entscheidungsstrukturen herausbildeten. Ethische Entscheidungsfähigkeit bei verschiedenartigen oft gegensätzlichen Wertsystemen, ästhetische Gestaltungsfähigkeit in einer abstrakt organisierten Welt sind wichtige Kontrapunkte, um die heranwachsenden Menschen zu persönlicher Stabilität zu befähigen.

Unter philosophischen Zugangsweisen zum Sachunterricht ist ein Bündel von Ansätzen zu verstehen, bei dem Kinder zu problemhaltigen Inhalten ihre eigenen Deutungen, Wertungen, Sichtweisen einbringen und gemeinsam abwägen. Silke Pfeiffer definiert diesen Ansatz im Rückgriff auf Martens folgendermaßen: „Philosophieren umfasst danach die Haltung des ständig unabschließbaren Fragens und Weiterdenkens, als Inhalt die Fülle möglicher Deutungen des Lebens und der Erscheinungen und als Methode sowohl Möglichkeiten des begrifflichen Arbeitens als auch des ästhetischen Deutens" (Pfeiffer 2005, 250). Die Grundlage für das Philosophieren mit Kindern liegt für Pfeiffer bei den Fragen der Kinder (Pfeiffer 2004a, 41). „Solche Fragen sind z. B.: Woher kommen die Farben? Warum ist der Himmel blau? Warum gibt es arme Leute? Gibt es Marsmenschen? Was ist Zeit? Gibt es Gott? Warum muss man sterben?" (Pfeiffer 2004a, 41). Viele dieser Fragen tauchen erst im Laufe von Gesprächen im Sachunterricht auf oder wenn zu naturwissenschaftlichen Experimenten Erklärungen gesucht werden. „In der Praxis zeigt sich, dass nur ein relativ geringer Anteil der Kinderfragen im Unterricht vordergründig ethische Perspektiven betreffen und dass vielmehr häufig metaphysische, erkenntnistheoretische und anthropologische Dimensionen (mit)angesprochen werden" (Pfeiffer 2004a, 42).

Konkret heißt ein solcher Unterricht, dass gemeinsam Normen hinterfragt werden. Nicht das, was in der Klasse gilt, wird als gleichzeitig richtig akzeptiert, sondern erst einmal gemeinsam überprüft. Auch schulische Ziele können so in den Mittelpunkt kritischen Nachfragens geraten. Weiterhin ist für eine ethisch relevante philosophische Bildung im Sachunterricht unerlässlich, die „Folgen des Handelns sowie des Nicht-Handelns für (Mit-) Menschen und Natur" (Richter 2002, 110) zu bedenken.

Helmut Schreier hat die Diskussion um das Philosophieren mit Kindern in die deutsche Sachunterrichtsdiskussion schon früh eingebracht. Als Zielaspekte unterschied Schreier drei verschiedene didaktische Entwicklungsmöglichkeiten:

1) Förderung der Nachdenklichkeit

Gerade in sokratischen Gesprächen nach bestimmten problemhaltigen Ausgangssituationen ist die Chance komplexen Denkens eröffnet. Nicht simple Entweder-Oder-Entscheidungen sind gefragt, sondern eine „Einheit in der Vielheit" zu finden (Schreier 1993b, 43).

2) moralerzieherische Ziele

In Anlehnung an Hannah Arendts Gedanken zum Bösen formuliert Schreier die Hoffnung auf Förderung der Gewissensbildung durch Erziehung zur Nachdenklichkeit (Schreier 1993b, 51).

Dabei grenzt Schreier das Abwägen des Für und Wider (Schreier 1993b, 36) deutlich von den appellativen, oft moralisch aufgesetzten plumpen pädagogischen Texten der Vergangenheit wie auch in modernen subtil Moral vertretenen aufklärerischen Geschichten ab (Schreier 1993b, 30f.).

Er begründet seine Einschätzung der moralerzieherischen Wirkung sokratischer Gespräche mit empirischen Erfahrungen, nach denen Kinder durch Übung in sokratischen Gesprächen eine Stufe höher in den Kategorien der Moralentwicklung Kohlbergs eingestuft werden konnten (Schreier 1993b, 36).

3) pädagogische Ziele in Richtung eines weniger hierarchischen Verhältnisses von Lehrenden und Lernenden (vgl. Martens 1999, 94)

Er sieht gerade im Diskutieren echter schwer lösbarer Denkprobleme die Chance einer Öffnung des Unterrichts in Richtung auf „Überwindung des pädagogischen Verhältnisses" (Schreier 1993b, 41). Auch wenn dies zu weitreichend interpretiert sein mag, so ist doch die Intention, die subjektiven Sichtweisen der Kinder in den Unterricht einzubringen, deutlich. Kinder lernen in derartigen Situationen, ohne belehrt zu werden. Dass viele Kinder dies können, ist in offenen Gesprächssituationen in der Grundschule immer wieder zu erfahren. In traditionellen lehrerzentrierten Unterrichtskonzepten wurde dies nur weitgehend verschüttet.

Klafki entwickelte über die moralerzieherische Dimension hinaus gehend das Postulat der ethischen Bildung als Komponente innerhalb verschiedener Unterrichtsfächer, in ausgewiesenem Ethikunterricht und im außerschulischen Kontext (zit. nach Kaiser 2004b).

Neben diesen Zielen vertritt der Philosophiedidaktiker Martens einen breiten Horizont von kindgemäßen propädeutischen, philosophischen Zielen: „Ekkehard Martens vereinigt in seiner didaktischen Position 'Dialog-Handeln' (Behaupten, Nachfragen, Prüfen, Bestreiten), 'Begriffs-Bildung' (Analyse von Begriffen und ihren Verwendungsweisen), 'Sich-Wundern' (philosophische Fragen als begriffliche Probleme diskutieren) und 'Aufklärung' (Selberdenken, ohne in einen rigiden Rationalismus oder schwärmerischen Romantizismus zu verfallen) zu der wohl ausgereiftesten und anspruchvollsten Gesamtkonzeption des Philosophierens mit Kindern" (Martens 1999, zit. n. Jablonski 2003, 198).

Trotz unterschiedlicher Ansätze besteht „Einigkeit [...] darüber, dass regelmäßiges Philosophieren die kognitive, soziale und emotionale Entwicklung Heranwachsender unterstützt und dem Frageinteresse von Kindern im Grundschulalter in besonderem Maße gerecht werden kann" (Pfeiffer 2005, 249).

Methodisch konkret wurden in den ersten Jahren des Philosophierens mit Kindern verschiedene Ansätze für den Unterricht vorgestellt, nämlich über kontroverse Geschichten (Schreier 1993a; 1992a), Träume als Anlass (Freese 1989, 157), philosophische Kinderbücher (z. B. „Alice im Wunderland", „Blick durch den Spiegel", „Die Jagd nach dem Shark"), Metaphern oder Analogien (Freese 1989, 155 f.), fern-nahöstliche Weisheiten (Freese 1989, 164), Sprichwörter, Aphorismen, Sentenzen, Sinnsprüche (Freese 1989, 164), Rätsel, Paradoxien, Denkspiele, Knobelaufgaben (Freese 1989, 167), philosophische Anekdoten aber auch mit bekannten problemhaltigen Kinderbüchern (etwa von Ursula Wölfel, Michael Ende, Peter Bichsel, Frank Baum, Arnold Lobel). Trotz der vielen prinzipiellen methodischen Handlungsmöglichkeiten ist es nicht leicht, die jeweilige Lerngruppe tatsächlich zu philosophischem Denken zu bewegen. So waren – nach meinen eigenen Erprobungen – die von Schreier entwickelten und schon mehrfach vorgestellten Geschichten zu Umweltthemen (Hermann, Bäume fällen, Hunde, Schweinefleisch) (Schreier 1993a; 1992a) bei der praktischen Erprobung in städtischen Grundschulklassen keinesfalls problemhaltig und zu philosophischem Denken anregend. Die Kinder vertraten vielmehr immer die konsequente Naturschutzseite und brachten keine kontroversen Deutungen ins Gespräch ein.

Zur Initiierung philosophischer Gespräche im Sachunterricht hat Schreier mehrere didaktisch-methodische Impulse vorgeschlagen, neben problemhaltigen Geschichten, direkte Problemfragen wie „Können Pflanzen glücklich sein?", „Gibt es ein Ende des Weltalls?" sowie grundlegende Fragen oder situative Kontroversen (Schreier 1993 b).

Ein weiterer für den Sachunterricht ausgearbeiteter neuerer Ansatz ist der von Doris Freeß, Naturphänomene durch ästhetische Anregungen in einen besonderen Wahrnehmungshorizont zu stellen und die Kinder zum Nachdenken anzuregen (vgl. Freeß 2002). Hier werden allerdings vorgegebene Fotografien als Material vorgeschlagen. Eigenaktive ästhetische Deutungen der Kinder sind dabei nicht vorgesehen.

Gelungene Praxisbeispiele (Müller/Pfeiffer 2004) zeigen, dass es möglich ist, sehr aspektreichen kindgemäßen Unterricht im Grundschulalter durchzuführen.

Diese sehen nicht nur verbale Lernwege vor, sondern arbeiten vor allem mit ästhetischen Methoden wie symbolischen Objekten, Texttheater oder körper-
sprachlichem Ausdruck. So können auch die anspruchsvollen Zieldimensionen
des Philosophierens mit Kindern nach Martens (1999) in der Praxis umgesetzt
werden. „Philosophieren schult kognitive und emotionale Kompetenzen und leistet somit einen Beitrag zur Persönlichkeitsbildung sowie zur besseren Orientierung in der Welt" (Pfeiffer 2003, 43).

Aber auch die Feinstruktur von philosophischem Lernen ist mittlerweile der Praxis adäquat geklärt worden. Während bei Martin Wagenschein (1965) das sokratische Gespräch immer wieder gefordert und wenig erläutert worden ist, hat Silke Pfeiffer mittlerweile klar umsetzbare Regeln für die Praxis des sokratischen
Gesprächs entwickelt:

- „Wir beginnen mit Beispielen, die wir selbst erlebt haben und die für uns immer noch problematisch sind.

- Wir wählen ein Beispiel aus, das wir alle gut verstehen können und interessant
  finden.

- Wir reden über dieses Beispiel, versuchen es möglichst gut zu verstehen und
  bringen unsere eigenen Erfahrungen dazu ein.

- Wir hören den anderen genau zu, fragen, wenn wir etwas nicht verstehen und
  sagen unsere Meinung erst dann, wenn wir erklären können, was der andere
  meint.

- Die Lehrerin lenkt das Gespräch am „roten Faden" entlang und passt auf, dass
  wir uns nicht verzetteln. Ihre Meinung zum Thema sagt sie nicht.

- Einige Aussagen werden an die Tafel geschrieben.

- Wir streben nach Konsens, d.h. nach Äußerungen, denen alle zustimmen
  können. Jeder sagt nur das, was er wirklich meint und nicht das, was andere
  von ihm erwarten.

- Das Metagespräch ist das Gespräch über das Gespräch. Jeder darf es zu jeder
  Zeit einfordern. Wie ging es uns? Stört etwas? Hier darf auch die Lehrerin ihre
  Meinung sagen" (Pfeiffer 2004c, 20).

Eine inhaltliche Ausrichtung auf Gefühle und Wertungen, eine aktive Beziehung der Kinder zu den Unterrichtsinhalten sind die wesentlichen konzeptionellen Merkmale, die philosophische Zugangsweisen für den Sachunterricht von
anderen unterscheiden. Dennoch kann dies nicht zum alleinigen Modell zukünftigen Sachunterrichts gewählt werden, weil hier eine einseitig verbale und damit
von der Form her kognitive Beanspruchung der Kinder gefordert wird. Schreier
führt immer „die" Kinder an, wenn er die Möglichkeit philosophischen Lernens
zu begründen versucht. Tatsächlich sind es aber nicht alle Kinder, die auf derartige Anregungen produktiv reagieren können. In einer multikulturellen Schule
schließt dies – wenn die deutsche Sprache als Verkehrssprache praktiziert wird –

einen großen Teil der Kinder einer Lerngruppe davon aus, ihre Deutungen und Wertungen mitzuteilen. Deshalb sind gerade die von Müller/Pfeiffer (2004) veröffentlichten ästhetischen Methoden für philosophische Zugangsweisen von besonderem Wert, weil sie auch in einer kulturell heterogenen sozialen Lerngruppe produktiv einsetzbar sind.

Besonders fruchtbar ist an diesem sachunterrichtsdidaktischen Ansatz, dass hier überhaupt versucht wird, ethische Fragen im Sachunterricht – wie von Klafki (1992) gefordert – systematisch in Ziel und Methode zu verorten.

7.5.2 Ästhetische Zugangsweisen

Ästhetische und philosophische Zugangsweisen haben unterschiedliche Ursprünge, ehe sie in den Sachunterricht Eingang gefunden haben. Sie werden aber immer deutlicher miteinander verquickt, wenn wir die praktische Umsetzung betrachten. Ästhetische Dimensionen haben erst in den letzten 10 Jahren schrittweise Eingang in den Sachunterricht gefunden. Insbesondere aus dem Bereich der Umwelterziehung sind ästhetische Momente in den Sachunterricht einbezogen worden. So wurden Unterrichtsvorschläge vor allem in Hinblick auf stärkere Sinneswahrnehmung unterbreitet, den Waldboden mit den Fußsohlen zu ertasten, eine Wiese zu riechen, in einem selbstgebauten Iglu zu übernachten, Bäume durch ein menschliches Standbild darzustellen, Baumstammgeräusche zu hören, Abhänge hinunterzurollen oder Bäume zu umarmen (Trommer 1991). Dies ist allerdings nur ein Segment im ästhetischen Lernen im Sachunterricht (vgl. Schomaker 2004). Richter betont, dass es auch um symbolischen Ausdruck von Meinungen oder den direkten Umgang mit Kunstobjekten gehen kann. Neben den „sinnlich-leiblichen Bereichen des Wahrnehmens" ist gerade für den Sachunterricht „die Wahrnehmung der ästhetischen Erscheinung von 'Sachen' aus der Lebenswelt bzw. von Natur" (Richter 2003, 13–14) von Relevanz. Vielfach wird sogar eine die Persönlichkeit stabilisierende Wirkung der Sinnesentfaltung angenommen: „Erst ein harmonisches Zusammenspiel der verschiedenen Sinnesbereiche bewirkt die stabile Persönlichkeit und umfassende Intelligenz eines Menschen. Deshalb müssen Kinder von klein an Gelegenheit haben, ihre Wahrnehmung durch den intensiven Gebrauch aller Sinne zu entwickeln" (Meier 2003, 7).

Die Begründungen für ästhetisch-emotionale Zugangsweisen werden aber auch auf erkenntnistheoretischer, lerntheoretischer und didaktischer Ebene vorgetragen. Erkenntnistheoretisch wird darauf verwiesen, dass das traditionelle Inhaltsverständnis von Sachunterricht zu eng auf die unmittelbare Sachenwelt bezogen war. Doris Freeß (2002) hat in dieser Hinsicht ein Modell veröffentlicht, das Naturverständnis über ästhetische Bilder von Wasser, Laub, Nebel und anderen Phänomenen zu differenzieren, also das Spektrum der Weltwahrnehmung zu erweitern. „Zwar hat die ästhetische Erfahrung in der Musik, der Bildenden

Kunst, der Literatur ihren privilegierten Ort; aber die Wahrnehmung von Land-
schaftsstimmung, die Aufmerksamkeit für die bunten Blätter im Herbst, der ge-
bannte Blick auf ein brennendes Feuer im Kamin gehören ebenso zur ästhetischen Wahrnehmung. Sie zeichnet sich dadurch aus, dass man in der alltäglichen
Zweckorientierung innehält, dass man eine Wahrnehmung um ihrer selbst willen
für wertvoll erachtet" (Spinner 2003, 6).

Schomaker fokussiert daneben auch die lerntheoretische und didaktische Ebene
und untersucht, inwieweit alle Kinder – und auch die mit besonderem Förderbedarf – gerade durch ästhetische Zugangsweisen besondere Lernanregungen bekommen (Schomaker 2004). Sie betont vor allem die motivierende Seite ästhetisch hervorgerufenen Staunens: „Die von den Sinnen ausgelöste Verwunderung
über ein Phänomen ist die Voraussetzung dafür, dass Kinder danach streben,
Wissen zu erlangen, Erfahrungen zu sammeln, sich auszuprobieren und neue
Dinge zu entdecken. Das Staunen und Sich-Wundern ist Auslöser für die Fragen,
Problemlöseversuche und das Erkunden von Ursachen" (Schomaker 2004,
53 f.). Aber nicht nur für die Lernausgangssituation, sondern auch für den gesamten Erkenntnisprozess sind ästhetische Zugangsweisen fruchtbar, denn „ästhetisches Wahrnehmen ist gekennzeichnet durch eine gesteigerte Aufmerksamkeit für das Besondere, Individuelle und für die Komplexität von Erscheinungen" (Spinner 2003, 7). Gebhard und Lück gehen sogar so weit, mehr Effektivität für das naturwissenschaftliche Lernen durch symbolische Zugänge zu erwarten: „Naturwissenschaftliches Lernen ist effektiver mit Bezugnahme auf narra-
tiv-symbolische Zugänge zu Naturphänomenen" (Gebhard/Lück 2002, 107).

Richter wiederum betont neben diesen lerntheoretischen Begründungen die didaktische Bedeutung und inhaltliche Breite, in der ästhetische Zugangsweisen
wirksam sein können. Nach ihrer Auffassung „besteht die Chance, mit ästhetischem Lernen die Wahrnehmungs- und Symbolisierungsfähigkeit für historische, soziale und kulturelle Wirklichkeiten zu fördern; sie sind *Komponenten
der Wirklichkeitskompetenz*" (Richter 2003, 13).

Mit den ästhetischen Zugangsweisen sind nicht nur verschiedene Ebenen der
Weltsicht angeschnitten, sondern real bezogen auf das lernende Subjekt, das
Kind, die Entfaltung vielfältiger Fähigkeiten. Denn nun gibt es nicht nur eine
Perspektive wie beim rezeptiven Lernen. Vielmehr drängen ästhetische Anregungen wie Verfahrensweisen dazu, mehrere mögliche Sichtweisen erfahrbar zu
machen. In der Reggio-Pädagogik wird dies symbolisch mit den 100 Sprachen
des Kindes ausgedrückt (Krieg 2004, 117). In diesem Ansatz soll gerade über ästhetische Zugangsweisen auch die Persönlichkeit des Kindes entwickelt werden.
Generell soll in allen ästhetisch orientierten Bildungskonzepten vor allem Kreativität gefördert werden: „Das Finden von unterschiedlichen Blickwinkeln hat
auch etwas mit der Entfaltung von Fantasie zu tun. Das spielerische Umkreisen,
das imaginative Vorwegnehmen, das Ausmalen von konträren Bildern, wie es in

der Wirklichkeit gar nicht ist, wie es aber vielleicht sein könnte oder auch sein müsste, dies hat sowohl etwas mit dem Realitätsgehalt einer Wahrnehmung zu tun, aber auch damit, dass die gewonnenen Eindrücke ihre Verlängerung und Bearbeitung in der Einbildungskraft finden können. [...] Die Fantasie hilft dabei, zwischen inneren und äußeren Bildern zu vermitteln" (Duncker 1997, 322).

Allerdings sind die ästhetischen Zugangsweisen bislang noch wenig methodisch in den Sachunterricht integriert, es überwiegen theoretische Begründungen oder die Position, dies sei eine bloße Ergänzung zum üblichen Sachunterricht: „Ästhetische Bildung ist die notwendige Ergänzung zum unmittelbar an Ergebnissen orientierten Lernen und praktisch handelnden Umgang mit den Unterrichtsgegenständen; sie – das muss angesichts der jüngsten didaktischen Entwicklungen betont werden – ist nicht einfach einzupassen in einen handlungsorientierten Unterricht, denn sie schließt auch eine kontemplative Haltung zur Umwelt ein" (Spinner 2003, 7). Schomaker (2004) vertritt dagegen die Position, dass ästhetische Zugangsweisen auch die kognitiven Lernprozesse im Sachunterricht integriert durchziehen müssen. Dies entspricht dem Ansatz der Reggio-Pädagogik, denn „Ästhetische Bildung verfolgt keinen Selbstzweck, sondern steht im Kontext der kindlichen Theoriebildung und –entwicklung" (Krieg 2004, 121).

Aber viele Lerntheorien und didaktischen Konzepte sind trotz aller Versuche, motiviertes, entdeckendes, kindgemäßes, handlungsorientiertes Lernen zu ermöglichen, letztlich immer noch stark einseitig kognitiv dimensioniert – ohne die Potenziale beider Zugangsweisen zu verbinden. Ein wichtiger Begründungsstrang für emotional-ästhetisches Sachlernen geht wissenschaftstheoretisch vom Phänomenbegriff aus und betont, dass „objektive Erkenntnis der Dinge an sich in Zeiten einer verloren gegangenen Weltsystematik schwerlich leistbar" (Wiater 1994, 404) ist. Nach dieser Position soll wegen der fehlenden Begründbarkeit von systematischem Wissen den Emotionen didaktisch ein höherer Stellenwert eingeräumt werden. Menschliche Entwicklungsbedürfnisse und gesellschaftliche Komplexität schließen sich aber nicht gegenseitig aus. Wichtig bleibt, dass – unabhängig vom jeweiligen Begründungsweg – die Emotionen konzeptionell in die Sachunterrichtsdidaktik eingehen müssen.

Zwar „sind in jedem Lernprozess auch Emotionen, also innere Bewertungshandlungen existent. Es gibt daher überhaupt kein Lernen ohne Emotionen" (Koch-Priewe/Fischer 1993, 400). Aber für den Sachunterricht müssen die Emotionen auch didaktisch einen besonderen Stellenwert bekommen, indem emotionale Weiterentwicklungen Unterrichtsziel und besondere Momente des Lernprozesses werden. Menschliche Emotionen sind außerordentlich vielschichtig und komplex, sie sind schwer identifizierbar. Sie kommen besonders deutlich in ästhetischen Werken oder Äußerungen zutage. Insofern sind ästhetische Zugangsweisen im Sachunterricht von besonderer Bedeutung für die emotionale Seite. Mit der Ästhetisierung des Denkens wird gleichzeitig auch das „Wahrnehmen und Empfinden der persönlichen Bedeutung und Wertschätzung von Gegenständen, Sachverhalten oder Personen der eigenen [...] Lebensumwelt" (Wiater 1994, 406) zum zentralen Inhaltsbereich des Sachunterrichts. Dies kann auch dazu führen, dass Friedenserziehung als ästhetische Auseinandersetzung mit Schreckensbildern (Richter 2004a) erfolgt und nicht nur die schöne Seite von Ästhetik einseitig betont wird. Denn „über die ästhetische [...] Darstellung der Wirklichkeit verbinden sich innere und äußere Vorstellungen von der Welt. Beide Seiten sind zu kultivieren: Der Sachunterricht muss die Wirklichkeit zeigen – dies ist der Vorgang von außen her – und er muss die kindlichen Vorstellungen hervorkehren und sichtbar machen – dies ist der Weg von innen her" (Duncker 1994a, 35). Aber nicht nur die subjektiven Vorstellungen sollen durch ästhetische Zugangsweisen im Sachunterricht „hervorgekehrt" werden, sondern die persönlichen Bewertungen, Maßstäbe, Einstellungen und Sinngebungen sollen zum zentralen Inhaltsbereich von Sachunterricht zählen und nicht nur als Nebensache vor den als wichtig erachteten Erkenntniszielen zurückstehen.

Insofern ist ästhetischer Sachunterricht fundamental auf die kommunikative Seite bezogen. Das Lernen von Bedeutungen ist gleichzeitig ästhetisch-emotional-kommunikatives Lernen.

Um Sinn und Bedeutungen zu lernen sind verschiedene methodische Formen von ästhetischen Zugangsweisen im Sachunterricht denkbar:

- Inhalte über verschiedene Sinne wahrnehmen (Trommer 1991)
- Über präsentierte Bilder sich mit verschiedenen Deutungen auseinander zu setzen (Freeß 2002)
- Über ästhetische Objekte die eigenen Vorstellungen erweitern (Schomaker 2004b)
- Über die subjektive Sicht der Kinder zum Problem oder zur Sache in eigenen Bildern (Pfeiffer 2004b)
- Über Erstellung abstrahierender Symbole (Pfeiffer 2004b)
- Über plastisches Darstellen die eigenen Vorstellungen ausdrücken (Schomaker 2004b)
- Durch Namensgebung[13] eine ästhetisch-sachbezogene Beziehung zum Phänomen entwickeln (Schomaker 2004; Beispiel Pflanzen in Pflasterritzen, Kaiser 2005, 123ff.)
- Durch szenisches Darstellen und Filmen (Freeß 2002, 160)
- Durch soziales schulisches Handeln in zwischenmenschlichen Beziehungen

---

[13] Die Beispiele dieser von Kindern erfundenen Pflanzennamen (Kaktustreff, Duftgras, Eierkraut, Tränenblatt, Seidenzahn, Graskorn, Spitzblatt, Rappelfeder, Langhalm, Drachenauge, Seerosenblatt) zeigen, dass Kinder sich sehr wohl visuell wesentliche Merkmale vorstellen können.

Gerade im letzten Bereich sind noch viele unentdeckte Möglichkeiten emotiona-len Lernens verborgen. Bislang sind derartige emotional-soziale und ästhetische Formen des Sachunterrichts noch sehr wenig erprobt, so dass es noch vieler kon-kreter Entwicklungen bedarf, um nähere konzeptionelle Aussagen zu entwik-keln. Es gibt jedoch auch schon vereinzelt konkrete Beispiele für diese Zugangs-weise. Insbesondere in der Reggio-Pädagogik (Krieg 1993) ist die ästhetische Zugangsweise von Kindern zu den Inhalten schon gegenwärtig recht weit entfal-tet. Die andere Dimension der Bedeutungsentwicklung, das soziale Lernen, wird in Ansätzen für einen kommunikativen Sachunterricht erprobt (Kaiser 2003).

In der Praxis des Unterrichts wird das Einbeziehen von Sinnlichkeit heute oft nur zur Kompensation oder als Allheilmittel verkürzt, indem eine Fühlkiste oder ein Tastgang isoliert angeboten werden, ohne dies in den gesamten Unterricht zu in-tegrieren. Damit wird „Sinnlichkeit auf ihre Gefühlsbedeutung" verkürzt. Rich-ter fordert dagegen die Reflektion der sinnlich erfahrenen Phänomene und Pro-zesse (Richter 2003).

In der Tat kann ästhetisch-sinnliches Lernen nicht bei einzelnen Erfahrungen von Gefühlen stehen bleiben. Das Verkürzungsrisiko wird umso geringer, je we-niger ästhetisches Lernen abgehoben von den übrigen Inhalten des Sachunter-richts stattfindet, sondern integriert erfolgt. Dann hebt sich der Gegensatz von sinnlichem und kognitivem, von ästhetischem und praktischem Lernen auf, weil alle Lernweisen auf die gemeinsamen Inhalte bezogen werden. Richter fordert deshalb: „*Ästhetisches Lernen* sollte ein Unterrichtsprinzip für alle Lernberei-che des Sachunterrichts sein, damit die Schüler/innen in ihrem ästhetischen Selbstausdruck und Symbolverständnis gefördert und für das Ästhetische (als sinnlich wahrnehmbare Erscheinungsform von „Dingen") sowie für ihre sinn-lich-ästhetischen Wahrnehmungsfähigkeiten so sensibilisiert werden, dass sie ko-gnitiv durchdrungen zu (sich ergänzenden logischen und ästhetischen) Erkennt-nissen werden können" (Richter 2003, 12).

Allerdings ist die Entwicklung hin zur Integration ästhetischer Zugangsweisen in alle Inhaltsbereiche des Sachunterrichts und bei allen ästhetischen Erschei-nungsformen noch ein weiter Weg. Die Schwierigkeiten liegen hierbei mehr auf der Seite des didaktisch-methodischen Umdenkens als auf Seiten der Kinder. Denn diese haben noch keine festgelegte kognitive Sicht, sondern sind in der La-ge, viele andere Möglichkeiten in den Gegenständen zu sehen (vgl. Richter 2003, 13).

7.6 Kommunikativer Sachunterricht

Die bisher unterschiedenen Konzepte sind keine sich gegenseitig ausschließen-den Alternativen. Handlungsorientierung, Erfahrungsorientierung oder Pro-blemorientierung sind häufig einander sehr nahe und ergänzen sich oft. Entdeckendes Lernen verlangt Probleme, die Probleme sind keine subjektiv bedeutsamen Probleme wenn sie nicht gleichzeitig im Sinne der Kindorientierung von den Lernenden getragen werden. Ohne handelndes Lernen können die Lösungen zu Problemen wiederum nicht entdeckt werden. Ohne eine projektartige Einbindung verliert handelndes Lernen an Bedeutung. Ohne Bezug auf die Erfahrungen der Lernenden können keine tragfähigen Probleme für die daraus folgenden Lernprozesse entstehen. Handelndes Lernen ist gleichzeitig Erfahrungsentwicklung. Handeln bei Kindern ist immer auch spielerisch-kreatives Lernen. Erfahrungen sind nicht auf kognitive Prozesse beschränkt, sondern umschließen auch immer ästhetische, Bedeutung stiftende Dimensionen.

Es ließen sich noch viele Verbindungen zwischen den verschiedenen Konzepten aufzeigen. Deutlich ist, dass sie keine konzeptionellen Dogmen sein können. Vielmehr kommt es darauf an, sie in einen glaubwürdigen und von den Inhalten her begründeten Zusammenhang zu bringen. Gleichzeitig muss das Konzept auch zur Lehrperson passen, die einen sind von ihrer Persönlichkeit eher entdeckendem Lernen nahe, anderen liegt es mehr, an Erfahrungen orientiert zu arbeiten. Diese persönlichen Profile zu entwickeln ist wichtig, damit der Sachunterricht produktiv wird. Gleichzeitig heißt dies nicht, die anderen Konzepte zu vernachlässigen, sondern lediglich, das individuelle Profil zu finden, denn nur wenn eine Lehrperson mit ihrer ganzen Kraft hinter dem Konzept steht, ist sie optimal wirksam (vgl. Kaiser 2003a).

Gleichwohl gibt es generelle Qualitätsansprüche an den Sachunterricht. An erster Stelle muss Sachunterricht den aus gesellschaftlichen Prozessen und Strukturen erwachsenden Bedingungen für die Lebenswelt von Kindern entsprechen und den im didaktischen Würfel (vgl. Kap. 6) gemäßen Inhaltsdimensionen Entfaltungsraum eröffnen.

In zweiter Hinsicht muss zukünftiger Sachunterricht dynamisch sein, die Eigenaktivität der Kinder im pädagogischen Spannungsfeld entwickeln und dem Konzept einer Pädagogik der Vielfalt (Prengel 1993) entsprechen und dabei Integration, also das Gemeinsame, wie auch Differenzierung, also die Orientierung an verschiedenen Lernvoraussetzungen leisten. Erste Ansätze in dieser Richtung sind in den letzten Jahren bereits entwickelt worden. Duncker formuliert die formalen Dimensionen im Kontext eines breiteren Verständnisses von Sachunterricht, der gleichzeitig einer Pädagogik der Vielfalt entsprechen soll und nennt als „Parameter einer Didaktik des Perspektivenwechsels […]

- Komplexität herstellen […]
- Perspektivenwechsel vornehmen […]
- die Wahrheitsfrage offenhalten […]
- kulturelle Implikationen verdeutlichen […]
- Fantasie und Anschauungskraft fördern […]
- den methodischen Zugang sichtbar machen […]

- Dialog und Verständigung suchen […]
- Orientierung und Werthaltungen bieten" (Duncker 1997, 321 f.).

Duncker bleibt allerdings bei seinem Konzept noch in einer klar einsträngigen Lehrperson-Kind-Beziehung stehen. Eigenaktivität des Kindes wird noch nicht deutlich genug fokussiert, wenn er sagt, „Zeigen und Gewahrwerden sind zwei wesentliche Dimensionen einer Didaktik der Perspektivenvielfalt" (Duncker 1997, 321).

Hier wird die Position vertreten, dass für den Sachunterricht der Zukunft vor allem der Heterogenität der Kinder entsprechend eine konzeptionelle Neu-Entwicklung erfolgen muss. Dabei ist zu berücksichtigen, dass auch die Welt Ausdruck verschiedener Interessen ist. Somit kann es nicht eine oder die eine richtige Ansicht geben, diese sind immer perspektivisch. Deshalb ist es für eine Demokratie wichtig, dass die verschiedenen Perspektiven gesehen und kritisch beurteilt werden können. Dies muss über bloße Zielformulierung hinausgehen.

Der Ansatz „kommunikativen Sachunterrichts" (Kaiser 2004a) scheint für ein derartiges Konzept, das Integration und Differenzierung gleichzeitig zu leisten hat, besonders geeignet zu sein. Allerdings dürfen wir nicht der Illusion hingeben, dass der Perspektivenwechsel auch kommt, wenn wir ihn wollen. „Die pluralistische Einstellung ist im Sachunterricht und überhaupt bei Kindern im Grundschulalter wohl kaum konsequent und radikal umsetzbar. Es gibt hier u. a. ein Problem mit den 'Übergängen', nämlich Grenzen der Möglichkeit für 'Perspektivenwechsel'. Kinder können nicht jederzeit auf Anhieb, […] zum nächsten, anderen Gesichtspunkt wechseln" (Rang 2001, 51). So betrachtet ist kommunikativer Sachunterricht eine dauerhafte Aufgabe, bei der schrittweise ein wenig mehr Perspektivenübernahme und -wechsel angebahnt werden soll. Dies muss gezielt gefördert und unterstützt werden. Für mich sind dabei zumindest die folgenden methodischen Bedingungen entscheidend:

1) Zeit bei jedem einzelnen Unterrichtsinhalt für die verschiedenen Gefühle, Wahrnehmungen und Gedanken der Kinder lassen

2) Unterrichtsinhalte mehrperspektivisch betrachten, nicht einzelfachliche Lösung als allein gültig deklarieren

3) mehrere Lösungswege zulassen; dazu gehört: keine direkte Ergebnisorientierung, Vielfalt statt Uniformierung und Probleme bevorzugt als Unterrichtsinhalte auswählen und sie auch nach dem Gespräch über viele Aspekte als offen stehen lassen

4) nicht expansiv, sondern intensiv lehren und lernen

5) Kommunikation als netzwerkartiges Beziehungsstiften zwischen den Kindern entwickeln

6) verschiedene Sichtweisen und Pluralität erfahrbar machen

7) Geschwindigkeitsreduktion beim Lernen, Innehalten und Nachdenklichkeit fördern

Dies heißt besonders, dass in einer so verstandenen „Verschiedenheitspädagogik" ein Denken angebahnt wird, in dem nicht die eine Sichtweise oder Lösung nur als richtig gilt, sondern mehrere Zugangsweisen möglich sind. Hier muss Emotionales zugelassen werden, man kann nicht unterrichten, ohne jene die Persönlichkeit bildende Seite der Inhalte zu beachten. Von der Verbalschule muss endgültig Abschied genommen werden.

Aber auch bezogen auf den konkreten Lernprozess ist kommunikatives Verhalten wichtig. Soostmeyer betont dies auch für den naturwissenschaftlichen Sachunterricht: „Die Kinder lernen nicht schweigend, sondern sie sprechen miteinander, sie generieren gemeinsam Probleme oder sie versuchen, ein individuell entstandenes Problem gemeinsam aufzugreifen" (Soostmeyer 2002, 91). Die Sache selber ist ebenso wie die Welt nicht eindeutig. Bezogen auf die Inhalte betont Köhnlein, dass eine vielperspektivische Sichtweise im Sachunterricht zum Tragen kommen muss. Deshalb fordert er „ein offenes, vielperspektivisches Denken, denn die Berücksichtigung multipler Perspektiven und unterschiedlicher Kontexte erhöht nicht nur die Chancen des Verstehen-Lernens, sondern auch die Lust am Verstehen" (Köhnlein 2001, 66). Hier wird nicht nur die Notwendigkeit, Inhalte vielperspektivisch zu sehen, betont, sondern auch die motivierende Seite von nicht sofort zu verstehenden ungeklärten Sachverhalten betont.

Die Gegenstände des Sachunterrichts allein sind nicht bildungswirksam. Dies wird erst durch den Austausch und das Gespräch möglich. Denn nur in der kommunikativen Situation können die Inhalte eingeordnet und bewertet, mit anderem Wissen verknüpft und verallgemeinert oder in ihrer Relevanz eingeschränkt werden. Auch Köhnlein stellt die besondere Bedeutung des Gesprächs heraus, um zu differenziertem Denken zu gelangen: „Das kommunikative 'intersubjektive' Denken ist nötig für Anregungen, Korrekturen und die Herstellung von Übereinstimmungen. Von besonderer Bedeutung ist dabei das Gespräch; im Gespräch wird ausgehandelt, in welcher Hinsicht oder mit welcher Sinngebung und in welchem Maße ein Sachverhalt als verstanden gilt" (Köhnlein 2001, 63). Für diese vielfältigen Aufgaben ist eine Gesprächskultur mit vielen Regeln, Differenzierungen und Ritualen nötig, um wirklich diese Aushandlungsprozesse für alle Kinder zum Tragen kommen zu lassen und die Gespräche nicht nur von wenigen Meinungsführern in der Klasse führen zu lassen. Vorgespräche in Gruppen und das Zusammentragen der Ergebnisse im Gesprächskreis sind schon von Gaudig (vgl. Müller 2004b) unter dem Begriff Arbeitsteilung und Arbeitsvereinigung vorgeschlagen worden.

Unabhängig davon, welche Lösungen die Lehrpersonen jeweils finden, bleibt es entscheidend, dass zukünftiger Grundschulunterricht deutlich mehr handelnd, durchgehend als soziales Lernen [14] und mit verschiedenen Sinnen erfolgen muss

---

[14] Sehr klar beschriebene Praxismöglichkeiten für soziales Lernen im Grundschulalter finden wir bei Wigger (2001).

– und vor allem das eigenaktive Lernen der Kinder untereinander nicht als informelles oder heimliches Lernen abwertet, sondern in den Kern des Unterrichtsgeschehens integriert.

An erster Stelle muss dabei die Hauptaufgabe des Sachunterrichts, die Weltorientierung, stehen. Dies heißt auch, dass im europäischen Gesellschaftssystem in demokratisches Handeln und Denken eingeführt wird. Denn „kommunikatives Handeln [...] ist substantiell für das Leben in Demokratien" (Richter 2002, 169). Die verschiedenen Perspektiven müssen beurteilt werden können. Dies beginnt bei den verschiedenen Sichtweisen der Kinder einer Gruppe bei der Auswertung eines Versuches im Sachunterricht.

Weltorientierung heißt auch, dass Kinder ihren Fragen an die Welt gründlich nachgehen und Lösungen suchen. Und zwar nicht allein, sondern in gemeinsamer Auseinandersetzung und Abwägung mit den Problemen. Wir „dürfen den Kindern das Ringen um die Sache, die individuelle Sinnproduktion, mit der man sich in ein als sinnvoll empfundenes Verhältnis zur Sache setzt, nicht nehmen. Sie müssen die Arbeit an und in sich selbst sowie die Zusammenarbeit mit anderen selbst tun. Das bedeutet auch, dass sie das Aushandeln intersubjektiver, wissenschaftlicher Sinnkonstruktionen, die der intellektuellen redlichen Kritik standhalten, selbst leisten müssen. Wir sind verpflichtet, ihnen das Forschen als individuelle Anstrengung und als sozial verantworteten Prozess zu ermöglichen, und wir müssen sie dazu nachdrücklich ermutigen" (Soostmeyer 2002, 29).

Dieses gemeinsame, forschende Bemühen der Klasse ist der Kern kommunikativen Sachunterricht. Und im Austausch miteinander können verschiedene Sichtweisen der Kinder, verschiedene Einstellungen und Bewertungen verglichen werden, um dann zu einer begründeten eigenen Meinung oder Erkenntnis zu kommen. Dies geschieht allerdings nicht im Selbstlauf, sondern verlangt gezielte Anregung etwa durch Gesprächsrituale, bei denen jedes Kind reihum seine Deutung des jeweiligen Versuchs vortragen kann. „Ohne Anleitung, allein durch Austausch von Auffassungen über wahrgenommene Phänomene, würden sich dagegen eher falsche Vorstellungen befestigen" (Kahlert 2002, 193). Diese „Anleitung zur Auseinandersetzung mit eigenen Vorstellungen scheint im naturwissenschaftlich-technischen Lernbereich Lernen (besonders) zu fördern" (Kahlert 2002, 193).

Wichtig ist generell, dass die Kinder auch das konkret handelnd erleben, was als Ziel des jeweiligen Sachunterrichts angestrebt wird. Wenn Kooperationsfähigkeit als notwendiges Lernziel angesehen wird, dann muss auch das Kooperieren der Kinder untereinander in der Schule praktiziert werden. Wenn Empathie der Menschen gewollt ist, müssen diese auch selbst in der Schule als Kinder empathisch handeln dürfen. Wenn Kritikfähigkeit gefragt ist, dann darf keine allmächtige Lehrperson allein meinungsbildend die Klasse beherrschen. Das heißt, produktiver Sachunterricht muss immer mehr leisten als die eindimensionale

Konkretisierung eines Konzeptes und kann sich praktisch ohne Handeln der Kinder nicht entfalten.

Daneben muss Kommunikation als Lebensprinzip auch im Schulleben erfahrbar sein. Stähling (2006) beschreibt, wie viele institutionelle Kommunikationsprozesse zwischen Schulpädagogik und Sozialpädagogik, Kind und Kindern, Lehrperson und Kind, Schule und Einrichtungen der Gesundheitsförderung nötig sind, um Kinder nicht auszugrenzen, sondern alle an produktivem Lernen teilnehmen zu lassen.

Gerade weil die Welt als Risikogesellschaft sich ständig ändert, muss gelernt werden, sich immer wieder auf neue Situationen einzustellen; dazu ist kommunikativer Sachunterricht (vgl. Kaiser 2004a) ein ideales Konzept, weil auf der Ebene des Lernprozesses wie in einem Modell die Welt mit ständigen Veränderungen und unterschiedlichen Bewertungen abgebildet wird. Gleichzeitig wird durch den gemeinsamen Rahmen des Unterrichts deutlich, dass man gemeinsam zu einer Lösung kommen will.

Zukünftiger Sachunterricht muss für eine Gesellschaft mit sich beschleunigender Veränderungsdynamik (Lichtenstein-Rother 1992) vor allem die Kinder stärken, in dieser Welt zu bestehen und sie aktiv handelnd gestalten zu können. Dies klingt sehr anspruchsvoll, sieht aber in der Praxis sehr einfach aus, denn es geht grundsätzlich um einen Wechsel von Erfahrung und Kommunikation, also von differenziertem Arbeiten und Gesprächskreis wie es in den Praxisbüchern für handelnden Sachunterricht (Kaiser 2005) empfohlen wird. Soostmeyer präzisiert diese Verbindung von handelndem Lernen und Kommunikation in einem Modell von Unterrichtsschritten:

„1. Die Lernsituationen müssen auf konkrete Handlungen, Spiel und effektiv ausgeführte Operationen aufbauen. Die Schülerinnen und Schüler müssen hinreichend Gelegenheit und Ermutigung erfahren, mit Materialien und Geräten zu spielen, zu probieren, zu experimentieren und zu beobachten […]

2. Die Kinder müssen Zeit haben, ihre Eindrücke und Beobachtungen zu sammeln, zu verarbeiten und zu artikulieren […]

3. Die Kinder müssen die Gelegenheit haben, über ihre Beobachtungen und Eindrücke zu berichten und dabei gleichzeitig ihre Vermutungen, Erfahrungen, Erklärungsversuche und Behauptungen offen darzustellen. Hierbei muss sich die Lehrperson mit ihren Eingriffen und Korrekturversuchen zurückhalten, wenn die Kinder anthropomorphe und animistische Begriffe, Adjektive und Verben gebrauchen oder wenn sie Beobachtungen, Vermutungen und außerschulische Erfahrungen miteinander mischen. Die Analyse darf erst später erfolgen […]

4. Die Kinder müssen die Gelegenheit haben, unterschiedliche Schüleraussagen miteinander zu vergleichen" (Soostmeyer 2002, 129 f.).

Ein derartiger dynamischer und dynamisierender Sachunterricht darf nicht auf vorgefertigten Fachschienen oder Fachlinien entlang geführt werden. Vielmehr ist es besonders wichtig, dass der Sachunterricht selbst dynamisch bleibt, d. h.:

1) Die Sachunterrichtsinhalte müssen auch auf ihre innewohnende Entwicklungsgeschichte untersucht werden. Dazu gehören Fragen wie: Wie hat sich diese Pflanze entwickelt? Wie hat sich unser Dorf verändert? Wie wurden die ersten Schreibwerkzeuge gemacht? Wie haben sich die heutigen Brotsorten herausgebildet? Wie haben sich meine Wünsche in den acht Jahren seit der Geburt verändert? Wichtig ist, das Gewordensein immer wieder zu betonen, um die prinzipielle Veränderbarkeit zu eröffnen. Nur wenn Inhalte in ihrer Entstehung und Veränderung begriffen worden sind, können Kinder Gedanken zur aktiv verändernden Gestaltung der Welt aufbauen.

2) Die Sachunterrichtsinhalte müssen in ihren verschiedenen Bedeutungsschichten geöffnet werden (vgl. Schreier 1994a). Wenn wir nur ein Problem unter Wasser sehen, verlieren wir den Blick auf die Höhenströmungen signalisierenden Wolken oder das gerade erzeugte Kielwasser. D. h. wir können einen Unterrichtsinhalt nicht nur in einer Bedeutungsschicht sehen. So ist das Sachunterrichtsthema Luft keineswegs nur auf dem analytischen Strang, wie viel Prozent Sauerstoff, Stickstoff oder Kohlenwasserstoff darin enthalten ist, zu sehen. Auch die Frage nach dem Gewicht oder der technischen Nutzung im Luftkissenboot ist zu eng. Luft hat für Menschen auch sprachlich-metaphorische Bedeutungsschichten, wenn wir an den Luftikus oder das „Herauslassen von Luft" denken, es gibt kulturell-symbolische Schichten, wie die Assoziationen zu Luft in den asiatischen Philosophien oder auch alltagsphänomenologische Sichtweisen (Luft ist durchsichtig, leicht). Nur eine derartig komplexe, mehrperspektivische Sichtweise ist geeignet, Veränderungspotentiale zu entwickeln. Inhalte haben ästhetisch-kulturelle Dimensionen, sie haben Dimensionen des bisherigen analytischen Sachverstandes der Fächer und sie haben Dimensionen der Bedeutung für den Lebensalltag.

Veränderungsfähigkeit in diesem Sinne heißt zunächst, den eigenen Wahrnehmungshorizont zu erweitern, dazwischen, darüber und darunter zu blicken, nicht eine vorgegebene Linie zu verfolgen, sondern Alternativen zu beachten.

3) Aus inneren Widersprüchen entwachsen Probleme und Veränderungen. Sie sind per se dynamisierend. Deshalb ist es wichtig, sozusagen den inneren Sprengstoff anzusehen, ihn kennen zu lernen und mit ihm umgehen zu können, damit er nicht eine eigene Dynamik entfaltet. Die inneren Widersprüche zu erkennen heißt dagegen, Veränderungs-

möglichkeiten gezielter zu finden, denn Lernen bedarf der Diskrepanzen (Kahlert 1997, 113).

Zur Orientierung auf zukünftige Entwicklungen gehört auch „die Förderung und Ausgestaltung des Antizipationsvermögens [als] [...] Aufgabe des Sachunterrichts" (Lauterbach 1992, 152). Hier trifft sich kognitives Analysieren von Widersprüchen mit kreativem Fantasieren von Utopien. Nur wenn Kinder ihre Zukunft selbst entwerfen, können sie Gegenwart und Zukunft in die Hand nehmen.

4) Wenn aktiv veränderndes Handeln das Ziel ist, muss es auch im Sinne des Projektkonzeptes als Methode zum Tragen kommen. Nur wenn Kinder gemeinsam verändernd gestaltend ihre Umgebung vom Klassenraum, über die sozialen Beziehungen in der Klasse, über die Gestaltung des Schullebens (vom Ausstellungstisch über die Monatsfeier bis zum Schulgarten) bis hin zu institutionellen und sozialen Regelungen im Schulumfeld verändern, können sie auch zukünftiges veränderndes Verhalten lernen.

5) Veränderungen können nicht individuell erfolgen, von Veränderungen sind viele Menschen gleichzeitig betroffen. Dynamischer Sachunterricht muss also gleichzeitig ein kommunikativer Sachunterricht sein, der soziale Beziehungen bei jeder inhaltlichen Frage ausbaut und weiterentwickelt. Gerade die soziale Seite des Sachunterrichts ist ein fundamentaler Bestandteil zukünftigen Sachunterrichts. Soziale Inhalte und soziale Lern- und Arbeitsformen müssen ein ungleich größeres Gewicht bekommen, soll Sachunterricht die Kinder tatsächlich in ihre zukünftige Lebenswelt als sozial verantwortliche und selbsttätige Menschen hineinführen.

7.7 Grundsätze zukünftigen Sachunterrichts

Bislang sind viele Konzepte vorgestellt worden, aber es ist noch nicht genug überprüft worden, ob diese tatsächlich das halten, was sie versprechen. Nachhaltige Wirkung des Lernens hängt von den Fähigkeiten der Lehrperson (vgl. Kap. 8) ab. In einer empirischen Untersuchung über die Wirksamkeit von Lehrveranstaltungen im Lehramtsstudium wurde deutlich, dass das gelehrte Wissen über Wagenschein nicht praktisch umgesetzt werden konnte, weil die Studierenden über nicht genug physikalisches Grundwissen und Konzeptverständnis verfügten, um überhaupt zu handeln (Brülls 2004 a).

Mühlhausen (1994, 19) weist anhand von nachträglichen Befragungen nach, dass das, was vom Unterricht bei den Kindern „hängengeblieben" ist, selten mit den Planungen der Lehrpersonen und den Unterrichtsprotokollen übereinstimmt. „Schüler [und Schülerinnen]interpretieren Unterricht [...] und versuchen, ihn auf der Grundlage ihrer Interpretation (mit)zu gestalten" (Mühlhausen 1994, 47). Dies entspricht auch den im Ansatz des situierten Lernens entwickelten Gedanken und Erkenntnissen. Es kommt also darauf an, dass Kinder im Sachunterricht ihre eigenen Motive und Interessen auf den Unterrichtsgegenstand wenden, sich mit ihm wirklich auseinandersetzen.

Ein weiteres Hindernis des Lernens ist, dass wir auf der Ebene der Zielgruppe eine Durchschnittsmasse annehmen. Die Verschiedenheit der Lebenswelten, Vorerfahrungen und Zukunftschancen der Kinder wird zu wenig in den Blick genommen. Lernen wird nur dann produktiv erfolgen können, wenn auf diese verschiedenen Zugänge in einem Sachunterricht der Vielfalt Rücksicht genommen wird. Allerdings muss dies in einem balancierten Verhältnis geschehen, denn „die Pluralität der Lebenswelten kann überfordern" (Richter 2002, 172).

Den Zieldimensionen zukünftigen Sachunterrichts will ich einen weniger inhaltlich gebundenen Zielkatalog ergänzend gegenüberstellen. Dieser soll auch offen für zweidimensionale Ziele sein. Ich begründe diesen Zielkatalog aus der gesellschaftlichen Veränderungsdynamik und Anonymisierung und der Notwendigkeit, die Kinder bewusst zu aktiver sozialer Mitgestaltung zu befähigen:

1) Zukünftiger Sachunterricht muss Kindern helfen, Veränderungen zu sehen, zu verstehen und aktiv zu gestalten.

2) Zukünftiger Sachunterricht muss den Blick unter die Oberfläche von Erscheinungen lenken (vgl. Spreckelsen 1992, 31).

3) Zukünftiger Sachunterricht muss die Inhalte in ihrer Entwicklung zeigen, er muss das Vorher und das Nachher sowie das Gewordensein und die Entwicklungsmöglichkeiten des Gegenwärtigen in den Mittelpunkt stellen.

4) Zukünftiger Sachunterricht muss über das konkrete Phänomen/Problem hinausgehend in verschiedene Bedeutungsschichten eindringen. Er muss systemisch die Zusammenhänge erschließen.

5) Zukünftiger Sachunterricht muss den Kindern Gelegenheit zum Selbermachen, selbst Gestalten und Verändern eröffnen (vgl. Abb. 6).

Um zu diesen anspruchsvollen Konzepten zu gelangen, gilt es, die folgenden Prinzipien zukünftigen Sachunterrichts zu entwickeln:

1. Vom Kind zur Sache
   - Suche nach den Interessen der Kinder durch Beobachten und Zuhören
   - Schaffen fruchtbarer Lernprozesse durch Aufgreifen subjektiv bedeutsamer Fragen
   - Das Verstehen gesellschaftlicher Probleme an konkreten, bedeutsamen Inhalten eröffnen

2. Die Persönlichkeit des Kindes stärken
   - Gefahren und Konflikte vorhersehen können
   - Unsicherheit und Angst akzeptieren und aushalten können

- Kooperation eröffnen
- Solidarität entwickeln

3. **Vom Kind zur Welt**
   - Forschendes Erschließen der Wirklichkeit anbahnen
   - Verschiedene Sichtweisen auf die Welt anbahnen
   - Die Welt mit den verschiedenen Augen der Kinder sehen und verstehen lernen
   - Widersprüche als produktive Lernimpulse betrachten
   - Risiken erfahren und darin handeln können

4. **Von der Welt zum Sachunterricht**
   - Arrangieren des Sachunterrichts in realen Lebensbezügen
   - Handlungsfähigkeit durch Probehandeln in Realitätsausschnitten eröffnen
   - Erarbeiten von Sinn für die Kinder beim Lernen
   - Erleben von Natur, Gesellschaft und Kultur eröffnen

Dieses produktive Wechseln und Aufeinander-Beziehen der Ebenen von „Kind und Welt" (vgl. Fischer 2002) hat Klafki schon 1964 mit dem Begriff des „wechselseitigen Erschließens" zu erfassen versucht. Dabei wird auf den ersten Blick noch nicht deutlich, welche Dynamik im Begriff des Erschließens liegt. Kahlert nennt einige Ansprüche an diesen Begriff noch genauer:

- „Über Bestehendes aufklären"
- „Für Neues öffnen"
- „Sinnvolle Zugangsweisen aufbauen"
- „Zum Handeln ermutigen" (Kahlert 2002, 25).

Kritisches Durchschauen in realen emotional bedeutsamen Situationen und in Kinderkooperation ist dabei außerordentlich wichtig.

Für die Zielvorstellungen zukünftigen Sachunterrichts sollten auch angemessene methodische Arrangements getroffen werden. Dazu zählen:

- Gesprächskreis und Austausch
- Eine Demokratische Struktur des Unterrichts durch Mitwirkung der Kinder
- Keine Beherrschung der Dinge, sondern Wertschätzung
- Lernende Kinder handeln als Teil der Welt
- Nachhaltigkeit durch handelndes emotional bedeutsames Lernen

Wichtig ist bei einem derartigen Sachunterricht generell, dass jedes Kind gestärkt wird. Es soll lernen, die Welt besser zu verstehen und in ihr produktiv zu handeln. „Sachunterricht, der hilft, Beziehungen zur Umwelt zu erschließen, konzentriert sich auf das Ziel, dem Kind zu helfen, diese Beziehungen besser zu erkennen und zu verstehen, neue Beziehungen zu finden und das Geflecht der Beziehungen, das fortwährend ergänzt, erneuert und umgebaut wird, so zu bewältigen, dass die eigene Autonomie wächst ohne die von anderen in unvertretbarem Ausmaß einzuengen. Im Rahmen von Schule erfüllt Sachunterricht damit eine Aufgabe von anthropologischem Rang" (Kahlert 2002, 51). Dies heißt aber auch, dass der Sachunterricht immer eine Balance zwischen Autonomieentwicklung des Individuums und sozial verantwortlicher Entwicklung zu leisten hat, wie es Klafki schon in den 1970er Jahren mit den Begriffspaaren Selbstbestimmung und Solidaritätsfähigkeit anzubahnen versucht hat.

Sachunterricht kann nur dann seine humane Funktion erfüllen, wenn er das Kind in dieser Welt für die Weiterentwicklung der Welt entwickelt.

8   Guter Sachunterricht in der Praxis

8.1 Wege zum guten Sachunterricht

Was ist guter Sachunterricht?

Es wäre schön, wenn wir auf diese Frage eine eindeutige und klare Antwort erhalten könnten. Aber diese Frage lässt sich nicht einfach beantworten, denn die zentrale Bedingung ist nicht zu verallgemeinern: Guter Sachunterricht wird von guten Lehrerinnen und Lehrern gemacht. Auf die Menschen kommt es an. Auch und gerade im Sachunterricht. Dies ist keineswegs schicksalhaft zu verstehen, denn jeder Mensch kann an seiner Persönlichkeit arbeiten. Für den Sachunterricht gilt es dabei zwei wichtige Wege zu gehen:

Weg 1: Der Weg nach innen und zurück in die eigene Biografie

Wir müssen lernen, mit unseren eigenen persönlichen Schwächen und Stärken bewusst umzugehen, sie zu kennen und nicht die Kinder zu Ersatzträgern eigener Problem zu gebrauchen. Selbsterfahrung und Supervision ist der zentrale Weg zum Ich und damit auch zu den Kindern. So lange dies in der Bildung von Lehrerinnen und Lehrern nicht möglich ist[1], lässt sich dies nur auf private Initiative entwickeln. Dies müssen nicht nur teure Kurse sein, sondern es können auch selbst organisierte Gruppen den Anfang auf dem Weg zur Persönlichkeitsstärkung bilden. Dazu gibt es mittlerweile eine Vielzahl an Übungen, z. B. im Band „Anders lehren lernen" (Kaiser 2003 a).

Weg 2: Der Weg nach außen in die Welt

Lehrerinnen für Sachunterricht sind nur authentisch, wenn sie selber das interessant finden, was sie vermitteln. Wer nicht weiß, welches Thema denn nun „dran" ist, kann Sachunterricht nicht glaubhaft vertreten. Ein wichtiger Wegweiser nach außen sind die eigenen Interessen, ob an Umweltschutz oder zur Friedenssicherung, ob in der Kommunalpolitik oder in kirchlichen, sozialen Gruppen. Überall in der Welt gibt es Aufgaben, die dazu beitragen, das eigene Sachinteresse und Engagement auszubauen. Und dafür brauchen die Kinder Lehrerinnen und Lehrer, die authentisch für Inhalte einstehen. Von Reeken spitzt dies auf das politische Lernen zu: „Die Sachunterrichtslehrerin spielt beim Aufbau der Motivation eine wichtige Rolle: Sie kann politische Lernprozesse nur dann glaubhaft anleiten, wenn sie sich selbst den Kindern als politisch interessiert präsentiert" (von Reeken 2001, 50). Die persönlichen Haltungen von Lehrpersonen sind nicht nur Modelle für die Kinder, sondern auch Erfahrungsmuster. Nur wenn eine Lehr-

---

[1] Bislang hat nur das Land Hamburg derartige Ausbildungsteile in der Zweiten Phase der Lehramtsausbildung vorgesehen.

person an die eigenen Inhalte glaubt, können diese auch glaubhaft vermittelt werden.

Das heißt nicht, dass nur ein einziger Themenbereich behandelt wird, aber wer sich für bestimmte Themen im Sachunterricht persönlich interessiert, kann den Kindern aus dieser heraus Begeisterung vermitteln und daran anknüpfend weitere relevante Inhalte. So kann eine im Naturschutz engagierte Lehrerin nicht nur die Artenvielfalt sondern auch mit mehr Überzeugung die ökologischen Zusammenhänge von Boden, Wetter, Luft, Wasser, Pflanzen und Tieren an Kinder weitergeben. Und sobald sie umweltpolitisch aktiv ist, wird ihr das Grundlegende politischer Auseinandersetzungen wie die ökonomische Durchdringung gesellschaftlicher Probleme und die soziale Gebundenheit von Aussagen an Interessen klar strukturiert als wichtige Dimension präsent sein.

Das, was der Lehrperson wichtig ist, kommt wahrscheinlich besser „rüber" und wie eine Lehrperson ist, schlägt sich in den Mustern unterrichtlichen Handelns nicder. Von daher brauchen wir Lehrerinnen und Lehrer für den Sachunterricht, die sich für Inhalte interessieren. Wenn wir Schülerinnen und Schüler fragen, welche Lehrpersonen ihnen zusagen, werden wir immer wieder auf Aussagen stoßen wie: „Herr A. ist wirklich total an Stadtgeschichte interessiert, der kann uns das so spannend darstellen" oder „Frau B. ist eine Naturkennerin, die sieht in jeder Hecke die Insekten und hilft uns auch, kleine Tiere zu entdecken".

Diese beiden Wege sind die entscheidenden Voraussetzungen für guten Sachunterricht.

Die personale Kompetenz und die fachliche Fundierung müssen dann in einem persönlichen didaktischen Konzept Struktur finden. Denn der Sachunterricht kann nur gut werden, wenn breites fachliches Wissen und pädagogisches Engagement in feinfühliger Vermittlung in der jeweiligen Lernsituation zum Tragen kommen. Landwehr (2004) betont, dass offene und flexible Unterrichtsformen nur möglich sind, wenn auf ein breites fachliches Fundament in der jeweiligen Lernsituation zurück gegriffen werden kann: „Negative Zusammenhänge zwischen dem Ausmaß der curricularen Fachkenntnisse von Grundschullehrkräften und dem Grad ihrer direkten Steuerung des Unterrichts sind empirisch belegt" (Landwehr 2004, 107). Flexible, an den Lernvoraussetzungen der verschiedenen Kinder ansetzende Denkanstöße und Lernmaterialangebote sind der wesentliche Weg, Kinder beim Verstehen der verschiedenen Probleme im Sachunterricht zu begleiten.

Allerdings wird in der Realität oft nach dem Zeitgeist unterrichtet, denn Lehrpersonen sind Menschen und als Menschen Teil der gesellschaftlich-kulturellen Entwicklung. Sie werden spürbar von den herrschenden gesellschaftlichen Trends beeinflusst, weil sie gerade in den Bereichen besonders viele Erfahrungen machen, die eine Gesellschaft entscheidend prägen. In einer bürokratisierten Gesellschaft mit hohen individuellen Leistungsanforderungen und einem beruflichen Berechtigungswesen, das von schulischen Leistungen ausgeht, können wahrscheinlich Konkurrenzdenken, bürokratische Umgangsformen und hohe Leistungsnormen besonders leicht in die Persönlichkeit von Lehrpersonen eindringen und ihr Verhalten prägen. So sind die gegenwärtigen methodischen Unterrichtskonzepte einerseits ein Spiegel der gesellschaftlichen Verhältnisse, andererseits aber auch ein Ausdruck von Erkenntnissen über die Art und Weise, wie Kinder unter den gegebenen Verhältnissen besser lernen. Gängige Muster werden in der folgenden Aufzählung karikiert:

Methode Bürokratie

Es überwiegt im heutigen Sachunterricht vor allem die Methode Bürokratie.

Nach dieser Methode werden Formulare mit auszufüllenden Lücken verteilt, die Ergebnisse werden anschließend von der Lehrperson bearbeitet und in das entsprechende Notenkästchen eingeordnet. Die Formblätter entfalten eine Eigendynamik, sie werden mehr und diffiziler. Sprechstunden sind selten und überfüllt. Manchmal schaffen es die Formblattnehmer, sich gegenseitig zu helfen. Die Beschäftigung vieler mit vielen Formularen schafft Ruhe im Raum, Widerspruch ist ausgeklammert.

Methode Schulmeister

Die Vergangenheit der Schulgeschichte aus dem Mittelalter, als es ohne Erfindung des Buchdrucks noch darauf ankam, Wissen zu erzählen, ist noch längst nicht ausgerottet, sondern lebt in der Methode Schulmeister weiter.

Diese aus der Antike stammende Methode des Belehrens und Dozierens passt nicht mehr in die Moderne mit den vielen möglichen Informationsmedien und hoch informierten Kindern. Viele Lehrpersonen schaffen es dennoch, diese Methode, die heute zwar nicht besonders effektiv ist, aber wenig vorbereitungsintensiv für die Lehrpersonen selbst, zu praktizieren. Wir erkennen das Überwiegen dieses Methodenkonzeptes, wenn sehr viel Zeit für Frontalunterricht, der weitgehend aus Monologen der Lehrpersonen besteht, verwendet wird.

Methode „RTL"

Die Methode „RTL" funktioniert nach Art des Vorabendprogrammes, indem jeweils zwei Mannschaften aufgefordert werden, irgendwelche Aufgaben im Wettstreit zu lösen, wie z. B. an Netzen hochklettern und möglichst viele oben angeheftete Plastikseesterne im Fernsehstudio abzupflücken. Die Bewertung und der Wettstreit sind dabei die Mechanismen, die verstärkt werden und über die eine Spannung aufrechterhalten wird. Zeugnisse, Noten, Wissensabfragen, klare sportliche Regeln und Wettkampf zwischen den Kindern, der von Inhalten losgelöst ist, reizt die Kinder und zerstört gleichzeitig schrittweise die noch vorhandene inhaltliche Motivation in einer politik- und staatsverdrossenen Zeit.

Methode Entertainer

In einer Zeit der Talk-Shows und des zunehmend ausgefeilten professionellen Entertainments werden die Ansprüche an Originalität und Pep immer höher. Manche Lehrpersonen versuchen sich im Kräftemessen mit Gottschalk und Co. Besonders erfolgreiche Hauptschullehrerinnen und -lehrer haben es in dieser Disziplin oft zu einem hohen Standard gebracht. Sie schrauben aber gleichzeitig die Normen des Entertainments höher, die vor 50 Jahren noch bei der Vorführung eines Unterrichtsfilmes lagen. Der Kräfteverschleiß ist hoch und die Anpassung der Kinder an die Medienwelt wird perfektioniert. In Kinderuniversitäten wird diese Methode in aller Perfektion mit viel Personal vorbereitet, auf den realen Unterricht ist sie schon allein vom Aufwand her nicht zu übertragen.

Weitere Methoden wie die nach „Großeltern-Art" mit Sitzkreis und echten Fragen der Kinder und die Werkmeistermethode, bei der eine erfahrene Person zeigt, wie etwas gemacht wird, damit die Kinder handelnd vorgegebene Aufgaben selbstständig lösen können, kommen dagegen heute kaum in der Alltagsrealität vor.

Die gesellschaftlich dominierenden Muster setzen sich dagegen ohne unser Zutun als heimlicher Lehrplan durch. Es kommt aber darauf an, Methodentypen, die auf die Lösung der Zukunftsaufgaben orientiert sind, stärker zu betonen. Deshalb stelle ich hier verschiedene neue Typen vor, die eher geeignet sind, diese Gesellschaft weiter zu entwickeln als sie etwa durch Bürokratie zu bestärken:

Methodentyp 1: Lernen durch handelnde, experimentelle, messende, vergleichende, zählende, grafisch veranschaulichende, explorierende Auseinandersetzung mit der gegenständlichen und sozialen Wirklichkeit mit Korrespondenz zum forschenden Lernen (vgl. Kap. 7.2)

Methodentyp 2: Lernen durch die Umgestaltung der Grundschule zum Erfahrungs- und Erlebnisraum im Unterricht oder klassenübergreifend durch die Gestaltung eines erfahrungs- und anregungsreichen Schullebens mit Korrespondenz zum erfahrungsorientierten lebensnahen Lernen (vgl. Kap. 7.1)

Methodentyp 3: Lernen in Lernorten außerhalb des Klassenzimmers durch Erkundungen und gezielte Beobachtungen im engeren oder weiteren Umfeld der Schule sowie das Aufsuchen außerschulischer Informationsquellen und –institutionen mit Korrespondenz zum erfahrungsorientierten lebensnahen Lernen (vgl. Kap. 7.1)

Methodentyp 4: Integration außerschulischer Erfahrungsfelder und Erfahrungsquellen in die Schule (Schulgarten, Expertenbefragung in der Schule) mit Korrespondenz zum erfahrungsorientierten lebensnahen Lernen (vgl. Kap. 7.1)

Methodentyp 5: Lernen in Projekten und Vorhaben, bei denen die intensive mehrperspektivische Auseinandersetzung mit einem Problem in eine öffentliche Präsentation mündet mit Korrespondenz zum handlungs- und projektorientierten Lernen (vgl. Kap. 7.4)

Methodentyp 6: Verknüpfung von emotional-erlebnisbezogenen Lernphasen mit handelnder Auseinandersetzung und kognitiver Verarbeitung; hierzu zählen die jeweils spezifischen methodischen Formen wie Bildgestaltung oder Unterrichtsgespräch mit Korrespondenz zum philosophisch-ästhetischen lernen (vgl. Kap. 7.5)

Diese Methodentypen können nicht isoliert betrachtet werden, sondern sind nur sinnvoll, wenn sie auf die gegenwärtigen gesellschaftlichen und lebensweltlichen Bedingungen bezogen werden.

Allerdings reicht es für guten Sachunterricht nicht aus, einem bestimmten Typus zuzugehören. Vielmehr muss der Sachunterricht auch in den einzelnen unterrichtlichen Schritten gut sein, indem durch ihn – wie Meyer guten Unterricht definiert – „eine sinnstiftende Orientierung und ein Beitrag zur nachhaltigen Kompetenzentwicklung aller Schülerinnen und Schüler geleistet wird" (Meyer 2004, 13). Wenn dies das Ziel guten Sachunterrichts ist, bedarf es genauer Klärung, wie und wann Kinder gut lernen. Meyer führt dazu zehn Merkmale guten Unterrichts auf:

„1. Klare Strukturierung des Unterrichts […]
2. Höher Anteil echter Lernzeit […]
3. Lernförderliches Klima […]
4. Inhaltliche Klarheit […]
5. Sinnstiftendes Kommunizieren
6. Methodenvielfalt […]
7. Individuelles Fördern
8. Intelligentes Üben […]
9. Transparente Leistungserwartungen […]
10. Vorbereitete Umgebung […]" (Meyer 2004, 17f.).

Diese Merkmale guten Unterrichts hat Meyer aus einer Vielzahl von empirischen Untersuchungsergebnissen zusammengestellt. In den folgenden Abschnitten soll nun erläutert werden, was dies für den Sachunterricht heißen kann.

8.2 Guter Sachunterricht

8.2.1 Strukturierung im Sachunterricht

Auch für den Sachunterricht gibt es deutliche Untersuchungsergebnisse, dass ein gut strukturierter Sachunterricht wirksamer ist als ein diffuser, nicht genau fassbarer Unterricht. „So wurden insbesondere Kinder mit ungünstigen Lernvoraussetzungen in dem Unterricht mit einem höheren Grad der Strukturierung besser unterstützt" (Jonen/Möller/Hardy 2003, 106).

Strukturierung bedeutet zunächst, dass die Kinder wissen, woran sie sind und was jeweils passiert. Für den Sachunterricht gibt es da eine Vielzahl guter Möglichkeiten. Eine für nachhaltiges Lernen sehr bedeutsame Strukturierungsform ist, dass die Ergebnisse von Unterricht erkennbar werden. Kinder müssen erfahren, dass ihre Lernbemühungen erfolgreich waren. Dazu ist es unerlässlich, dass die Ergebnisse präsentiert und dokumentiert werden (Fischer 1999; Schweitzer 2004b). So wird das Erarbeiten mit all seinen notwendigen Kontroversen, Irrwegen und offenen Fragen deutlich unterschieden von der Dokumentation. Diese ist je nach Inhalt sehr verschieden. Es kann eine Ausstellung auf dem Flur vor dem Klassenraum, ein Ausstellungstisch neben der Klassenraumtür, eine Wandzeitung, eine Internetpräsentation auf der Schulwebpage oder ein selbst erstelltes und geheftetes Ergebnisbuch der Klasse hergestellt werden. Auch Filme oder Fotosammlungen eignen sich dafür, dass Kinder am Schluss einer thematischen Einheit sehen, was sie erarbeitet haben.

Die zweite Strukturierungsebene im Sachunterricht ist in der Phase des Aufbaus von Erkenntnissen und des Gewinns von Erfahrungen bedeutsam. Hier gilt es, eine Balance zu finden zwischen den notwendig vielfältigen Angeboten an Versuchsanregungen, Informationstexten, Bildern etc., die Kindern verschiedener Lernentwicklungsstände gerecht werden und einen breiten Erfahrungshorizont gemeinsam für alle Kinder einer Klasse eröffnen sollen.

In erster Linie gilt es, klare Rituale (Kaiser 2006) einzuhalten. Hier gibt es mehrere Strukturierungsformen. Am meisten positiv bewertet wird gegenwärtig das Stationenlernen[2]. Hier werden die Anforderungen im Sachunterricht nach verschiedenen Stationen in einer Reihenfolge strukturiert und evtl. auch die Ergebnisse zur Kontrolle bereit gelegt. Aber auch Karteikarten können sortiert werden und den unterrichtlichen Ablauf strukturieren. Dies wird noch effektiver, wenn Karteikarten nach Schwierigkeitsgrad oder Aufgabentypus (malen, malen und schreiben, schreiben und rechnen, lesen …) gekennzeichnet sind und den Kindern eine bewusste Entscheidung für die jeweilige Anforderung ermöglichen. Wichtig bei jeder Form der Strukturierung ist, dass es sich nicht um geheimes „Herrschaftswissen" der Lehrpersonen handelt, sondern mit den Kindern gemeinsam gestaltet wird oder zumindest von ihnen verstanden und getragen wird. Denn nur wenn die Struktur bei den Lernenden bewusst ist, kann sie auch wirksam werden.

Die dritte Ebene der Strukturierung ist bei der Gestaltung von Lernabschnitten zu verorten. So ist es für manche Kinder eine Überforderung, wenn ihnen eine Fülle an Arbeitsmaterial bereitgestellt wird und unter dem Motto „Freie Arbeit"

---

[2] Eine kritische Sicht von Stationenlernen als Allheilmittel findet sich in: Kaiser/Pech: Vom Konzept zum Unterricht. In: dies: Unterrichtsplanung und Methoden. Baltmannsweiler 2004, 10.

das Startzeichen zum Lernen erfolgt. Viel sinnvoller als eine diffuse Struktur ist es, Freiarbeitsphasen zu strukturieren. So ist es sinnvoll, auf bereit gelegten Ergebnisblättern zu verschiedenen Fragen, den Kindern Gelegenheit zum Eintragen zu geben oder auch nur Bewertungsbögen der Versuche (interessant, neues Ergebnis, wusste ich schon vorher, ist schwer durchzuführen, …) zum Ausfüllen bereit zu legen.

Eine wichtige Strukturierungsmöglichkeit ist es auch, dass Übersichtstecktafeln oder Tabellen bereit liegen, in denen jedes Kind seinen jeweiligen Arbeitsstand eintragen kann.

Als vierte Strukturierungsebene sind der Gesamtablauf und die räumliche Gestaltung von Unterricht anzusehen. Die häufigste Strukturierung von Unterrichtsverläufen wie auch räumlichen Arrangements sind Rituale (vgl. Kaiser 2006). Im Einzelnen heißt es, dass etwa jeder Unterrichtstag bzw. jede Unterrichtswoche mit einer Geschichte zur jeweiligen Thematik im Sachunterricht beginnt. Im Abschlusskreis kann wiederum überlegt werden, welches Ergebnis des heutigen Tages / dieser Woche besonders bedeutsam war und auf dem Ausstellungstisch oder bei der Dokumentationswand Eingang finden soll. Rituale strukturieren nicht nur zeitliche Abläufe wie Stundenbeginn (Bild zum jeweiligen Sachunterrichtsthema neben der Eingangstür ansehen), Wochenabschluss (Vorstellen einer Ergebnispräsentation wie Theaterszene, Gedicht oder Dokumentationswandzeitung der Ergebnisse des Sachunterrichts der Woche im Schulforum), Thema oder Frage der Woche, sondern auch die räumliche Struktur einer Klasse. Dazu zählen regelmäßig festgelegte Arrangements wie Pinnwand zum Thema der Woche, Ausstellungstisch, feste Ecken in der Klasse für Bücher, Arbeitskarten und Versuchsmaterial oder Bilderwäscheleine mit Fragekarten und Antwortbildern zum Thema oder fest aufgestellte Versuchsstationen in der Klasse. Durch vielfältige Rituale, die in gemeinsamer Absprache demokratisch legitimiert werden müssen, wird der Unterricht intensiver, weil „Rituale sowohl in ethischer wie auch in ästhetischer Hinsicht Potenziale menschlicher Entwicklungsförderung enthalten" (Kaiser 2006, 19).

8.2.2 Echte Lernzeit

Alle, die einmal Unterricht über eine längere Zeit beobachtet haben, wissen, wie viel an Unterrichtszeit durch organisatorische Ankündigungen, Einsammeln von Kakaogeld und ähnliche unterrichtsfremde Aktivitäten vergeudet wird. Aber auch die Zeit, die wie Unterricht aussieht, ist oft verschwendete Zeit. Wie oft sitzen Schülerinnen und Schüler im Unterricht, ohne dabei überhaupt zuzuhören – geschweige denn zu lernen. Ein erster Schritt zur Lernzeiterweiterung ist das Angebot motivierender Inhalte und die motivierende Präsentation. Hinzu kommt die Notwendigkeit, dass jedes Kind aktiv am Lernprozess teilnimmt. Dazu sind kleine Gruppen für Versuche sinnvoll, bei denen alle an der Auswertung mit angemessenen Aufgabenstellungen (den Versuch zeichnen, eine Erklärung für andere formulieren, eine Variante des Versuch beschreiben) beteiligt sind. Häufig kommt es auch heutzutage vor, dass alle Kinder warten und zuhören müssen, bis schließlich von einem Kind der Lehrbuchtext zum Sachunterrichtsthema vorgelesen ist. Auch für Erwachsene ist es schwierig, aufmerksam zu bleiben, wenn ein Kind mit nicht sehr weit entwickelter Lesetechnik vorliest. Hier geht für viele Kinder gleichzeitig wichtige Lernzeit verloren.

Auch bei Unterrichtsgängen ist es wichtig, dass nicht nur draußen herumgelaufen wird, sondern dass allen klar wird, worum es geht. Klare Beobachtungsaufträge, eindeutige Fragestellungen vorweg und gemeinsame Sammel- oder Fotografieraufgaben sind wichtige Mittel, um den Gang zur Lernzeit umzugestalten. Vielfach entsteht Unaufmerksamkeit dadurch, dass die Interaktionen zwischen Lehrenden und Lernenden nicht intensiv genug gestaltet sind (Stähling 2000; Pfitzner 2000). Deshalb ist es eine wichtige Basis für weitere Lernprozesse, dass frühzeitig und immer wieder intervenierend die sozialen Beziehungen in der Klasse Thema des Sachunterrichts sind. So wird nicht nur auf das Klima in der Klasse Einfluss ausgeübt, sondern auch den weiteren Lernprozessen Zeit eingeräumt.

Eine wichtige Aufgabe zur Vermeidung von Lernzeitverlust ist es, dem Bewegungsdrang der Kinder (Zimmer 2004) präventiv entgegen zu kommen – bevor dieser in Aktivitäten mündet, die den Unterricht stören. Der Sachunterricht bietet eine unendliche Fülle an Bewegungsmöglichkeiten, von denen hier nur einige genannt seinen:

- Verschiedene Steinarten durch Körperstandbilder ausdrücken
- Sich bewegen wie verschiedene Menschen einer anderen Kultur (Würdeträger, Reisbäuerin, Junge, alte Frau)
- Mit brennender Kerze über den Schulhof gehen und vermeiden, dass der Wind sie ausbläst
- Bewegungsabläufe bei Tieren szenisch darstellen
- Bedeutungsaussagen mit Fingerzeichen signalisieren
- Als Interpretation zu einem Objekt oder Ereignis sich in einer Polaritätsreihe[3] aufstellen
- Szenisches Nachspielen (orientalischer Bazar, Kinderarbeit im Bergbau früher etc.)

---

[3] Mit einer Polaritätsreihe ist gemeint, dass in einem Deutungsspektrum von Meinung 1 (z. B. „Die Eroberung Amerikas durch Kolumbus war super") bis zu Meinung 2 („Kolumbus hat die Länder Amerikas in ihrer Entwicklung zerstört.") die Kinder sich in einer Reihe zwischen den beiden Polaritätsmeinungen aufstellen und ggf. nach der nächsten Unterrichtsstunde wieder durch neue Informationen zu einer anderen Einschätzung auf einer anderen Position aufstellen.

- Körpersprachlich naturwissenschaftliche Beobachtungen ausdrücken wie z. B. die Annäherung von Magnet und Eisenstück

Die Steigerung echter Lernzeit ist auch dadurch zu erreichen, dass Kinder klar strukturierte Pläne über ihr Pensum, zum Beispiel über die zu beantwortenden Fragen und Erkundungsaufgaben, erhalten und diese auch entsprechend umsetzen müssen.

Zur Erweiterung echter Lernzeit ist es wichtig, Methoden einzusetzen, durch die alle Kinder beteiligt werden. Besonders gut geeignet ist beispielsweise das Zeichnen (vgl. Kaiser 2004h). Bei dieser Methode geht es im Kern darum, dass Kinder jeweils individuell ihre Vorstellung zeichnen, wie etwa ein Fahrrad, einen Kran, eine Kaffeemühle oder das menschliche Knochengerüst funktioniert. Diese individuellen Zeichnungen werden auf Folien übertragen und gemeinsam am Tageslichtprojektor verglichen. Der Aufforderungscharakter beim individuellen Zeichnen, die ganze Zeit dabei zu sein und die eigene Zeichnung mit den Lösungen der anderen zu vergleichen ist hoch.

8.2.3 Verbesserung des sozialen Klimas

Die direkten Auswirkungen eines positiven sozialen Klimas sind noch nicht sehr stark empirisch belegt (Meyer 2004, 53). Allerdings weist Meyer darauf hin, dass dies ein Merkmal ist, das sich auch vermittelt über andere Faktoren auswirkt. Gleichwohl ist es wichtig zu überlegen, wie auch über das Sozialklima guter Sachunterricht beeinflusst werden kann. Meyer nennt einerseits allgemeine Klimaindikatoren, die für jeden Unterricht gelten wie fehlende Aggressionen, Beschimpfungen und Beleidigungen der Schülerinnen und Schüler untereinander (Meyer 2004, 49). Seitens der Lehrperson wird vor allem Gerechtigkeit von Schülerinnen und Schülern eingeklagt. Um diesem letzteren Konfliktfeld vorzubeugen, gibt es verschiedene Wege der Partizipation wie Selbstbewertung und der Bewertungskonferenz durch die Lernenden (Winter 2004, 236ff.; 294ff.). Mit Schreibkonferenzen gibt es bereits gute Erfahrungen in der Grundschule (Röhner/Skischus/Thies 1998; Spitta 1997). Dieses Modell lässt sich auch auf den Sachunterricht übertragen, wenn gemeinsam überlegt wird, welche Präsentation zum Sachunterrichtsthema für den Ausstellungstisch gewählt werden soll oder welche Seite des Teilthemas am besten im selbst erstellten Buch der Klasse einnehmen sollte. Bei derartigen Sachunterrichtskonferenzen ist es notwendig, dass die Qualitätskriterien offen gelegt werden und dabei auch besser verstanden werden können. Eine Variante wäre eine Redaktionskonferenz für das Buch der Klasse. Alle diese Konferenzen tragen dazu bei, dass offen miteinander diskutiert wird und die Leistungshierarchie mitsamt den dadurch hervorgebrachten Konkurrenzen qualitativ durchschaubar und kritisierbar wird.

Ein gutes Klima kann im Sachunterricht vor allem dadurch gefördert werden, dass die Lernumgebung kooperativ gestaltet wird. Dazu gehört, dass gemeinsam offen diskutiert wird, welches der Bilder aus der Klasse im Schulflur präsentiert wird, welches selbst gebaute Modell auf dem Ausstellungstisch der Schulöffentlichkeit gezeigt wird oder welches Plakat zum Vermeiden des Mülls beim Schulfrühstück wohl am wirksamsten für die anderen Kinder der Schule ist. So wird die Sache und Qualität der Leistung in den Vordergrund gestellt und nicht eine das Schulklima möglicherweise negativ beeinflussende Konkurrenz um Bewertungen. Da Leistung für die Gestaltung der Schulumgebung aller genommen wird, kann das Gefühl ungerechter Benotung vermieden werden, wenn alle an der Auswahl beteiligt sind. Der Sachunterricht mit seinen vielfältigen Aufgaben bietet sich geradezu an „Sachunterrichts-Konferenzen" in Abwandlung zu den Schreibkonferenzen zu organisieren, bei denen die Qualität der Leistung mit zunehmend differenzierteren Kriterien offen und für alle durchschaubar bewertet wird.

Ein weiterer Weg zur Verbesserung des sozialen Klimas in der Klasse liegt im kommunikativen Sachunterricht (vgl. Kaiser 2004a). In den Gesprächskreisen nach differenzierten Versuchszeiten kommt es dabei darauf an, dass verschiedene Meinungen, Deutungen und Wahrnehmungen akzeptiert werden. Es kommt nicht auf das „richtig" und „falsch" an, sondern auf die schrittweise Entwicklung gemeinsamer Regeln des Austauschs von Positionen. Damit kann das für das Schulklima entscheidende Akzeptieren der anderen grundlegend aufgebaut werden.

Auch das Verteilen von Aufgaben und Ämtern (keimende Samen wässern; die Länge der verschiedenen Versuchspflanzen messen und notieren; das allmähliche Verrosten verschiedener Eisenstücke auf Wasser beschreiben) im Sachunterricht zur Fortführung und genauen Beobachtung der Versuche schafft für diese Kinder das positive Gefühl, wichtig zu sein – eine entscheidende präventive Bedingung gegen gewaltsames Handeln. Je mehr Langzeitversuche in der Klasse fortgeführt werden müssen, umso mehr Kinder werden in spezifische Verantwortung für die jeweilige Versuchsbetreuung heran gezogen. Daneben gilt es, generelle Verantwortlichkeiten im Sachunterricht zu vereinbaren, wie Blumenpflege, Sorgen für die Klassentiere oder ästhetische Gestaltung der Bücherecke wie auch der gesamten Schulumgebung (vgl. Zierer 2003). Je lebendiger der Sachunterricht in das gesamte Schulleben eingebunden wird, je mehr Kinder Verantwortung für alle übernehmen, umso mehr Chancen gibt es, das soziale Klima nachhaltig zu verbessern. Die ästhetische Gestaltung der Lernumgebung ist dabei eine nicht zu vernachlässigende Bedingung.

8.2.4 Inhaltliche Klarheit im Sachunterricht

Inhaltlichen Klarheit kann salopp umschrieben werden, dass Kinder wissen, was Sache ist. Dies heißt zweierlei: Kinder müssen inhaltlich wissen, worum es geht und sie müssen es sprachlich verstehen.

Für die erste Anforderung gibt es viele Möglichkeiten im Sachunterricht. Das Thema des Monats oder der Woche wird auf einem Lernplakat dokumentiert. Symbolbilder zur Frage des Tages werden an der Klassenzimmertür befestigt, auf dem Ausstellungstisch der Klasse wird durch Exponate und Schilder deutlich gemacht, um welche Inhalte es geht. Klarheit des Ablaufs von Sachunterricht in Ritualen ist also der erste Aspekt der inhaltlichen Klarheit im Sachunterricht.

Ungleich schwieriger ist es, Klarheit über die Sprache im Sachunterricht (vgl. Kaiser 2004 g) zu schaffen. Denken und Sprache hängen eng miteinander zusammen. Wenn wir die Kinder im Sinne guten Sachunterrichts wirklich zum Verstehen und Nachdenken bewegen wollen, müssen wir eine angemessene Sprache finden. Die Erkenntnisse dazu haben sich auf zwei Wegen gekreuzt, der Weg der Didaktik, wie er von Martin Wagenschein (vgl. Brülls 2004 b) begangen wurde, besagt, dass im naturwissenschaftlichen (und selbstverständlich auch sozialwissenschaftlichen) Unterricht an der Alltagssprache der Kinder angeknüpft werden muss (Kaiser 2004 g, 79) und nicht an der von den Fachwissenschaften vorgegebenen Sprache. So wie die Kinder die Sache sehen, sollen sie es auch ausdrücken dürfen. Im Gespräch und im Austausch miteinander können dann genauere Ausdrücke, die für alle verständlich sind, gefunden werden. Dieses Anknüpfen an die Sprache der Adressaten finden wir auch in den Kommunikationswissenschaften, die eine Vielzahl an erfolgreichen Kommunikationsstrategien herausgearbeitet haben. Jerry Richardson hat diese in einem populären Anleitungsbuch für Führungskräfte in der Wirtschaft und Geschäftsleute generell unter dem Titel „Erfolgreich kommunizieren" zusammengefasst (1992). Dieser Ansatz wird unter dem Begriff NLP (Neurolinguistisches Programmieren) auch heute noch in zahlreichen Fortbildungen und Büchern verbreitet.

Richardsons erste Grundkategorie des Verkaufens ist das Herstellen von Rapport. Rapport heißt, dass ähnlich wie bei den Stoffmustern von Gardinen die beiden Teile so aneinander genäht werden, dass die Muster wie bei einem einzigen Stück zueinander passen. Er fordert als Grundbedingung erfolgreicher Kommunikation, dass seine Adressaten sich zuerst auf die Ebene ihres Gegenübers begeben und zunächst die Absicht, den anderen verändern zu wollen, aufgeben, sondern stattdessen sich selbst verändern. Er bezeichnet die Fähigkeit zu spiegeln, also die Stimme, Sprachmuster, Glaubenssätze, Meinungen, Körpersprache und sogar Atemmuster (Richardson 1992, 23) des anderen wiederzugeben, als das Geheimnis, um erst einmal Rapport herzustellen. Dazu gehört auf pädagogische Verhältnisse bezogen erst einmal, den/die andere/n zu akzeptieren, wie er/sie ist. Für Lehrpersonen im Sachunterricht heißt Rapport herstellen, sich auf die Kinder und ihre anthropologische Besonderheit einzulassen. Das heißt u. a. lebendig zu sein, Probleme emotional zu sehen, Sinn für Ungewöhnliches und Details zu entwickeln und eine spontane Interessiertheit mit der Sache zu leben. D. h. zunächst die Lebendigkeit und den Bewegungsdrang von Grundschulkindern in sich selbst aufzunehmen und so diese Kinder zu spiegeln, d. h. zu akzeptieren. Erst nach einer gelungenen Spiegelung, wenn das eigene Verhalten sich dem des Gegenübers angenähert hat, ist es nach Richardson möglich, auch zum nächsten Schritt, dem Führen, überzugehen. Eng damit zusammen hängt die von Richardson „aktives Zuhören" bezeichnete Methode, mit dem er empathisches Verstehen der anderen Person erreichen will. Er konkretisiert diese Methode als Paraphrasieren, also sinngemäßes Wiederholen der Aussage der anderen Person. Auch dies ist pädagogisch gesehen ein bekanntes Postulat schülerzentrierten Unterrichts, nämlich die Aussagen der SchülerInnen aufzugreifen und ernst zu nehmen.

Weniger verbreitet in der Praxis des Sachunterrichts ist dagegen Richardsons nächste Forderung an verständliche Kommunikation, nämlich statt Warum-Fragen, „Was-Fragen (und ihre Variationen Wer? Welches? Wann? Wo? und Wie?)" (Richardson, 68) zu verwenden. Dies klingt zunächst ungewöhnlich, zumal die Warum-Frage tatsächlich die übliche Art unterrichtlicher Fragen gerade im Sachunterricht ist. Richardson belegt, dass die Warum-Fragen oft nur einschüchternd wirken oder eine „Abwehrhaltung in der anderen Person hervorrufen" (Richardson, 68). Wie oft antworten Kinder in der Schule auf Warum-Fragen mit „Ich weiß nicht." oder „[...], weil das so ist"?. Dagegen ist z. B. die Frage „Was brennt an einer Kerze?" auf den ersten Blick einfacher und eher motivierend zum Nachdenken und Beobachten als die umfassende Frage „Warum brennt eine Kerze?" Gerade im Sachunterricht, der eben auch „die Sache klären" (von Hentig 1985) sollte, geht es um konkrete Suchbewegungen und nicht um umfassende Begründungen.

Erst wenn ein Rapport hergestellt ist, d. h. eine pädagogische Beziehung zur Klasse oder einzelnen Kindern sich entwickelt hat, diese Methoden der weiteren Verständigung zum Tragen gekommen sind, ist es nach Richardson an der Zeit, „die Kunst zu überzeugen" (Richardson, 73) einzusetzen. Voran setzt er die Selbstprüfung, ob man selbst mehr Vorteile für den Vorschlag sieht – also den Sinn didaktisch zu begründen weiß.

Danach erst ist es sinnvoll, genau nach der Entscheidungsstrategie der anderen Person zu schauen, um eine passende Präsentationsstrategie zu entwickeln (Richardson, 84). Für den Unterricht heißt dies, genau die Lernstrategie jedes einzelnen Kindes bezogen auf den jeweiligen Unterrichtsinhalt kennen zu lernen, um dann die adäquaten Lernschritte anbieten zu können. So brauchen einige Kinder „Eselsbrücken", andere Wiederholungen oder rhythmische Übungen, wieder andere spannende Kontextbeispiele, um zu lernen. Hier wird deutlich, dass spätestens in dieser Phase ein sehr individualisiertes Umsetzen der Kommunikationsstrategien auf Schule erforderlich ist.

Das weitere methodische Prinzip Richardsons ist das „Ankern". Pädagogisch bedeutet das Ankern der erwünschten Reaktionen in der Interaktion, dass positive Reaktionen der Kinder in Hinblick auf das Ziel entwickelt werden, z. B. Hilfestellungen bzw. eingebettete Vorschläge zum Erreichen des Lernzieles situativ in die Interaktion einzubringen sind. Letztlich heißt dieses Postulat, auf die Kinder zentrierten Unterricht zu praktizieren. Die Metapher vom Ankern erleichtert es, das Prinzip der Annäherung zu verstehen: Der Anker des Schiffes wird in anderes Terrain ausgeworfen, um sich darin festzumachen. Fremdes und Eigenes treten in eine Verbindung.

Dies ist in der Tat ein schon recht hoher Anspruch an Unterricht. Die Idee mit den eingebetteten Vorschlägen, die genaue Kenntnis der Lernstrategien und das Hervorbringen angenehmer Reaktionen bei den Kindern verlangt viel methodisches Geschick in der Realisierung, aber zumindest sind wichtige Kriterien benannt, wie ein dynamischer Lernprozess ohne direkten Druck zustande kommen kann. Als Minimum sprachlicher Klarheit sollte vermieden werden, überholte Formulierungen zu gebrauchen, die etwa in heimatkundlichen Gedichten verwendet werden wie „er egget und sät", ohne zu bedenken, ob diese von den Kindern verstanden werden. Analog gilt dies auch für Fachwörter oder nur im Kontext verständliche Ausdrucksweisen. Wir müssen uns immer wieder klar machen, dass für viele Kinder die Sprache ihrer Lehrerinnen und Lehrer nicht verständlich ist[4].

Die dritte Dimension inhaltlicher Klarheit besteht im „Mitnehmen" aller Kinder. An erste Stelle stehen klare Präsentationen des jeweiligen Inhalts. Wenn es darum geht, die Bestäubung von Blüten zu erläutern, muss das entsprechende Bild auch Stempel und Staubgefäße vergrößert zeigen und nicht eine diffuse Ansicht einer bunten Blumenwiese. Fokussierung und Vergrößerung[5] zählen zu den wesentlichen Präsentationsmethoden, die mehr Klarheit herstellen können. Für

---

[4] Dazu nur ein Erinnerungsbeispiel aus meiner eigenen Kindheit. Damals in den 1950er Jahren gab es ein Berliner Kabarett im Radio, das meine Eltern gern hörten. Dort wurde immer zu einem Lied ein Refrain wiederholt „der Insulaner, der Insulaner, verliert die Ruhe nicht, der Insulaner liebt 'keen Jetue nicht'". Ich hatte als Mädchen im Grundschulalter immer gedacht, damit sei ein Mädchenvorname „Kinjetuenich" gemeint und glaubte dies mehrere Jahre, weil ich dachte, wenn dabei „liebt" von einem Mann gesungen wird, dann sei eine weibliche Person aus Berlin gemeint. Genauso gehen viele Kinder auch im Sachunterricht vor, wenn sie irgendwelche Begriffe hören, die sie nicht verstehen, sie versuchen sie mit ihrem bisher Gelernten assoziativ zu verbinden. Dadurch entsteht gerade nicht inhaltliche Klarheit sondern Verschwommenheit.

[5] weitere präsentationsmethodische Schritte zum guten Sachunterricht, die allerdings nicht so stark der Klarheit dienen, sondern eher der Motivierung oder der Lernanregung wie Entgrenzung, Verfremdung, Kontrastierung, subjektives Erlebnis, Sinneserfahrung, Eigenaktivität, Belebung, Modellbildung, Originalbegegnung unterscheide ich in: Bönsch/Kaiser 2002.

den Sachunterricht ist eine digitale Kamera mit Makroobjektiv ein wichtiges Hilfsmittel, um auf Unterrichtsgängen das Wesentliche aufzunehmen und allen Kindern hinterher klar zu präsentieren.

Bei der Suche nach guten Präsentationsmethoden lohnt es sich, in für ein breites Publikum präsentierten Ausstellungen nach guten Mustern zu suchen. Ich habe – am Beispiel der EXPO 2000 (Kaiser 2001 b) einen Katalog von methodischen Prinzipien zusammengestellt, die besonders attraktiv wirken. Diese Qualitätskriterien der klaren Präsentation gelten nicht nur für erstklassige Ausstellungen, sondern m. E. auch für guten Unterricht:

- Fokussierung
  Wichtig bei diesem methodischen Zugang ist die Beschränkung des Gezeigten auf einen kleinen Ausschnitt, um das Besondere der Präsentation zu verstärken. Bedeutsame Texte, Bilder oder Objekte werden isoliert, hinter Klappen oder Gucklöchern versteckt, um so das Interesse der Lernwilligen zu steigern. Dieses Prinzip der Fokussierung lässt sich zumeist auch ohne großen materiellen und technischen Aufwand in eigene pädagogische Praxis umsetzen. Für die Fokussierung genügt schon ein Bindfaden, um einen Quadratmeter Waldboden zu umrahmen und plötzlich das vielfältige Leben auf dem Boden sichtbar zu machen.

- Vergrößerung
  Die Kehrseite der Fokussierung stellt die Form der überdimensionalen Vergrößerung dar. Gerade durch multimediale Techniken lassen sich viele Vergrößerungen im Sachunterricht selbst herstellen. Das Bein einer digital aufgenommenen Biene zeigt vergrößert die eigentliche Funktionsweise. Gerade Sachbücher für Kinder arbeiten mit Illustrationen, die Wesentliches hervorheben und dadurch den Aufbau eines breiten Wissens fördern. Als Nachschlagewerke und Wissensspeicher sind Sachbücher eine wichtige Informationshilfe im Sachunterricht (vgl. Wespel 2005, 53).

- Sinneserfahrung
  Die Sinne haben in der Didaktik seit Comenius einen hohen Stellenwert in der Theorie. In der Praxis werden die Sinnesleistungen unterschiedlich stark in Anspruch genommen, am ehesten wird der Hörsinn und der Sehsinn geübt. Tasten, Fühlen, Riechen oder gar Schmecken, also die Nahsinne, kommen dagegen im Unterricht wenig vor. Insgesamt werden nur wenige mögliche Sinneserfahrungen in sich als Reformpädagogik verstehenden methodischen Ansätzen verbreitet. Das sinnliche Erfahren von Natur wird dabei besonders favorisiert, Tannenzapfen tasten, rauschendes Wasser hören, Wassertropfen spüren – derartige Anregungen werden nicht nur in Ausstellungen, sondern auch in Schulen zunehmend kultiviert. Neben diesen Formen der unmittelbaren Sinneserfahrung gibt es auch Formen der „verkappten" Sinneserfahrung, bei denen das eigentliche Objekt unter Glas zu sehen ist oder in sonstiger

Weise vom unmittelbaren Zugriff durch die lernende Person entfernt wird, aber gleichzeitig sehr klar in seinen Besonderheiten erkennbar ist.

- Eigenaktivität
  Jede einfache Form des handelnden (Mit)Tuns – sei es, eine Inschrift selbst zu gestalten oder einen Gegenstand zu platzieren – gehört zu den simplen und wirkungsvollen Methoden des erfahrungsnahen Lernens. Am häufigsten in die Schule übertragen wird der Ansatz der Eigenaktivität durch Anregung zur Auswahl der individuell gewünschten Zusatzinformationen in der Schulbibliothek oder im Internet. Noch stärker auf Eigenaktivität ausgerichtet sind präsentationstechnische Möglichkeiten des Verschiebens, Modellierens oder Veränderns von Exponaten.

- Belebung
  Eine unterrichtliche Präsentation ist zunächst starr. Um sie zu beleben, gibt es viele Möglichkeiten, wie das Inszenieren von Handlungsabläufen, das szenische Gestalten von Dialogen oder die Präsentation des Lebendigen wie von Biotopen, Pflanzen oder Tieren. Eine mögliche Form der Belebung von Unterricht ergibt sich durch das Einbeziehen von Kinderprodukten, seien es Bilder, Filme oder Tonfiguren.

- Modellbildung
  Kunstwerke, technische Objekte, Modelle technischer Funktionszusammenhänge, historische technische Gebilde, modellhafte Veranschaulichung abstrakter Zusammenhänge, Gebäude, Ausgrabungsstätten und Landschaften lassen sich modellhaft im Sachunterricht nachgestalten. Auch diese Modelle tragen zur inhaltlichen Klarheit bei.

- Originalbegegnung
  Die schon seit Heinrich Roths didaktischen Schriften bekannten Prinzipien der Originalbegegnung sind in der schulpädagogischen Theorie sehr verbreitet, in der Praxis weniger angewendet. Die Fülle an Möglichkeiten originaler Begegnung im Sachunterricht ist schier unerschöpflich, sie reicht von Musikinstrumenten, kulturspezifischen Speisen, realen Kompostierkästen, Fahrzeugen wie Handkarren oder Fahrrad, Knochen oder Haaren. Das originale Objekt ist einerseits sehr klar und eindeutig und fordert zur Auseinandersetzung heraus, hat aber auch eine komplexe Struktur, die es durch schrittweises Erarbeiten aufzuschlüsseln gilt.

- Verfremdung, Entgrenzung, Kontrastierung
  Diese bereits an anderer Stelle (vgl. Kap. 5.4) als wichtige Lernprinzipien im Sachunterricht beschriebenen Ansätze sind ebenfalls wichtige Formen, die in Museen und Ausstellungen verwendet werden. Hier geht es gerade um die Irritation, die im Auge der Betrachtenden erzeugt werden soll, um Aufmerksamkeit zu intensivieren.

Diese präsentationsmethodischen Schritte sind allesamt besonders gut geeignet, um im Sachunterricht besondere Klarheit herzustellen. Sie sind einsetzbar für die Anfangspräsentation eines Gegenstandes, aber auch im Laufe von Projektarbeit und Abschlusspräsentationen. Je klarer ein Inhalt durch die Präsentationsmethoden vor Augen geführt wird, umso mehr muss davon ausgegangen werden, dass dies auch nachhaltige Wirkungen für das Behalten und die Intensität der Auseinandersetzung nach sich zieht. Dabei ist vor allem darauf zu achten, dass die Präsentationsmethode auf den jeweiligen Sachunterrichtsinhalt und das Lernziel zugeschnitten ist und wichtige Informationen nicht unterdrückt. Jede Präsentationsmethode bewirkt besondere Erkenntnisse und Wahrnehmungen bei den Lernenden[6]. Auch zur Herstellung von Klarheit im Sachunterricht ist es wichtig, die jeweils für die Sache angemessene Methode der Präsentation zu finden. Das kann ein Schaubild vom Inneren einer Frucht sein, ein Film um die Verwandlung der Raupe zum Schmetterling zu zeigen, eine originale Frucht oder eine Wandzeitung mit verschiedenen Detailinformationen sein.

Inhaltliche Klarheit kann auch in Kooperation mit den Kindern hergestellt werden. Hierzu zählt die Methode des Zeichnens und Malens (Kaiser 2004h) wie auch des Modellbildens durch die Kinder. Hier geht es vor allem darum, dass die Kinder innere Funktionsweisen (Wie wird ein Fahrrad angetrieben? Wie funktioniert ein Kran?) oder Zusammenhänge (Welche Pflanzen und Tiere im Teich sind voneinander abhängig?) selber aufzeichnen, dabei eigene Unklarheiten erkennen oder nachfragen, um sich des eigenen Erkenntnisstandes zu vergewissern. Zeichnen und Malen wie auch Basteln (zum Beispiel Herstellen eines idealen Schneckenhauses aus Karton, um das eigene Verständnis von Lebensbedingungen und –notwendigkeiten von Schnecken zusammenfassend zu dokumentieren als auch bei bestimmten Inhalten die Modellbildung (Modell einer Ölpestbeseitigungsmaschine vgl. Kaiser 2005) tragen dazu bei, die eigenen Vorstellungen zu klären – besonders wenn verschiedene Zeichnungen miteinander verglichen werden.

Zeichnen – samt der Varianten Malen, Bauen[7] (vgl. Plickat 2003) und Modellbildung – ist keineswegs auf den technisch orientierten Sachunterricht reduziert, sondern kann als ideale Methode des Sachklärens verstanden werden.

Klarheit in der Unterrichtsstruktur, Klarheit in der Sprache, Klarheit in der Präsentationsmethode und im Ausdruck der Kinder sind vier wichtige Wege, um guten Sachunterricht herzustellen.

---

[6] So wird etwa in der Fachdiskussion unter Designern der Absturz der Colombia-Raumfähre darauf zurück geführt, dass die Vorbereitung dieser Aktion durch Powerpoint-Präsentationen begleitet worden ist, die von der Struktur nur Platz für wenige Unterpunkte lässt, so dass für die Sache erforderliche Informationen nicht weiter gegeben wurden (Tufte 2003).

[7] Plickat führt gerade für das Bauen viele wichtige Funktionen an wie die Aktivierungsfunktion, Kontemplationschance, ästhetische Anregung, Denkentwicklung, Gespräch- und Reflexionsanlass, Gestalten von Raum (Plickat 2003, 24).

8.2.5 Sinnstiftendes Kommunizieren

Einer der häufigsten Unterrichtsfehler besteht darin, den Kindern die Aufgabe zu stellen, sich ins Hirn ihrer Lehrperson hinein zu winden. Das geschieht u. a. dadurch, dass den Kindern die Frage gestellt wird, zu raten, welches Tier denn heute in der Sachunterrichtsstunde dran ist[8]. Oft werden kleine Hilfestellungen zur richtigen Beantwortung gegeben. Für die Kinder ist dann nicht mehr der Inhalt entscheidend, sondern das richtig zu raten, was die eigene Lehrperson wohl denkt. Aber Sinn kommt nur durch die Sache selber zustande.

Ein wichtiger methodischer Ansatz für sinnstiftenden Sachunterricht ist mittlerweile fast in Vergessenheit geraten, nämlich der Einsatz von Sachunterrichtserzählungen (vgl. Kaiser 2004 f). Zwar gibt es allerhand positive Erfahrungen in der Didaktikgeschichte. So wurden Sachunterrichtserzählungen von Gansberg (vgl. Kap. 2) in den 1920er Jahren tausendfach aufgelegt. Auch im historischen Lernen der DDR spielte diese Form eine große Rolle. Mittlerweile gibt es auch neuere konkrete Vorschläge (vgl. Kaiser 1997 a). Erzählungen für den Sachunterricht sind geeignet, wichtige Sachverhalte emotional bedeutsam zu vermitteln. Gerade die erzählte Geschichte übt Reiz auch oder besonders in einer durch Medien überschütteten Zeit auf Kinder aus. „Im Sachunterricht, dessen Lerngegenstände nicht zum wenigsten der natürlichen und kulturellen Dingwelt entstammen, ist das Erzählen eine einzigartige Weise, sie in lebendige Situationen, in Werdensprozesse zurückzuverwandeln, sie zu beleben" (Mattenklott 1993, 19). Den Zugang zu Sachproblemen über mitmenschliche Motive zu finden, ist sinnstiftend für Kinder. „Gerade emotional bewegende Geschichten bringen in kontroversen Diskussionen soziale Prozesse zum Vorschein, die durch eine bloß sachbezogene, die Gegenstände reduzierende, kognitive Herangehensweise verborgen blieben. Insofern können Sachunterrichtserzählungen Anlass für soziales Lernen, Ansatz für politisches Lernen und Anfang von kontroversen Diskussionen sein" (Kaiser 2004 f, 113). Gerade um die Menschen als ganze Personen und nicht nur kognitiv anzusprechen, „braucht die Pädagogik die Welt der Bilder und den Umgang mit Figuren aus erzählten oder gespielten Geschichten" (Mattenklott 1993, 19).

Gebhard und Lück gehen sogar so weit, beim Symbolisieren von naturwissenschaftlichen Inhalten, d. h. also bei ästhetischen Zugangsweisen, einen Schlüssel zur Sinnstiftung zu sehen: „In der Beziehung zu den Dingen zeigt sich nicht nur eine (animistische) Verkennung der Wirklichkeit, sondern eine symbolisierende Bedeutungsaufladung und damit eine Sinnstiftung" (Gebhard/Lück 2002, 107). So betrachtet sind ästhetische Zugangsweisen im Sachunterricht mit den verschiedenen methodischen Möglichkeiten, wie etwa eigene Namen für Phänomene zu finden oder beobachtete Phänomene durch farbiges Malen zu deuten, ein genereller Weg hin zum sinnstiftenden Kommunizieren.

---

[8] Dieser Ansatz wird in einem schon betagten Anleitungsbuch zur Unterrichtsplanung von Grell und Grell (1979) ausführlich kritisiert.

Geschichten für den Sachunterricht müssen erst noch geschrieben oder von Kindern und Lehrerinnen/Lehrern in der Situation erfunden werden. Es ist durchaus sinnvoll klassische Lehrererzählungen aus der Zeit der Reformpädagogik, zum Beispiel die „Plauderstunden" von Fritz Gansberg (1912b) als Modell für das eigene Geschichtenerzählen zu nehmen. In neueren Erzählungen für den Sachunterricht (Kaiser 1997a) werden wichtige naturwissenschaftliche oder sozialwissenschaftliche Inhalte in lebendigen Geschichten transportiert. Diese bieten geeignete Unterrichtseinstiege für einen sinnstiftenden Unterricht.

Eine ähnlich sinnstiftende Funktion im Sachunterricht haben Kinderbücher (Ehlers 2004a). „Der Einsatz von Kinderbüchern im (Sach-)Unterricht sollte neben der allgemeinen Heranführung an Bücher vor allem neugierig auf den in Büchern 'versteckten' Inhalt machen. Die Kinder lernen, mit Büchern umzugehen, verstehen den Sinn des Geschriebenen und können den Nutzen des in Büchern gesicherten Wissens erkennen" (Ehlers 2004a, 117). Der Sinn von Büchern kann gerade durch komplexe und spannende fiktive Kinderbücher zu einem Sachthema authentisch transportiert werden und lässt doch individuelle Interpretationen zu. „Das Vorlesen übt auf verschiedenen Ebenen notwendige Kompetenzen und ermöglicht schon hier wichtige neue Sichtweisen. [...] Der Text wird durch den Vorleser/die Vorleserin interpretiert. Durch Variationen der Stimme, der Lautstärke, des Tempos, durch unterstützende Gestik und Mimik wird der Text zusätzlich untermalt. Aber auch das zuhörende Kind interpretiert das Gehörte. Gefühle werden hervorgerufen und regen soziale Lernprozesse an. Möglicherweise gibt es voneinander abweichende Textinterpretationen, über die gesprochen werden kann" (Ehlers 2004a, 116). „Kinderbücher ermöglichen es, Themen, die nicht so leicht im Alltag zugänglich sind, in einem sinnvollen Kontext zu präsentieren. Ob Gewalt, Migration, Tod, Scheidung oder Holocaust, es gibt keine thematische Grenzziehung mehr für Kinderliteratur" (Gläser 2003, 159).

Aber auch die Möglichkeit durch Kommunikation der Kinder untereinander über die jeweiligen Inhalte ist ein entscheidender Motor für Sinnstiftung. Unter dem Schlagwort „Kinder lernen von Kindern" (Ragaller 2004) wird dieses Prinzip in der neueren wissenschaftlichen Diskussion verbreitet. Der Grundgedanke ist dabei weniger das Helferprinzip im Unterricht, sondern dass durch Kommunikation verschiedene Sichtweisen bekannt werden und ausgetauscht werden können. Wenn ein gleichaltriges Kind eine andere Position zur Sache vertritt wirkt dies anregend. Über die anderen Kinder vermittelt stellt sich ein Sinn her. Ich habe deshalb mein Konzept von Sachunterricht seit einigen Jahren als kommunikativen Sachunterricht (Kaiser 2004a) beschrieben. Der Gedanke kommunikativen Lernens ist nicht neu. Schon Martin Buber (1985) hat mit seinem Plädoyer für das dialogische Prinzip diese Richtung vertreten.

Eine weitere wichtige Möglichkeit der Sinnstiftung im Sachunterricht geschieht durch ernste und echte Vorhaben oder Projekte, bei denen die Klasse z. B. einen

Schulgarten anlegt, ein Produkt herstellt und vermarktet oder Beziehungen zu einem Altenheim pflegt. Um echte Verbindungen zu schaffen, ist zunächst das Aufsuchen von außerschulischen Lernorten wichtig. „Jede einzelne Schule sollte in ihrem unmittelbaren Umfeld ein lokales bzw. regionales 'Netzwerk' von außerschulischen Lernorten aufbauen, das schulisches und außerschulisches Lernen nach den jeweils vorhandenen Möglichkeiten miteinander verbindet" (Claussen 2004, 5). Ein derartiges Netzwerk bekannter Lernorte macht es leichter, die Hemmschwelle vor dem Gang nach draußen zu überwinden. Denn die „schwierige Plan- und Kalkulierbarkeit für Lernabläufe zu einem Ziel hin" (Claussen 2004, 4) ist ein Grund für manche Lehrerinnen und Lehrer, außerschulische Lernorte zu meiden. Jede Form des dauerhaften Sorgens und Pflegens, des Produzierens und Verkaufens oder der Gestaltung des Schullebens ist etwas Sinnvolles. Für Kinder wird so unmittelbar erfahrbar, dass es sich nicht um losgelöste Lernaufgaben handelt, sondern um echte Aufgaben, die Sinn machen.

8.2.6 Methodenvielfalt

Methodenvielfalt lässt sich auf verschiedenen Ebenen betrachten, auf der Ebene der Sozialformen wie Einzelarbeit, Partnerarbeit, Gruppenarbeit oder Frontalunterricht, auf der Ebene von Großformen wie Projekten oder Kursen oder auf der Ebene von Handlungsmustern (Meyer 1987), die hier betrachtet werden sollen. Ein wichtiges Grundmuster möchte ich vorweg vorstellen. Seit vielen Jahren wird wissenschaftlich über die Frage nachgedacht, wie Kinder von ihren Alltagsvorstellungen hin zu wissenschaftlichen Vorstellungen gebracht werden können. Diese Debatte läuft unter dem Stichwort Konzeptwechsel oder conceptual change (vgl. Kaiser 2004d). Mittlerweile ist man zu der Ansicht gekommen, dass wir diese beiden Formen nicht so deutlich gegeneinander stellen können, sondern, dass auch in späteren Lebensphasen einfache Alltagsvorstellungen neben wissenschaftlichen Begriffen vorkommen. Wichtig für den Sachunterricht ist es, dass wir den Kindern keine Fachsprache durch Tafelanschrift, Ausfüllvorschrift auf dem Arbeitsblatt oder durch bohrendes Nachfragen nach der korrekten Ausdrucksweise abverlangen. Vielmehr ist es erforderlich, dass wir an den Alltagsvorstellungen ansetzen und den Kindern zum Gespräch untereinander Anlass geben. Dafür scheint eine Methodenfolge von differenzierten Versuchen mit Material, Austausch im Gesprächskreis und gemeinsames Denken über das in den Versuchen Beobachtete als besonders angemessen zu sein. Bei diesem Gespräch ist es möglich, dass Kinder feststellen, welche Beobachtung sie selber nicht genau genug haben beschreiben können. Sie werden dann eher nach neuen Ausdrucksmöglichkeiten suchen, da sie selber eine Diskrepanz zwischen Beobachtung und Ausdrucksvermögen verspüren. Letztendlich können sie wissenschaftliche Konzepte, die sie bei anderen Kindern in einfachen Worten ausgedrückt gehört haben, besser annehmen.

Als Faustregel kann für den Sachunterricht also der methodische Wechsel zwischen Gesprächskreis und differenzierten Versuchen gesehen werden. Aber es gibt natürliche noch eine Vielzahl an weiteren möglichen Handlungsmustern.

Methodisch überwiegt gegenwärtig im Sachunterricht die Veranschaulichung durch Bilder in Arbeitsblättern, im Schulbuch oder als Folie.

Gerade wegen der ambivalenten Wirkung einer einzigen Methode ist Methodenvielfalt besonders wichtig, um den Kindern die Gelegenheit zu vielfältiger Annäherung an die Inhalte und zum Überprüfen zu geben. Jede Lehrperson hat aber nur ein bestimmtes, meist auf wenige Handlungsmuster begrenztes praktisches Repertoire. Für guten Unterricht sollte das Spektrum allerdings verbreitert werden, um den vielfältigen Wahrnehmungs- und Denkweisen der Kinder besser gerecht zu werden. Deshalb soll hier eine weitere – nicht erschöpfende – Übersicht über verschiedene Handlungsmuster vorgestellt werden: Präsentations- und Informationsvermittlungsformen der Lehrperson (A), Formen des Erfahrungsgewinns für die Lernenden (B), Formen, die subjektiven Ausdruck der Lernenden ermöglichen (C) und übergreifende Handlungsformen (D):

Methodenübersicht (Handlungsformen im Sachunterricht)	
A Präsentation und Informationsvermittlung	
1) Lernen an/aus/mit Texten/Geschichten durch	**2) Visuelle Informationsquellen einsetzen**
• Beschreibungen	• illustrative Bilder/Zeichnungen
• Kinderbücher	• Modelle zur Anschauung
• Klassisch literarische Kurzformen (Märchen, Fabeln, Parabeln, Gedichte)	• Bildkartei
• informative Texte/kombiniert mit Bild (Lehrbuchmuster)	• Diorama (Fitzsimmons 1996)
• Wandzeitung	• Objekte zur Anschauung
• Vorträge der Kinder/anderer Personen zur Informationsvermittlung	• Fotos (Freeß 2002) und Filme
• Dokumentation, Ausstellungsobjekte mit Text	• Bildvergleich
• Internetpräsentationen zum Thema	• Fotografieren
• Zeitungsmeldungen und andere Gebrauchstexte	• Bildkontraste /-kombinationen
• Historische Sachquellen	• Informative audiovisuelle Medien, Filme, Powerpoint-Präsentationen etc.
• Sachunterrichtserzählungen (Kaiser 2004f)	• Computeranimationen
• Collagen	

3) Sich spielerisch sich dem Inhalt annähern	4) abstrahierende Veranschaulichungs- formen
• spielerisches Erproben (Wigger 2001)	• Tabellen
• spielerische Erkundung	• Pläne
• Brettspiele mit impliziten Informationen (Kaiser 2005)	• Grafiken
• spielerische Förderung des Sozialverhal- tens und zur Lösung von Konflikten	• Zahlen
• Akrostichon (Uhlenwinkel 1998)	• Mind maps, Concept maps,
• Regelspiele	• Begriffskarten zum Ordnen
• Wettkampfspiele	• Dreidimensionale Modelle

B) Erfahrungsgewinn	
5) Erkundung/Unterrichtsgang planen, durchführen und auswerten	6a) Beobachtung planen, durchführen, variieren, auswerten
• mit offenem Problem (Wie können Pflanzen auf dem Asphaltweg überle- ben?)	• von verschiedenen Darstellungsweisen (Körperhaltung, Werbung)
• mit verschiedenen Fragen (Wie viele Arten von Pflanzen, welche Wurzellän- gen, welche Trittfestigkeit?)	• von Veränderungen/Entwicklungen (Sprösslinge, ein Baby, Schatten des Schulgebäudes im Laufe des Tages, Pflanzen in vier Jahreszeiten)
• mit vorgeschriebener Erkundungsauf- gabe (Pflanzenwelt in der Stadt)	• von Phänomenen/Lebewesen (z. B. Klassentier, Wetter, Stau)
• mit zentraler Fragestellung (Wie viele verschiedene Pflanzenarten können in unserem Stadtviertel in Pflasterritzen überleben?)	• von Prozessen (Anwachsen des Schul- mülls in einer Woche)
• mit festgelegten Dokumentationsfor- men (zeichnen, fotografieren)	• von Zusammenhängen (Abwasserrohr der Baustelle und Kanalsystem)
7) Experiment, Versuch, Erprobung, Sammlung planen, durchführen, beob- achten und auswerten	• in Concept Cartoons (Naylor/Keogh 2000) eigene Versuchsinterpretationen ausdrücken
• Vorführexperiment	• Mind map zu Versuchsergebnissen und Interpretationswegen herstellen
• Offener Gruppenversuch	• Stichpunktkataloge ordnen
• Offener Partnerversuch	• Berichte erstellen
• Offener Einzelversuch	• Dokumentation anfertigen
• Erfindungen machen (Wigger/Schoma- ker 1998)	• Zukunftsbaum erstellen (Fountain 1996)
• Erprobung mit vorgegebenen Materialien	• Diorama erstellen
• Gruppenversuch nach Anweisung	6b) Befragung planen, durchführen, vari- ieren, auswerten
• Partnerversuch nach Anweisung	• von Zeitzeugen
• Einzelversuch nach Anweisung	• von Expertinnen und Experten
• freies Forschen zu einem Problem/The- ma (Kaiser 2005)	• von Betroffenen
• Material sammeln	• von einer anfallenden oder zufälligen Stichprobe
• Erprobung mit vorgegebener Fragestel- lung	

C) subjektiver Ausdruck	
8) Darstellendes Spiel planen, durchführen, variieren und auswerten	**9) Bildlich, zeichnerisch und mit anderen ästhetischen Formen Erfahrungen und Vorstellungen ausdrücken**
• Planspiel	• Vorstellungen von inneren Zuständen äußerer Dinge
• szenische Antizipation	• Vorstellungen von Sinn und Zusammenhängen
• Schattentheater, Puppen-/ Figurentheater	• Visuell Eindrücke ausdrücken (Bilder, Plastiken) (Freeß 2002)
• Theaterszenen zu historischen und sozialen Ereignissen entwickeln	• Vorstellungen von technischen Funktionsweisen
• Film drehen, Hörspiel entwickeln	• Vorstellungen von Entwicklung und Genese
• Rollenspiel, gemeinsame Improvisation (Wigger 2001)	• Vorstellungen von Veränderungsmöglichkeiten
• Problemdarstellung in szenischen Medienritualen (Pro- und Contra-Spiel; Gerichtsspiel; Talk-Show)	• Vorstellungen von Emotionen
• imaginative Spiele (vgl. Vopel 1992)	• Bild malen
• Pantomime, Mimik	• Collage
• Standbild (körpersprachlicher Ausdruck), (vgl. Rosenbusch/Schober (Hrsg.) 1995 (2))	• Foto-/ Bildzusammenstellung
• Umsetzung von Sachunterrichtsinhalten in Bewegungen, „Imitation" von Lebewesen und von Objekten	• plastisch seine Meinung zum Thema ausdrücken (z. B. Tonarbeit)
• szenische Nachgestaltung (Bewegung im Raum)	• Vertonen von Themen des Sachunterrichts
• Texttheater entwickeln	• tänzerisch Inhalte ausdrücken
10) Gesprächsformen entwickeln, kultivieren, praktizieren, variieren	**11) Schreiben**
• Morgenkreis, Abschlusskreis	• selbst verfasstes Buch der Klasse
• Streitgespräch/Konfliktgespräch (Heckt/Jürgens (Hrsg.) 1996)	• Klassen-, Schulzeitung
• Blitzlicht	• Berichte
• Interview	• Erlebnisgeschichten von Kindern
• Brainstorming	• freie Texte von Kindern
• Kommunikationsregeln anwenden	• Briefe an andere Klassen
• Interaktionsspiele (Gudjons 1995, Vopel 1996)	• fiktive Geschichten
• Expertenbefragung (in der Klasse oder außerhalb; z. B. Großeltern, Förster, Zahnärztin)	• Schreibgespräch (Schramke/Uhlenwinkel 1999)
• Kreisgespräch	• Zukunftswerkstatt (Wedekind 2003)
• Träume und Visionen der Kinder	• Kreative Benennungen von Objekten finden
• spielerische Meditation, Fantasiereise (Müller 1994)	

D) übergreifendes Handeln	
12) Produkte selbst herstellen	**13) Pflege planen, praktizieren und auswerten**
• Arbeitsteilig ein Produkt anfertigen (Stockblumen aus Papier, Pappsandalen für die Leseecke, Armreifen) (Kaiser 2005)	• von Klassentieren (Kaiser 2005)
• etwas backen/kochen (Kaiser 2005)	• der Schulgesundheit (Erste Hilfe, Salatbar) (Kaiser 1998)
• ein Produkt auf dem innerschulischen Markt anbieten (Kaiser 2005)	• von Naturobjekten (Bachpatenschaft, Baumpatenschaft, Wiesenpatenschaft, Wegrandpatenschaft) (vgl. Schreier 1994a, 105)
	• von Pflanzen
	• von Menschenbeziehungen
	• von Museumsobjekten
14) Zusammenleben problematisieren, planen, verändern, praktizieren, reflektieren, erleben, genießen	**14a) Soziale Kompetenzen üben**
• gemeinsame Aufgaben (Klassentier, Zimmerpflanzen, Pflasterausteilen auf dem Schulhof bei Verletzungen)	• spielerisches Problemlösungsverhalten
• gemeinsame Aktionen (Veränderung der Verkehrsführung in Schulnähe; Solidarität mit der Partnerschule in Südamerika; Aktionen zu veränderter Müllproduktion; Bachpatenschaft im Schulumfeld) (Beutel u. a. 1995)	• Interaktionsspiele (Vopel 1996)
• Regelmäßige Rituale (Geburtstagsfeier, Sitzkreis nach der Pause)	• Schulgericht, Schülerrat (Friedrichs 2004) u. a. Formen der Selbstverwaltung/Selbstorganisation (Bönsch 1996)
• Gemeinsames Erleben und Planen (Klassenfest, Schulfest, Feiern, Schulforum)	

Abb. 25

Es ist zwar sinnvoll, die Methoden abzuwechseln, allerdings gibt es auch bei jeder einzelnen Methode Ambivalenzen: Denn „Grundschulkinder leben heute in einer Welt, die voller Bilder ist. Sie sind es gewohnt, Zugänge zu Sachverhalten über Bilder zu erhalten – dies beginnt schon lange vor der Schule und der Auseinandersetzung mit der Schriftlichkeit und setzt sich auch im Schulalter fort. Dabei ist der Umgang mit Bildern häufig ein sehr rascher, flüchtiger und konsumierender, geprägt durch die Ästhetik von (Fernseh-)Filmen, Werbung, Videoclips und den betont 'jugendlichen' Internetseiten. Dies gilt auch für Bilder, die – tatsächlich oder vermeintlich – Historisches darstellen. Beim Umgang mit Geschichte haben Bilder eine wichtige Funktion: Sie ermöglichen es uns, die eigentliche unanschauliche Geschichte im Wortsinne zu 'veranschaulichen', so dass wir uns ein Bild vom Vergangenen machen können. Dies fördert die Imaginationsfähigkeit, die Gedächtnisleistung und die Motivation von Kindern, sich mit Geschichte zu beschäftigen. Allerdings können Bilder auch suggestiv sein und stärkere Gefühle wecken als so mancher Text. Sie können manipulieren, gerade weil sie uns besonders glaubwürdig erscheinen. Bilder sind eben nicht einfach ein Abbild von Wirklichkeit, sondern sind wie andere Quellen auch perspektivisch, ausschnitthaft und stellen nur das Abbildbare dar" (von Reeken 2004, 159 f.).

Abschließend soll begründet werden, warum eine außerordentlich beliebte Form, die individualisierenden Arbeitsanregungen, hier nicht in die Liste an Handlungsmustern aufgenommen worden ist, nämlich der Einsatz des Arbeitsblattes. Zum einen muss für diese Formen ohnehin nicht die pädagogische Propagandatrommel gerührt werden, weil sie sich in der Praxis wie eine Seuche ganz von allein ausbreiten. Besonders der Einsatz eines Arbeitsblatts ist wahrscheinlich das beliebteste methodische Handlungsmuster. Aber auch Arbeitskarten haben mittlerweile einen großen Marktanteil erobert.

Inhaltlich ist vor allem das Qualitätsproblem bei Arbeitsblättern und -karten noch wenig gelöst: „Mit Arbeitskarten und anderen Materialien gelingt es oft nicht, über die Faktenebene hinaus zu den eigentlich interessanten Strukturzusammenhängen vorzustoßen, manchmal leiten Freiarbeits-Materialien geradezu zu banalen Tätigkeiten an" (Einsiedler 1994, 208). Noch problematischer bei den meisten vorbereiteten Materialien (mit Ausnahme vor allem der von der Pädagogik-Kooperative in Bremen publizierten) ist ihr zentral verordneter Formularcharakter, der sich den Kinderfragen in der Situation verschließt. Aber auch die Inhalte werden durch Arbeitsblätter und -karten vielfach banalisiert. „Die Trivialisierung der Welt ist ein heimlicher Lehrplan, dem auf der methodischen Ebene die Verdrängung der Dinge aus dem Unterricht entspricht" (Schreier 1994 a, 180).

Die hier vorgelegte Sammlung an methodischen Varianten reicht eigentlich für Jahrzehnte als Ersatz für den Einsatz von Arbeitsblättern, um immer wieder neu abwechslungsreichen Unterricht zu machen und vor allem Kinder mit verschiedenen Lernvoraussetzungen und individuellen Lernwegen anzusprechen.

8.2.7 Individuelles Fördern

Individuelles Fördern im Sachunterricht setzt voraus, dass die jeweiligen Lernvoraussetzungen jedes Kindes erhoben worden sind (vgl. Kap. 5.3). Danach ist es nötig, differenzierte Aufgaben zu stellen (vgl. Kap. 7.3.2), um allen Kindern letztlich den Weg zum Verstehen der jeweiligen Inhalte zu ermöglichen.

Auch das Unterrichtsgespräch ist als Teil der individuellen Förderung zu verstehen. Dies gilt allerdings nur, wenn es nicht als schnell zu arrangierende Unterrichtsphase betrachtet wird und diffus eingesetzt wird. So können die Kinder lernen zuzuhören, andere Meinungen und Ansichten anzunehmen, Dinge und Probleme von mehreren Seiten zu betrachten und nicht allein von der eigenen. Die entscheidende Aufgabe der Lehrperson ist es dabei, produktiv die Verschiedenheit einzubringen: „Im Gespräch mit den Gleichaltrigen treiben unterschiedliche Meinungen, Divergenzen, Kontroversen die Diskussion voran" (Einsiedler 1994, 200). Gerade die Verschiedenheit der Kinder ermöglicht es, das produktive Lernen durch Kontroversen zu entwickeln (Einsiedler 1994). In diesen Gesprächsphasen können die Fragen der Kinder differenziert und präzisiert werden. Ein systematisches Fragetraining hat sich empirisch als erfolgreicher beim Problemlösen erwiesen als unstrukturierte Gesprächssituationen (Einsiedler 1994, 209).

Es ist eine besondere Kunst, das individuelle Fördern mit dem gemeinsamen Unterricht zu verbinden. Dazu bieten sich einige Methoden besonders an, bei denen die Gedanken und Lernschritte der einzelnen Kinder wichtig angesehen werden und in den gemeinsamen Arbeitsprozess einfließen. Wenn etwa verschiedene Modelle, Zeichnungen oder Bilder der Kinder zuerst individuell hergestellt werden, besteht die Möglichkeit, jedem Kind individuell Impulse zu geben, die das weitere Arbeiten anregen. Diese verschiedenen Ergebnisse können dann gemeinsam diskutiert werden. Dann erfährt jedes Kind, dass es wichtig ist und gemeinsam wird nach Schwächen und Stärken der jeweiligen Ergebnisse geschaut. Auch bei gemeinsam erstellten Mind maps (Bönsch 2004) ist es möglich, dass alle einen Gedanken zu Papier bringen und diese gemeinsam zu einer Struktur geordnet werden.

Eine besondere Form des individuellen Förderns ist das Selbst-Fördern. Alle Formen, die dazu beitragen, dass Kinder im Sachunterricht das Lernen des Lernens (Kaiser 2004b) lernen, sind dabei hilfreich, sei es eine Selbstbewertung des eigenen Lernstandes oder eine Reflexion des schon Erreichten in Form selbst erstellter Ergebnisbücher oder die Dokumentation auf Wandzeitungen.

8.2.8 Intelligentes Üben

Wir müssen uns klar werden, dass jeder gute Unterricht erst durch Übung auch wirklich bei allen Kindern ankommt. Selbst hoch begabt eingestufte Kinder machen schon sehr früh rhythmisch wiederholende Übungen für sich, wenn sie sich interessante mathematische Operationen aneignen. Im Sachunterricht wird die Übung bislang vernachlässigt, sondern nur die Leistungsüberprüfung verlangt. Aber es darf keine überfordernde Abstraktion des Ergebnisses am Ende des Unterrichts stehen, sondern für alle Kinder müssen Übungsmöglichkeiten bereit stehen. So gehört zur inhaltlichen Klarheit, dass es Zusatzübungen und Erweiterungsübungen für Kinder unterschiedlicher Begabungsstufen gibt. Dazu zählt, dass die Zugänge zur jeweiligen Thematik über unterschiedliche Sinneskanäle gestaltet werden. Aber auch auf der kognitiven Ebene muss klar sein können, welcher Aspekt und welcher Inhalt jeweils von Bedeutung ist. Zu dieser Form von Klarheit helfen Mind maps (Bönsch 2004), Concept maps und andere Formen der Ordnung von Gedanken und Begriffen.

Auch hier kommt es darauf an, dass die Lehrpersonen in Kenntnis des Sachverhaltes orientierend auf eine differenzierte Erkenntnis des jeweiligen Inhalts einwirken. In der Tätigkeitstheorie, die auf den Theorien von Vygotskij, Galp'erin und Leont'ev basieren (vgl. zusammenfassend Jantzen 2004) kommt es darauf an, nicht bloßes Abhaken von Übungen zu absolvieren, sondern den Kindern bereits zu Anfang eine Orientierungsgrundlage zu geben, damit sie selber den Zusammenhang der einzelnen Aufgaben erkennen. Insofern hat der Ansatz des Schaffens einer Orientierungsgrundlage auch mit dem Prinzip des Scaffolding (Gerüstbaus) beim Lernen des Lernens eine enge Verbindung. Auf dieser Basis soll eine materialisierte Handlung erfolgen, also das konkrete lernende Tun wie das Durchführen eines geeigneten Versuches. Damit allein ist noch keine Erkenntnis geschaffen, sondern nach der Tätigkeitstheorie hat danach das sprachliche Handeln zu erfolgen. Dies entspricht genau der Reihenfolge der Schritte im Sachunterricht wie ich sie im kommunikativen Sachunterricht vorschlage (Kaiser 2004a). Und aus dem Austausch über die verschiedenen Positionen entstehen aus der sprachlichen Form allmählich das innere Denken und die Begriffsbildung. Kommunikativ-handlungsorientierter Sachunterricht und die tätigkeitstheoretische Stufentheorie der Herausbildung geistiger Handlungen (Jantzen 2004) korrespondieren trotz unterschiedlicher Begrifflichkeiten inhaltlich miteinander. Durch „Gerüstbildung" wird das Üben besser strukturiert, weil die Kinder wissen, wo sie stehen und wohin ihr Lernprozess steuern soll.

Aber auch Zeichnungen im Sachunterricht (vgl. Kaiser 2004h) bieten eine Chance gerade für Kinder aus fremdsprachigen Milieus oder mit wenig entfalteter sprachlicher Kultur, ihr Denken unter Beweis zu stellen und gezielt zu entwickeln, um sich nach erfolgreichen Übungen selber als kompetent zu zeigen. So können Kinder durch eine symbolisierte Sprache ihr Verständnis der Sache ausdrücken und dieses weiter entwickeln.

Übung muss immer variantenreich sein. Von daher ist es im Sachunterricht sinnvoll, die Übung je nach Sinneskanal zu variieren, wenn ein Text als Input vorgelesen wurde, ist es sinnvoll, diesen dann bildlich und nachher tänzerisch oder durch plastisches Gestalten auszudrücken.

Die Besonderheit im Sachunterricht ist, dass Üben nicht in kleine Elemente geteilt werden kann wie bei Mathematik oder Rechtschreibung, sondern dass immer der komplexe Zusammenhang zum Lernergebnis zählt. Deshalb sind nicht kleine Übungsformen, sondern komplexe Übungen angemessen. Konkret heißt dies, dass wir auf verschiedene Weise dieselben Zusammenhänge variierend üben müssen. So kann für ein Kind die verbale Ergebniszusammenfassung im Gesprächskreis genügend sein. Andere brauchen übende Verstärkung desselben Zusammenhangs, indem sie den Ausstellungstisch zusammenstellen und die wesentlichen Versuche für andere Klassen noch einmal aufbauen. Auch die Teilnahme beim Erstellen eines Ergebnisbuches ist eine angemessene Form der Übung im Sachunterricht, bei der wiederholend geübt wird, aber der Zusammenhang nicht verloren geht.

Die vielfältigen methodischen Formen im Sachunterricht (vgl. 8.2.7) können als Raster für das Entwickeln von weiteren Übungsvarianten herangezogen werden.

8.2.9 Transparente Leistungserwartungen

Leistungsbewertung im Sachunterricht misst oft, wie gut eine Familie mit Bildern, Wandererlebnissen, schönen Erfahrungen beim Museumsbesuch und Reiseerlebnissen ausgestattet ist. Oft müssen Kinder etwas mitbringen und im Sachunterricht zeigen und gelten dann gleich als besonders interessiert. In Sachunterrichtstests wird oft das familiäre Allgemeinwissen abgefragt. Die häusliche Förderung schlägt sich in Noten um, wer eine schön gepflegte und kostbar eingebundene Sachunterrichtsmappe in die Schule mitbringt, kann schon mit positiver Wertschätzung seiner Lehrperson rechnen. Damit wird der sozialen Selektion deutlich Vorschub geleistet. Wichtiger wäre jedoch, fördernde Leistungsbewertung (vgl. Prengel 2004) zu praktizieren und an den Kräften des einzelnen Individuums anzusetzen und es zu stärken: „Leistungsbeurteilung sollte in erster Linie kompetenz- und nicht defizitorientiert sein. Erworbene Kompetenzen werden anerkannt, weitere individuelle Lernziele werden mit der Intention weiterer Förderung benannt bzw. mit dem Kind vereinbart" (Lewe 2004, 11).

Dagegen wäre es viel sinnvoller, wenn man den wirklichen individuellen Lernfortschritt als Leistung bewertet (vgl. Bartnitzky/Speck-Hamdan 2004). Dies wäre dem von Klafki eingeführten und von Winter (2004b) aufgegriffenen dynamischen pädagogischen Leistungsbegriff angemessen. Ein sehr einfacher Weg dazu ist es, eine Mind map zu Beginn einer Einheit von jedem Kind herstellen zu lassen, um die Lernvoraussetzungen zu überprüfen und dann wiederum am Ende der Einheit ebenfalls eine Mind map als Gestaltungsaufgabe zu geben. Im Vergleich von diesen beiden Maps lässt sich sehr gut der individuelle Lernfortschritt abschätzen. Dann ist für die Kinder wahre Transparenz der Leistungserwartung hergestellt, denn sie wissen, dass ihr eigenes Denken zur Sache bewertet wird und werden sich um differenzierte und zugleich strukturierte Darstellung bemühen.

Auch mit der Methode des Zeichnens von Sachverhalten und Funktionsweisen (Fahrrad, Kran, menschliches Knochengerüst) vor und nach einer Einheit lässt sich sehr schnell und zugleich präzise der Lernfortschritt festhalten.

Allerdings stellt sich die Leistungsbewertungsfrage im Sachunterricht als besonders schwierig heraus. Schon „die neuen, offeneren und schüleraktiven Lehr- und Lernmethoden, die im Sachunterricht besonders häufig anzutreffen sind, schaffen vielfältigere Anforderungen und führen zu reichhaltigeren Leistungen" (Winter 2004, 220). Besonders gut für den Sachunterricht eignen sich allerdings die von Winter (2004b) vorgestellten neuen Formen der Leistungsbewertung.

Dabei nimmt das Portfolio einen besonderen Stellenwert ein. Dies liegt besonders an seiner inhaltlichen Vielfalt. Denn „im ursprünglichen Sinn ist das Portfolio eine Sammelmappe, in der Leistungen und Entwicklungsprozesse z. B. eines Malers, Fotografen oder Models, dokumentiert werden. Kriterien für die Zusammenstellung sind sehr unterschiedlich. In der Schule muss das Portfolio keine Mappe sein, sondern kann auch als Kiste, CD-ROM und dergleichen vorliegen" (Franz/Kammermeyer 2004, 37). Neben den Portfolios ist aber auch die Präsentation der Ergebnisse eines Unterrichtsvorhabens oder auch nur einer Experimentierreihe eine wichtige Möglichkeit der Leistungsbewertung im differenzierten handlungsorientierten Sachunterricht. „Präsentationen spielen im Sachunterricht eine hervorragende Rolle. Sie können schon während der Phase der Aufgabenbearbeitung sinnvoll eingesetzt werden" (Winter 2004, 225).

Daneben sind aber auch Beobachtungen und Bewertungen im Prozess ein wichtiger Ansatz, die individuelle Lern- und Leistungsentwicklung angemessen zu berücksichtigen. „Beobachtungen sind im Sachunterricht – insbesondere in der Grundschule – ein wichtiges Mittel, um Aufschlüsse über die Herangehensweisen und den Lernstand der Schülerinnen und Schüler zu gewinnen" (Winter 2004, 223).

Als besonders geeignete Form neuer Leistungsbewertung sind Zertifikate. „Unter Zertifikaten werden hier Bescheinigungen oder Urkunden verstanden, die das Erreichen einer inhaltlich umschriebenen Fähigkeit oder Fertigkeit bestätigen" (Winter 2004, 225). Dazu gehört etwa das Bestehen eines Geschicklichkeitsparcours mit dem Fahrrad oder die Fähigkeit, genaue Versuchsbeschreibungen mit Zeichnungen zu schaffen oder die Fertigkeit, aus Papier eine Brücke zu bauen, die schwere Lasten aushält oder in der Gruppe eine Ausstellung zum Sachunterrichtsthema samt Begleitbuch selber zu gestalten. Alle Fertigkeiten im Sachunterricht, die viel Übungszeit beim Erlernen oder viel Mühen beim Vorbereiten verlangen, sind besonders geeignet für Zertifikate.

Eine auch für den Sachunterricht mögliche Form neuer Leistungsbewertungen sind Lernkontrakte. „Lernkontrakte sind Vereinbarungen über ein Lernvorhaben" (Winter 2004, 223). Dies können etwa Vereinbarungen sein, jede Woche mindestens zweimal den Mut zu haben, zu einem Sachunterrichtsversuch etwas im Sitzkreis zu sagen oder zu jeder Sachunterrichtsstunde sich eine andere Meinung von anderen Kindern zu merken, um zu lernen, nicht über die anderen Kinder hinweg zu blicken. Lernkontrakte haben meist individuelle Schwerpunkte, können aber auch mit der ganzen Klasse geschlossen werden, wie z. B. in einer bestimmten Zeit eine festgelegte große Anzahl an Produkten arbeitsteilig zu fertigen.

Alle diese partizipativen Leistungsbewertungsformen tragen dazu bei, dass die Leistungsanforderungen diskutiert und damit für alle Kinder transparent werden.

8.2.10 Vorbereitete Umgebung

Der Begriff der vorbereiteten Umgebung stammt aus der Montessori-Pädagogik (Ludwig 2004, Eckert 2001). Gemeint ist damit, dass das für das Lernen erforderliche Material den Lernenden in einer bestimmten Anordnung bereitgestellt wird. Meyer zählt diese vorbereitete Umgebung, die auch mit Lernarrangement bezeichnet werden kann, zu den zehn wesentlichen Merkmalen einer guten Schule (Meyer 2004, 17 f.).

Für den Sachunterricht besteht eine gute vorbereitete Lernumgebung aus mehreren Bereichen:

1) Materialkisten, in denen einzelne unstrukturierte Materialien wie Korken, Fotodosen, Knöpfe oder Schrauben gesammelt für individuelle Versuchsarrangements zur Verfügung stehen und von Kindern selber als Sammlungen weiter fortgeführt werden (Duncker 1994b, 161).

2) themenspezifische Versuchsanregungen und didaktisch strukturierten Erkundungs- und Beobachtungsaufgaben. Die Auswahl dieser Aufgaben sollte so breit erfolgen, dass für Kinder mit verschiedenen Lernvoraussetzungen neue Anregungen dabei enthalten sind und dass für Kinder mit Förderbedarf klar verständliche Instruktionen gegeben werden. Aber Versuchsanregungen können nicht beliebig erfolgen, sondern haben ihren tieferen Sinn darin, den Kindern die komplexe Sachstruktur handelnd zugänglich zu machen. In diesen Aufgaben wird eine Orientierungsgrundlage (Jantzen 2004, 44) gelegt, die den weiteren Aufbau der Erkenntnisse strukturiert. Die Versuche müssen also wesentliche Inhalte des fachlichen Problems repräsentieren und nicht bloßes äußeres Tätigsein, sondern innere Auseinandersetzung mit der Sache ermöglichen. Das Material muss dem neuesten Stand präsentationsmethodischen Wissens entsprechen (Apel 2002).

3) Bücher, Bilder und Geschichten zur Thematik als Gesprächsanlass. Bücher und Bilder machen es eher möglich, dass Kinder auch emotionalen und ethischen Problemen in ihrer Lernumgebung begegnen.

4) Wahl sieht den Begriff der Lernumgebung nicht nur an das Material gebunden, sondern schließt dabei auch verschiedene Phasen der subjektiven Aneignung und von Orientierung bietenden Lernabschnitten nach dem „Sandwich-Prinzip" ein. Für ihn ist es wichtig, wenn mit Lernumgebungen im

Unterricht gearbeitet wird, dass Hilfen zur Vernetzung des Vorwissens gegeben werden und dass wechselseitiges Lehren und Lernen möglich ist (Wahl 2005).

Eine so vieldimensional für unstrukturiertes Erproben, gezieltes Experimentieren und emotional-ästhetisches Erfahren ausgerichtete Lernumgebung ist eher in der Lage, allen Kindern Anregungen zu geben, die sie auf ihrem jeweiligen Entwicklungsstand benötigen.

8.2.11 Tricks für guten Sachunterricht

Keine Methode ist wirksam, wenn sie nicht ihren theoretisch erklärbaren Hintergrund hat. Dennoch werden in der Praxis oft bloße Rezepte vermittelt. Allerdings steckt hinter jedem Rezept Erfahrungswissen über anthropologische Merkmale von Kindern oder lernpsychologische Mechanismen. Dennoch möchte ich zum Abschluss des Methodenkapitels noch einmal praxisnah „Tricks" aus meiner über zehn Jahre langen Praxiserfahrung als Lehrerin vorführen und damit primär auf der pädagogischen Alltagsebene die Frage guten Sachunterrichts zu lösen versuchen. Tricks sind in der pädagogischen Diskussion verpönt, aber von BerufsanfängerInnen heiß begehrt. Auch wenn sie verkürzt sind, kann in ihnen doch didaktisch methodische Teilwahrheit und Intuition in Kinder stecken, dass es sich lohnt, Tricks ernst zu nehmen und wenigstens zu betrachten. Eine andere Bezeichnung dieses oft in Tricks formulierten Wissens von Lehrerinnen und Lehrern können wir auch als „subjektive didaktische Theorien" (Koch-Priewe 2000) von Lehrpersonen bezeichnen. Dick (1994) bezeichnet diese subjektiven Theorien von „Expertenlehrern" sogar als die wesentliche Grundlage für die Qualifizierung angehender Lehrpersonen und hat sie in umfangreichen Untersuchungen zu erheben versucht (Dick 1994).

Die durch Befragung, Gespräch oder Praxisbeobachtung zu gewinnenden „Tricks" sind aber kein voraussetzungslos zu benutzendes Praxiswissen. Sie stehen nicht ohne die bisherigen theoretischen Vorüberlegungen zur Didaktik des Sachunterrichts. Dementsprechend ist eine unkritische Imitation fragwürdig und auch kaum wirksam. Denn bei den meisten Tricks muss einschränkend gesagt werden, dass sie nur funktionieren, wenn das pädagogische Verhältnis zwischen Lehrerin oder Lehrer und Kindern stimmt. Wenn die Kinder eine Lehrperson mögen, ihr vertrauen und überhaupt elementare inhaltliche Motive haben, sind sie eher in der Lage, auch mitzuschwingen, wenn die Lehrperson in eine bestimmte Richtung gehen will. Viele Tricks funktionieren vor allem auf der psychodynamischen Ebene und wirken oft verstärkt durch den Placebo-Effekt des guten Kontaktes. Eine Lehrperson muss also selbst an die Wirkung dieser Tricks und der darin eingeschlossenen pädagogischen Theorie glauben, damit sie auch gelingen. Bloße äußere Imitation hat wenig Sinn. Rezepte sind keine Unterrichtstechniken, die personenunabhängig funktionieren, vielmehr ist immer die Erzieherin/der Erzieher als Person gefragt.

Viele Tricks drücken aber auch aus, was im 5. Kapitel zu den allgemeinen Merkmalen von Kindern gesagt wurde – beispielsweise, dass Kinder gern größer sind. Dann ist der Trick, Kindern Ämter mit bedeutsamen Bezeichnungen zu geben, keine Zauberei und keine Vortäuschung, sondern ein effektives Anknüpfen an die subjektiven Persönlichkeitsbedingungen und Lernvoraussetzungen.

Tricks sind methodisch gesehen Verhaltensmuster von Lehrpersonen in bestimmten unterrichtlichen Handlungssituationen. Deshalb können sie letztlich nicht wissenschaftlich begründet werden, sondern entfalten nur ihre Wirksamkeit, wenn die Lehrpersonen sie gemäß den situativen Bedingungen produktiv einsetzen. Wegen der subjektiven Deutungsnotwendigkeit soll die folgende Trickliste weitgehend unkommentiert vorgestellt werden.

Zunächst seien die drei Vitamine guten Sachunterrichts vorangestellt

- Vitamin B1 **Bewegung in alle inhaltlichen Bereiche integrieren** [9]
- Vitamin B2 **Berührung** der Kinder untereinander fördern
- Vitamin B3 **Belebung** (z. B. Probleme in Geschichten einbinden)
- **paradoxe Motivierung** („Das sollt ihr jetzt noch nicht wissen, das lernt ihr erst nächstes Schuljahr")
- **Ämtervergabe**: Kinder ernst nehmen, wichtige Aufgaben fürs Schulleben entwickeln (viele bedeutsame Ämter verteilen)
- **Echte Taten**: in der Schule echtes Leben wiederherstellen (ein wirklich erstelltes Produkt verkaufen, anderen den selbst gedrehten Film über die eigenen Arbeitsergebnisse zeigen)
- **Demokratie erleben**: Abstimmung über alternative Inhalte („Wollt ihr als nächstes Thema über Steine, Zeitung oder Schatten etwas lernen?")
- **Verknappung**: über marktwirtschaftliche Mechanismen bestimmte Inhalte wertvoll machen, z. B. jedes Kind bekommt nur wenige Sonnenblumenkörner zum Essen, das Bild wird weitergegeben und nicht fotokopiert, nur jede Gruppe bekommt einen Text
- **zaubern** (Veränderungen an Dingen und Inhalten als Zauberritual hervorheben)
- **Theaterszenerie herstellen**
- **Fernsehduelle** (Pro und Contra-Spiel: War die Eroberung Amerikas richtig?)
- **Verschworene Gemeinschaft** („Mal sehen, was die Erwachsenen alles falsch machen!")

---

[9] Um es einmal drastisch überspitzt auszudrücken: Im Prinzip ist das Festhalten von Kindern in Schulstuben auf Stühlen eine Art von Käfighaltung. Auch Hühner verlieren unter diesen Umständen ihr Federkleid. Aber Kinder sollen motiviert lernen, auch wenn ihnen die artgerechte Bewegungsfreiheit nicht zugestanden wird.

- positive Verstärkungsrituale für erreichte soziale Ziele (z. B. Plusliste für die Fähigkeit, anderen zuzuhören oder andere gemeinsam vereinbarte Regeln und Verhaltensweisen)
- Dinge/Erfahrungen aus dem Leben der Lehrerin („den Stein hat meine Tochter in der Eifel gefunden")
- Lernen mit allen Sinnen, auch durch Mund und Magen
- Taufen: Dingen/Zusammenhängen/Versuchen einen Namen geben lassen (Kinder haben „Seidenzahn" für das französische Berufskraut im Mai gefunden; ein Spiegelversuch wird „Monstergesicht", ein anderer „Die Maske" genannt; die aktive Namensgebung stärkt auch die eigene Identität)
- Wochenbild: Strukturierung von wesentlichen Inhalten (Thema der Woche/ Bild des Tages/Ausstellungstisch des Monats; der witzigste Wasserversuch, die kürzeste/längste/gemeinste/traurigste/lustigste Interviewantwort der Woche)
- Klassenbriefkasten (zur Vorstrukturierung von Streitgesprächen)

Diese Trickliste lässt sich beliebig verlängern. Sämtliche Aussagen aus dem 5. Kapitel über Kinder können, wenn sie in tatsächlicher Praxis erprobt werden, auch als Tricks formuliert werden.

8.3 Sachunterrichtlicher Schulanfang

Sachunterricht setzte sich in der Geschichte nur sehr langsam durch, Anfangsunterricht als Sachunterricht gab es bedeutend später. „Erst zu Beginn des 20. Jahrhunderts kam es zu einer Reform des Anfangsunterrichts" (Gläser 2004b, 84). Danach wurde Sachunterricht als Heimatkunde in einen Gesamtunterricht bezeichneten Anfangsunterricht integriert. Dieser ganzheitlich aufgefasste Gesamtunterricht sollte keine Fächer enthalten. Ilse Lichtenstein-Rother hat diesen Ansatz besonders profiliert vertreten und begründet. Sie führte in ihrem seit den 1950er Jahren immer wieder aufgelegten Standardwerk „Schulanfang" aus: „Die inhaltliche und methodische Orientierung des Anfangsunterrichts am Kinde und seiner Welt führt zur Reform des Lehrplans und der Unterrichtsmethode. Im Zentrum des Anfangsunterrichts steht nicht mehr das Erlernen der 'Kulturtechniken', die Übermittlung formeller Fertigkeiten, sondern die harmonische Ausbildung aller Geisteskräfte auf Grund eines sachkundlichen Anschauungsunterrichts; der Lese- und Schreibunterricht beginnt frühestens im zweiten Halbjahr des ersten Schuljahres" (Lichtenstein-Rother 1969 (7), 111 f.).

Der Kerngedanke des alten Gesamtunterrichts, den Lernprozess der Kinder immer an erster Stelle ausgehend von den Sachen zu strukturieren und aus den Sachinhalten auch sprachliche, gestaltende und mathematische Inhalte zu entwickeln, ist m. E. ein auch heute noch gültiger Gedanke, wenn wir in der Schule den Kindern gerecht werden wollen, die sich primär im Verhältnis zur Lebensumwelt sehen und nicht zu formalen Fertigkeiten. Allerdings waren die damaligen Theorien wie die Heimatkunde insgesamt an mittlerweile überholte Reifungstheorien gebunden. Anthropomorphe kindertümelnde Wendungen waren in diesem ganzheitlichen Anfangsunterricht weit verbreitet (Gläser 2004b, 84).

Mit der Herausbildung des Sachunterrichts entwickelten sich aber keine spezifischen Konzepte für den Anfangsunterricht, vielmehr wurde dieser eklektisch aus verschiedenen Themengebieten des gesamten Sachunterrichts zusammengestellt (Gläser 2004b, 86) – sofern Sachunterricht überhaupt stattfindet. Denn in der Realität im 1. Schuljahr dominieren die Lese-, Schreib- und Mathematiklehrgänge. Dabei haben die Kinder schon viel über die Welt erfahren und verarbeitet, wenn sie in die Schule eintreten. Speck-Hamdan ironisiert deshalb die Haltung von Grundschule, mit grundlegenden Lehrgängen im ersten Schuljahr anfangen zu wollen, mit der Aussage: „Die Schule scheint die Schulanfänger für Lernanfänger zu halten" (Speck-Hamdan 2001, 16). In der Tat haben Kinder schon vielfältige Lernerfahrungen und suchen nach weiteren Erklärungen ihres Wissens.

Gerade weil es wichtig ist, dass allen Kindern der Sinn des Lernens deutlich wird, sollten für die ersten Schulwochen handelnde Sachthemen die konzentrierende Mitte des schulischen Lernens bilden, ohne dass daraus ein Schema „alles-hängt-mit-allem-zusammen" gemacht wird. Daneben sollten in der Freien Arbeit differenzierte Lernprozesse in den Kulturtechniken angeboten werden. Erst wenn die Sachinhalte zu den anerkannten Hauptinhalten der Schuleingangsphase werden, können die Kulturtechniken als Hilfe zum „Welt-Verstehen" ihren sachgemäßen Stellenwert bekommen und von den Kindern als wichtig erfahren werden.

Nicht nur in der Praxis, auch in der Theorie des Anfangsunterrichts wird der Sachunterricht ausgesprochen wenig behandelt. Wir finden in weit verbreiteten Anleitungsbüchern vor allem allgemeine Dimensionen, wie das Feststellen der Lernvoraussetzungen, die Grundsätze zur individuellen Förderung, Gedanken zur integrierten Schuleingangsphase, zum Jahrgänge übergreifenden Unterricht und zur Zusammenarbeit von Elternhaus und Schule (Christiani 2004). Meiers (2004b, 167) weist darauf hin, dass der erste Artikel zum Sachunterricht im Anfangsunterricht 1981 erschienen ist.

Abschließend möchte ich aus der Besonderheit des Schulanfangs einige Thesen zum Sachunterricht – teilweise in Anlehnung an Meiers – aufstellen:

1) Der Schulanfang bedeutet Ablösung von der Familie, der Sachunterricht muss deshalb Hilfen anbieten, selbstständig Probleme zu bewältigen und vor allem sozial-emotionale Kompetenz zu entwickeln. Unterrichtsphasen im Sachunterricht zur Ich-Stärkung und zur Entwicklung sozialer Kompetenz sind besonders zum Schulanfang erforderlich.

2) Vergleichsarbeiten und Standardtests kommen mit der Einschulung auf Kinder zu und setzen die Eltern, Lehrpersonen und damit auch die Kinder unter Druck. Gerade wegen der mit Schulbeginn einsetzenden neuen selektiven Lernanforderungen ist eine Sachmotivierung durch Inhalte des Sachunterrichts als Gegengewicht gegen die Lehrgänge mit ihren primär kognitiven Anforderungen erforderlich. Die Gefahr des Misserfolgserlebens im Lernen sollte weitgehend vermieden wird, während gleichzeitig vielfältige Lernmotivationen initiiert werden und der Sinn von Schule für das eigene Leben erfahrbar wird.

3) Kinder haben schon reichhaltige Erfahrungen und viel Wissen bei Schuleintritt gesammelt. Diese Potenziale können durch Sachunterricht als positives Können eingebracht werden.

4) Um das Sinken der Lernlust im Laufe der Schulzeit zu vermeiden, ist es sinnvoll, an Lernfreude und Selbstvertrauen anzuknüpfen. Dies ist im Sachunterricht mit seinen breiten Anforderungen eher gegeben als beim Mathematik- oder Leselehrgang.

5) „Im Sinne der Kontinuität der bisherigen Lernbiographie der Kinder nimmt die Schule deren Fragen ernst, kultiviert und erweitert deren Interessen, fördert das selbst geleitete Lernen. „Fragen dürfen und Antworten erhalten vermitteln den Kindern die Gewissheit, dass die Schule ein Ort ist, an dem sie ihre Neugier befriedigen können, an dem sie aktiv bleiben dürfen" (Meiers 2004b, 170).

6) „Der Sachunterricht im Schulanfang ist in verstärktem Maße mit der Aufgabe konfrontiert, Arbeits- und Lerntechniken und sachbezogene Kooperationsverfahren zu vermitteln und einzuüben" (Meiers 2004, 170).

Ein derartig verstandener Sachunterricht im Anfangsunterricht kann wesentliche Motivationen frei setzen und den weiteren Lernprozess der Kinder positiv beeinflussen.

8.4 Ansätze für einen geschlechtergerechten Sachunterricht

Methoden innovativen Sachunterrichts können nicht unabhängig von den jeweiligen Inhalten gesehen werden, ebenso wie bestimmte Inhalte auch besondere Methoden erforderlich machen. Hier soll diese Einheit von Inhalt und Methode an einem didaktischen Schlüsselbereich als praxisorientierendem Beispiel näher aufgeschlüsselt werden. Ich habe dabei den für unterrichtliche Bearbeitung besonders sperrigen Bereich des Geschlechterverhältnisses ausgewählt.

Ich stelle die wesentlichen Folgen aus der Geschlechterdebatte auf den Sachunterricht nur kursorisch auf und verweise auf wichtige andere Publikationen (Kaiser u. a. 2003, Kaiser 2004i, Kaiser 2005b). Wir wissen, dass trotz gleicher Lehrpläne für Jungen und Mädchen auch in der koedukativen Schule deutliche Geschlechterdifferenzen entstehen. Die PISA-Studie hat gezeigt, dass immer noch Jungen in mathematisch-naturwissenschaftlichen Fächern überlegen sind, während Mädchen ihren Leistungsschwerpunkt bei den Sprachen haben. Die Noten und Schulabschlüsse insgesamt fallen immer stärker zuungunsten von Jungen aus. Mädchen und Jungen haben unterschiedliche Kommunikationsstile und Interessen, das Selbstvertrauen in Naturwissenschaften und Technik unterscheidet sich deutlich (Kaiser u. a. 2003).

Die Untersuchungen zeigen, dass es auch heute noch eine stereotype Sozialisierung und damit Polarisierung zwischen Mädchen und Jungen gibt. Dies schränkt beide gleichermaßen dabei ein, ihre individuellen Fähigkeiten zu entfalten. Bekannt ist es, dass Mädchen sich nicht genug in Naturwissenschaften zutrauen und damit derartige Inhalte eher meiden oder abwählen. Jungen wiederum setzen sich wenig mit Gefühlen auseinander. Diese aus gesellschaftlichen Entwicklungen stammenden Geschlechtermuster sind nur schwer pädagogisch zu verändern. Denn die Schule ist ein Teil der Gesellschaft. Dennoch sollte aber erreicht werden, dass weder Jungen noch Mädchen in ihrer Entwicklung durch starre Geschlechterstereotypen eingeschränkt werden. Und dies ist möglich, denn das Geschlechterverhältnis befindet sich insgesamt in ständiger Entwicklung. Allein das Nachdenken über die Beziehungen von Jungen und Mädchen im Sachunterricht ist schon ein Schritt in Richtung sensiblerer Wahrnehmung und Veränderung starrer stereotyper Bedingungen.

Dabei scheinen mehrere Ansätze gleichzeitig wichtig zu sein. Weder das Reflektieren der Geschlechterrollen noch das Vorbildverhalten der Lehrpersonen allein scheint Veränderungen zu bewirken.

Im Umgang mit Kindern bedeutet es, dass an den Kompetenzen der Kinder angesetzt wird. Denn die reale Entwicklung der einzelnen Kinder ist vielfältig.

Für einen geschlechtergerechten Sachunterricht sind nach den Erfahrungen im niedersächsischen Schulversuch (Kaiser u. a. 2003) verschiedene Ansätze möglich:

1) Den Umgang mit Emotionen der Schwäche und Angst lernen

Dazu gehören einerseits das Gespräch und andererseits der interaktionspädagogische Ansatz. Eine Vielzahl an Übungen für Mädchen und Jungen wurden im Schulversuch erprobt (Kaiser 2001).

2) Das Schulleben entwickeln und hausarbeitsnah gestalten – Caring Curriculum für den Sachunterricht

In der neueren Sachunterrichtsdidaktik wird verstärkt auf die Bedeutung des Schullebens hingewiesen (vgl. Kaiser 2004c). Anknüpfend an die Forderung des amerikanischen Sozialpsychologen Urie Bronfenbrenner, nach einem „Curriculum for Caring" vom ersten Schuljahr an (1981, 183) wurde in den USA von Nel Noddings (1992) ein geschlossenes Konzept vorgestellt (Kaiser 2004c, vgl. Kap. 6.2).

Unter Caring-Curriculum und Hausarbeitsdidaktik lassen sich konkret vielfältige bereits in der Grundschule erprobte Ansätze fassen:

- Aufbau und Betreiben einer schuleigenen Müslibar/Teestube/Salatbar
- Selbstversorgungsklassenfahrt
- Ökologisches Waschen und Putzen während der Klassenfahrt
- Klassentiere pflegen
- Patenschaft mit jüngeren Kindern
- Zimmerpflanzen verantwortlich pflegen
- Gesundheitspflege und -fürsorge für andere
- Kontakt mit alten Menschen
- Fleckentfernungsdienste
- Kleidungsreparatur
- Fahrradreparatur
- Kinder übernehmen Verantwortung für die Reinigung ihrer Klassenräume
- Kinder nehmen Kontakt mit ausgegrenzten Menschen im eigenen Ort auf
- Kinder entwickeln Freundschaft mit Kindern in anderen Regionen/Ländern

Ein differenziertes Schulleben bringt in der Institution Schule, die insgesamt gerade nicht nahräumlich strukturiert ist, gleichzeitig Anregungen für öffentliche Auftritte und Auseinandersetzungen der Mädchen mit sich.

3) Kommunikativer Sachunterricht – kein Sachbeherrschen

Methodisch heißt ein geschlechtergerechter Ansatz, dass wir einen Sachunterricht planen, der nicht durch Stoffüberfüllung vorgibt, alles beherrschen zu können. Anstelle des äußeren Eroberungszuges in der Ausbildung ist das Betrachten von Zusammenhängen und das Dabei-Sein mit der Sache gefordert.

Damit ist ein Sachunterricht gefordert, in der Verschiedenheiten gelten können, ohne durch hierarchische Abwertung beeinträchtigt zu werden.

Schülerinnen und Schüler können sich dabei nicht durch Beherrschung von Lerngegenständen Macht und Sicherheit verschaffen. Kahlert bezeichnet diese Haltung mit dem Begriff Anerkennung und sieht sie als zentral für das soziale Lernen an: „Anerkennung ist eine Haltung, die dem anderen eine „zweite Chance" gewährt. Eine Enttäuschung über ein Verhalten wird nicht sofort mit einer negativ gemeinten Reaktion beantwortet. Die „zweite Chance" beruht auf der Einsicht, dass möglicherweise nicht der andere falsch reagiert, sondern dass man selbst etwas falsch gemacht hat. Anerkennung des anderen bedeutet daher auch, sich zu versichern, nachzufragen, nicht sofort mit eigenen Enttäuschungen zu reagieren.

Die Haltung der Anerkennung findet ihren praktischen Ausdruck in einem Umgang der Achtsamkeit. Wer achtsam ist, macht sich bewusst, dass das eigene Handeln von anderen interpretiert wird und dass die eigenen Interpretationen des Handelns anderer unzuverlässig sein können. Und er bemüht sich die Sichtweisen des anderen kennen zu lernen und zu berücksichtigen" (Kahlert 2004, 44).

Dieser Ansatz, beherrschenden Sachunterricht zu überwinden, ist keineswegs ein partikularer, der ausschließlich aus der Geschlechterperspektive von Bedeutung ist. Er ist ein Weg, im Lernen das Ich in der Welt zu verankern und Natur und Welt einen Eigenwert zu verschaffen.

Aber nicht nur aus der Geschlechterperspektive muss ein Sachunterricht entwickelt werden, der vielfältigen Belangen Rechnung trägt. Auch die verschiedenen Fähigkeiten von Kindern, die divers kulturellen Herkunftsbereiche zeigen, dass ein inklusiver Sachunterricht verlangt wird, der alle Kinder einschließt und anspricht. Bislang gibt es noch wenig wissenschaftlich belegte Untersuchungen, wie ein derartiger Sachunterricht entwickelt werden kann (vgl. Seitz 2005).

4) Projektarbeit und Sachunterricht

Die Untersuchungsergebnisse zum naturwissenschaftlichen Lernen weisen immer wieder darauf hin, dass es gerade für Mädchen wichtig ist, schulische Inhalte nicht losgelöst von den gesellschaftlichen Verwendungszusammenhängen zu präsentieren, sondern den Sinn und den sozialen Kontext von Lerninhalten in den Vordergrund zu stellen (Hoffmann 1989; Kaiser 1996b). Ein Unterrichtsbeispiel für naturwissenschaftlichen Sachunterricht in der Grundschule wäre etwa am Thema Waschen zu entwickeln. So kann dort an erfahrungsnahe Inhalte angeknüpft werden. Gleichzeitig können chemische Kenntnisse über Oberflächenspannung an Alltagsfragen erfahren werden (Kaiser/Zeschmar-Lahl 1993).

Für Mädchen bietet problemorientierte Projektarbeit die Möglichkeit, ihre inhaltliche Motivation zum Tragen kommen zu lassen, aber auch Arbeiten in Gruppen und die Chance, öffentliches Auftreten in der Klasse oder bei der Präsentation vor der Schulöffentlichkeit zu probieren.

8.5 Gedanken zur Unterrichtsplanung

Gerade wenn wir die Inhaltsbereiche des Sachunterrichts auf wenige verbindliche relevante Inhalte beschränken, gibt dies die erforderliche Zeit für intensives förderndes exemplarisches Lehren und Lernen. Dies eröffnet auch den Raum für interdisziplinäre und übergreifende Zugangsweisen, die der Entwicklung der Welt entsprechen. Dazu gehört, dass der Sachunterricht die Menschen in allen ihren Fähigkeiten entwickelt, also auch philosophische und ästhetische Dimensionen einschließt. Dies verlangt, dass der Sachunterricht der Vielfalt der Kinder gerecht wird und einen interkulturellen, die Geschlechter integrierenden sowie die Menschen unterschiedlicher Fähigkeiten inklusiv einbeziehenden Unterricht ermöglicht. Dies ist nur möglich, wenn wir Raum und Zeit für den Sachunterricht und seine Entfaltung haben und nicht dem bloßen engen kognitiven Kompetenzabfragen verfallen.

Ein zentrales Problem, das vor jeder Umsetzung von Inhalten in Unterricht stehen muss, ist die Berücksichtigung der Heterogenität der Kinder und insbesondere des Förderbedarfs von Kindern. Denn so wichtig die Qualifizierung aller Menschen ist, im Bereich der Schlüsselprobleme Beurteilungskompetenz zu gewinnen, so ist es doch schwierig, diesen hohen Anspruch mit dem Anrecht aller auf gleiche Bildungschancen zu verbinden. Gutwerk spricht sogar von den Grenzen des Demokratischen Lernens (Gutwerk 2004, 10). Sie betont in ihrer Argumentation vor allem die vielfältigen sprachlichen Kompetenzen und bedauert, „dass sprach- und ausdrucksstarke Kinder tonangebend werden, spracharme sich dagegen wiederum durch Nichtmitsprache unterordnen" (Gutwerk 2004, 11). Diese Prinzipien der Förderung und Chancengleichheit müssen wir im Detail der Unterrichtsplanung auf jeder Ebene neu überdenken, um nicht eine Fortsetzung sozialer Ungleichheit auch noch durch das Bildungswesen zu verstärken.

Wenn wir begründete allgemeine Intentionen für den Sachunterricht gefunden haben, ist es noch ein weiter Weg bis zur angemessenen Unterrichtsplanung. Hier soll nur auf verschiedene Wege der Unterrichtsplanung verwiesen werden (Kaiser/Pech 2004e). Allerdings kann man auf der *ersten Ebene* schon einmal ein pragmatisches Schema überlegen. Dabei ist es *an erster Stelle* wichtig, ein Ziel zu entwickeln, das beim jeweiligen Schlüsselproblem angestrebt wird. An zweiter Stelle ist es relevant zu klären, wofür dieses Schlüsselproblem gegenwärtig exemplarisch steht und an welcher Aufgabe dies erfolgen soll, sowie welche Persönlichkeitsdimension der Kinder dabei gefördert werden soll. Erst wenn wir Ziel und Sinn (das Exemplarische) wissen, können wir uns an die konkrete Planung begeben.

Dazu ist dann als erste Frage bedeutsam, sich ein Problem, eine Lernausgangssituation (z. B. eine Geschichte oder ein Bild) auszusuchen. Die Erhebung der Lernvoraussetzungen sollten in dieser Anfangsphase ebenfalls eingeplant werden. Erst auf der Basis dieser Ergebnisse kann man dann die verschiedenen Handlungsanregungen und Unterrichtsschritte entwickeln und dann die geeigneten Methoden herausfinden. Um die Inhalte zu klären, müssen nach den differenzierten Phasen immer wieder Gesprächskreise oder Auswertungsschritte oder –runden eingeplant werden. Am Ende muss die Dokumentation, Evaluation und Präsentation der Ergebnisse sorgfältig geplant werden.

Die Planung für den Sachunterricht sei hier noch einmal schematisch zusammen gefasst:

1) Allgemeine Norm: Heterogenität der Kinder berücksichtigen und Chancengleichheit herstellen

2) Ziel zu einem Schlüsselproblem entwickeln

3) Exemplarische Bedeutung des Schlüsselproblems (konkrete Inhalte)

4) Spezifisches Ziel der Persönlichkeitsentwicklung

5) Lernaufgabe für dieses Schlüsselproblem (Verbindung von Persönlichkeitsentwicklung und konkretem exemplarischen Inhalt des Schlüsselproblems)

6) Lernausgangssituation für die Erhebung der Lernvoraussetzungen

7) Differenzierte Handlungsanregungen: Lernumgebung planen

8) Planung von Unterrichtsschritten: Präzisierung der Methoden

9) Planung von Gesprächskreisen und Auswertungsrunden

10) Dokumentation, Präsentation und Evaluation

Sachunterricht steht und fällt aber mit den eigenen Zielvorstellungen und Interessen der Lehrerinnen, ein Planungsschema schafft noch keinen guten Unterricht. Diesen müssen Lehrerinnen und Lehrer didaktisch verstehen und tragen wollen.

Diese Einführung in die Didaktik des Sachunterrichts soll dazu einen Beitrag leisten.

9 Sachunterricht zwischen theoretischem Anspruch und praktischen Möglichkeiten

Eine Einführung in die Didaktik hat den Sinn, dass diese Reflexionsanregungen auch in die Praxis eingehen. Dies kann aber nicht einfach linear erfolgen. Denn die Beziehung zwischen Theorie und Praxis ist ziemlich kompliziert, und es liegen viele Fehleinschätzungen dieses Verhältnisses vor. Ein Missverständnis ist, der Theorie einen höheren Stellenwert als der Praxis zuzuweisen und der Praxis Zielvorgaben aus der Theorie vorzusetzen. Dies führt dazu, dass tatsächlich gerade die theoretischen Zielvorgaben wenig Eingang in die Praxis finden und dass die Praxis, ohne dass dies theoretisch bewusst würde, ihrer eigenen Logik folgt. Dieser Fehlweg sollte vermieden werden.

So ist heutiger Sachunterricht nicht nach den im 7. Kapitel unterschiedenen konzeptionellen Ansätzen zu beschreiben. Tatsächlich findet vor allem Frontalbelehrung mit Unterrichtsgesprächen statt, die von einer bunten Mischung aus Handlungsprojekten, Werkstattunterricht, Gesprächspädagogik und Sozialerziehung durchsetzt werden. Oft ist in der Anfangsphase einer Stunde noch deutlich die Konzentration auf das jeweilige Problem zu beobachten, aber dann wird anstelle von Problemorientierung ein mehr auf die Lehrperson zentrierter, fragend-entwickelnder Unterrichtsstil[1] fortgesetzt. D. h. in der Praxis ist die reine konzeptionelle Lehre nicht aufzufinden – und dies darf keinesfalls negativ gewertet werden. Denn Praxis baut sich aus schon entwickelten Handlungsmustern auf und kann nicht einfach nach der Lektüre eines Didaktikbuches umgestülpt werden. Wir können nur anknüpfend an bisherige Praxismuster das Verhalten schrittweise entwickeln. Aber selbst wenn wir etwas verändern wollen, müssen wir sehen, dass es mehrere Problembereiche gibt, die Veränderungen einschränken.

1) Probleme der Überforderung und Erwartungshaltungen

Didaktische Theorien haben in sich die Tendenz, immer wieder hohe Ansprüche an pädagogisches Handeln zu setzen. Dies kann bei dem gegenwärtigen Auseinanderfallen von Theorie und Praxis leicht dazu führen, dass Lehrpersonen sich von Ansprüchen unter Druck gesetzt fühlen und Misserfolgsängste entwickeln. Sobald eine derartige Schieflage zwischen Anspruch und Wirklichkeit entsteht, wirken alle unterrichtlichen Mühen kontraproduktiv. Denn eine der stärksten pädagogischen Kräfte ist die Erwartungshaltung von Lehrpersonen. Nur wer ein pädagogisches Ziel aus sich heraus verfolgt, kann auch verändernd wirken. Nur jene Ziele und Prinzipien können in der Praxis auch fruchtbar umgesetzt werden, die von den Lehrpersonen selbst auch subjektiv getragen werden.

---

[1] Dies passiert auch denjenigen, die wissen, dass dies für geschlechtergerechten Unterricht ein besonders ungeeigneter methodischer Weg ist (vgl. Jahnke-Klein 2001).

Es gibt viele erfolgreiche Sachunterrichtslehrerinnen und -lehrer, die nur einen Bruchteil der hier vorgeschlagenen didaktischen Reflexionen nachvollziehen, die nur über ein enges methodisches Repertoire verfügen und sich weitgehend an tradierte Inhaltskataloge halten, die aber innerlich vom pädagogischen Sinn ihres Handelns überzeugt sind. Diese Lehrpersonen können vermutlich sehr viel mehr zukunftsgemäßes Lernen bewirken als jene, die ohne eigene Überzeugung eine neue Methode einführen. So könnten sie etwa, weil sie wissen, dass Handlungsorientierung wichtig ist, versuchen, Handlungsmaterialien in den Sachunterricht einzubringen. Aber wenn sie davon nicht innerlich überzeugt, sind, werden sie nicht die vielen einzelnen Situationen erkennen, die hilfreich sind, den Kindern Impulse zu geben oder zu erkennen, wie sich der Lernprozess weiter entwickelt. Ohne eigene Überzeugung von der Notwendigkeit, eine gerechte Gesellschaft zu schaffen, kann es auch nicht gelingen, die Schlüsselprobleme lebendig im Sachunterricht zu vermitteln.

Von daher ist es außerordentlich wichtig, dass die Lehrpersonen mit ihrer jeweiligen Klasse für eigene Schwerpunktsetzungen entscheiden und sich nicht selbst überfordern. Unter Leistungsdruck kann sich kein lebendiger Sachunterricht entwickeln.

2) Mut zum intuitiven Erfahrungswissen

Ein zweites Problem ist die Reinheit der Konzepte. Die meisten Autorinnen und Autoren, die theoretische Konzepte zum Sachunterricht geschrieben haben, haben diese aus der Lektüre von Wagenschein (1968), Piaget (1974) oder Dewey (1931) theoretisch entwickelt. Eine wichtige Beschäftigung von Wissenschaftlerinnen und Wissenschaftlern ist es, anderen nachzuweisen, sie seien von der reinen Lehre abgewichen, während diese wiederum rechtfertigen, dies sei nicht der Fall. Selten werden Theorien aus der Praxis und ihren Veränderungsprozessen heraus formuliert. Damit überwiegen in den Konzepten vor allem Klarheit und Reinheit des Modells, aber nicht Kreativität für praktisches Handeln. Doch auch die publizierten Unterrichtsvorschläge sind zumeist aus Prüfungslektionen oder in Vorführstunden entstanden (vgl. Schreier 1981, 17) oder sie entstammen zu über 90 % besonderen Reformmodellen (Hagstedt 1992). Gegen die geballte Macht der reinen Lehre und der sehr artikulierten Konzepte ist es von unschätzbarer Bedeutung, auch auf das intuitive praktische Wissen zu vertrauen. So haben erfahrene Lehrerinnen und Lehrer schon lange bevor es in der Theorie erkannt wurde, ästhetische Zugangsweisen zu bestimmten Inhalten praktiziert, weil sie merkten, dass mit rein kognitiv orientierten Konzepten viele Kinder überfordert waren.

Es ist dabei sehr wichtig, der eigenen Einschätzung in der Praxissituation zu trauen und sich nicht bloß von der gelernten Theorie unter Druck setzen zu lassen, sondern auf die Bedingungen der Kinder in der Klasse zu schauen und verantwortliche Entscheidungen situativ zu treffen.

3) Zur Frage des heimlichen Lehrplanes

„Schule erzieht nicht nur durch Unterricht und Schulleben, sondern auch als Institution – und der ihr eigene 'heimliche Lehrplan' wirkt dem offiziellen häufig entgegen" (von Reeken 2001, 5). Trotz aller methodischen Planungsmöglichkeiten dürfen wir den heimlichen Lehrplan nicht vergessen. Damit ist gemeint, dass neben den von Lehrpersonen geplanten Lernzielen gleichzeitig durch und in der Situation gelernt wird. Wenn das Lernziel „Solidarität mit unterdrückten Minderheiten" mit schwierigen abstrakten Testfragen in einem distanzierten kalten Unterrichtsklima gelehrt wird, dann kann heimlich gelernt werden: „Ich bin ein dummes Kind" oder: „Wer mächtiger ist, hat immer recht". Der heimliche Lehrplan ist immer stärker als künstliche methodische Arrangements, weil er ein tatsächliches komplexes Erleben in der Lernsituation impliziert. Dagegen ist es viel wichtiger, dass Lehrende authentisch das leben, was sie vertreten. Rauschenberger kritisiert auf der Grundlage der Bedeutung des heimlichen Lehrplanes das gegenwärtige soziale Lernen: „In unseren Schulen hat das soziale Lernen wenig Chancen, weil das Lehren nicht sozial genug ist" (Rauschenberger 1985, 317).

D. h. es ist auch inhaltlich unerlässlich, dass die Lehrpersonen und ihr schulisches Konzept identisch mit ihren eigenen Zielen sind, somit letztlich auch der heimliche Lehrplan weitgehend in Einklang mit den angestrebten Zielen ist.

Ein wichtiger Hinweis für die Existenz des heimlichen Lehrplans ist die Tatsache, dass vielfach die Mütter in der häuslichen Schattenschule die eigentliche schulische Übungsarbeit absolvieren. So wichtig die kooperative Seite der Elternmitarbeit für eine demokratische Schulgemeinde auch sein mag und so sehr davon in der Praxis das Gelingen von Projekten abhängt, so bedeutet dies immer auch die Gefahr der Mütterausbeutung. Wir werden jedenfalls Sachunterricht nicht richtig verstehen, wenn wir ihn als bloße schulische Veranstaltung begreifen bzw. Exponate oder wichtige Inhalte nicht selber präsentieren sondern hoffen, wenn es als Hausaufgabe vergeben wird, dass in einem Elternhaus schon die richtigen Materialien bereit liegen.

Mit allen Hinweisen in dieser Schrift auf eine Neuformulierung von Didaktik und Methodik des Sachunterrichts soll hier also kein idealtypischer normativer Anspruch an Unterricht gestellt werden. Denn Unterricht ist in erster Linie eine Interaktion zwischen Menschen und damit in hohem Maße emotional belastend. Bei 29 Unterrichtsstunden in der Woche kann eine einzige Lehrperson nicht ständig erziehend, fördernd, anregend, Fächer integrierend, sozial kompensierend, auf die Zukunft orientierend, therapeutisch und stabilisierend wirken. Sie kann auch nicht aus eigener Kraftanstrengung eine neue gesellschaftliche Gegenwelt in der Schule schaffen. Von daher ist es verständlich und überlebensnotwendig, wenn sie sich auch auf rezeptive Unterrichtsphasen zurückzieht und die Kinder mit einem anspruchslosen Arbeitsblatt ruhig arbeiten lässt, ohne dabei gleich die Gesamtintentionen zu verraten. Im Gegenteil: je mehr Kraft eine

Lehrperson für sich und die Kinder über die Zeit hinweg erhalten kann, umso mehr kann sie tatsächlich in Unterricht und Schule verändern.

Pädagogische Ziele sind per se prozessual zu verstehen und sind keine Verwaltungsdekrete. Es kommt darauf an, das Ziel im Auge zu behalten und daraufhin zu lenken. Nur wenn man das Ziel genau kennt, kann man in schwierigen Situationen angemessen steuern. Und schwierige Situationen tauchen in großer Zahl in einer Klasse mit verschiedenen Lernerfahrungen der Kinder, mit emotionalen Problemen, die die Kinder belasten, auf.

Es sollen also durch diese Schrift gerade keine normativen Vorschriften für späteren Unterricht im Sinne von präzisen Bauanleitungen und Steuerplänen fixiert werden. Sinn dieses Buches sollte es vielmehr sein, das Sachunterrichtsboot selbstständig stabiler bauen zu können, dass spätere gefährlicher werdende Gewässer durchfahren werden können, ohne dass Kinder dabei ertrinken müssen. Dies heißt aber nicht, dass nun ständig mit diesem Boot auf große Fahrt gegangen werden muss. So würden die Steuerleute ermüden, was angesichts zunehmender Flutwellen durchaus riskant ist. Im Hafen zu verbleiben und das Schiff hin und wieder mit den üblichen Baustoffen zu beladen ist dann nicht problematisch, wenn insgesamt das didaktische Geflecht fest genug geknüpft ist und das Boot immer wieder für jede große Fahrt weiter aufgerüstet wird.

Literatur

Ackermann, Paul: Politisches Lernen in der Grundschule. München 1973, 1975 (2)

Aebli, Hans: Psychologische Didaktik. Stuttgart 1970 (4)

Alt, Christian (Hrsg.): Kinder-Leben. DJI-Kinderpanel. Band 1. Wiesbaden 2005

Annink, Hans u. a.: Zo mogelijk in samenhang. Enschede 1984

Apel, Hans-Jürgen: Präsentieren – die gute Darstellung. Basiswissen Pädagogik. Band 3. Baltmannsweiler 2002

Aries, Philippe: Geschichte der Kindheit. München 1978

Baacke, Dieter: Die 6- bis 12jährigen. Weinheim – Basel 1984

Bannach, Michael: Fördern im Sachunterricht. In: Kaiser, Astrid/Pech, Detlef (Hrsg.): Lernvoraussetzungen und Lernen im Sachunterricht. Basiswissen Sachunterricht. Band 4. Baltmannsweiler 2004, 173–180

Bartnitzky, Horst / Christiani, Reinhold: Die Fundgrube für Freie Arbeit. Berlin 1998

Bartnitzky, Horst / Speck-Hamdan, Angelika (Hrsg.): Leistungen der Kinder wahrnehmen – würdigen – fördern. Frankfurt/M. 2004

Bastinc, Werner: Zur Praxis der Unterrichtsgänge in der Unterstufe. Neustrelitz 1959

Beck, Gertrud / Claussen, Claus: Einführung in die Probleme des Sachunterrichts. Kronberg 1979

Beck, Gertrud u. a.: Arbeitsbuch zur politischen Bildung in der Grundschule. Frankfurt/ M. 1973 (1); 1974 (4)

Beck, Gertrud / Scholz, Gerold: Teilnehmende Beobachtung von Grundschulkindern. In: Heinzel, Friederike (Hrsg.): Methoden der Kindheitsforschung. Ein Überblick über Forschungszugänge zur kindlichen Perspektive. Weinheim und München 2000, 147–170

Beck, Gertrud / Rauterberg, Marcus: Sachunterricht – eine Einführung. Berlin 2005

Beck, Gertrud: Anregungen für ein schulnahes Curriculum. In: Beck, Gertrud/Soll, Wilfried (Hrsg.): Heimat, Umgebung, Lebenswelt: regionale Bezüge im Sachunterricht. Frankfurt/M. 1988, 95–113

Beck, Gertrud: Kindheit heute – Leben angesichts bedrohter Zukunft. In: Faust-Siehl, Gabriele u. a. (Hrsg.): Kinder heute – Herausforderung für die Schule. Frankfurt/M. 1990, 192–202

Beck, Gertrud: Raum zum Leben – Zeit zum Lernen. In: Erziehung & Wissenschaft Schleswig-Holstein 14, 1994, H. 1–2

Beck, Ulrich: Risikogesellschaft. Auf dem Weg in eine andere Moderne. Frankfurt/M. 1986

Beck-Gernsheim, Elisabeth: Von der Liebe zur Beziehung? In: Berger, Johannes (Hrsg.): Die Moderne – Kontinuitäten und Zäsuren. Göttingen 1986, 209–233

Benner, Dietrich / Ramseger, Jörg: Wenn die Schule sich öffnet. München 1981

Bericht des ZK an den VIII. Parteitag der SED. Berlin 1971

Beutel, Wolfgang / Fauser, Peter/Kasten, Carmen: Grundschule und demokratisches Handeln. In: Pädagogik 47, 1995, H. 7–8, 15–19

Blaseio, Beate: Der Perspektivrahmen in den neuen Lehrplänen des Sachunterrichts. In: Grundschulunterricht 52, 2005, H. 7–8, 43–46

Blaseio, Beate: Entwicklungstendenzen der Inhalte des Sachunterrichts. Eine Analyse von Lehrwerken von 1970–2000. Bad Heilbrunn 2004

Bolscho, Dietmar / Haarmann, Dieter (Hrsg.): Handeln und Erkennen im Sozialbereich. Frankfurt/M. 1978

Bölts, Hartmut: Dimensionen einer Bildung zur nachhaltigen Entwicklung. Baltmannsweiler 2002

Bönsch, Manfred / Kaiser, Astrid (Mitarb.): Unterrichtsmethoden – kreativ und vielfältig. Basiswissen Pädagogik. Band 1. Baltmannsweiler 2002

Bönsch, Manfred: Das demokratische Klassenzimmer – Regeln und Rituale für offenen Unterricht. In: NDS (Neue deutsche Schule) Niedersachsen 1996, H. 9, 15–16

Bönsch, Manfred: Forschendes Lernen als Lernprozeß im Sachunterricht der Schule. In: GEW Niedersachsen (Hrsg.): Erziehung und Wissenschaft 1994, H. 11, 11–12

Bönsch, Manfred: Mindmapping im Sachunterricht. In: Kaiser, Astrid/Pech, Detlef (Hrsg.): Unterrichtsplanung und Methoden. Basiswissen Sachunterricht. Band 5. Baltmannsweiler 2004b, 89–95

Borns, Rixa: Frieden – ein Thema für Kinder? In: Kaiser, Astrid/Pech, Detlef (Hrsg.): Die Welt als Ausgangspunkt des Sachunterrichts. Basiswissen Sachunterricht. Band 6. Baltmannsweiler 2004, 201–207

Böttcher, Wolfgang: Für ein verbindliches Kerncurriculum an Grundschulen. In: Böttcher, Wolfgang/Kalb, Peter E. (Hrsg.): Kerncurriculum. Was Kinder in der Grundschule lernen sollen. Eine Streitschrift. Weinheim 2002, 14–37

Breyvogel, Wilfried: Die Jugendrevolte als städtische Revolte. In: Autonomie und Widerstand. Zur Theorie und Geschichte des Jugendprotestes. Essen 1983, 98–105

Bronfenbrenner, Urie: Soziale Umweltzerstörung. In: Neue Sammlung 21, 1981, 176–185

Brüdt, Herbert / Oldenburg, Ines: Pflanzen und Düngemittel. In: Grundschule 35, 2003, H. 3, 51–56

Brügelmann, Hans: Heterogenität, Integration, Differenzierung: Empirische Befunde – pädagogische Perspektiven. In: Heinzel, Friederike/Prengel, Annedore (Hrsg.): Heterogenität, Integration und Differenzierung in der Primarstufe. Opladen 2002, 31–43

Brülls, Susanne: Didaktischer Mehrwert durch neue Medien in der Medienpädagogischen Diskussion und aus Sicht von Sachunterrichtsstudierenden. Oldenburg, unveröff. Habilitationsschrift 2005

Brülls, Susanne: Lehrerstudenten und Wagenschein. Oldenburg 2004a

Brülls, Susanne: Unterrichtsplanung nach Wagenschein. In: Kaiser, Astrid/Pech, Detlef (Hrsg.): Unterrichtsplanung und Methoden. Baltmannsweiler 2004b, 62–69

Bruner, Jerome: Der Prozeß der Erziehung. [1970(1)] Düsseldorf 1976 (4)

Buber, Martin: Das dialogische Prinzip: Darmstadt: wissenschaftliche Buchgesellschaft 1985 (5)

Carle, Ursula: Förderdiagnostik im Sachunterricht. In: Kaiser, Astrid/Pech, Detlef (Hrsg.): Lernvoraussetzungen und Lernen im Sachunterricht. Basiswissen Sachunterricht. Band 4. Baltmannsweiler 2004, 187–193

Christiani, Reinhold: Schuleingangsphase: neu gestalten. Berlin 2004

Claussen, Claus: Lernorte außerhalb der Schule. In: Lernchancen 7, 2004, H. 4, 4–5

Cloer, Ernst: Veränderte Kindheitsbedingungen – Wandel der Kinderkultur. In: Die Deutsche Schule 84, 1992, H. 1, 10–27

Comenius, Johann Amos: Große Unterrichtslehre [1632]. Pädagogische Schriften. Band. 1. Langensalza 1904 (5)

Comenius, Johann Amos: Orbis sensualium pictus. Nürnberg, 1658

Copei, Fritz: Der fruchtbare Moment im Bildungsprozeß. Berlin 1930

Czinczoll, Bernhard: Psychologische Grundlagen der Heimat- und Sachkunde. In: Berk-müller, Hans u. a. (Hrsg.): Lehrbereich Heimat- und Sachkunde. München 1979

Daum Egbert: Die Fächer lassen einen im Stich – Plädoyer für mehr Wirklichkeitsbezug im Sachunterricht. In: Löffler, Gerhard u. a. (Hrsg.): Sachunterricht – zwischen Fachbezug und Integration. Bad Heilbrunn 2000, 50–62

DeMause, Lloyd (Hrsg.): Hört ihr die Kinder weinen? Eine psychogenetische Geschichte der Kindheit. Frankfurt/M. 1980

Deci, Edward / Ryan, Richard: Die Selbstbestimmungstheorie der Motivation und ihre Be-deutung für die Pädagogik. In: Zeitschrift für Pädagogik 39, 1993, 223–238

Deiters, Heinrich: Die Schule der Demokratischen Gesellschaft. Berlin 1948 (10)

Der Hessische Kultusminister: Rahmenrichtlinien. Primarstufe Sachunterricht Aspekt Ge-sellschaftslehre. Wiesbaden 1979

Deutscher Bildungsrat: Strukturplan für das Bildungswesen. Bonn 1970

Dewey, John: Demokratie und Erziehung [1930 (1)]. Braunschweig 1965 (3)

Dewey, John: Der Ausweg aus dem pädagogischen Wirrwarr (1931). In: Dewey, John/ Kilpatrick, William: Der Projekt-Plan. Weimar 1935, 199–205

Dewey, John: Erziehung durch und für Erfahrung. Stuttgart 1986

Dick, Andreas: Vom unterrichtlichen Wissen zur Praxisreflexion. Bad Heilbrunn 1994

Diesterweg, Friedrich A. W.: Wegweiser zur Bildung für deutsche Lehrer. [Essen 1851], Paderborn 1958

Dietrich, Theo: Schulleben oder Unterricht? In: Gudjons, Herbert/Reinert, Gerd Bodo (Hrsg.): Schulleben. Königstein 1980

Dolch, Josef: Lehrplan des Abendlandes. Darmstadt 1965 (2)

Dörpfeld, Friedrich W.: Die Gesellschaftskunde, eine notwendige Ergänzung des Ge-schichtsunterrichts (1889). In: Reble, Albert (Bearb.): Ausgewählte pädagogische Schriften. Paderborn 1963

Dörpfeld, Friedrich W.: Grundlinien einer Theorie des Lehrplans (1873). In: Reble, Albert (Bearb.): Ausgewählte pädagogische Schriften. Paderborn 1963

Drews, Ursula: Rückblick, kritische Bilanz, neue Horizonte in Unterstufe und Unter-stufenforschung oder zur Kinderfreundlichkeit unserer Unterstufe. In: Akademie der Pädagogischen Wissenschaften (Hrsg.). Unterstufe/Grundschule in Ost und West. Berlin 1990, 23–28

Duit, Reinders: Schülervorstellungen – von Lerndefiziten zu neuen Unterrichtsansätzen. In: Naturwissenschaften im Unterricht Physik. 4, 1993, H. 16, 4–10

Dumke, Artur / Schaar, Bruno (Bearb.): Richtlinien für die Volksschulen des Landes Niedersachsen. Hannover 1964

Duncker, Ludwig / Popp, Walter (Hrsg.): Kind und Sache. Weinheim 1994

Duncker, Ludwig / Popp, Walter: Der schultheoretische Ort des Sachunterrichts. In: Duncker, Ludwig/Popp, Walter (Hrsg.): Kind und Sache. Weinheim 1994 b, 15–27

Duncker, Ludwig: Der Erziehungsanspruch des Sachunterrichts. In: Lauterbach, Roland u. a. (Hrsg.): Brennpunkte des Sachunterrichts. Kiel 1992, 66–82

Duncker, Ludwig: Der Erziehungsanspruch des Sachunterrichts. In: Duncker, Ludwig/ Popp, Walter (Hrsg.): Kind und Sache. Weinheim 1994 a, 29–40

Duncker, Ludwig: Lernen als Kulturaneignung. Schultheoretische Grundlagen des Elementarunterrichts. Weinheim 1994b

Duncker, Ludwig: Prinzipien einer Didaktik der Vielfalt. In: Pädagogische Welt 51, 1997, H. 7, 319–325

Eckert, Ela: Maria Montessoris (1870–1952) Kosmische Erziehung – Eine Antwort auf die Weltneugier des Grundschulkindes. In: Kaiser, Astrid/Pech, Detlef (Hrsg.): Geschichte und historische Konzeptionen des Sachunterrichts. Basiswissen Sachunterricht. Band 1. Baltmannsweiler 2004, 118–121

Eckert, Ela: Maria und Mario Montessori. Bad Heilbrunn 2001

Eckhardt, Karl: Die Grundschule. Der weiterführende Unterricht im zweiten, dritten und vierten Schuljahr [1922(3)]. Langensalza 1925 (6)

Ehlers, Christina: 'Eine Welt' im Sachunterricht. In: Kaiser, Astrid / Pech, Detlef (Hrsg.): Die Welt als Ausgangspunkt des Sachunterrichts. Basiswissen Sachunterricht. Band 6. Baltmannsweiler 2004b, 167–177

Ehlers, Christina: Kinderbücher im Sachunterricht. In: Kaiser, Astrid/Pech, Detlef (Hrsg.): Unterrichtsplanung und Methoden. Basiswissen Sachunterricht. Band 5. Baltmannsweiler 2004a, 115–122

Einsiedler, Wolfgang: Aufgreifen von Problemen – Gespräche über Probleme – Problemorientierter Sachunterricht in der Grundschule. In: Duncker, Ludwig/Popp, Walter (Hrsg.): Kind und Sache. Weinheim 1994, 199–212

Einsiedler, Wolfgang: Empirische Forschung zum Sachunterricht – ein Überblick. In: Spreckelsen, Kay u. a. (Hrsg.): Ansätze und Methoden empirischer Forschung zum Sachunterricht. Bad Heilbrunn 2002, 17–38

Emer, Wolfgang / Lenzen, Klaus-Dieter: Projektunterricht gestalten – Schule verändern. Projektunterricht als Beitrag zur Schulentwicklung. Baltmannsweiler 2002

Engelhardt, Wolf / Stoltenberg, Ute: Die Welt zur Heimat machen? In: Engelhardt, Wolf/ Stoltenberg, Ute: Die Welt zur Heimat machen? Bad Heilbrunn 2002, 9–26

Faust-Siehl, Gabriele: Mit Kindern Naturphänomene verstehen. In: Die Grundschulzeitschrift 7, 1993, H. 67, 8–16

Faust-Siel, Gabriele / Schmitt, Rudolf/Valtin, Renate (Hrsg.): Kinder heute – Herausforderung für die Schule. Dokumentation des Bundesgrundschulkongresses 1989 in Frankfurt. Frankfurt/M. 1990

Feige, Bernd: Der Sachunterricht und seine Konzeptionen. Bad Heilbrunn 2004

Feldmann, Klaus: Die Entwicklung des ökonomischen Bewußtseins von Schülern. Hannover 1987

Fiege, Hartwig: Der Heimatkundeunterricht. Bad Heilbrunn 1967

Fiege, Hartwig: Die Heimatkunde. [1958 (1)] Weinheim 1964 (2)

Fiege, Hartwig: Sachunterricht in der Grundschule. [1971(1)] Bad Heilbrunn 1972

Finger, Friedrich-A.: Anweisung zum Unterrichte in der Heimatskunde. Berlin 1844

Fischer, Erika: Lernen durch Dokumentieren und Präsentieren. In: Hempel, Marlies (Hrsg.): Lernwege der Kinder. Baltmannsweiler 1999, 218–230

Fischer, Hans-Joachim: Grundschule – Vermittlungsschule zwischen Kind und Welt. Bad Heilbrunn 2002

Fitzsimmons, Jim u. a.: Tolle Ideen. Arbeitsergebnisse präsentieren und ausstellen. Mühlheim 1996

Fölling-Albers, Maria (Hrsg.): Veränderte Kindheit – Veränderte Grundschule. Frankfurt/ M. 1989

Fölling-Albers, Maria: Kinder brauchen Kinder: Soziales Lernen in der Grundschule. In: Grundschule 26, 1994, H. 4, 8–10

Fölling-Albers, Maria: Veränderte Kindheit – revisited. Konzepte und Ergebnisse sozialwissenschaftlicher Kindheitsforschung der vergangenen 20 Jahre. In: Fölling-Albers, Maria / Richter, Sigrun / Brügelmann, Hans / Speck-Hamdan, Angelika (Hrsg.): Jahrbuch Grundschule III. Fragen der Praxis – Befunde der Forschung. Seelze / Velber 2001, 10–51

Foster, John: Entdeckendes Lernen in der Grundschule. Ehrenwirth 1992

Fountain, Susan: Leben in Einer Welt: Anregungen zum globalen Lernen. Braunschweig 1996

FR 3.2.1993: Frankfurter Rundschau vom 3.2.1993

Franz, Ute / Kammermeyer, Gisela: Das Portfolio im Sachunterricht. Eine alternative Form der Leistungsbeurteilung. In: Grundschulmagazin 72, 2004, H. 5, 37–40

Freese, Hans-Ludwig: Kinder sind Philosophen. Weinheim – Berlin 1989 (1996 (6))

Freeß, Doris: Ästhetisches Lernen im fächerübergreifenden Sachunterricht – Naturphänomene wahrnehmen und deuten. Baltmannsweiler 2002

Freinet, Celestin: Die moderne französische Schule. Paderborn 1965

Freire, Paulo: Erziehung als Praxis der Freiheit. Stuttgart – Berlin 1974

Freud, Anna: Kinder im KZ. In: Autorenkollektiv (Hrsg.): Kinder im Kollektiv. Berlin 1969 (2)

Friedrichs, Birte: Kinder lösen Konflikte. Baltmannsweiler 2004

Fritz, Otto: Einführung in das erste Schuljahr. Für Lehrer und Erzieher. Karlsruhe 1903

Fromm, Erich: Wege aus einer kranken Gesellschaft. Stuttgart 1980

Furth, Hans Gerhard: Das Gesellschaftsverständnis des Kindes und der Äquilibrationsprozeß. In: Edelstein, Wolfgang / Keller, Monika (Hrsg.): Perspektivität und Interpretation. Frankfurt/M. 1982

Furth, Hans Gerhard: The World of Grown-Ups. New York 1980

Gallin, Peter / Ruf, Urs: Sprache und Mathematik in der Schule. Zürich 1990

Galperin, Pjotr Jakovlevic: Die Psychologie des Denkens und die Lehre von der etappenweisen Ausbildung geistiger Handlungen. In: Budilowa, E. A.: Untersuchungen des Denkens in der sowjetischen Psychologie. Berlin (Ost) 1973

Gansberg, Fritz: Heimatkunde in Erzählungen für das 3. und 4.Schuljahr. Langensalza 1923/1925

Gansberg, Fritz: Plauderstunden. Schilderungen für den ersten Unterricht. Leipzig – Berlin 1912b

Gansberg, Fritz: Schaffensfreude. Anregungen zur Belebung des Unterrichts. Leipzig 1912a

Gansberg, Fritz: Streifzüge durch die Welt der Großstadtkinder. Leipzig – Berlin 1905 (1)/ 1907 (2)

Garlichs, Ariane / Groddeck, Norbert (Hrsg.): Erfahrungsoffener Unterricht. Freiburg 1978

Garlichs, Ariane: Die Kinder und die Tulpen. In: Grundschule 17, 1985a, H. 7–8, 22–23

Garlichs, Ariane: Die pädagogische Aufgabe der Grundschule heute. In: Akademie der Pädagogischen Wissenschaften (Hrsg.): Unterstufe / Grundschule in Ost und West. Berlin 1990, 87–95

Garlichs, Ariane: Selbsterfahrung als Bildungsaufgabe der Schule. In: Zeitschrift für Pädagogik 31, 1985b, H. 3, 365–383

Gaudig, Hugo (Hrsg.): Freie geistige Schularbeit in Theorie und Praxis. Breslau 1922

Gaudig, Hugo: Die Schule im Dienste der werdenden Persönlichkeit. Band 1. Leipzig 1917

Gebauer, Karl u. a.: Was ist bloß mit den Kindern los? In: Die Grundschulzeitschrift 5, 1991, H. 49, 47–50

Gebauer, Michael / Harada, Nobuyuki: Naturkonzepte und Naturerfahrungen bei Grundschulkindern – Ergebnisse einer kulturvergleichenden Studie in Japan und Deutschland. In: Cech, Diethard / Giest, Hartmut: Sachunterricht in Praxis und Forschung. Probleme und Perspektiven des Sachunterrichts. Band 15. Bad Heilbrunn 2005, 191–207

Gebhard, Ulrich / Lück, Gisela: Die Vertrautheit der Dinge. Symbolische Deutung der belebten und unbelebten Natur als Element des Heimatgefühls. In: Engelhardt, Wolf / Stoltenberg, Ute (Hrsg.): Die Welt zur Heimat machen? Bad Heilbrunn 2002, 97–109

Gesellschaft für Didaktik des Sachunterrichts (GDSU): Perspektivrahmen Sachunterricht. Bad Heilbrunn 2002

Gesing, Harald / Lob, Reinhard (Hrsg.): Umwelterziehung in der Primarstufe. Heinsberg 1991

Giel, Klaus / Hiller, Gotthilf G.: Stücke zu einem mehrperspektivischen Unterricht. Band 1. Stuttgart 1974

Giesecke, Hermann: Das Ende der Erziehung. Stuttgart 1985

Giest, Hartmut: Handlungsorientiertes Lernen. In: Kaiser, Astrid / Pech, Detlef (Hrsg.): Neuere Konzeptionen und Zielsetzungen im Sachunterricht. Basiswissen Sachunterricht. Band 2. Baltmannsweiler 2004, 90–98

Giest, Hartmut: Lernen und Lehren in der Grundschule – Empirische Erhebung im Sachunterricht. Potsdamer Studien zur Grundschulforschung, H. 25. Universität Potsdam 1999

Gläser, Eva: Die Relevanz von Schülervorstellungen für den Wissenserwerb – dargestellt an der Thematik Arbeitslosigkeit. In: Kahlert, Joachim / Inckemann, Elke (Hrsg.): Wissen, Können und Verstehen. Von der Herstellung ihrer Zusammenhänge im Sachunterricht. Bad Heilbrunn 2001, 55–69

Gläser, Eva: Kinderliteratur. In: Reeken, Dietmar von (Hrsg.): Handbuch Methoden im Sachunterricht. Baltmannsweiler: Schneider Verlag 2003, 157–166

Gläser, Eva: Sachunterrichtlicher Schulanfang. In: Kaiser, Astrid / Pech, Detlef (Hrsg.): Neuere Konzeptionen und Zielsetzungen im Sachunterricht. Basiswissen Sachunterricht. Band 2. Baltmannsweiler 2004b, 84–88

Gläser, Eva: Soziale Ungleichheit: Arbeitslosigkeit. In: Kaiser, Astrid / Pech, Detlef (Hrsg.): Die Welt als Ausgangspunkt des Sachunterrichts. Basiswissen Sachunterricht. Band 6. Baltmannsweiler 2004a, 132–136

Glumpler, Edith: Kleine Mädchen wollen mehr als die Hälfte. In: Pfister, Gertrud / Valtin, Renate (Hrsg.): MädchenStärken. Frankfurt/M. 1993, 51–66

Goldmann, Lucien: Kultur in der Mediengesellschaft. Frankfurt/M. 1973

Greenstein, Fred: Children and politics. New Haven 1969

Greenstein, Fred: Political orientations of children. Beverly Hills 1970

Grell, Jochen / Grell, Monika: Unterrichtsrezepte. München [u. a.] 1979

Greven, Jan / Letschert, Jos F. M.: Welt- und Umweltkunde in den Niederlanden. In: Kaiser, Astrid / Pech, Detlef (Hrsg.): Neuere Konzeptionen und Zielsetzungen im Sachunterricht. Basiswissen Sachunterricht. Band 2. Baltmannsweiler 2004, 170–179

Große-Oetringhaus, Hans-Martin: Angst vor Krieg. Globales Lernen ist Lernen für den Frieden. In: Grundschulmagazin 73, 2005, H. 3, 8–11

Grüber, Gabriele / Koch, Barbara: Zwei Unterrichtseinheiten zum Thema *Bohren*. In: Grundschule 10, 1978, H. 2, 52–59

Grupe, Heinrich: Naturkunde in der Volksschule. [1947(1)] Hannover 1949 (2)

Grygier, Patricia / Günther, Johannes / Kircher, Ernst (Hrsg.): Über Naturwissenschaften lernen: Vermittlung von Wissenschaftsverständnis in der Grundschule. Baltmannsweiler 2004

Grygier, Patricia: Wissenschaftsverständnis – Schon in der Grundschule? In: Cech, Diethard / Giest, Hartmut: Sachunterricht in Praxis und Forschung. Probleme und Perspektiven des Sachunterrichts. Band 15. Bad Heilbrunn 2005, 177–189

Gudjons, Herbert: Frontalunterricht – neu entdeckt. Integration in offene Unterrichtsformen. Bad Heilbrunn 2003

Gudjons, Herbert: Handlungsorientiert lehren und lernen. Bad Heilbrunn 1994 (4)

Gudjons, Herbert: Spielbuch Interaktionserziehung. Bad Heilbrunn 1992, 1995 (5)

Gudjons, Herbert: Was ist Projektunterricht? In: Westermanns Pädagogische Beiträge 36, 1984, 260–266

Günther, Karl-Heinz u. a.: Geschichte der Erziehung. Berlin 1966

Gutwerk, Simone: Demokratie im Klassenzimmer. Demokratie-Lernen in Unterricht und Schulleben. In: Grundschulmagazin 72, 2004, H. 2, S. 8–11

Habermas, Jürgen: Zur Theorie kommunikativen Handelns. Frankfurt/M. 1981

Haenisch, Hans: Gute und schlechte Schulen im Spiegel der empirischen Forschung. In: Tillmann, Klaus-Jürgen (Hrsg.): Was ist eine gute Schule? Hamburg 1989, 32–46

Hagemann, Werner: Der Unterricht in den unteren Klassen. Berlin 1976

Hagstedt, Herbert: Célestin Freinet (1896–1966). Biographisches und Ideengeschichtliches. In: Kaiser, Astrid / Pech, Detlef (Hrsg.): Geschichte und historische Konzeptionen des Sachunterrichts. Basiswissen Sachunterricht. Band 1. Baltmannsweiler 2004, 139–142

Hagstedt, Herbert: Offene Unterrichtsformen. Methodische Modelle und ihre Planbarkeit. In: Hameyer, Uwe u. a. (Hrsg.): Innovationsprozesse in der Grundschule. Fallstudien, Analysen und Vorschläge zum Sachunterricht. Bad Heilbrunn 1992, 367–382

Hänsel, Dagmar (Hrsg.): Projektbuch Grundschule. Weinheim – Basel 1986

Hänsel, Dagmar: *Kindgemäßheit.* Programm einer Pädagogisierung der Schule. In: Pädagogik 41, 1989, H. 5, 29–35

Hänsel, Dagmar: Didaktik des Sachunterrichts. Frankfurt/M. 1980

Hansen, Klaus-Henning / Klinger, Udo: Interesse am naturwissenschaftlichen Lernen im Sachunterricht – Ergebnisse einer Schülerbefragung. In: Marquardt-Mau, Brunhilde / Köhnlein, Walter / Lauterbach, Roland (Hrsg.): Forschung zum Sachunterricht. Bad Heilbrunn 1997, 101–121

Hansen, Wilhelm: Kind und Heimat. Psychologische Voraussetzungen des Heimatkundeunterrichts in der Volksschule. München 1968

Hansen-Schaberg, Inge: Demokratie und Erfahrungsorientierung bei Fritz Karsen (1885–1951). In: Kaiser, Astrid / Pech, Detlef (Hrsg.): Geschichte und historische Konzeptionen des Sachunterrichts. Basiswissen Sachunterricht. Band 1. Baltmannsweiler 2004, 135–138

Harder, Friedrich: Handbuch für den Anschauungsunterricht mit besonderer Berücksichtigung des Elementarunterrichts in den Realien. Altona 1874 (6)

Harnisch, Wilhelm: Handbuch für das deutsche Volksschulwesen. [Breslau 1839]. Langensalza 1893

Hartinger, Andreas / Fölling-Albers, Maria: Schüler motivieren und interessieren. Bad Heilbrunn 2002

Hartinger, Andreas / Mörtl-Hafizovic, Dzenana: Situiertes Lernen – ein aktuelles Thema der Lehr-Lernforschung und seine Relevanz für den Sachunterricht. In: Hempel, Marlies (Hrsg.): Sich bilden im Sachunterricht. Bad Heilbrunn 2004, 61–78

Hartmann, Berthold: Die Analyse des kindlichen Gedankenkreises als die naturgemäße Grundlage des ersten Schulunterrichts. Frankfurt/M. – Leipzig 1913 (6)

Hauenschild, Katrin / Bolscho, Dietmar: Bildung für Nachhaltige Entwicklung in der Schule. Ein Studienbuch. Frankfurt/M. 2005

Haug, Jörg: Heimatkunde und Volkskunde. Tübingen 1969

Heckt, Dietlind / Jürgens, Eiko (Hrsg.): Anders kommunizieren lernen. Braunschweig 1996

Heiland, Helmut: Die Konzeption des Sachunterrichts bei Fröbel (1782–1852). In: Kaiser, Astrid/Pech, Detlef (Hrsg.): Geschichte und historische Konzeptionen des Sachunterrichts. Basiswissen Sachunterricht. Band 1. Baltmannsweiler 2004, 69–72

Heinze, Sigrid: Zur Würdigung und Anerkennung unterschiedlicher Lernausgangslagen. In: Kaiser, Astrid/Pech, Detlef (Hrsg.): Lernvoraussetzungen und Lernen im Sachunterricht. Basiswissen Sachunterricht. Band 4. Baltmannsweiler 2004, 63–75

Heinzel, Friederike: Kinder in Gruppendiskussionen und Kreisgesprächen. In: Heinzel, Friederike: (Hrsg.): Methoden der Kindheitsforschung. Ein Überblick über Forschungszugänge zur kindlichen Perspektive. Weinheim und München 2000a, 117–130

Heinzel, Friederike: Methoden und Zugänge der Kindheitsforschung im Überblick. In: Heinzel, Friederike: (Hrsg.): Methoden der Kindheitsforschung. Ein Überblick über Forschungszugänge zur kindlichen Perspektive. Weinheim und München 2000b, 21–35

Heitmeyer, Wilhelm: Rechtsextremistische Orientierungen bei Jugendlichen. Weinheim 1992 (4)

Hellberg-Rode, Gesine: Entdeckendes Lernen. In: Kaiser, Astrid/Pech, Detlef (Hrsg.): Neuere Konzeptionen und Zielsetzungen im Sachunterricht. Basiswissen Sachunterricht. Band 2. Baltmannsweiler 2004, 99–104

Hemmer, Klaus-Peter (Hrsg.): Sachunterricht Gesellschaft 1-4. München 1982

Hempel, Marlies / Lüpkes, Julia: Lernwege im Sachunterricht: Kooperieren und Kommunizieren. In: Grundschulunterricht 52, 2005, H. 4, 33–35

Hempel, Marlies: Zukunftsvorstellungen von Kindern. In: Kaiser, Astrid/Röhner, Charlotte (Hrsg.): Kinder im 21. Jahrhundert. Münster 2000, 109–121

Hentig, Hartmut von: Die Menschen stärken, die Sachen klären. Stuttgart 1985

Hentig, Hartmut von: Schule als Erfahrungsraum? Stuttgart 1973

Hiller, Gotthilf Gerhard/Popp, Walter: Unterricht als produktive Irritation – oder: Zur Aktualität des Mehrperspektivischen Unterrichts. In: Duncker, Ludwig/Popp, Walter (Hrsg.): Kind und Sache. Weinheim 1994, 93–115

Himmelmann, Gerhard: John Dewey (1859–1952) – Begründer der amerikanischen Reformpädagogik. In: Kaiser, Astrid/Pech, Detlef (Hrsg.): Geschichte und historische Konzeptionen des Sachunterrichts. Basiswissen Sachunterricht. Band 1. Baltmannsweiler 2004, 98–101

Höcker, Günther: Inhalte des Sachunterrichts im 4. Schuljahr. Eine kritische Analyse In: Die Grundschule 1, 1968, H. 3

Hoffmann, Lore: Die Interessen von Schülerinnen an Physik und Technik. In: Die Realschule 97, 1989, H. 5, 201–205

Holl-Giese, Waltraud / Schrenk, Marcus: Bildung für eine nachhaltige Entwicklung – eine Aufgabe für Schule und Hochschule. In: Holl-Giese, Waltraud/Schrenk, Marcus (Hrsg.): Bildung für nachhaltige Entwicklung. Ergebnisse empirischer Untersuchungen. Hamburg 2005, 7–16

Holzkamp, Klaus: Lernen. Subjektwissenschaftliche Grundlegung. Frankfurt/M. 1993

Hopf, Arnulf: „Der Sachunterricht hat die Aufgabe, dem Schüler Ausschnitte der Lebenswirklichkeit zu erschließen ...". In: Richter, Dagmar (Hrsg.): Grundlagen des Sachunterrichts. Oldenburg 1993 b, 21–30

Hopf, Arnulf: Grundschularbeit heute. München 1993 a

Hoppe, Otfried: Sache, Sprache und Bewusstsein. Ein theoretischer Blick auf den wissenschaftlichen Verfügungswahn in der Pädagogik und Didaktik. In: Rauterberg, Markus/ Scholz, Gerold: Die Dinge haben einen Namen. Zum Verhältnis von Sprache und Sache im Sachunterricht. Baltmannsweiler 2004, 69–88

Huschke, Peter: Grundlagen des Wochenplanunterrichts. Weinheim 1996

Jablonski, Maik: Arbeiten mit dem Computer. In: Reeken, Dietmar von (Hrsg.): Handbuch Methoden im Sachunterricht. Baltmannsweiler: Schneider Verlag 2003, 8–67

Jahnke-Klein, Sylvia: Sinnstiftender Mathematikunterricht mit Mädchen und Jungen. Grundlagen der Schulpädagogik. Band 39. Baltmannsweiler 2001

Janßen, Ulrich / Steuernagel, Ulla: Die Kinder-Uni. Forscher erklären die Rätsel der Welt. Frankfurt/M. 2003

Jantzen, Wolfgang (Hrsg.): Die Schule Gal'perins. Tätigkeitstheoretische Beiträge zum Begriffserwerb im Vor- und Grundschulalter. Berlin 2004

Jeziorsky, Walter: Allgemeinbildender Unterricht in der Grundschule. Braunschweig 1948; 1968 (2)

Jeziorsky, Walter: Einführung in die Unterrichtslehre der Grundschule. Bad Heilbrunn 1972

Jeziorsky, Walter: Verfrühungen im Grundschul-Unterricht (1978). In: Moll-Strobel, Helgard (Hrsg.): Grundschule – Kinderschule oder wissenschaftsorientierte Leistungsschule? Darmstadt 1982, 185–197

Jonen, Angela / Möller, Kornelia / Hardy, Ilonca: Lernen als Veränderung von Konzepten – am Beispiel einer Untersuchung zum naturwissenschaftlichen Lernen in der Grundschule. In: Cech, Diethard/Schwier, Hans-Joachim (Hrsg.): Lernwege und Aneignungsformen im Sachunterricht. Bad Heilbrunn 2003, 93–108

Jung, Johannes: Die Systematisierung der Erkenntnis – Johann Fr. Herbart (1776–1841) und seine Nachfolger. In: Kaiser, Astrid/Pech, Detlef (Hrsg.): Geschichte und historische Konzeptionen des Sachunterrichts. Basiswissen Sachunterricht. Band 1. Baltmannsweiler 2004, 90–93

Jung, Johannes: Georg Kerschensteiner (1854–1932) und die Münchner Arbeitsschulbewegung. In: Kaiser, Astrid/Pech, Detlef (Hrsg.): Geschichte und historische Konzeptionen des Sachunterrichts. Basiswissen Sachunterricht. Band 1. Baltmannsweiler 2004 b, 102–105

Jung, Johannes: Schule in der Idylle. Die Landerziehungsheime von Hermann Lietz (1868–1919) bis Paul Geheeb (1870–1961). In: Kaiser, Astrid/Pech, Detlef (Hrsg.): Geschichte und historische Konzeptionen des Sachunterrichts. Basiswissen Sachunterricht. Band 1. Baltmannsweiler 2004 c, 114–117

Junge, Friedrich: Der Dorfteich als Lebensgemeinschaft. [1885(1)] Kiel – Leipzig 1891 (2)

Kahlert, Joachim / Inckemann, Elke: Wissen, Können und Verstehen. In: Kahlert, Joachim / Inckemann, Elke (Hrsg.): Wissen, Können und Verstehen. Von der Herstellung ihrer Zusammenhänge im Sachunterricht. Bad Heilbrunn 2001, 7–24

Kahlert, Joachim: Achtsamkeit und Anerkennung als Leitbild für soziales Lernen. In: Hempel, Marlies (Hrsg.): Sich bilden im Sachunterricht. Bad Heilbrunn 2004, 35–48

Kahlert, Joachim: Der Sachunterricht und seine Didaktik. Bad Heilbrunn 2002

Kahlert, Joachim: Lebenswelten erschließen. In: Kaiser, Astrid / Pech, Detlef (Hrsg.): Neuere Konzeptionen und Zielsetzungen im Sachunterricht. Basiswissen Sachunterricht. Band 2. Baltmannsweiler 2004 a, 32–41

Kahlert, Joachim: Umweltwissen in didaktischen Netzen aufbauen – ein Modell für eine fächerübergreifende wissensorientierte Umweltbildung. In: Gärtner, Helmut / Hellberg-Rode, Gesine (Hrsg.): Umweltbildung & nachhaltige Entwicklung. Band 1: Grundlagen. Baltmannsweiler 2001, 31–51

Kahlert, Joachim: Vielseitigkeit statt Ganzheit. In: Duncker, Ludwig / Popp, Walter (Hrsg.): Über Fachgrenzen hinaus. Heinsberg 1997, 92–118

Kaiser-Haas, Monika: Experten unter sich. Von Themenarbeit zu Jahresarbeit. In: Die Grundschulzeitschrift 18, 2004, H. 171, 18–20

Kaiser, Astrid (Hrsg.): Geschichten für den Sachunterricht. Essen 1997 a

Kaiser, Astrid (Hrsg.): Koedukation und Jungen. 2. Auflage. Weinheim 2005 b

Kaiser, Astrid (Hrsg.): Praxisbuch Mädchen- und Jungenstunden. Baltmannsweiler 2001

Kaiser, Astrid und Mitarbeiterinnen: Projekt geschlechtergerechte Grundschule – Berichte aus der Praxis. Opladen 2003

Kaiser, Astrid / Mannel, Susanne: Chemie in der Grundschule. Baltmannsweiler 2004

Kaiser, Astrid / Maturana, Humberto: „Ich bin kein Konstruktivist …". Interview mit Humberto Maturana. In: Päd Forum: unterrichten erziehen 31./22, 2003, H. 2, 109–111

Kaiser, Astrid / Pech, Detlef (Hrsg.): Die Welt als Ausgangspunkt des Sachunterrichts. Basiswissen Sachunterricht. Band 6. Baltmannsweiler 2004 d

Kaiser, Astrid / Pech, Detlef (Hrsg.): Geschichte und historische Konzeptionen des Sachunterrichts. Basiswissen Sachunterricht. Band 1. Baltmannsweiler 2004 b

Kaiser, Astrid / Pech, Detlef (Hrsg.): Integrative Zugangsweisen für den Sachunterricht. Basiswissen Sachunterricht. Band 3. Baltmannsweiler 2004 c

Kaiser, Astrid / Pech, Detlef (Hrsg.): Lernvoraussetzungen und Lernen im Sachunterricht. Basiswissen Sachunterricht. Band 4. Baltmannsweiler 2004 g

Kaiser, Astrid / Pech, Detlef : Die widersprüchliche historische Herausbildung des Sachunterrichts. In: Kaiser, Astrid / Pech, Detlef (Hrsg.): Geschichte und historische Konzeptionen des Sachunterrichts. Basiswissen Sachunterricht. Band 1. Baltmannsweiler: Schneider 2004 a, 3–19

Kaiser, Astrid / Pech, Detlef: Vom Konzept zum Unterricht. In: Kaiser, Astrid / Pech, Detlef (Hrsg.): Unterrichtsplanung und Methoden. Basiswissen Sachunterricht. Band 5. Baltmannsweiler 2004 e, 3–45

Kaiser, Astrid / Röhner, Charlotte (Hrsg.): Kinder im 21. Jahrhundert. Münster 2000

Kaiser, Astrid / Zeschmar-Lahl, Barbara: Gesundes Waschen. In: Praxis Grundschule 7, 1993, H. 5, 22–37

Kaiser, Astrid: 1000 Rituale für die GrundSchule. Baltmannsweiler 2006 (4)

Kaiser, Astrid: Anders lehren lernen. Baltmannsweiler 2003 a (2)

Kaiser, Astrid: Anthropologisch Konstantes versus sozio-kulturell Differentes in Aktions-
räumen und Verhaltensmustern von Kindern in drei Kontinenten. Dokumentiert an
Kinderfotos. In: Hinz, Renate (Hrsg.): Jahrbuch Grundschulforschung. Wiesbaden
2006 b (im Druck)

Kaiser, Astrid: Armreifenhandel im Anfangsunterricht. In: Sachunterricht und Mathematik in der Grundschule 19, 1991 a, H. 9, 415 – 420

Kaiser, Astrid: Caring Curriculum für den Sachunterricht. In: Kaiser, Astrid / Pech, Detlef
(Hrsg.): Integrative Zugangsweisen für den Sachunterricht. Basiswissen Sachunterricht. Band 3. Baltmannsweiler 2004 c, 188 – 205

Kaiser, Astrid: Conceptual Change als Impuls für didaktisches Denken. In: Kaiser, Astrid /
Pech, Detlef (Hrsg.): Lernvoraussetzungen und Lernen im Sachunterricht. Basiswissen
Sachunterricht. Band 4. Baltmannsweiler 2004 d, 126 – 133

Kaiser, Astrid: Der Käferatlas und Lesa 21. Zwei Internetportale für den Sachunterricht.
In: Grundschule 37, 2005a, H. 10, 14 – 17

Kaiser, Astrid: Die hohe Stellung der Frau bei den Minangkabau. In: Eine Welt in der
Grundschule, 1993, H. 4, 1 – 12

Kaiser, Astrid: EXPO 2000 – Ein Rückblick auf methodische Trends des (Be)lehrens. In:
Pädagogik 53, 2001 b, H. 4, 41 – 45

Kaiser, Astrid: Forschung über Lernvoraussetzungen zu didaktischen Schlüsselproblemen
im Sachunterricht. In: Marquardt-Mau, Brunhilde u. a. (Hrsg.): Forschung zum Sachunterricht. Bad Heilbrunn 1997, 190 – 207

Kaiser, Astrid: Hausarbeit in der Schule? Pfaffenweiler: Centaurus 1992

Kaiser, Astrid: Kommunikativer Sachunterricht. In: Kaiser, Astrid / Pech, Detlef (Hrsg.):
Neuere Konzeptionen und Zielsetzungen im Sachunterricht. Basiswissen Sachunterricht. Band 2. Baltmannsweiler 2004 a, 48 – 57

Kaiser, Astrid: Konstruktivismus als hinreichende Theorie für veränderndes Handeln? In:
Zeitschrift für Frauenforschung & Geschlechterstudien 18, 2000c, H. 4, 20 – 30

Kaiser, Astrid: Lernen des Lernens. In: Kaiser, Astrid / Pech, Detlef (Hrsg.): Lernvoraussetzungen und Lernen im Sachunterricht. Basiswissen Sachunterricht. Band 4. Baltmannsweiler 2004 b, 140 – 151

Kaiser, Astrid: Lernvoraussetzungen von Mädchen und Jungen für sozialwissenschaftlichen Sachunterricht. Oldenburg 1996 b

Kaiser, Astrid: Philosophieren mit Kindern – Besinnung in Zeiten der globalisierten Entgrenzung. In: Müller, Hans-Joachim / Pfeiffer, Silke (Hrsg.): Denken als didaktische
Zielkompetenz / Tagung „Philosophieren mit Kindern in der Grundschule". Baltmannsweiler 2004 b, 3 – 6

Kaiser, Astrid: Praxisbuch handelnder Sachunterricht Band 1. Baltmannsweiler 2005 (10)

Kaiser, Astrid: Praxisbuch handelnder Sachunterricht. Band 2. Baltmannsweiler 1998

Kaiser, Astrid: Sachunterricht aus der Gender-Perspektive. In: Kaiser, Astrid / Pech, Detlef
(Hrsg.): Integrative Zugangsweisen für den Sachunterricht. Baltmannsweiler 2004 i,
146 – 168

Kaiser, Astrid: Sachunterrichtsdidaktische Perspektiven eines sozialen Kindheitsbegriffs.
In: Sachunterricht und Mathematik in der Primarstufe 20, 1992 b, H. 9, 382 – 386

Kaiser, Astrid: Sachunterrichtserzählungen – eine alte Methode für heutigen Sachunterricht? In: Kaiser, Astrid / Pech, Detlef (Hrsg.): Unterrichtsplanung und Methoden. Basiswissen Sachunterricht. Band 5. Baltmannsweiler 2004 f, 111 – 114

Kaiser, Astrid: Sicher an der Ampel – ein handlungsorientierter Ansatz der Verkehrserziehung. In: Sachunterricht und Mathematik in der Primarstufe 21, 1993 c, H. 3, 110–114

Kaiser, Astrid: Sprache im Sachunterricht. In: Kaiser, Astrid/Pech, Detlef (Hrsg.): Unterrichtsplanung und Methoden. Basiswissen Sachunterricht. Band 5. Baltmannsweiler 2004 g, 78–82

Kaiser, Astrid: Zeichnen und Malen als produktive Zugänge zur Sache. In: Kaiser, Astrid / Pech, Detlef (Hrsg.): Unterrichtsplanung und Methoden. Basiswissen Sachunterricht. Band 5. Baltmannsweiler 2004 h, 96–102

Kaiser, Astrid: Zukunftsbilder von Kindern der Welt. Baltmannsweiler 2003 b

Kanzlei des Staatsrates der DDR: Unser Bildungssystem – ein wichtiger Schritt auf dem Wege zur gebildeten Nation. Berlin 1965

Karnick, Rudolf: Mein Heimatort I. Weinheim 1964 (5)

Karsen, Fritz: Sinn und Gestalt der Arbeitsschule. In: Grimme, Adolf (Hrsg.): Wesen und Wege der Schulreform. Berlin 1930, S. 100 ff.

Keller, Monika: Die Entwicklung der Entwicklungspsychologie. In: Psychologie heute 9, 1982, H. 6, 44–55

Kerschensteiner, Georg: Staatsbürgerliche Erziehung der deutschen Jugend. Erfurt 1925 (8)

Key, Ellen: Das Jahrhundert des Kindes. Berlin 1907 (2) [1900 (1)]

Killermann, Wilhelm: Biologieunterricht heute. Donauwörth 1976

Klafki, Wolfgang u. a.: Funkkolleg Erziehungswissenschaft. Band 1. Frankfurt/M. 1970

Klafki, Wolfgang u. a.: Probleme der Curriculumentwicklung. Frankfurt/M. 1972

Klafki, Wolfgang u. a.: Schulnahe Curriculumentwicklung und Handlungsforschung im Marburger Grundschulprojekt. Weinheim 1982

Klafki, Wolfgang: Allgemeinbildung in der Grundschule und der Bildungsauftrag des Sachunterrichts. In: Lauterbach, Roland (Hrsg.): Brennpunkte des Sachunterrichts. Kiel 1992

Klafki, Wolfgang: Das pädagogische Problem des Elementaren und die Theorie der kategorialen Bildung. [1957 (1)] Weinheim 1964 (4)

Klafki, Wolfgang: Neue Studien zur Bildungstheorie und Didaktik. Weinheim 1985; 1993 (3)

Klafki, Wolfgang: Sinn-Dimensionen allgemeiner Bildung in der Schule. In: Fiegert, Monika/Kunze, Ingrid (Hrsg.): Zwischen Lehrerbildung und Lehrerausbildung. Münster 2005, 181–199

Klemm, Gustav: Kulturkunde auf heimatlicher Grundlage. Tat und Ziel der Einheitsschule. Dresden 1921 (3); 1911 (1)/1964

Klewitz, Elard / Mitzkat, Horst: Entdeckendes Lernen und offener Unterricht. Braunschweig 1977

Klingberg, Lothar: Abriss der allgemeinen Didaktik. Berlin 1966

Klingberg, Lothar: Einführung in die allgemeine Didaktik. Berlin 1982

Knauf, Tassilo: Waldorfpädagogik: Lebensweltpädagogik in eigener Lebenswelt. In: Päd. extra & demokratische Erziehung, 3, 1990, H. 10

Kobi, Emil: Lernen und Lehren: Ergebnisse der Lernpsychologie und deren Verwertung im Unterricht. Bern 1975 (2)

Koch-Priewe, Barbara / Fischer, Dietlind: Frauen in der Lehrerfortbildung. In: Glumpler, Edith (Hrsg.): Erträge der Frauenforschung für die LehrerInnenbildung. Bad Heilbrunn 1993

Koch-Priewe, Barbara / Stöcker, Hermann / Klafki, Wolfgang: Zur Geschichte des Bohrens und des Bohrers. Weinheim 1982

Koch-Priewe, Barbara: Sachunterrichtsprojekte des Marburger Grundschulprojekts. In: Kaiser, Astrid / Pech, Detlef (Hrsg.): Geschichte und historische Konzeptionen des Sachunterrichts. Basiswissen Sachunterricht. Band 1. Baltmannsweiler 2004, 179–185

Koch-Priewe, Barbara: Subjektive didaktische Theorien von Lehrern. 2. Aufl. als CD-ROM. In: Pädagogische Schriften Band 8. Göttingen 2000

Kohlberg, Lawrence: Zur kognitiven Entwicklung des Kindes. Frankfurt/M. 1974

Köhnlein, Walter: Vielperspektivisches Denken – eine Einleitung. In: Köhnlein, Walter / Marquardt-Mau, Brunhilde / Schreier, Helmut (Hrsg.): Vielperspektivisches Denken im Sachunterricht. Bad Heilbrunn 1999, 9–23

Köhnlein, Walter: Was heißt und wie kann „Verstehen lehren" geschehen? In: Kahlert, Joachim / Inckemann, Elke (Hrsg.): Wissen, Können und Verstehen. Von der Herstellung ihrer Zusammenhänge im Sachunterricht. Bad Heilbrunn 2001, 55–69

Konrad, Klaus / Wagner, Annette: Lernstrategien für Kinder. Baltmannsweiler 1999

Konrad, Klaus: Wege zum selbstgesteuerten Lernen. Vom Konzept zur Umsetzung. In: Pädagogik 55, 2003, H. 5, S. 14–17

Kopp, Ferdinand: Methodik des Heimatkundeunterrichts. München 1964

Kopp, Ferdinand: Von der Heimatkunde zum Sachunterricht. Donauwörth 1977 (2)

Korczak, Janusz: Das Recht des Kindes auf Achtung. Göttingen 1988

Korte, Jochen: Faustrecht auf dem Schulhof. Weinheim 1992

Krieg, Elsbeth (Hrsg.): Hundert Welten entdecken. Essen 1993

Krieg, Elsbeth (Hrsg.): Lernen von Reggio. Theorie und Praxis der Reggio-Pädagogik im Kindergarten. Lage: Jacobs 2002

Krieg, Elsbeth: Reggio-Pädagogik: Verstehen aus ästhetischen Kinderperspektiven. In: Kaiser, Astrid / Pech, Detlef (Hrsg.): Neuere Konzeptionen und Zielsetzungen im Sachunterricht. Basiswissen Sachunterricht. Band 2. Baltmannsweiler 2004, 117–121

Kuhmerker, Lisa: Die moralische Entwicklung von Kindern im Grundschulalter. Die Theorie Lawrence Kohlsbergs. In: Grundschule 29, 1997, H. 5, 28–29

Kuhn, Peter / Buhl, Kirstin: Kinderwünsche – Lehrernöte, oder: Bewegte Schule aus der Sicht der „Betroffenen". In: Sportunterricht & Körpererziehung 51, 2002, H. 3, 78–83

Kultusminister NRW (Hrsg.): Richtlinien und Lehrpläne für die Grundschule in Nordrhein-Westfalen. Sachunterricht. Köln 1973

Kultusminister NRW (Hrsg.): Richtlinien und Lehrpläne für die Grundschule in Nordrhein-Westfalen. Sachunterricht. Köln 1985

Lagarde, Paul De: Deutscher Glaube, deutsches Vaterland, deutsche Bildung. Jena 1914

Laging, Ralf (Hrsg.): Altersgemischtes Lernen in der Schule. Baltmannsweiler 1999

Landwehr, Brunhild: Distanzen von Lehrkräften und Studierenden des Sachunterrichts zur Physik: eine qualitativ-empirische Studie zu den Ursachen. Berlin 2002

Landwehr, Brunhild: Kinder brauchen keine Lehrerinnen – Kinder brauchen gute Lehrerinnen. In: Kaiser, Astrid / Pech, Detlef (Hrsg.): Lernvoraussetzungen und Lernen im Sachunterricht. Basiswissen Sachunterricht. Band 4. Baltmannsweiler 2004, 104–112

Lange, Dirk / Kaiser, Astrid: Frühe Konzepte der politischen Bildung im Sachunterricht. In: Kaiser, Astrid/Pech, Detlef (Hrsg.): Geschichte und historische Konzeptionen des Sachunterrichts. Basiswissen Sachunterricht. Band 1. Baltmannsweiler 2004, 166–169

Langeveld, Martinus Jan: Studien zur Anthropologie des Kindes. Tübingen 1968 (3)

Lauterbach, Roland u. a. (Hrsg.): Wege des Ordnens. Kiel 1992

Leontjew, Alexej N.: Probleme der Entwicklung des Psychischen. Frankfurt/M. 1973

Lewe, Heinz: Öffnung des Unterrichts. In: Grundschulmagazin 72, 2004, H. 3, 10–11

Lichtenstein-Rother, Ilse: Sachunterricht und elementare Weltkunde. In: Schwartz, Erwin (Hrsg.): Von der Heimatkunde zum Sachunterricht. Braunschweig 1977, 63–80

Lichtenstein-Rother, Ilse: Schulanfang. [1954 (1)] Frankfurt/M. 1969 (7)

Lichtenstein-Rother, Ilse: Veränderte Lebenswelt als Impuls für Innovationen in der Grundschule. In: Hameyer, Uwe u. a. (Hrsg.): Innovationsprozesse in der Grundschule. Fallstudien, Analysen und Vorschläge zum Sachunterricht. Bad Heilbrunn 1992, 55–69

Lietz, Hermann: Die ersten drei deutschen Landerziehungsheime zwanzig Jahre nach der Begründung: ein Versuch ernsthafter Durchführung deutscher Schulreform. Veckenstedt 1919 (2)

Lippitz, Wilfried: *Lebenswelt* oder die Rehabilitierung vorwissenschaftlicher Erfahrung. Weinheim – Basel 1980

Liu, Shu-Chiu: The Alternative Models of the Universe. Oldenburg 2005

Lohrmann, Kathrin: „Ich achte jetzt mehr darauf, dass ich nicht mehr geschlagen werde und dass mir zugehört wird!" Politisches Lernen in der Grundschule. In: Kaiser, Astrid/Pech, Detlef (Hrsg.): Die Welt als Ausgangspunkt des Sachunterrichts. Basiswissen Sachunterricht. Band 6. Baltmannsweiler 2004, 182–193

Ludwig, Harald: Montessori-Schulen und ihre Didaktik. Baltmannsweiler 2004

Mannel, Susanne: Untersuchungen zur Ausprägung und Stabilität eines ersten Teilchenkonzeptes von Schülern im Grundschulalter. Staatsexamensarbeit. Oldenburg 2002

Martens, Ekkehard: Philosophieren mit Kindern. Eine Einführung in die Philosophie. Stuttgart 1999

Mattenklott, Gundel: Kleine Didaktik des Zeigens. In: Die Grundschulzeitschrift 7, 1993, H. 67, 17–20

Matthews, Gareth B.: Mit Kindern über die Welt nachdenken. In: Grundschule 21, 1989, H. 3, 14–17

Max, Charel: Verstehen heißt Verändern. In: Meier, Richard u. a. (Hrsg.): Sachunterricht in der Grundschule. Frankfurt/M. 1997, 62–89

Mayer, Christine: *... und daß die staatsbürgerliche Erziehung des Mädchens mit der Erziehung zum Weibe zusammenfällt.* Kerschensteiners Konzept einer Mädchenerziehung. In: Zeitschrift für Pädagogik 38, 1992, H. 5, 771–791

Mayer, Werner G.: Der Sachunterricht. Unterrichten und Erziehen. Teil 2. Heinsberg 1994

Mayer, Werner G.: *Tat*-Sachen. Heinsberg 1985

Meier, Richard: Der Mensch und seine Sinne. In: Grundschule Sachunterricht 5, 2003, H. 4, 2–7

Meier, Richard: Dimensionen des Zusammenlebens. In: Lauterbach, Roland u. a. (Hrsg.): Dimensionen des Zusammenlebens. Kiel 1993, 19–44

Meiers, Kurt: Ansätze zur Entwicklung des Sachunterrichts – Mittelalter und Renaissance. In: Kaiser, Astrid/Pech, Detlef (Hrsg.): Geschichte und historische Konzeptionen des Sachunterrichts. Basiswissen Sachunterricht. Band 1. Baltmannsweiler 2004, 37–40

Meiers, Kurt: Sachunterricht – eine Positionsbestimmung. In: Sachunterricht und Mathematik in der Primarstufe 21, 1993, H. 2, 88–95

Meiers, Kurt: Sachunterricht – Überlegungen – Anregungen – Hilfen zur Praxis. Zug 1994 (2)

Meiers, Kurt: Sachunterricht für den Schulanfang. In: Kaiser, Astrid/Pech, Detlef (Hrsg.): Lernvoraussetzungen und Lernen im Sachunterricht. Basiswissen Sachunterricht. Band 4. Baltmannsweiler 2004 b, 167–172

Meyer, Hilbert: Das Problem der Verfrühung im Sachunterricht. Schriftliche Arbeit zur zweiten Prüfung für das Lehramt an Volksschulen im Lande Niedersachsen. Ocholt 1966

Meyer, Hilbert: Unterrichtsmethoden II. Frankfurt/M. 1987

Meyer, Hilbert: Was ist guter Unterricht? Berlin 2004

Michalik, Kerstin (Hrsg.): Geschichtsbezogenes Lernen im Sachunterricht. Bad Heilbrunn 2004

Michalik, Kerstin: Kann das Leben der Menschen durch Technik besser werden? Förderung kritischer Technikkompetenz im Sachunterricht. In: Grundschulunterricht 52, 2005, H. 4, 4–11

Milhoffer, Petra: Körper und Sexualität – was Mädchen und Jungen in der Grundschule beschäftigt. In: Kaiser, Astrid/Pech, Detlef (Hrsg.): Lernvoraussetzungen und Lernen im Sachunterricht. Basiswissen Sachunterricht. Band 4. Baltmannsweiler 2004, 76–83

Miller, George / Galanter, Eugene/Pribam, Karl H.: Strategien des Handelns. Stuttgart 1973

Miller, Susanne: Kinderarmut – (k)ein Thema für Sachunterrichtslehrerinnen. In: Kaiser, Astrid/Pech, Detlef (Hrsg.): Die Welt als Ausgangspunkt des Sachunterrichts. Basiswissen Sachunterricht. Band 6. Baltmannsweiler 2004, 137–144

Miller, Susanne: Werkstattunterricht und Stationenlernen. In: Reeken, Dietmar von (Hrsg.): Handbuch Methoden im Sachunterricht. Baltmannsweiler: Schneider Verlag 2003, 272–281

Ministerium für Volksbildung: Verfügungen und Mitteilungen, Nr. 16/1955. Anweisung zur Einführung des Faches Heimatkunde in der deutschen demokratischen Schule vom 30. Juni 1955

Ministerrat der Deutschen Demokratischen Republik: Lehrplan für das Fach Deutsch in der Unterstufe. Berlin 1987

Mitzlaff, Hartmut: Adolf Reichweins (1898–1944) heimliche Reformpraxis in Tiefensee 1933–1939. In: Kaiser, Astrid/Pech, Detlef (Hrsg.): Geschichte und historische Konzeptionen des Sachunterrichts. Basiswissen Sachunterricht. Band 1. Baltmannsweiler 2004 f, 143–150

Mitzlaff, Hartmut: Andreas Reyher (1601–1673) oder: Der historische Drehpunkt auf dem Weg zu einem realistischen Sachunterricht und zum pädagogischen und didaktischen Realismus. In: Kaiser, Astrid/Pech, Detlef (Hrsg.): Geschichte und historische Konzeptionen des Sachunterrichts. Basiswissen Sachunterricht. Band 1. Baltmannsweiler 2004 c, 47–50

Mitzlaff, Hartmut: Auf dem Weg zu einer modernisierten Heimatkunde – Rudolf Karnick (1901–1994). In: Kaiser, Astrid/Pech, Detlef (Hrsg.): Geschichte und historische Konzeptionen des Sachunterrichts. Basiswissen Sachunterricht. Band 1. Baltmannsweiler 2004 h, 151–155

Mitzlaff, Hartmut: Der Sachunterricht als der natürliche Weg des Kindes zu den Sachen und zur reinen Menschlichkeit – Das Ideal des Jean-Jacques Rousseau (1712–1778). In: Kaiser, Astrid/Pech, Detlef (Hrsg.): Geschichte und historische Konzeptionen des Sachunterrichts. Basiswissen Sachunterricht. Band 1. Baltmannsweiler 2004 d, 51–55

Mitzlaff, Hartmut: Die erste „Heimathskunde" von Chr. Wilhelm Harnisch (1787–1864) aus dem Jahre 1816. In: Kaiser, Astrid/Pech, Detlef (Hrsg.): Geschichte und historische Konzeptionen des Sachunterrichts. Basiswissen Sachunterricht. Band 1. Baltmannsweiler 2004e, 73–80

Mitzlaff, Hartmut: Die wechselvolle Geschichte des Sachunterrichts 1600–1980 – Ein allgemeiner Überblick. In: Kaiser, Astrid/Pech, Detlef (Hrsg.): Geschichte und historische Konzeptionen des Sachunterrichts. Basiswissen Sachunterricht. Band 1. Baltmannsweiler 2004a, 20–30

Mitzlaff, Hartmut: Elementarunterricht zwischen geografischer Propädeutik und Kindorientierung – F. A. Fingers (1808–1888) Weinheimer „Heimathskunde" von 1844. In: Kaiser, Astrid/Pech, Detlef (Hrsg.): Geschichte und historische Konzeptionen des Sachunterrichts. Basiswissen Sachunterricht. Band 1. Baltmannsweiler 2004i, 85–89

Mitzlaff, Hartmut: Heimatkunde und Sachunterricht. Band 1–3. Diss. Univ. Dortmund 1985

Mitzlaff, Hartmut: Johann Amos Comenius' (1592–1670) pansophischer Sachen-Unterricht. In: Kaiser, Astrid/Pech, Detlef (Hrsg.): Geschichte und historische Konzeptionen des Sachunterrichts. Basiswissen Sachunterricht. Band 1. Baltmannsweiler 2004b, 41–46

Mitzlaff, Hartmut: Zwischen Welterkundung und neuer Heimatkunde – Sachunterricht 1985–2004 – Ein subjektiver Abriss. In: Kaiser, Astrid/Pech, Detlef (Hrsg.): Geschichte und historische Konzeptionen des Sachunterrichts. Basiswissen Sachunterricht. Band 1. Baltmannsweiler 2004j, 31–36

Möller, Kornelia / Jonen, Angela/Kleickmann, Thilo: Für den naturwissenschaftlichen Sachunterricht qualifizieren. In: Grundschule 36, 2004, H. 6, 27–29

Möller, Kornelia / Tenberge, Claudia: Handlungsintensives Lernen und Aufbau von Selbstvertrauen im Sachunterricht. In: Marquardt-Mau, Brunhilde/Köhnlein, Walter/Lauterbach, Roland (Hrsg.): Forschung zum Sachunterricht. Probleme und Perspektiven des Sachunterrichts. Bad Heilbrunn, 1997, 134–153

Moll-Strobel, Helgard (Hrsg.): Grundschule – Kinderschule oder wissenschaftsorientierte Leistungsschule? Darmstadt 1982

Montessori, Maria: Selbsttätige Erziehung im frühen Kindesalter. Stuttgart 1913

Mühlhausen, Ulf: Überraschungen im Unterricht. Weinheim 1994

Müller, Andreas: Jeder Schritt ist ein Fortschritt. Lernkompetenz oder: der Glaube an die eigenen Fähigkeiten. In: Grundschule 36, 2004a, H. 2, 8

Müller, Doris: Phantasiereisen im Unterricht. Braunschweig 1994

Müller, Hans-Joachim/Pfeiffer, Silke (Hrsg.): Denken als didaktische Zielkompetenz. Baltmannsweiler 2004

Müller, Karin: Die Bedeutung der Selbsttätigkeit in der Arbeitsschule Hugo Gaudigs (1860–1923). In: Kaiser, Astrid/Pech, Detlef (Hrsg.): Geschichte und historische Konzeptionen des Sachunterrichts. Basiswissen Sachunterricht. Band 1. Baltmannsweiler 2004b, 110–113

Murmann, Lydia: Physiklernen zu Licht, Schatten und Sehen. Berlin 2002

Naylor, Stuart / Keogh, Brenda: Concept Cartoons in Science Education. Sandbach 2000

Nestle, Werner u. a.: Teilcurriculum Technischer Überwachungsverein Verkehr. Stücke zu einem mehrperspektivischen Unterricht. Stuttgart 1975

Neuhaus-Siemon, Elisabeth: Ilse Lichtenstein-Rother (1917–1991) – Ihr Verständnis des Sachunterrichts. In: Kaiser, Astrid/Pech, Detlef (Hrsg.): Geschichte und historische Konzeptionen des Sachunterrichts. Basiswissen Sachunterricht. Band 1. Baltmannsweiler 2004, 161–165

Nickel, Ingo: Von Kerschensteiner bis zur Lernwerkstatt. Baltmannsweiler 2005

Nietzsche, Friedrich: Über die Zukunft unserer Bildungsanstalten. Heidelberg 1964

Nitsch, Ulla: Eine jenseits des Schulozeans liegende bisher unbekannte Welt ... Die Wendung zu kindgemäßen Stoffen und Methoden im Anschauungs- und Heimatkundeunterricht bei Fritz Gansberg (1871–1950). In: Kaiser, Astrid/Pech, Detlef (Hrsg.): Geschichte und historische Konzeptionen des Sachunterrichts. Basiswissen Sachunterricht. Band 1. Baltmannsweiler 2004, 122–125

Noddings, Nel: The Challenge to Care in Schools. Columbia University. New York – London 1992

Nyssen, Friedhelm: Kinder und Politik. Überlegungen und empirische Ergebnisse zum Problem der politischen Sozialisation. In: betrifft – Erziehung 3, 1970, H. 1, 20–26

Oberliesen, Rolf: Technisierte Kindheit. Herausforderung für den Sachunterricht. In: Oberliesen, Rolf: Heimatkunde – Sachunterricht. Wohin? Hamburg 1994, 71–92

Ochs, Dietmar: Ökonomie in der Primarstufe. In: Süßmuth, Hans (Hrsg.): Soziale Studien in der Grundschule. Düsseldorf 1980, 83–105

Oelkers, Jürgen: Reformpädagogik: Eine kritische Dogmengeschichte. Weinheim 1996 (3)

Oldenburg, Ines: Nachhaltigkeit im Sachunterricht – ein Unterrichtsprojekt zum Thema 'Boden'. In: Kaiser, Astrid/Pech, Detlef (Hrsg.): Die Welt als Ausgangspunkt des Sachunterrichts. Basiswissen Sachunterricht. Band 6. Baltmannsweiler 2004, 154–166

Opp, Günther / Speck-Hamdan, Angelika: Heterogenität der Schulanfänger – Herausforderungen für die Schule. In: Faust-Siehl, Gabriele/Speck-Hamdan, Angelika (Hrsg.): Schulanfang ohne Umwege. Mehr Flexibilität im Bildungswesen. Frankfurt/M. 2001, 175–193

Östreich, Paul: Schulreform. In: Reintges, Bernhard (Hrsg.): Schulreform: Texte und Diskussion. Rheinstetten 1975

Otto, Berthold: Geistiger Verkehr mit Schülern im Gesamtunterricht. Großlichterfelde 1907

Peccei, Aurelio: Das menschliche Dilemma. Wien 1979

Pech, Detlef / Becher, Andrea: Holocaust Education als Beitrag zur Gesellschaftlichen Bildung in der Grund-schule. In: Cech, Diethard/Giest, Hartmut (Hrsg.): Zwischen Grundlagenforschung und Unterrichtspraxis. Erwartungen an die Didaktik des Sachunterrichts. Bad Heilbrunn 2005, 87–102

Pech, Detlef / Kaiser, Astrid: Aussichtspunkte. Perspektiven und Richtungen sachunterrichtlichen Denkens. In: Kaiser, Astrid/Pech, Detlef (Hrsg.): Neuere Konzeptionen und Zielsetzungen im Sachunterricht. Basiswissen Sachunterricht. Band 2. Baltmannsweiler 2004a, 3–23

Pech, Detlef / Kaiser, Astrid: Lernen lernen? Grundlagen für den Sachunterricht. In: Kaiser, Astrid/Pech, Detlef (Hrsg.): Lernvoraussetzungen und Lernen im Sachunterricht. Basiswissen Sachunterricht. Band 4. Baltmannsweiler 2004c, 3–28

Pech, Detlef / Kaiser, Astrid: Problem und Welt. Ein Bildungsverständnis und seine Bedeutung für den Sachunterricht In: Kaiser, Astrid/Pech, Detlef (Hrsg.): Die Welt als Ausgangspunkt des Sachunterrichts. Basiswissen Sachunterricht. Band 6. Baltmannsweiler 2004b, 3–27

Peschel, Falko: Offener Unterricht. Idee, Realität, Perspektive und ein praxiserprobtes Konzept zur Diskussion. Teil II: Fachdidaktische Überlegungen. Baltmannsweiler 2002

Pestalozzi, Heinrich: Wie Gertrud ihre Kinder lehrt (1801). In: Brühlmeier, A.: Auswahl aus seinen Schriften Berlin – Stuttgart 1979 (3)

Pestalozzi, Johann Heinrich: Pestalozzi. Sämtliche Werke. Kritische Ausgabe. Band 13. Berlin/Zürich 1927–1996

Petersen, Else: Die Grundkräfte kindlicher Entwicklung und ihre Berücksichtigung im Schulunterricht. Paderborn 1965

Peterßen, Wilhelm: Fächerverbindender Unterricht. München 2000

Pfeiffer, Silke: „Das ist aber ungerecht!" Gerechtigkeit und Ungerechtigkeit im Alltag. In: Grundschulmagazin 72, 2004c, H. 6, 17–20

Pfeiffer, Silke: Förderung im Bereich des Philosophierens. In: Hellmich, Frank: Lehren und Lernen nach IGLU – Grundschulunterricht heute. Oldenburg: Didaktisches Zentrum 2005, 249–260

Pfeiffer, Silke: Nachdenklichkeit und Orientierung fördern durch Philosophieren im Sachunterricht. In: Kaiser, Astrid/Pech, Detlef (Hrsg.): Integrative Zugangsweisen für den Sachunterricht. Basiswissen Sachunterricht. Band 3. Baltmannsweiler 2004a, 39–48

Pfeiffer, Silke: Philosophieren in der Grundschule. Die Förderung reflexiver und kommunikativer Fähigkeiten. In: Grundschulmagazin 18, 2003, H. 1–2, 43–48

Pfeiffer, Silke: Worüber Kinder nachdenken. Praxisdokumente für philosophische Zugangsweisen. In: Kaiser, Astrid/Pech, Detlef (Hrsg.): Integrative Zugangsweisen für den Sachunterricht. Basiswissen Sachunterricht. Band 3. Baltmannsweiler 2004b, 208–212

Pfitzner, Michael: „Kevin tötet mir den letzten Nerv" Vom Umgang mit Unterrichtsstörungen. Grundlagen der Schulpädagogik. Band 35. Baltmannsweiler 2000

Piaget, Jean: Psychologie der Intelligenz. Olten 1974 (6)

Plickat, Dirk: Bauen. In: Reeken, Dietmar von (Hrsg.): Handbuch Methoden im Sachunterricht. Baltmannsweiler 2003, 22–29

Plickat, Dirk: Volksschulpraxeologien gelenkter Anschauung und totaler Inszenierung – Walter Jeziorsky (1903–1992) in Einordnungen und erlebten Unterrichtsrückblicken. In: Kaiser, Astrid/Pech, Detlef (Hrsg.): Geschichte und historische Konzeptionen des Sachunterrichts. Basiswissen Sachunterricht. Band 1. Baltmannsweiler 2004, 156–160

Popp, Walter: Zur anthropologischen Begründung eines handlungsorientierten Sachunterrichts. In: Duncker, Ludwig/Popp, Walter: Kind und Sache. Weinheim 1994, 57–78

Postman, Neil: Das Verschwinden der Kindheit. Frankfurt/M. 1983

Prengel, Annedore: Diagnostische Didaktik – Lernprozessanalysen nach der Einschulung ohne Auslese. In: Carle, Ursula/Unckel, Anne (Hrsg): Entwicklungszeiten – Forschungsperspektiven für die Grundschule. Wiesbaden 2004, 174–182

Prengel, Annedore: Pädagogik der Vielfalt. Opladen 1993

Preuschoff, Gisela / Preuschoff, Axel: Gewalt an Schulen – und was dagegen zu tun ist. Köln 1992

Preuss-Lausitz, Ulf / Rülcker, Tobias/Zeiher, Helga (Hrsg.): Selbständigkeit für Kinder – die große Freiheit? Weinheim – Basel 1990

Preuss-Lausitz, Ulf: Die Kinder des Jahrhunderts. Weinheim 1993

Prote, Ingrid: Für eine veränderte Grundschule. Identitätsförderung – soziales Lernen – politisches Lernen. Schwalbach/Ts. 2000

Prote, Ingrid: Partizipation an Entscheidungen im schulischen Leben. In: Richter, Dagmar (Hrsg.): Gesellschaftliches und politisches Lernen im Sachunterricht. Bad Heilbrunn – Braunschweig 2004, 137–143

Rabenstein, Rainer / Haas, Fritz: Die Darstellungseinheit im Sachunterricht. Ein methodisches Modell für den Unterricht der Grundschule. [1971 (1)] Bad Heilbrunn 1972 (3)

Ragaller, Sabine: Kinder lernen von Kindern. In: Kaiser, Astrid / Pech, Detlef (Hrsg.): Lernvoraussetzungen und Lernen im Sachunterricht. Basiswissen Sachunterricht. Band 4. Baltmannsweiler 2004, 159–167

Ramseger, Jörg: Welterkundung. In: Kaiser, Astrid / Pech, Detlef (Hrsg.): Die Welt als Ausgangspunkt des Sachunterrichts. Basiswissen Sachunterricht. Band 6. Baltmannsweiler 2004, 54–63

Rang, Adalbert: Wissen und Verstehen in pluralistischer Einstellung. In: Kahlert, Joachim / Inckemann, Elke (Hrsg.): Wissen, Können und Verstehen. Von der Herstellung ihrer Zusammenhänge im Sachunterricht. Bad Heilbrunn 2001, 39–54

Rauschenberger, Hans: Aus der Kinderstube der Gewalt. In: Die Deutsche Schule 84, 1992, H. 2, 134–149

Rauschenberger, Hans: Soziales Lernen – Nutzen und Nachteil eines mehrdeutigen Ausdrucks. In: Zeitschrift für Pädagogik 31, 1985, H. 3, 301–320

Rauschenberger, Hans: Wenn ein Kind auf dem Schrank sitzen bleibt. In: Die Grundschulzeitschrift 3, 1989, H. 23, 28–30

Rauschenberger, Hans: Über das Fremde beim Lernen und das Verfremden beim Lehren. In: Duncker, Ludwig / Popp, Walter (Hrsg.): Kind und Sache. Weinheim 1994, 81–92

Rauterberg, Marcus: „Die Dinge haben Namen" – erkenntnistheoretische und didaktische Überlegungen zum Verhältnis von Sache und Sprache im Sachunterricht. In: Rauterberg, Markus / Scholz, Gerold: Die Dinge haben einen Namen. Zum Verhältnis von Sprache und Sache im Sachunterricht. Baltmannsweiler 2004b, 131–150

Rauterberg, Marcus: Bibliographie Sachunterricht. Baltmannsweiler 2005

Rauterberg, Marcus: Die Sache als Ausgangspunkt des Weltverstehens. In: Kaiser, Astrid / Pech, Detlef (Hrsg.): Neuere Konzeptionen und Zielsetzungen im Sachunterricht. Basiswissen Sachunterricht. Band 2. Baltmannsweiler 2004a, 24–31

Recum, Hasso von: Schule im sozialkulturellen Wandel. In: Die deutsche Schule 84, 1992, H. 4, 388–405

Reeken, Dietmar von: Politisches Lernen im Sachunterricht. Didaktische Grundlegungen und unterrichtspraktische Hinweise. Baltmannsweiler 2001

Reeken, Dietmar von: Vorrang für den Sachunterricht: Friedrich Wilhelm Dörpfeld (1824–1893). In: Kaiser, Astrid / Pech, Detlef (Hrsg.): Geschichte und historische Konzeptionen des Sachunterrichts. Basiswissen Sachunterricht. Band 1. Baltmannsweiler 2004a, 94–97

Reeken, Dietmar von: Methodenorientierung im Sachunterricht – Überlegungen am Beispiel des historischen Lernens, In: Hempel, Marlies (Hrsg.): Sich bilden im Sachunterricht, Bad Heilbrunn 2004, 153–162

Reich, Kersten: Konstruktivistische Didaktik – Lehren und Lernen aus interaktionistischer Sicht. Weinheim 2004

Reichwein, Adolf: Schaffendes Schulvolk [1937]. Braunschweig 1964 (3)

Renner, Erich: Heimatkunde. In: Becher, Hans Rudolf (Hrsg.): Taschenbuch des Grundschulunterrichts. Baltmannsweiler 1981, 380–392

Richardson, Jerry: Erfolgreich kommunizieren. München 1992

Richter, Dagmar: Ästhetisches Lernen. In: Reeken, Dietmar von (Hrsg.): Handbuch Methoden im Sachunterricht. Baltmannsweiler 2003, 12–21

Richter, Dagmar: Friedenserziehung als ästhetische Auseinandersetzung mit Schreckensbildern. In: Richter, Dagmar (Hrsg.): Gesellschaftliches und politisches Lernen im Sachunterricht. Bad Heilbrunn – Braunschweig 2004a, 53–69

Richter, Dagmar: Sachunterricht – Ziele und Inhalte. Baltmannsweiler 2002

Richter, Dagmar: Stand und Perspektiven des sozial- und kulturwissenschaftlichen Sachunterrichts. In: Hempel, Marlies (Hrsg.): Sich bilden im Sachunterricht. Bad Heilbrunn/OBB. 2004b, 19–33

Richter, Karin: Kindheit und gesellschaftlicher Modernisierungsprozess. In: Grundschule 37, 2005, H. 7/8, 8–9

Riemer, Matthias (Hrsg.): Praxishilfen Freinet-Pädagogik. Bad Heilbrunn 2005

Robinsohn, Saul B.: Bildungsreform als Revision des Curriculums. Neuwied – Berlin 1969 (2)

Röhner, Charlotte / Skischus, Gabriele / Thies, Wiltrud (Hrsg.): Was versuchen Versuchsschulen? Baltmannsweiler 1998

Röhner, Charlotte: Freie Texte als Selbstzeugnisse des Kinderlebens. In: Heinzel, Friederike (Hrsg.): Methoden der Kindheitsforschung. Ein Überblick über Forschungszugänge zur kindlichen Perspektive. Weinheim und München 2000, 205–215

Röhner, Charlotte: Lehrplanentwicklung Sachunterricht in Hessen. In: Kaiser, Astrid/ Pech, Detlef (Hrsg.): Neuere Konzeptionen und Zielsetzungen im Sachunterricht. Basiswissen Sachunterricht. Band 2. Baltmannsweiler 2004a, 124–132

Röhner, Charlotte: Trennungskinder. In: Die Grundschulzeitschrift 8, 1994, H. 73, 19–22

Röhner, Charlotte: Wie erwerben Kinder das Wissen von der Welt. In: Kaiser, Astrid / Pech, Detlef (Hrsg.): Lernvoraussetzungen und Lernen im Sachunterricht. Basiswissen Sachunterricht. Band 4. Baltmannsweiler 2004b, 54–62

Rosenbusch, Heinz / Schober, Otto (Hrsg.): Körpersprache in der schulischen Erziehung. Baltmannsweiler 1995 (2)

Roth, Gerhard: Warum sind Lehren und Lernen so schwierig? In: Zeitschrift für Pädagogik. 50, 2004, 496–506

Roth, Heinrich (Hrsg.): Begabung und Lernen. Stuttgart 1969 (3)

Rousseau, Jean-Jacques: Emile oder Über die Erziehung. Martin Rang (Hrsg). Stuttgart 1963

Rusch, Heike: Suchen nach Identität – Kinder zwischen Acht und Zwölf. Grundlagen der Schulpädagogik. Band 25. Baltmannsweiler 1998

Saarland. Ministerium für Bildung und Sport: Lehrplan Sachunterricht. Saarbrücken 1992

SAPA. Arbeitsgruppe für Unterrichtsforschung in Göttingen: Weg in die Naturwissenschaft. Ein verfahrensorientiertes Curriculum im 1. Schuljahr. Stuttgart 1971

Scharrelmann, Heinrich: Erlebte Pädagogik. Hamburg 1912

Scheibe, Wolfgang: Die Reformpädagogische Bewegung 1900–1932. Weinheim – Berlin – Basel 1969

Scherer, Heinrich: Der Lehrer der Kleinen. Leipzig – Einbeck 1910

Schernikau, Heinz: Heimat- und Weltkunde heute – Lernen für die Eine Welt. In: Oberliesen, Rolf (Hrsg.): Heimatkunde – Sachunterricht. Wohin? Hamburg 1994, 35–45

Scholz, Gerold: Kinder lernen von Kindern. Baltmannsweiler 1996

Schomaker Claudia: „Mit allen Sinnen ..., oder?" Über die Relevanz ästhetischer Zugangsweisen im Sachunterricht. In: Kaiser, Astrid/Pech, Detlef (Hrsg.): Integrative Zugangsweisen für den Sachunterricht. Basiswissen Sachunterricht. Band 3. Baltmannsweiler 2004, 49–58

Schomaker, Claudia: „Herzlich Willkommen im Schneckenzirkus" – Anregungen und Ideen zur Umsetzung ästhetischer Zugangsweisen im Sachunterricht. In: Kaiser, Astrid/Pech, Detlef (Hrsg.): Integrative Zugangsweisen für den Sachunterricht. Basiswissen Sachunterricht. Band 3. Baltmannsweiler 2004b, 212–219

Schomaker, Claudia: Sinn-volle Bildung im Sachunterricht. In: http://www.widerstreit-sachunterricht.de 2005

Schoenebeck, Hubertus von: Antipädagogik im Dialog. Eine Einführung in antipädagogisches Denken. Weinheim 1992

Schramke, Wolfgang / Uhlenwinkel, Anke: Weltbilder als Inszenierungen – das Beispiel „Die Welt bei Nacht". In: Praxis Geographie 29, 1999, H. 7–8, 10–12

Schreier, Helmut (Hrsg.): Himmel, Erde und ich. Heinsberg 1993a

Schreier, Helmut (Hrsg.): Kinder auf dem Wege zur Achtung vor der Mitwelt. Heinsberg 1992a

Schreier, Helmut: Der Gegenstand des Sachunterrichts. Bad Heilbrunn 1994a

Schreier, Helmut: Der Sachunterricht in der Gegenwart. In: Schreier, Helmut/Köhler, Bernd: Sachunterricht. Seelze 1985

Schreier, Helmut: Die Situation des Sachunterrichts im Spiegel von realen und möglichen Unterrichtsentwürfen. In: Köhler, Bernd/Schreier, Helmut (Hrsg.): Sachunterricht Natur 1-4. München – Wien – Baltimore 1981

Schreier, Helmut: Die Zeit der Umweltbildung ist nicht vorbei. In: Grundschule 37, 2005, H. 2, 34–36

Schreier, Helmut: Sachunterricht – Themen und Tendenzen. Paderborn 1979

Schreier, Helmut: Über das Philosophieren mit Geschichten für Kinder und Jugendliche. Heinsberg 1993b

Schreier, Helmut: Sachunterricht und Erfahrung. In: Lauterbach, Roland u. a. (Hrsg.): Brennpunkte des Sachunterrichts. Kiel 1992b, 47–65

Schrenk, Marcus: Die Bedeutung originaler Begegnung im Rahmen einer Sachunterrichtseinheit zum Thema Eidechsen. In: Cech, Diethard/Giest, Hartmut: Sachunterricht in Praxis und Forschung. Probleme und Perspektiven des Sachunterrichts. Band 15. Bad Heilbrunn 2005, 117–122

Schulze, Gerhard: Die Erlebnisgesellschaft: Kultursoziologie der Gegenwart. Frankfurt/M. 1992

Schümer, Gundel: Arbeitsblätter im Grundschulunterricht. In: Zeitschrift für Pädagogik 37, 1991, H. 5, 807–825

Schümer, Gundel: Schule und soziale Ungleichheit. Zum Umgang mit unterschiedlichen Lernvoraussetzungen in Deutschland und anderen OECD-Ländern. In: Die Deutsche Schule 97, 2005, 3, 266–284

Schwartz, Erwin (Hrsg.): Von der Heimatkunde zum Sachunterricht Braunschweig 1977

Schwedes, Hannelore: Lernziele/Erste Erfahrungen. Bausteine für ein offenes Curriculum. Stuttgart 1976

Schweitzer, Ingrid: Christian Gotthilf Salzmann (1744–1811): Die Natur und die Dinge selbst als Ausgangspunkt des Unterrichts. In: Kaiser, Astrid/Pech, Detlef (Hrsg.): Geschichte und historische Konzeptionen des Sachunterrichts. Basiswissen Sachunterricht. Band 1. Baltmannsweiler 2004, 62–64

Schweitzer, Ingrid: Dokumentation im Sachunterricht – Dokumentation von Sachunterricht. Baltmannsweiler 2004 b, 216–219

Schwier, Volker / Jablonski, Maik: Legowelten und Lebenswelten – warum der Sachunterricht heimatlos sein sollte. In: Engelhardt, Wolf / Stoltenberg, Ute (Hrsg.): Die Welt zur Heimat machen? Bad Heilbrunn 2002, 124–136

Seitz, Simone: Was Kinder an Zeit berührt. In: Einblicke Nr. 40. Forschungsmagazin der Universität Oldenburg Herbst 2004, 21–24

Seitz, Simone: Zeit für inklusiven Sachunterricht. Baltmannsweiler 2005

Selg, Herbert: Gewaltdarstellungen in Medien und ihre Auswirkungen auf Kinder und Jugendliche. In: Zeitschrift für Kinder- und Jugendpsychiatrie 18, 1990, 152–156

Siller, Rolf: Die Sache des Sachunterrichts – Annäherungen. In: Siller, Rolf / Walter, Günter (Hrsg.): Zur Entdeckung von Wirklichkeit im Sachunterricht. Texte zur Grundlegung und Entwicklung. Donauwörth 1999, 9–27

Siller, Rolf: Selbstgesteuertes Lernen im Sachunterricht. In: Kaiser, Astrid / Pech, Detlef (Hrsg.): Lernvoraussetzungen und Lernen im Sachunterricht. Basiswissen Sachunterricht. Band 4. Baltmannsweiler 2004, 152–158

Sodian, Beate: Entwicklung bereichsspezifischen Wissens. In: Oerter, Rolf / Montada, Leo (Hrsg.): Entwicklungspsychologie. Weinheim – Basel – Berlin 1995, 622–653

Soll, Wilfried: Heimat – modischer Begriff oder aktuelle Aufgabe? In: Beck, Gertrud / Soll, Wilfried (Hrsg.): Heimat, Umgebung, Lebenswelt: regionale Bezüge im Sachunterricht. Frankfurt/M. 1988, 9–23

Soostmeyer, Michael: Das Zusammenleben im Sachunterricht. In: Lauterbach, Roland u. a. (Hrsg.): Dimensionen des Zusammenlebens. Kiel 1993, 197–219

Soostmeyer, Michael: Didaktik des Sachunterrichts. In: Kurowski, Ewald / Soostmeyer, Michael: Kommentar zum Lehrplan Sachunterricht. Heinsberg 1986, 19–55

Soostmeyer, Michael: Fragen. In: Kaiser, Astrid (Hrsg.): Lexikon Sachunterricht. Baltmannsweiler 2004 (3), 58

Soostmeyer, Michael: Genetischer Sachunterricht. Baltmannsweiler 2002

Soostmeyer, Michael: Zur Sache Sachunterricht. Frankfurt/M. – Bern – New York – Paris 1988

Speck-Hamdan, Angelika: Schulanfänger: Könner? – Debütanten? In: Faust-Siehl, Gabriele / Speck-Hamdan, Angelika (Hrsg.): Schulanfang ohne Umwege. Mehr Flexibilität im Bildungswesen. Frankfurt/M. 2001, 16–29

Spinner, Kaspar H.: Ästhetische Bildung in der Grundschule. In: Die Grundschulzeitschrift 17, 2003, H. 9, 6–9

Spitta, Gudrun: Schreibkonferenzen in Klasse 3 und 4. Berlin 1997

Spitta, Philipp: Praxisbuch Mobilitätserziehung. Baltmannsweiler 2005

Spranger, Eduard: Der Bildungswert der Heimatkunde. [1923 (1)] Stuttgart 1952 (12)

Spreckelsen, Kay: Erkennen im physikalischen Bereich des Sachunterrichts. In: Lauterbach, Roland u. a. (Hrsg.): Wie Kinder erkennen. Kiel 1991, 70–81

Spreckelsen, Kay: Kindliches Umweltverstehen und seine Bedeutung für den Sachunterricht. In: Duncker, Ludwig / Popp, Walter (Hrsg.): Kind und Sache. Weinheim 1994, 213–224

Spreckelsen, Kay: Naturwissenschaftlicher Unterricht in der Grundschule. Lehrgang physikalisch-chemischer Lernbereich. Frankfurt/M. 1971 a

Spreckelsen, Kay: SCIS – Science Curriculum Improvement Study (ca. 1965–1975). In: Kaiser, Astrid/Pech, Detlef (Hrsg.): Geschichte und historische Konzeptionen des Sachunterrichts. Basiswissen Sachunterricht. Band 1. Baltmannsweiler 2004, 170–174

Spreckelsen, Kay: Stoffe und ihre Eigenschaften. Frankfurt/M. 1971 b; 1972 (3)

Spreckelsen, Kay: Weltverstehen im Sachunterricht und Selbständigkeitsentwicklung. In: Grundschule 27, 1992, H. 9, 30–32

Stähling, Reinhard: „Du gehörst zu uns" Inklusive Grundschule. Ein Praxisbuch für den Umbau der Schule. Baltmannsweiler 2006

Stähling, Reinhard: Der Klassenrat – eine Fortführung reformpädagogischer Praxis. In Burk, Karlheinz/Speck-Hamdan, Angelika/Wedekind, Hartmut (Hrsg.): Kinder beteiligen – Demokratie lernen? Frankfurt/M. 2003, 197–207

Stähling, Reinhard: Unterrichtsqualität und Disziplin. In: Grundschule 32, 2000, H. 2, 20–22

Stanglmaier, Hans / Schnitzer, Alois/Kopp, Ferdinand: Volkhafter Heimatunterricht. Ein Neubau der Heimatkunde. Ansbach 1942

Stern, Elsbeth: Kompetenzerwerb in anspruchsvollen Inhaltsgebieten bei Grundschulkindern. In: Cech, Diethard/Schwier, Hans-Joachim (Hrsg.): Lernwege und Aneignungsformen im Sachunterricht. Bad Heilbrunn 2003, 37–58

Stöcker, Karl: Neuzeitliche Unterrichtsgestaltung. [1954 (1)] München 1960 (5)

Stoltenberg, Ute: Perspektivrahmen Sachunterricht – ein Beitrag zur fachlichen und bildungspolitischen Profilierung des Sachunterrichts. In: Kaiser, Astrid/Pech, Detlef (Hrsg.): Neuere Konzeptionen und Zielsetzungen im Sachunterricht. Basiswissen Sachunterricht. Band 2. Baltmannsweiler 2004 a, 152–157

Stoltenberg, Ute: Sachunterricht als Bildung für eine nachhaltige Entwicklung. In: Hempel, Marlies (Hrsg.): Sich bilden im Sachunterricht. Bad Heilbrunn/OBB. 2004, 79–90

Strauss, Anselm: Die Entwicklung und Transformation der Bedeutung des Geldes beim Kind (1952). In: Wacker, Ali (Hrsg.): Die Entwicklung des Gesellschaftsverständnisses bei Kindern. Frankfurt/M. 1976, 169–190

Sundmacher, Nina: Suche nach Sinn. Kinderphilosophie in der Grundschule. In: Grundschulmagazin 72, 2004, H. 6, 8–11

Süssmuth, Hans (Hrsg.): Soziale Studien in der Grundschule. Düsseldorf 1980

Thiedke, Mike: Grundschulkinder und Regionalräume. Vom Wissen über die Region zu Wissen für Europa. Bad Heilbrunn 2005

Thiemann, Friedrich: Kinder in den Städten. Frankfurt/M. 1988

Trautmann, Thomas: Sachunterricht mit hochbegabten Kindern. In: Kaiser, Astrid / Pech, Detlef (Hrsg.): Lernvoraussetzungen und Lernen im Sachunterricht. Basiswissen Sachunterricht. Band 4. Baltmannsweiler 2004, 181–186

Troll, Max: Das erste Schuljahr. Theorie und Praxis. [1907 (1)] Langensalza 1922 (10)

Trommer, Gerhard: Natur wahrnehmen mit der Rucksackschule. Braunschweig 1991

Tufte, Edward: The cognitive style of power point. Cheshire/Conn. 2003

Uhlenwinkel, Anke: Zukunftsfähiges Wirtschaften – regional oder weltweit? In: Praxis Geographie 27, 1998, H. 10, 26–30

Ullmann, Martin / Fischer, Emil: Methodische Winke zur unterrichtlichen Durchführung der allgemeinen Bestimmungen vom 15. Oktober 1872 und der 'Weisungen' vom 31. Januar 1908. Ausgabe für evangelische Lehrer. Breslau 1918

Unglaube, Henning: Fachübergreifendes Arbeiten im Sachunterricht. In: Meier, Richard u. a. (Hrsg.): Sachunterricht in der Grundschule. Frankfurt/M. 1997, 45–61

Vopel, Klaus: Kinder ohne Stress. Teil 1–5. Hamburg 1992

Vopel, Klaus: Interaktionsspiele für Kinder. Teil 1–4. Salzhausen 1996 (7)

Voß, Reinhard (Hrsg.): Unterricht aus konstruktivistischer Sicht. Neuwied 2002

Wagenschein, Martin u. a.: Kinder auf dem Wege zur Physik. Stuttgart 1973

Wagenschein, Martin: Die Pädagogische Dimension der Physik. Braunschweig 1962

Wagenschein, Martin: Ursprüngliches Verstehen und exaktes Denken. Band 1. Stuttgart 1965

Wagenschein, Martin: Verstehen lehren. Weinheim 1968

Wahl, Diethelm: Lernumgebungen erfolgreich gestalten. Bad Heilbrunn 2005

Wedekind, Hartmut: Zukunftswerkstatt. In: Reeken, Dietmar von (Hrsg.): Handbuch Methoden im Sachunterricht. Baltmannsweiler 2003, 304–214

Wespel, Manfred: Sachbücher – schwierig, aber motivierend. In: Grundschule 37, 2005, H. 4, 50–53

Westphal, Erich A.: Unterricht und Leben. Oldenburg 1990

Weusmann, Birgit: Projektbuch Streuobstwiese. Baltmannsweiler 2006

Wiater, Werner: Die ästhetisch-interaktionistische Didaktik. In: Pädagogische Welt 48, 1994, H. 9, 402–407

Wiater, Werner: Die ethnografische Sicht des Kindes. In: Lernchancen 1, 1998, H. 2, 73–75

Wigger, Maria / Schomaker, Claudia: Alles dreht sich um Räder, mit Rädern, auf … In: Grundschulunterricht 45, 1998, H. 10, 36–38

Wigger, Maria: Da sind wir mal ganz unter uns! Mädchenarbeit in der Grundschule. In: Kaiser, Astrid (Hrsg.): Praxisbuch Mädchen- und Jungenstunden. Baltmannsweiler 2001, 84–166

Winkel, Rainer: Antinomische Pädagogik und Kommunikative Didaktik. Berlin 1986

Winkel, Rainer: Offener oder Beweglicher Unterricht. In: Grundschule 25, 1993, H. 2, 12–14

Winter, Felix: Leistungsbewertung. Eine neue Lernkultur braucht einen anderen Umgang mit den Schülerleistungen. Leistungsbewertung im Sachunterricht. In: Kaiser, Astrid / Pech, Detlef (Hrsg.): Unterrichtsplanung und Methoden. Baltmannsweiler 2004, 220–227

Winter, Felix: Leistungsbewertung. Eine neue Lernkultur braucht einen anderen Umgang mit den Schülerleistungen. Baltmannsweiler 2004 b

Wißmann, Friedrich: Paul Oestreich (1878–1959) und seine „Elastische Einheitsschule, Lebens- und Produktionsschule". In: Kaiser, Astrid/Pech, Detlef (Hrsg.): Geschichte und historische Konzeptionen des Sachunterrichts. Basiswissen Sachunterricht. Band 1. Baltmannsweiler 2004, 131–134

Wohlrab, Ernst Hermann: Lebensvoller Unterricht. Langensalza 1920 (2)

Wöll, Gerhard: Handeln: Lernen durch Erfahrung. Baltmannsweiler 2004 (2)

Wulfmeyer, Meike: Entfaltung der Menschlichkeit. Johann Heinrich Pestalozzis (1746–1827) Einflüsse auf den Sachunterricht. In: Kaiser, Astrid/Pech, Detlef (Hrsg.): Geschichte und historische Konzeptionen des Sachunterrichts. Basiswissen Sachunterricht. Band 1. Baltmannsweiler 2004 b, 65–68

Wulfmeyer, Meike: Leben in die Schule bringen. Zur Pädagogik Peter Petersens (1884–1952). In: Kaiser, Astrid/Pech, Detlef (Hrsg.): Geschichte und historische Konzeptionen des Sachunterrichts. Basiswissen Sachunterricht. Band 1. Baltmannsweiler 2004 b, 126–130

Wyneken, Gustav: Der Gedanke der Freien Schulgemeinde. Jena 1919

Ziechmann, Jürgen: Schülerorientierter Sachunterricht. Braunschweig 1979

Zierer, Klaus: Das Kind – anthropologische Grundlagen für den Sachunterricht. In: Kaiser, Astrid/Pech, Detlef (Hrsg.): Lernvoraussetzungen und Lernen im Sachunterricht. Basiswissen Sachunterricht. Band 4. Baltmannsweiler 2004, 30–37

Zierer, Klaus: Grundschule als pädagogisch gestalteter Lebensraum. Baltmannsweiler 2003

Zimmer, Renate: Handbuch der Bewegungserziehung. Grundlagen für Ausbildung und Pädagogische Praxis. Freiburg 2004 (16)

Praxisbücher handelnder Sachunterricht
von Astrid Kaiser

Praxisbuch handelnder Sachunterricht Band 1

10. Auflage, 2005. IV, 231 Seiten mit zahlr. Abb. Kt. ISBN 3834000167. € 16,—

Dieses Buch heißt nicht nur Praxisbuch, es **ist** auch ein Buch für die Praxis. Genauer: es ist ein Anregungsbuch zum Selbermachen von Sachunterrichtskisten und für handelnden Unterricht. Knapp und übersichtlich wird für 24 verschiedene Sachunterrichtsthemen (von der Steinzeit zur Luft, von Mädchen / Jungen zum Wetter, von der Verkehrserziehung zur Ölpest, von den Sinnen zum Feuer, von der Prävention sexuellen Mißbrauchs bis hin zu den Indianern …) gezeigt, wie dazu **Handlungsmaterial** mit einfachen Mitteln kreativ hergestellt werden kann. Vor allem die Kinder sollen, anstelle belehrenden Worten zuzuhören, durch das Herstellen von Materialien sinnlich-anschauliche Erfahrungen sammeln und differenziert tätig sein. Dieses Buch eignet sich deshalb besonders für Integrationsschulen jeder Art – überhaupt: für die pädagogische Arbeit zu Zeiten **„veränderter Kindheit"**.

Klare Materiallisten, kurze Unterrichtsskizzen, präzise Anregungen für die Kinder zum selbstständigen Umgang mit den Handlungsanregungen und viele Tips erleichtern die Vorbereitungsarbeit für handelnden Sachunterricht. Dieses Buch ist ein Anti-Buch zu Kopiervorlagen. Es ist aber eine wahre Fundgrube für alle Schulen, die selbst eine Lernwerkstatt aufbauen wollen.

Hier finden diejenigen, die Sachunterricht schon lange anschaulicher und mit konkreten Materialien gestalten wollen, endlich wichtige Hinweise zum Selbermachen.

Praxisbuch handelnder Sachunterricht Band 2

5. Aufl. 2004. IV, 242 Seiten mit zahlr. Abb. Kt. ISBN 3896765736. € 16,—

Dies ist das zweite Praxisbuch von Astrid Kaiser nach dem großen Erfolg von **Praxisbuch handelnder Sachunterricht Band 1**. Wieder gibt es eine Fülle an konkreten Hilfen für einen zeitgemäßen Sachunterricht. Lebendiges, handelndes Lernen soll durch vielfältige Tips und Anleitungen erleichtert werden. In diesem Band werden Anregungen für andere wichtige Themen gegeben, die Kindern Spaß machen, u.a. Fahrrad, Tod und Trauer, Sinne: Sehen und Hören, Sterne, Zeit, Zähne, Frieden und Krieg, gesunde Ernährung, Müll, Schnecken, Kinder in anderen Ländern, Dinosaurier, Vom Korn zum Brot …

Praxisbuch handelnder Sachunterricht Band 3

3. Aufl., 2003. IV, 240 Seiten mit zahlr. Abb. Kt. ISBN 3896766325. € 16,—

Dies ist das dritte Praxisbuch von Astrid Kaiser nach den großen Erfolgen von **Praxisbuch handelnder Sachunterricht Band 1 und Band 2**. Wieder gibt es eine Fülle an konkreten Hilfen für einen zeitgemäßen Sachunterricht. Lebendiges, handelndes Lernen soll durch vielfältige Tips und Anleitungen erleichtert werden. In diesem Band werden Anregungen für andere wichtige Themen gegeben, die Kindern Spaß machen, u.a. Behindertsein, Bauwerke, Bauernhof, Bodenlos, Freundschaft, Frühlingserwachen, Geld, Gesundheit, Glück, Inuit, Rad ..

 Schneider Verlag Hohengehren
Wilhelmstr. 13; D-73666 Baltmannsweiler

Astrid Kaiser

Arbeitsbuch zur Didaktik des Sachunterrichts

2001. X, 205 Seiten. Kt. ISBN 3896764497. € 16,—

Das Wissen um die Didaktik des Sachunterrichts ist außerordentlich vielschichtig und komplex. Eine orientierende Hilfe zur Unterscheidung der vielfältigen Konzepte und historischen Wurzeln stößt auf große Nachfrage.

Dieses Arbeitsbuch kann diese Lücke füllen. Es soll vor allem Studierenden und LehramtsanwärterInnen helfen, die in der „Einführung in die Didaktik des Sachunterrichts" dargelegten Inhalte und Probleme durch Übungen besser zu verstehen.

Die Übungen umfassen ein breites Spektrum von der Geschichte des Sachunterrichts seit dem Mittelalter bis hin zur Reformphase um 1970, die verschiedenen didaktischen Bedingungsfelder, wie die Lernvoraussetzungen der Kinder, gesellschaftliche Einflüsse auf den Sachunterricht oder Fragen des Zuschnittes des „Sache des Sachunterrichts". Alle wesentlichen Konzeptionen der Gegenwart von der Erfahrungsorientierung über Wissenschaftsorientierung und Handlungsorientierung bis hin zur Projektorientierung werden in übersichtlichen Übungen unterschieden. Zu den Wissensaufgaben gibt es in diesem Band auch gleich die richtigen Lösungen mitgeliefert. Fragen zur Selbsteinschätzung der eigenen Lehrperson und ein Abschlusstest zur Selbstkontrolle runden diesen Band ab.

Astrid Kaiser / Susanne Mannel

Chemie in der Grundschule

2004. V, 145 Seiten + 1 CD-ROM. Kt. ISBN 3896767666. € 18,—

Seit der Veröffentlichung von Studien wie TIMSS und PISA wird immer wieder betont, wie wichtig die frühe Förderung naturwissenschaftlicher Kompetenzen schon in der Grundschule ist. Es mangelt aber an Hilfestellungen für die Praxis. Nun gibt es dieses Buch mit CD-Rom, das Lehrenden helfen soll, Kinder an naturwissenschaftliches Denken heranzuführen. In diesem Buch werden sehr einfache chemische Versuche auf Karteikarten vorgestellt, in denen Grundschulkinder mit einfachen Alltagsmaterialien, wie Wasser, Salz, Gummibärchen, Essig, Babywindel oder Waschmittel experimentieren können.

Für die Schule sind die Versuche in verschiedene Themen einzuordnen. Das einleitende Konzept zu naturwissenschaftlichem Sachunterricht hilft, den Unterricht didaktisch reflektiert zu entwickeln.

Auf der beiliegenden CD findet man noch viel mehr Versuche und auch sehr einfache Erklärungen, wie das Beobachtete zu erklären ist. Die Versuche sind sehr genau mit Bildern und einfachen Worten erklärt. So können auch Kinder in Gruppen zu Hause Versuche machen und den Themen *Kunststoff, Lebensmittel, Säuren und Laugen, Wasser* und *Luft* auf die Spur kommen.

 Schneider Verlag Hohengehren
Wilhelmstr. 13; D-73666 Baltmannsweiler